생명 언약

|

제1부
행위언약과 은혜언약

생명 언약
제1부 행위언약과 은혜언약

초판 1쇄   2018년 11월 13일
초판 2쇄   2022년 5월 30일

발 행 인   김학유
지 은 이   사무엘 루더포드
옮 긴 이   안상혁
펴 낸 곳   합동신학대학원출판부
주   소   16517 수원시 영통구 광교중앙로 50 (원천동)
전   화   (031)217-0629
팩   스   (031)212-6204
홈페이지   www.hapdong.ac.kr
출판등록번호   제22-1-2호
인 쇄 처   예원프린팅 (031)902-6550
총   판   (주)기독교출판유통 (031)906-9191

ISBN   978-89-97244-58-4   93230
값은 뒷표지에 있습니다.

이 도서의 국립중앙도서관 출판예정도서목록(CIP)은 서지정보유통지원시스템
홈페이지(http://seoji.nl.go.kr)와 국가자료종합목록시스템(http://www.nl.go.kr/
kolisnet)에서 이용하실 수 있습니다. (CIP제어번호 : CIP2018035401)

생명
언약

제1부
행위언약과 은혜언약

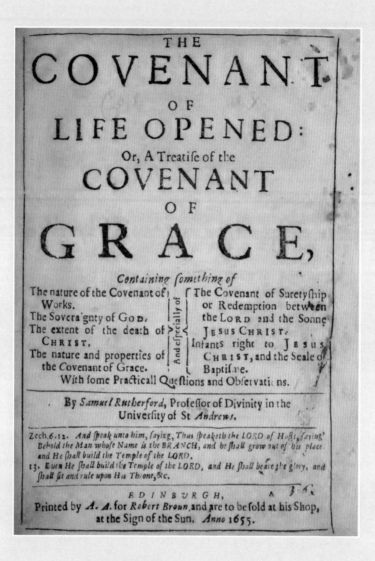

THE COVENANT OF LIFE OPENED:

Or, A Treatise of the

COVENANT OF GRACE,

Containing something of

The nature of the Covenant of Works.
The Soveraignty of God.
The extent of the death of Christ.
The nature and properties of the Covenant of Grace.

And especially of

The Covenant of Suretyship or Redemption between the Lord and the Sonne Jesus Christ.
Infants right to Jesus Christ, and the Seale of Baptisme.

With some Practicall Questions and Observations.

By *Samuel Rutherford*, Professor of Divinity in the University of St *Andrews*.

Zech. 6. 12. And speak unto him, saying, Thus speaketh the LORD of Hosts, saying Behold the Man whose Name is the BRANCH, and he shall grow out of his place, and He shall build the Temple of the LORD.
13. Even He shall build the Temple of the LORD, and He shall beare the glory, and shall sit and rule upon His Throne, &c.

EDINBURGH,
Printed by *A. A.* for *Robert Broun*, and are to be sold at his Shop, at the Sign of the Sun. *Anno* 1655.

저자 **사무엘 루더포드** (세인트 앤드루스 대 신학교수)

에딘버러: 앤드로 앤더슨이 로버트 브라운을 위해 출판했으며
그의 서점에서 판매함
주후 1655년

말하여 이르기를 만군의 여호와께서 이같이 말씀하시되 보라 싹이라 이름하는
사람이 자기 곳에서 돋아나서 여호와의 전을 건축하리라 그가 여호와의 전을
건축하고 영광도 얻고 그 자리에 앉아서 다스릴 것이요 또 제사장이
자기 자리에 있으리니 이 둘 사이에 평화의 의논이 있으리라 하셨다 하고

슥 6:12-13

본고가 포함하는 주제들

• 행위 언약의 성격
• 하나님의 주권
• 그리스도의 죽으심의 [효력이 미치는] 범위
• 은혜 언약의 성격과 속성들
• 하나님과 성자 예수 그리스도 사이에 맺은 보증인의 언약 혹은 구속 언약
• 예수 그리스도와 세례의 인증에 대한 유아의 권리
• 기타 실천적인 질문들과 소견들

〰〰〰〰〰〰〰〰〰〰〰〰〰〰〰〰〰〰〰〰〰〰〰〰〰〰〰〰〰〰〰〰

『생명 언약 혹은 은혜언약에 관한 논문』(원서명: *The Covenant of Life Opened: Or A Treatise of the Covenant of Grace*)은 17세기 스코틀랜드의 신학자 사무엘 루더포드(1600-1661)가 저술한 언약신학 분야의 대표작입니다. 『생명 언약』은 크게 두 부분으로 구성되어 있습니다. 제1부에서는 행위 언약과 은혜 언약을 다루고 제2부에서는 주로 구속 언약 (중보자 언약)을 깊이 있게 논의합니다. 본서는 1655년 스코틀랜드 에딘버러에서 출판된 『생명 언약』의 제1부를 한국어로 번역한 것입니다.

세기 전환기에 태어난 루더포드는 17세기 영국—스코틀랜드 역사의 격동기를 목사와 신학자와 청교도 혁명의 지도자로 스코틀랜드 교회와 함께 온 몸으로 헤쳐 나갔던 인물입니다. 에딘버러 대학에서 공부한 후에, 앤워스 교구에서 목회를 했으며, 세인트 앤드루스 대학의 신학교수를 역임했습니다. 영국 국교회를 반대한다는 이유로 1630년경부터 박해를 받았고, 애버딘으로 쫓겨난 이후 스튜어트 왕가의 찰스 1세의 국교도 정책에 저항하는 국민계약 운동에 참여했습니다. 곧이어 영국에서 청교도 혁명이 일어나고 의회에 의해 웨스트민스터 회의가 소집되었을 때, 영국 의회의 초청을 받아 웨스트민스터 회의에 스코틀랜드를 대표하는 인물들 가운데 한 사람으로 참석했습니다. 런던에 머무는 기간 중, 루더포드는 두 권의 중요한 책을 출판합니다. 『법과 국왕』(*Lex Rex*, 1644)과 『장로회들의 정당한 권리』(*The Due Right of Presbyteries*, 1644)입니다. 전자가 국가의 민주정치를 위한 초석을 놓은 저서라면, 후자는 교회의 장로교 노회 정치를 성경적으로 변증한 대표작이었습니다. 웨스트민스터 총회 이후 스코틀랜드 언약도와 크롬웰의 독립파 사이에 갈등이 첨예화 되면서, 교회개혁을 향한 루더포드의 기대는 위기를 맞이하게 되었습니다. 기로에 선 스코틀랜드 교회 안에서는 "결의파"와 "항의파" 사이의 분열이 일어났습니다. 루더포드는 생애의 후반기에 "항의파"의 입장을 지지하며 국민계약 운동의 투쟁을 지속했습니다. 이 시기에 출판된 저서가 바로 『생명 언약』입니다. 이후 1660년 왕정복고가 일어났을 때, 그의 『법과 국왕』은 몰수되어 불태워졌으며, 루더포드는 공직에서 박탈되고, 국가반역죄의 혐의를 받아 찰스 2세의 의회로부터 소환 명령을 받습니다. 그러나 지병으로 인해 왕의 명령에 응하지 못했던 루더포드는 1661년 3월 30일 자택에서 하나님의 부르심을 받아 숨을 거둡니다.

　이처럼 루더포드는 말 그대로 격랑의 세월을 헤쳐 나가야 했습니다. 지상의 전투하는 교회가 경험하는 온갖 종류의 고난과 실패를 몸소 경험했지만, 오히려 이것은 루더포드의 신앙을 단련하고 그를 은혜의 신학자로 만드는 역할을 하였습니다. 어두운 현실의 정황에서 루더포드는 하나님의 은혜 언약과 그리스도만을 바라보았습니다. 어떤 연구자의 평가처럼 루더포드는 언약신학 안에서 일종의 안식처를 발견한 듯합니다. 하나님의 주권적 작정과 은혜를 특징적으로 강조하는 루더포드의 언약신학은 그의 시대적 정황 속에서 더욱 의미 있게 조명될 수 있습니다.

『생명 언약』은 루더포드의 생애 후반기에 저술되었습니다. 한편으로는 성경적인 교회개혁의 전망이 점차 어두워지는 시기였습니다. 그러나 또 다른 측면에서는 종교개혁 이후 크게 발전하기 시작한 개혁주의 언약신학이 가장 만개되었던 시기이기도 했습니다. 한 저작 안에서 루더포드는 행위 언약과 은혜 언약, 그리고 구속 언약 세 가지를 모두 균형 있게 다루고 있습니다. 독자들은, 특히 제2부의 주제인 구속 언약 안에서 행위 언약과 은혜 언약이 어떤 방식으로 유기적으로 연결되어 있는지, 또한 어떤 이유에서 구속 언약을 가리켜 은혜 언약의 영원한 기초라고 부르는지를 잘 이해하게 될 것입니다. 제1부에서 루더포드는 행위 언약과 은혜 언약의 주요 이슈들을 주요 성경구절들을 주해함으로 친절하게 해설해 줍니다. 루더포드의 성경주해 역시 그의 논쟁적 정황 속에서 이루어졌다는 사실을 현대의 독자는 잠시라도 잊어서는 안 됩니다. 본서에서 루더포드가 항상 염두에 두고 있는 주요 논적들은 다음과 같습니다. 교황주의자들과 예수회 소속 신학자들, 재세례파, 아르미니우스주의자들 혹은 항론파, 소키누스주의자들, 율법폐기론자들 그리고 분리주의자들입니다. 특히 교회론 분야에서 같은 신학 전통 안에 있으면서도 그와 의견을 달리했던 영국의 독립파와 뉴잉글랜드의 비분리파 회중주의자들 또한 루더포드가 논박했던 그룹입니다.

『생명 언약』에서 다루는 행위 언약의 주제들 가운데 몇 가지 눈여겨 볼 이슈들은 다음과 같습니다. 타락 전 아담의 상태, 행위 언약과 자연 언약의 관계, 행위 언약 안에 약속된 영원한 생명의 성격, 행위 언약과 보상의 관계, 죽음의 위협을 해석하는 관점 등입니다. 특히 "과연 아담은 처음부터 그리스도 안에서 예정되었는가?"의 문제와 "과연 언약 파기에 따른 형벌은 하나님의 본성적 필연성에 따른 것인가?"라는 질문은 하나님의 의지와 작정을 강조하는 루더포드의 특징적 시각을 잘 드러내는 주제들입니다. 물론 균형점을 상실하지 않기 위해, 루더포드는 다소 신학적인 구분을 도입합니다. 일례로, 하나님의 영원하신 작정의 지평과 언약 관계 안에 있는 우리의 지평을 구분합니다. 또한 하나님의 선언적 영광을 그의 본질적인 영광으로부터 구분합니다. 이러한 구분은 현대의 독자들에게도 유익한 통찰력을 제공합니다. 아울러 행위 언약과 은혜의 관련성을 다룰 때, 루더포드는 엄밀한 의미에서 그리스도를 통해 주어지는 은혜와 보다 넓은 의미의 은혜를 구분하여 사용한다는 사실은 현대의 머리-클라인 논쟁을 경험한 독자들에게 흥미로운 관전 포인트를 제시합니다.

『생명 언약』에서 다루는 은혜 언약의 쟁점들 역시 앞서 언급한 논쟁적 정황 속에서 더욱 쉽게 이해될 수 있습니다. 로마 교회와 아르미니우스주의를 향해 루더포드는 은혜 언약의 조건인 "믿음"이 결코 칭의의 공로적 원인이 될 수 없으며, 사랑이 소위 "믿음의 형상인"이라고 가르치는 로마 교회의 교리와, 은혜 언약의 조건을 사실상 행위 언약으로 둔갑시키는 아르미니우스주의를 반박합니다. 재세례파와 분리주의자들의 도전에 대항하여 루더포드는 유아세례의 성경적 근거를 논증하고, 구약 교회에게 허락된 은혜 언약의 실제를 증명하는 한편, 신약 시대에도 연속성 있게 존재하는 외면 언약과 국가 교회를 변증합니다. 한편 아르미니우스주의와 소키누스주의가 가르치는 보편은총, 보편속죄, 예지된 믿음, 그리고 최종적 불신앙의 논의 등을 논박합니다. 루더포드는 율법폐기론의 도전에 대해서도 주의 깊게 다루고 있습니다. 신자에게도 선행, 회개, 복음적 순종 등이 필요하다는 사실을 루더포드는 역설합니다. 또한 그리스도의 구속 사역이 신자들에게서 죄의 감각을 제거해 버린 것이 아님을 중요하게 지적합니다. 이처럼 그리스도의 의의 전가를 강조하는 개혁주의 칭의론과 아울러 신자의 성화는 루더포드의 은혜 언약 교리 안에서 중심적인 위치를 차지합니다. 특히 신자들 안에 내주하는 죄와 이를 자각하는 죄에 대한 감각에 관한 깊이 있는 논의는 오늘날의 목회 현장에도 적절하게 적용될 수 있습니다. 예를 들어, 제2부에서 루더포드는 은혜 언약 안에 있는 신자의 삶 속에서 마땅히 발견되어야 할 스물네 가지나 되는 "죄죽임"의 열매를 소개합니다. 이는 통찰력 있는 적용의 좋은 실례가 될 수 있습니다.

은혜 언약에 관한 논의에서도 루더포드의 『생명 언약』은 균형점을 상실하지 않습니다. 칭의와 성화 사이의 균형은 물론이고, 은혜 언약의 쌍방성을 간과하지 않습니다. 일례로, 루더포드는 많은 지면을 할애하여 은혜 언약의 일방적 은혜가 결코 새 언약의 복음적 순종을 약화시키지 않는다는 사실을 성경적으로 입증하는 데 노력을 기울입니다. 같은 맥락에서 루더포드는 하나님의 절대적 의지를 지나치게 강조하다가 그리스도의 만족의 필연성까지 부정해 버리는 잘못을 범하지 않습니다. 오히려 그는 하나님께서 자유로운 의지와 절대적인 주권을 따라 그리스도의 만족 없이도 죄를 제거할 수 있다는 주장을 가리켜 "성령을 거스르는 주장"이라고 못 박습니다.

　루더포드의 입장에서 볼 때, 이 모든 내용들은 은혜 언약의 속성과 은혜로움을 구성하는 중요한 요소들로서 루더포드의 통찰력 있는 해석의 틀 안에서 서로 유기적으로 연결되어 있습니다. 또한 은혜 언약이 행위 언약으로부터 차별화되는 내용을 논의한 부분도 흥미롭습니다. 한 걸음 더 나아가, 이 두 개의 언약이 영원한 구속 언약 안에서—혹은 중보자 그리스도 안에서—어떤 방식으로 연결되어 있고, 이러한 구속 언약 교리가 목회적으로 어떻게 적용되는지를 살펴보는 것 또한 루더포드의 『생명 언약』을 정독해가는 큰 즐거움이라 할 수 있습니다. 바라기는 루더포드의 『생명 언약』을 읽는 모든 독자들이 성경과 시대를 바라보는 혜안을 얻고 그리고 개혁주의 신학의 풍성함을 배우는 즐거움을 누리기를 기대하며 기도합니다.

　루더포드의 『생명 언약』이 한글로 번역되어 한국의 독자들에게 소개되기까지는 적지 않은 분들의 크고 작은 도움과 수고가 있었습니다. 먼저 합신 청교도연구센터(Puritan Research Center at Hapdong Theological Seminary)를 개원하고 번역 프로젝트를 시작하신 정창균 총장님께 감사드립니다. 합신 청교도연구센터를 재정적으로 후원해 주시는 유성씨앤에프 주식회사의 황호진 대표이사님과 예수비전교회 도지원 목사님께 감사드립니다. 루더포드가 사용한 성경 역본들을 검토해 주신 김영호 교수님과 라틴어 번역과 본문을 세심하게 읽고 교정해 준 오랜 친구 전주대 한병수 교수님께 감사드립니다. 미완성된 번역본을 함께 읽으며 수업에 참여했던 합신 Th.M. 역사신학 분과 학우들과, 특히 교정 작업에 참여해준 권슬기 전도사님께 고마운 마음을 전합니다. 마침내 읽기 좋은 책으로 만들어 출판해 주신 합신출판부와 북디자이너 김민정 선생님의 노력에도 감사드립니다. 협동 목사의 사역과 합신을 아낌없이 후원해 주시는 조기원 목사님과 송파제일교회 교우님들께 진심으로 감사드립니다. 끝으로, 부족한 아들을 위해 늘 기도하시는 어머니, 긴 번역의 과정에서 독서실 친구가 되어 준 아들 성진, 늘 웃음을 선사해서 지루함을 덜어 준 성준, 그리고 언제나 든든한 동반자가 되어 준 사랑하는 아내 정임에게 깊은 감사의 마음을 전합니다.

2018년 8월
안상혁

기독교인 독자들에게

성도를 잘 세워 나가려는 목적으로 많은 사람들이 이 훌륭한 주제에 대해 저술해 왔습니다. 이런 면에서 제가 할 수 있는 일은 그다지 많지 않습니다. 다만, 이미 논의되어 온 것에 몇 가지 생각들을 첨가할 뿐입니다. 또 하나의 논문을 추가함을 통해 제가 의도하는 것은 다음과 같습니다. 곧 결론적인 요점으로서 언약의 약속들을 적용하는 것과 은혜 언약 아래에서 성령께서 행사하시는 영향력을 보다 실천적인 방법으로 고려하는 것입니다. 특히 후자에 대해서 논의한 저자들은 지금까지 거의 없습니다. 본고의 주된 관심사는 우리의 의무와 생기를 불어넣으시는 하나님의 사역을 조화시키는 것입니다. 영적인 사망 상태 아래에서 우리가 무엇을 할 수 있는지, 곧 그 생기를 불어오게 할 수 있다거나 우리의 영혼이 정당하게 하나님의 역사를 수용할 수 있는 영적인 상태에 처해 있는 것인지에 대해 관심을 기울일 것입니다. 이 주제에 대해 저는 과연 무엇이 진리인지를 말하기를 원하는 것이지, 어느 누구를 편들거나 논박하고자 하는 것이 아닙니다. 제가 반박하는 이들이 구체적으로 누구인지에 대해서는 침묵하고 이름을 말하지 않을 것입니다. 할 수만 있으면 논박을 최소화하고, 논쟁의 불길을 일부러 일으키지 않으며 평화를 유지하는 것이 진리를 판단하는 일에 더욱 유익합니다. 논쟁에 익숙하지 않은 일반 독자들은 본고에서 논박의 방식으로 논의되는 부분을 건너뛰어 실천적인 부분을 먼저 읽을 것을 권합니다. 본고의 저자는—진리가 그에 의해 훼손되지 않기를 바라며 밝혀둡니다—소위 "항의자"라는 이름으로 명명된 사람입니다. 이 명칭은 제 자신도 이해할 수 없는 어두운 이름입니다. [1650년대 스코틀랜드 언약파 내부의 결의파(Resolutioners) 대 항의파(Protesters) 사이의 투쟁에서 루더포드는 항의파 지도자였다 -역자 주] 곧 스코틀랜드 안에서 하나님의 교회의 통치와 치리를 저버린 자라는 것입니다. 그러나 제 소견은 과거나 현재나 동일하며 진리에 대해 아무것도 새롭게 추가한 것이 없습니다. 세상은 이들을 소위 "항의자들," "종파주의자들," "분리주의자들"로 부르고 있습니다. 저는 우리들 역시 구세주를 필요로 하는 죄인들로 간주합니다. 다만 하나님을 두려워하고, 그의 성호를 사랑하며, 기쁨으로 우리의 입장을 실천하며, 복음의 규칙에 조금 더 근접하기를 소원하는 자들이라고 생각합니다. 또한 우리의 영토 안에서 자행되는 온갖 가증한 일들에 대해 심히 애통하기를 원하는 자들입니다. 물론 이 땅에 존재하는 경건한 자들을 염두에 두고 발언하는 것은 아닙니다. 이에 대해서는 또 다른 판단이 필요할 것입니다. 주님께 대한 제 간구는 하나님께서 우리로 하여금 다음의 성경 말씀을 실제로 체험하도록 하시는 것입니다. "여호와께서 이와 같이 말씀하시되 포도송이에는 즙이 있으므로 사람들이 말하기를 그것을 상하지 말라 거기 복이 있느니라 하나니 나도 내 종들을 위하여 그와 같이 행하여 다 멸하지 아니하고"(사 65:8)

우리 주님 예수께서 여러분과 함께 하시기를 기원합니다.

주님 예수 안에서
사무엘 루더포드

차 례

따라서 유기된 이들을 위해 [그리스도께서] 지불하신 충분성이
나 혹은 모든 이의 죄를 그리스도에게 짐 지우는 것 등에 대해
말할 때, [사람의] 믿음과 불신을 그 근거로서 제시할 수 없다.

생명 언약
·
01

논문의 네 가지 특정한 주제들

생명 언약에 관한 논의는 다음의 네 가지 소주제들로 축약된다.

1. 행위 언약과 은혜 언약 각각의 성격과 양자 사이의 차이점들
2. 생명 언약의 중보자
3. 언약의 약속들을 적용함
4. 복음 아래에서 은혜의 언약적인 유효적 작용에 관한 논의

지금까지 특히 마지막 주제를 실천적인 방식으로 논의한 것이 많지 않다.

생명 언약

02

1. 아담의 상태에 관한 논제들

1) 사도는 고린도전서 15장 47절 "첫 사람은 땅에서 났으니 흙에 속한 자이거니와 둘째 사람은 하늘에서 나셨느니라"에서 매우 탁월한 두 명의 공인(公人)에 대해 말씀한다. 둘 모두 위대한 가족들의 고귀한 수장들이다. 첫 사람 아담의 조건은 동물적이고 땅에 속한 반면에 두 번째 아담은 영적이며 하늘에 속하였다. 의심의 여지없이 두 번째 아담의 가문에 태어나고 그의 후손이 되는 것이 첫 번째 아담의 출생이 가지고 있는 영광의 빛을 어둡고 무색하게 만든다(요 1:12,13). 따라서 피부색이나 겉만 번지르르한 귀족적인 것, 그리고 좋은 혈통과 같은 것들은 결코 자랑거리가 되지 못한다. 물론 "나"와 "자아"라고 불리는 피조물이 보잘것없고 연약한 진흙 한 조각 안에 슬며시 들어와 자리를 잡게 되었

을 때, 그 진흙덩어리는 너무나도 찬란하게 빛을 발하여 일종의 신과 같은 존재가 되었다.

2) 아담의 만개된 최고의 상태라고 할 수 있는 낙원에서의 상태는 일종의 속세적인 상태였다. 그는 먹고(창 2:9,16), 잠을 자고(창 2:21), 동산 안에 놓였으며, 몸을 가렸다(창 2:8,16,17). 그의 결혼(창 2:23,24), 새와 들짐승과 물고기에 대한 그의 지배권(창 1:28) 등은 모두 그의 땅에 속한 상태를 증언한다. 반면 두 번째 아담 안에서 우리는 이 모든 것들에 더하여 광활하게 넓은 포도원보다 훨씬 더 값어치 있는 생명을 선물로 받았다. 따라서 상기한 모든 것들은 대부분 첫 번째 아담에게 속한 것들이요 두 번째 아담에게 속한 것은 그리 많지 않다는 사실을 드러내고 있다. 우리 가운데 그 누가 우리의 첫 번째 조상 아담이 팔아치운 많은 땅을 다시금 정복하여 "가옥에 가옥을 이으며 전토에 전토를 더하여 빈틈이 없도록 하고(사 5:8)," 다른 모든 이들을 마치 사생아처럼 취급하여 그들에게서 상속권을 박탈시키고 오로지 자기 혼자만이 아담의 정당한 상속자인 양 "이 땅 가운데에서 홀로 거주하려 하는 자들(사 5:8)"처럼 행동하겠는가? 누구든지 좀 더 영적이고자 한다면 그들은 더욱 더 세상에 속한 것을 초월하게 될 것이다.

3) 불사(不死)는[1] 아담의 땅에 속한 부분에 대하여 말할 때—땅에

---

1) [역자 주] 초판에는 '죽음'(mortality)으로 되어 있으나 이후 출간된 판본의 교정표에서 "불사 不死"(immortality)를 잘못 쓴 것으로 밝혔다.

속한 신체가 영원한 생명을 요구하는 것은 자연적이지 않다는 의미에서―초자연적이라고 불릴 수 있을 것이다. 아담은 영혼과 몸으로 구성되었고, 하나님의 형상을 부여받았으며, 영혼은 죽을 수 없다는 사실을 고려할 때, 불사(不死)가 영혼과 몸으로 구성된 온전한 형태의 아담에게서 기인한다고 말할 수도 있을 것이다.

4) 그러나 불사의 생명이 어떤 것인지를 고려할 때, 우리는 아담에게 속한 생명이 그의 자연적 본성에 의한 것이 아니라 약속에 의한 것이었다고 말할 수 있다. 즉 이 생명은 하나님과 더불어 누리는 천상의 교제를 의미했다. 이를 위해 아담은 최종적으로 온전한 앎을 획득한 자, 혹은 모든 경주를 훌륭하게 완주하여 마침내 황금과 승리의 관을 얻은 자로서 하나님과 교제를 나눌 존재였던 것이다.

2. 아담은 그리스도 안에서 영원한 생명으로 예정되었다. 어떤 방식으로 그러했는가?

5) 아담은 그의 첫 번째 상태에서 율법의 영광으로 예정되지 않았다. 또한 하나님께서 그를 견인해 나가시는 하나님의 유효한 사역으로 예정되지도 않았다. 아담은, 에베소서 1장 3절을 빌려 표현하자면, 창세 이전부터 율법의 거룩함으로 하나님께 영광을 돌리도록 선택받지 않았다. 이 말씀은 무엇을 말하는가? 아담 역시

예수 그리스도를 통해 영원한 생명으로 예정되었음을 말하는 것이 아닌가? 아담은 과연 그러했다. 그러나 그의 모든 자손들을 대표하는 공인으로서가 아니었다. 그 대신 아브라함이나 야곱과 같은 개인의 자격으로서 그랬다. 복음에 관하여 말하자면 예정이란 자연적 본성에 속한 것이 아니라 이 사람이나 혹은 저 사람과 같은 특정한 개별 인격에 속한 것이다. 따라서 우리는 아담이 아닌 그리스도 안에서 영원한 생명으로 예정된 것이다(롬 8:29, 30).

6) 결국 아담은 율법적 생명으로부터 전적으로 또한 최종적으로 타락했다. 그러나 그는 복음적 선택을 통해 영광에 이르기로 예정된 상태로부터 타락한 것은 아니었다. 하나님은 율법을 시혜하는 기간 중에도 사랑의 계획을 가지고, 값없이 베푸시는 은혜의 극장과 무대를 마련하셨다. 행위의 길은 일종의 기한적인 경륜이었다. 이를테면 여름 별장과 같은 것이어서 다시 철거될 것이었다. 마치 주님은 행위와 자연이 일시적인 것일 뿐, 의를 위한 항존하는 법정이 되지 못하도록 처음부터 의도하신 듯 했다. 이제 그것은 오래된 유물과 같은 옛 법정이 되었다. 또한 옛 시대 지층에 속한 율법은 악인들을 정죄할 뿐인데 이들은 은혜의 법정을 인정치 않고 오로지 행위의 법정만을 인정하려는 자들이다. 율법은 정의로운 법정으로서 강도들에게 공포심을 주고 도덕적으로 해이한 자들과 주변인들에게 두려움을 불러일으킨다. 하지만 신자들에게 이 법정은 오늘날 전혀 다른 목적을 가지게 되었다.

생명 언약

·

03

창 2:17 "네가 먹는 날에는 정녕 죽으리라"에 나타난 죽음의 위협과,
창 3:20 "너는 흙이니"에 나타난 목적과 의미는 무엇인가?

1. 창세기 2장 17절에 나타난 죽음의 위협과 창세기 3장 20절
"너는 흙이니"의 목적과 의미는 무엇인가?

　우리는 죽음의 위협을 하시는 분의 의도를 위협 자체에 나타난
목적과 의미로부터 반드시 구분해야 한다.
　율법의 위협은 그 위협의 대상이 된 사람에게 그것을 시행함에
의해 잘 설명된다. 예를 들어 열왕기상 11장 30장의 위협은 열왕기
상 12장 15-16절에 의해 해석되었다. 곧 하나님의 말씀대로 다윗
왕가는 이스라엘의 열 지파를 빼앗겼다. 죽음의 위협이 결국 그리

스도에게 실행되었다는 사실을 고려할 때(벧전 3:18; 갈 3:10-14), 창세기 2장 17절과 신명기 27장 26절에 계시된 죽음의 위협은 결국 사람이신 그리스도를 향해 의도된 것이었다고 말할 수 있다. 또한 모든 사람들과 마찬가지로 신자들도 죽음을 경험하는 것을 볼 때(히 9:27), 죽음의 위협은 신자들을 향해서도 의도된 것이었다고 말할 수 있다. 왜냐하면 그들 역시 아담 안에서 범죄했기 때문이다. 물론 유기자들 역시 첫째 사망과 둘째 사망을 경험하는 것을 고려할 때, 죽음의 위협은 또한 그들을 겨냥하고 있음이 분명하다. 따라서 위협하시는 분의 의도를 고려할 때, 죽음의 위협은 부분적으로는 율법적이요 또한 부분적으로는 복음적이라고 말할 수 있다. 하나님의 시각에서 바라볼 때, 그 대상이 되는 사람에 따라 하나님의 마음에는 율법과 복음 모두를 가지고 계셨던 것이다. 이런 측면에서 볼 때, 주님이 아담에게 죽음의 위협을 주셨을 때 이것이 엄밀하게 어떤 종류의 죽음이었는지를 묻는다거나 이 위협이 순수하게 율법적이었는지 따지는 것은 무의미한 물음이다. 왜냐하면 이러한 질문은 오로지 행위 언약만을 전제하고 주님께서 타락한 인류에게 구원자를 주신다는 사실을 배제한 상태에서 묻는 질문이기 때문이다. 그러나 우리는 이렇게 말할 수 있다. 하나님께서 아담에게 실제로 부과한 죽음은 그가 처음부터 의도하셨던 죽음이었다. 또한 주님은 첫째는 아담 개인과 둘째는 아담 및 그의 모든 후손들을 위해 오로지 율법적인 죽음만을 작정하신 것이 아니었다.

2. 율법의 위협은 입법자가 공의와 법에 의해 법적으로 마땅히 가할 수 있는 것이 무엇인지를 계시한다. 실제로 무엇을 실행할지를 계시하는 것은 아니다.

반론 아담은 그가 반드시 죽을 것이라는 사실을 믿어야만 했다. 그것이 바로 그가 범죄할 경우 일어날 일로서 창세기 2장 17절에 계시된 위협이기 때문이다. 만일 아담이 그가 실제로는 죽지 않을 것이라고 믿었다면 이것은 하나님께서 말씀하신 참 위협의 내용과 모순이 되는 것을 믿었다는 의미이다, 이렇게 말할 수 없는 이유는 다음과 같다. 그렇다면 아담은 결국 창세기 3장에 기록된 사탄의 거짓말을 믿었다는 의미이기 때문이다.

답 실제 상황에서 결과적으로 아담이 믿어야 했던 것은 양자 가운데 어느 한 쪽에만 해당하는 것이 아니었다. 왜냐하면 위협 자체가 두 종류로 구분될 수 있기 때문이었다. 일차적으로는 순전한 위협 그 자체로서 우리에게 계시된 것, 곧 하나님께서 율법 안에서 행하시는 것이다. 그러나 이차적인 행위로서(*actu secundo*), 또한 결과와 관련해서(*quoad eventum*) 하나님께서 성취하시기로 이미 작정하셨고 의도하신 바에 따른 위협도 존재한다. 후자의 경우에 해당하는 위협들은 일정한 조건을 포함하는 데 이것은 성경의 다른 곳에서 명시된 경우도 있고, 하나님의 마음속에 유보된 상태로 있는 경우가 있다.

제3장

1) 하나님께서 아담에게 죽음의 위협을 가하신 이상, 하나님은 여전히 절대적으로 자유로운 주권을 행사하여 그에게 형벌을 가하실 수도 있고 혹은 복음적인 치료제를 공급하실 수도 있으시다. 이해를 돕기 위해 솔로몬 왕이 열왕기상 2장 3절에서 시므이에게 한 말을 생각해 보자("네가 나가서 기드론 시내를 건너는 날에는 반드시 죽임을 당하리라"). 이것은 시므이가 죽음의 죄책(reus mortis)을 당할 것이라는 의미이다. 그러나 이 경우에도 다음의 사실이 결코 부정될 수는 없다. 즉 솔로몬 왕은 여전히 왕의 권세를 가지고 시므이를 용서할 수도 있고, 혹은 판결을 완화시키거나 변경할 수도 있는 권한을 행사할 수 있다는 사실이다.

2) 율법의 말은 다음의 사실을 드러낸다. 즉 판사가 법적으로 행할 수 있는 것이 무엇이고, 법에 따라 처벌받아 마땅한 죄책이 무엇인지를 보여주는 것이다. 반면에 율법은 입법자의 의도와 절대적인 작정이 무엇인지 계시하지 않는다. 또한 실제적이고 결과적으로 가해지는 형벌이 무엇이며, 하나님이 작정하신 것으로서 최종적으로 성취되는 것이 무엇인지를 보여주지는 못한다. 창세기 9장 6절에 따르면 살인자는 판사의 칼에 의해 처형되어야 한다. 출애굽기 22장 18-20절에 따르면 무당과 짐승과 행음하는 자, 그리고 다른 신에게 제사를 드리는 자 등은 법에 따라 또한 정당하게(jure, merito), 그리고 율법의 정당한 요구에 따라 마땅히 처형되어야 한다. 그러나 현실이 반드시 이를 따르는 것은 아니다. 실제로 상기한 가증스러운 일들을 행하는 사람들은 죽지 않

고 살았다. 아시리아의 왕들과 갈대아인들 또한 많은 이스라엘 사람들은 하나님의 말씀을 거슬렀음에도 죽음을 당하지 않았고 결과적으로는 (quoad eventum) 생존했다.

3) 십계명의 명시적인 계명들, 즉 "내 앞에 다른 신들을 두지 말지니라", "살인하지 말지니라", "도적질 하지 말지니라" 등과 같은 금령들은 다음의 사실을 보여준다. 즉 율법은 우리가 마땅히 하지 말아야 할 것을 보여주는 것이지 실제로 성취되는 것이 무엇인지를 보여주는 것이 아니다. 실제적이고 결과적으로는 이 세상에서 우상을 섬기고, 살인하며, 또한 도적질하는 사람들이 결코 적지 않게 존재하고 있기 때문이다.

3. 그러나 위협인 것과 동시에 예언인 것도 있다.

그러나 또 다른 종류의 위협들도 존재하는데 이것은 위협인 것과 동시에 예언이기도 한 것이다. 곧 이 위협은 율법과 사실 모두를 계시한다. 입법자가 법에 따라, 또한 율법 안에서 처벌할 수 있는 것이 무엇인지를 드러낼 뿐만 아니라 범죄자들에게, 만일 그들이 지속적으로 회개하지 않을 경우, 실제로 가해지는 것이 무엇인지를—롬 2:1-3; 롬1:18; 고전 6:9, 10에서처럼—계시한다.

반론 그렇다면, 이는 모든 위협들과 약속들 안에서 우리는 비록 우리가 죄를 범할지라도 결국 실제적이고 결과적으로 죽게 될 것이라는 사실을 우리가 믿지 말아야 한다는 사실을 의미한다. 그렇다면 비록 우리가 순종하고 믿는 경우에라도, 다음의 사실들을 믿을 수 없음을 의미하는 것이 아니겠는가? 즉 하나님께서는 그의 약속을 성취하실 것이라는 사실, 마침내 우리의 구원이 성취될 것이라는 사실, 우리는 영원한 생명을 소유할 것이라는 사실 등은 비록 법적으로는 약속되었으나 실제적이고 결과적으로는 성취되지 않을 수 있다는 것이다.

4. 육적인 보장은 무엇인가?

답 먼저 위협에 관해서 몇 가지 사항을 논의한 후에 약속에 관해서 우리가 믿어야 할 것에 대해 살펴보기로 한다. 조건적인 위협들이 선언될 때—이를 테면 "40일이 지나면 니느웨성이 멸망하리라." 또한 "네가 먹는 날에는 정녕 죽으리라(너 개인적으로 또한 너에게 속한 모든 자들과 함께 첫째 사망과 둘째 사망을 당할 것임)."—우리는 법적인 위협 앞에서 오로지 경건한 두려움과 공포를 느껴야 마땅할 것이다. 우리는 결과적으로 성취될 것을 믿는 것이 아니며 그것을 육적인 안전보장으로 삼아서도 안 된다. 이는 가견 교회 안에서 항상 가르쳐온 바이고 또한 모든 신자들이 믿어 온 내용이다. 여기에는 오로지 복음적 회개의 예외만이 있을 뿐이었다. 따라서 만일 아담이 자신과 그에게 속한 모든 인류가 개별자로서 첫째 사망과 둘째 사망을 실제로 당해야만 한다는 사실을 믿었다면, 또한 그것이 돌이킬 수 없다는 것을 믿었다면, 아담은 상기한 (결과적 성취에 관한) 믿음과 같은 것에 대한 그 어떤 보장도 소유하지 않았다. 이것은 아마도 니느웨의 경우에도 동일하게 적용될 것이다. 왜냐하면 주님께서는 "네가 먹는 날에는 반드시 죽으리라—너와 네 자손이 개별적으로 첫째 사망과 둘째 사망을 당할 것"이라고 말씀하였기 때문이다. 물론 여기서 하나님께서 의미하신 것은 그분께서 복음적인 치료제와 구세주를 제공하지 않으실 경우를 의미하는 것이다. 경건한 경외는 율법을 깨뜨림을 통해 임하는 하나님의 진노 때문이 아니라 그것 때문에 하나님의 영광을 가리는 사실로 인해 더욱 두려워 떤다. 설사 그 진노가 지옥의 불이라 할지라도 말이다.

5. 위협에 대해 아담이 믿어야 했던 것은 무엇인가?

반론 그렇다면 아담은 사탄의 말, 곧 "너희가 결코 죽지 아니하리라"라는 진술이 참이며, 또한 결과적으로 "너희가 하나님과 같이 되어 선악을 알게 될 것이다"라는 사탄의 말을 믿었다는 의미이다.

답 그러한 논리적 귀결은 맞지 않다. 왜냐하면 사탄의 거짓말이 의미하는 바대로—곧 당위에 의해서나(사탄은 율법의 공평함과 의로움과 위협에 대해 싸움을 걸어왔다) 혹은 실제적인 결과에 의해—그들이 죽지 않는다는 것은 사실이 아니기 때문이다. 사탄이 제시한 두 가지 모두 거짓이고 계시되지 않은 사실이다. 믿음은 하나님께서 계시하신 것 이상을 뛰어넘지 않는 법이다. 사탄은 두 가지, 곧 첫째는 위협의 공정성을 논박했다. 마치 그것이 법적으로 불공평한 것처럼 논박했다. 둘째는 결과적 사실에 대해 그것은 실제로 일어날 사건이 아니라 허구일 뿐이라고 논박했다. 사실상 이것은 결과적으로 일어나지 않은 사건이었다. 그러나 사탄의 거짓말과 거짓된 원리에 따라 발생하지 않은 것은 아니었다.

반론 그렇다면 아담은 절망하여 구원자에 대한 그 어떠한 것도 믿을 수 없도록 되어 있었단 말인가?

답 아담은 절망하지 않아야 했다. 그 대신 십계명의 제1계명에 의거하여 무한히 능력이 있고, 자비로우시며, 은혜로우시며 지혜로우셔서 구원을 베푸시는 하나님께 의존해야만 했다. 이것은 그의 마음속에 계시되었고 새겨진 것이었다. 이런 면에서 그는 절망과는 멀리 떨어져 있었던 것이다. 물론 타락의 시점과 주님께서 복된 복음을 선포하시는 시점, 곧 앞으로 오실 후손에 관한 소식이 공포된 시점 사이의 시간적 간극 안에서, 아담은 일반적 차원의 가능한 구속—자연법이 요구하는바—을 바라보며 하나님을 신뢰했어야만 했다. 물론 그는 아직 구체적으로 계시되지 않은 그 어떤 것들을 믿을 수는 없었다. 복음의 신비는 거의 계시되지 않았다. 그것은 창세 이래로 감추어진 것이었다(롬 16:25).

반론 그렇다면 이러한 내용은 지옥에서 저주받은 자들에게도 해당되지 않겠는가? 그들 역시 자연법의 의무로부터 벗어나 있지 않으며, 무한하시고 전능하신 하나님께 자신의 구원을 위해 의지하도록 요구하는 첫 번째 계명으로부터 분리되어 있지 않을 것이다. 그들은 반드시 절망하도록 되어 있거나 그 어떠한 죄를 지어야만 할 의무가 있는 것도 아니다.

답 그러한 추론은 맞지 않다. 비록 정죄 받은 자들이 자연법으로부터 독립된 것은 아니지만 그들은 모든 것을 충만하게 공급하시는 온전함 안에서 하나님을 의지해야만 한다. 구원을 위해 하나님의 계시된 공의와 진리에 의지하는 것이 아니다. 하나님은 명시적으로 "거기에서는 구더기도 죽지 않고 불도 꺼지지 아니하느니라"라고 계시하셨다. 절망하지 않기 위해 이 말씀을 믿는 것이 아닌 것이다.

반론 그렇다면 위협과 관련하여 복음을 한 번도 듣지 못했던 이교도가 믿어야 할 것은 무엇인가?

답 그들은 자연법 아래에서 다음의 사실을 믿어야 한다. 죄는 범죄로 인해 위엄이 훼손되신 하나님의 존엄이 가진 무한성에 따라 임하게 된 하나님의 진노를 받아 마땅하다는 사실이다. 또한 그들은 자연법을 순종해야 하고 창조의 책을 주의 깊게 읽어야만 한다. 그러나 만일 구세주가 오신다는 소식이나 풍문이 그들의 귀에 이르렀다면, 그들이 하나님의 주권적인 치료제의 실재와 진리를 추구하지 않았다는 측면에서 그들의 죄는 복음에 대한 것이라고 말하지 않을 수 없다. 물론 다음과 같은 생각은 맞지 않다. 비록 복음이 모든 민족들에게로 알려질 것이지만 로마서 16장 26절("모든 민족이 믿어 순종하게 하시려고 알게 하신 바")이 의미하는 바는 다음의 두 가지가 아니다. 첫째, 모든 민족들의 각 세대에게 복음이 전해진다는 의미가 아니다. 둘째, 해 아래 존재하는 모든 각 민족들 안의 모든 개인들에게—미성년자이든지 성인이든지—복음이 전파된다는 의미가 아니다. 우리의 경험과 성경 모두 이것은 사실이 아님을 말한다.

반론 그러나 은혜 언약은 율법과 행위 언약과는 반대되는 것이 아닌가?

답 다양성이 존재하는 것은 사실이다. 그러나 거룩하신 하나님 안에서 서로 모순되는 의지들이 공존한다고 주장할 수는 없다. 만일 율법과 십계명의 제1계명으로부터 복음을 도출해 낼 수 있다는 가정을 입증하기 위해 하나님의 자유의지와 무한하신 지혜를 첨가한다면 율법과 십계명의 첫 번째 계명으로부터 복음을 다음과 같이 도출해 낼 수도 있을 것이다.

만일 첫 번째 계명이 하나님은 무한히 지혜로우시고, 자비로우시며, 은혜롭고, 공의로우시며, 또한 구원하실 능력이 있다고 가르친다면, 만일 그가 기뻐하실진대 하나님은 틀림없이 구원하실 것이다.

그런데 첫 번째 계명은 전반부를 우리에게 가르치지만, 복음은 그리스도에 관한 측량할 수 없는 풍요로움을 명시적으로 또한 많은 분량으로 가르치고 있다(엡 3:8).

6. 약속과 위협은 어떻게 다른가?

약속과 관련하여 말하자면, 약속은 약속된 대상의 정의, 공정성, 그리고 선함을 포함하고 있을 뿐만 아니라 주님께서 실제로 행하실 것을 포함하고 있다. 진실로 그렇다. 하나님은 우리가 요구된 조건을 행하는 것을 조건으로 하여 수행하시기로 약속하신 것을 실제로 행하시기를 의도하신다. 이런 측면에서 하나님의 약속들은 상기한 위협들, 곧 단지 율법 안에서 하나님께서 행하실 수 있는 것을 보여 주는 위협의 경우와 적지 않은 차별성을 갖는다. 반면 위협들 가운데 위협과 더불어 실제로 성취하실 것을 예고하는 예언적인 것까지 포함하는 위협의 종류와는 크게 다르지 않다. 그러므로 우리는 이러한 위협들 사이의 구별점과 서로 상이한 위협들을 잘 구분해야만 한다.

한편 약속들은 다음의 두 가지로 구분하여 고려해야 한다. 한편으로는 가견 교회 안에 있는 만인에게 설교되고 선포된 것으로서의 약속들이 존재한다. 다른 한편으로는 하나님의 의도 속에 택자들 및 자녀들과 더불어 맺으신 것으로서의 약속들이다. 이와 상응하는 방식으로 위협의 이중적 의미를 고려할 수 있다. 하나님의 의도에 따라 택자들에게 주어진 약속들은 이 약속들이 두 측면, 곧 질료와 주님의 의도의 양면에서 모두 복음적 약속임을 드러낸다. 주님은 약속된 축복을 진실로 수여하기를 마음으로 의도하시며, 또한 은혜를 베풀어 조건들을 수행하도록 하신다는 두 가지를 고려할 때 그렇다. 한편 유기자들에게 제시된 약속을 생각해 보자. 유기자는 출생에서 사망에 이르기까지 항상 행위 언약 아래에 머문다. 그들 역시 하나님의 거룩하신 명령에 실질적으로 접촉한다는 측면에서 볼 때, 그들에게 주어지는 약속들 역시 질료적으로는 복음적인 약속이라고 말할 수 있다. 그러나 형상적으로 또한 주님의 의도라는 측면에서 보았을 때는 율법적이다. 곧 각 시대의 경륜이 그들에게는 율법적인데 이는 주님께서 그들에게 은혜를 거절하기로 작정하시는 한 그렇다. 따라서 그들은 약속의 조건을 그들 스스로 성취해야 하는데 이는 율법에 고유하게 속하는 것이다. 반면에 복음에 속하는 고유한 특징은 다음과 같다. 곧 주님께서 약속된 자비를 수여하실 뿐만 아니라 약속의 조건을 성취할 수 있도록 만드는 은혜까지 베풀어 주신다는 것이다.

7. 율법의 위협은 택자들에게 어떤 방식으로 복음적이 되는가?

신자에게 주어진 위협에 대해 살펴보자. 특히 율법적인 위협들—"만일 너희 신자들이 타락할 경우 너희는 영원히 멸망할 것이다"—은 신자들에게 있어 비록 질료적으로는 그것이 율법적이고, 독단적이고, 전혀 예외를 두지 않는 것으로 보이나, 형상적인 의미에서는, 또한 주님의 의도라는 측면에서 볼 때 그것들은 신자들을 향해 복음적이라고 말할 수 있다. 같은 맥락에서 그들은 주님께서 그들이 영원히 멸망할 것을 의도하지도 작정하시지도 않는다고 말해야 한다. 왜냐하면 주님은 이와 반대로 그들을 은혜와 영광을 향하도록 예정하셨기 때문이다(엡 1:4). 신자들은 그들이 영원한 저주를 믿는

다거나 혹은 그들이 최종적이고 전적으로 타락하여 마침내 영원한 저주에 이를 것이라고 믿는 것을 하나님께서 의도하셨다고 믿어서도 결코 안 된다. 왜냐하면 신자들은 그들이 그리스도 안에 있음과 (고후 13:5; 롬 8:16-17) 모든 정죄로부터 해방되었음을 잘 인지하고 있으므로(롬 8:1), 그들이 영원한 정죄와는 정반대로 오히려 영원한 생명을 소유했음을 믿어야 한다(요 4:24; 살전 5:9; 요 3:16). 또한 신자들은 유기자들의 경우와 반대로 견인의 약속이 주어졌음을 믿어야 한다(렘 32:39-40; 사 59:21; 요 10:27-28; 요 17:20-21; 벧전 1:3-5; 마 16: 16-17, 19). 결론적으로 중생자들은 자신들의 삶 속에서 상기한 위협들이 확실히 현실화될 것이라고 믿어서는 안 된다. 이것들은 다만 일종의 율법의 동기로서 신자에게 작용하여 그들로 하여금 그들의 구원을 두려움과 떨림 가운데 이루어 나가도록 돕는 것이다. 또한 신자들이 율법 아래에 있는 조건들을 두려운 것으로 파악할수록 그만큼 더 그들로 하여금 그리스도에게 더욱 더 밀착하여 붙어 있도록 돕는 역할을 감당하는 것이다.

반면 유기자와 불신자들은 하나님께서 그들에게 약속한 것들과 더불어 약속의 조건을 수행하는 것을 가능하게 만드는 은혜까지 주시기로 의도하시고 작정하셨다고 믿지 않는다. 단지 그들은 하나님을 신실하게 의지할 의무와 중보자 안에서 계시된 복음적 믿음에 대한 그들의 의무만을 믿을 뿐이다. 만일 그들이 지속적으로 그리스도를 반대한다면, 그들은 율법에 의해 파산되어 마땅할 뿐만 아니라─신자들 또한 마찬가지이다─실제적이고 결과적으로 영원히 멸망할 것이라는 사실을 믿어야 할 것이다. 신자들은, 비록 계시된 위협을 들을지라도, 그들을 구원하기로 하시는 하나님의 작정을 믿어야만 한다. 반면에 유기자들은 오로지 위협의 감지된 의미와, 타당한 율법, 그리고 결과적 사실로서의 위협만을 믿을 뿐이다. 그리고 그들이 회개를 거부하는 한, 그들은 자신들을 구원할 작정의 존재를 믿지 않는다.

생명 언약

·

04

◆ 1. 아직 회심하지 않은 택자들은 율법적 진노 아래에 있는 것이 아니다.
◆ 2. 믿음은 만족의 원인이 아니다.
◆ 3. 그리스도는 유기자들의 죄를 위한 만족을 이루셨을 리가 없다.

아직 회심하지 않은 택자들이 진노 아래 있는지의 여부를 두고 많은 사람들이 의심을 한다. 만일 그것이 사실이라면, 그들은 죄의 종이다(롬 6:17). 그들은 소경이며 유기자들로서 사탄의 권세 아래에 있다(행 26:18). 또한 다른 이들과 마찬가지로 그들 또한 본성을 따라서는 진노의 자녀들이다(엡 2:3).

답 첫째, 그들이 회심 전에 범한 죄는 행위 언약을 따른 죄이다. 그들의 죄는 영원한 정죄를 받아 마땅하며 법적으로나 그 언약과의 관련성에 따라서는 그들 역시 다른 이들과 마찬가지로 진노의 자녀들이다.

둘째. 그러나 우리는 다음을 구분해야만 한다. 먼저는 선택과 영원의 상태이다. 여기서 회심 전 택자들은 그들의 인격이 비록 보이지는 않지만 사랑의 상태 아래에 있다. 다음은 죄악의 상태이다. 그들은 죄의 길의 상태에서 태어나고, 회심에 이르기 전까지는 다른 이들과 같이 죄의 길로 행한다. 첫 번째 상태에 관하여서는 예레미야 31장 3절의 말씀—"내가 영원한 사랑으로 너를 사랑하기에"—이 참되게 적용된다. 또한 로마서 9장 12-13절과 에베소서 1장 4절을 보라. 하나님은 결코 인격체로서의 그들을 미워하지 않으신다.

셋째, 회심하지 않은 택자들이 범한 죄에 대한 처벌과 그들이 진노 아래에 있다는 사실은 두 가지 방식으로 고려된다. 먼저 대략 질료적으로 간주할 때 그들은 다른 이들과 마찬가지로 율법의 치는 것과 율법의 진노, 곧 율법적 형벌 아래에 있다. 에베소서 2장 3절과 다른 구절들을 고려할 때 그렇다. 다음으로 진노는 형상적으로도 고려되어야 한다. 그렇게 되면 회심하지 않은 택자들에 대한 형벌은 부정된다. 왜냐하면 그들의 죄악 된 길은 율법적 보복이나 저주의 일부를 구성하지 않기 때문이다. 그리스도께서 그들의 회심 전 죄악을 그들이 회심 이후 범하는 죄의 경우와 동일한 방식으로 친히 담당하셨다.

1) 요한복음 5장 24절에서 신자는 일종의 저주로서의 "사망으로부터 생명으로 옮겼고" 또한 결코 "심판과 정죄에 이르지 않는다."고 그리스도께서 말씀하셨을 때, 이는 신자들이 단지 절반 정도

만 저주로부터 옮겨왔고 나머지 절반은 여전히 저주에 머무른다는 사실을 결코 의미하지 않는다.

1. 회심 이전이라도 택자는 율법의 저주를 담당하지 않는다. 율법의 저주는 택자와 그리스도 사이를 갈라놓을 수 없다.

2) 신자들은 그리스도 안에서 죄의 승리, 쏘는 것, 권세로부터와 율법의 저주, 그리고 모든 저주, 곧 고통과 정죄로부터 해방을 얻었다. 이 해방은 단지 부분적으로만 이루어진 것이 아니다. 온전한 해방이다. 그렇지 않았다면 그들의 승리는 단지 부분적인 것에 그쳤을 것인데 이는 다음의 성경적 증거에 위배되는 것이다. 고린도전서 15장 54-56절, 호세아 13장 14절, 이사야 25장 8절 등을 보라. 또한 그리스도의 보혈 안에서 그들의 모든 죄와 흠이 씻긴 것이 아니라 그들 안에 율법의 저주가 여전히 남아 있다는 의미인데 이것은 다음의 성경 구절에 위배된다. 아가서 4장 7절, 예레미야 50장 20절, 요한복음 1장 28절, 요한일서 1장 8절, 로마서 8장 1절이다.

3) 구속함을 받은 자들을 위해 그리스도께서 행하신 것이 무엇이든 그것은 그들을 위해 충만한 것이며, 부분적이 아닌 온전한 것이다. 왜냐하면 그리스도는 그들의 온전한 구세주이시기 때문이다. 그리스도께서는 우리를 위하여 저주를 받으시고(갈 3:13), 그에게 오는 모든 자들을 능히 구원하실 수 있는 분이다(히 7:27).

따라서 보복적인 만족의 절반이나 일부는 그리스도께서 담당하고 나머지 절반이나 부분은 우리가 담당한다는 것은 있을 수가 없는 일이다. 왜냐하면 이는 한낱 인간 순교자들을—이들은 그들 자신의 피와 고난으로 연옥의 값을 치른다— 공의를 만족시키기 위해 그리스도와 협력하여 함께 값을 치른 공동 지불자로 만드는 것이기 때문이다. 우리는 율법폐기론자들을 반대하며 다음과 같이 가르친다. 즉 경건한 자들 역시 죄에 대한 벌을 받는다는 사실이다. 그러나 그들이 받는 벌은 공의에 따른 형벌이 아니라 복음적인 것이다. 그들이 율법의 공의에 따른 형벌을 그리스도와 함께 받는 것은 불가능하다. 왜냐하면 그리스도가 만족을 위해 감당하신 진노와 저주의 잔을 그들이 단 한 모금의 무게만큼도 감당할 수 없기 때문이다. 율법폐기론자들에 따르면 우리가 받은 칭의 안에서 죄는 그 뿌리와 가지가 모두 제거되었고, 따라서 의롭게 된 사람에게는 더 이상의 죄도 형벌도 없다는 것이다.

4) 신자는 예수 그리스도를 통해 복을 받은 자들이다(갈 3:10, 13; 시 32:1-2; 롬 4:6; 시 2:12, 119:1). 신자들의 고난과 죽음은 복된 것이다. 주님이 보시기에 귀한 것이며 그 어떠한 율법적 저주에 의해 그 가치가 훼손되지 않는다(욥 5:17; 시 94:12; 마 5:6; 눅 6:22; 벧전 1:6, 4:13; 시 21:3-5, 34:17-19; 계 14:13; 시 116:15, 72:14, 37:37). 신자들은 그리스도 안에서 잠들며 주님 안에서 죽는다(살전 4:14, 16). 아르미니우스주의자들과 소키누스주의자들처럼 이러한 내용

이 오로지 신약시대에만 가능하다고 말할 수 없다. 왜냐하면 야곱은 죽어가면서 "여호와여 나는 주의 구원을 기다리나이다.(창 49:18)"라고 고백했다. 이사야 57장 1-2절은, 의인이 거두어감을 당할 때 "그들은 평안에 들어갔나니"라고 선언한다. 의인들이 죽어 그들의 몸이 썩었으나 주님은 여전히 "아브라함과 이삭과 야곱의 하나님"으로 불리신다(출 3:6; 마 22:32).

2. 그리스도께서 전체 인류와 모든 개별자들의 죄를 구속했다고 생각하는 사람들은 믿음을 거의 그리스도께서 이루신 만족의 원인으로 만들어 버린다.

5) 그리스도께서 십자가상에서 전체 인류와 각 개별자의 죄를 위하여 속죄의 값을 치르셨다고 주장하는 사람들은 사실상 믿음을 죄에 대한 만족의 원인으로 규정하는 의견을 피력하는 것과 같다. 한 사람의 죄를 속죄한다는 것은 그로 하여금 값이 지불된 죄로 인해 더 이상 부당한 고통을 당하지 않도록 한다는 의미이다. 이러한 속죄를 위해 [그리스도께서 값을 지불하신] 만족 위에 무엇인가를 더한 것으로 [곧 그 사람의 '믿음'- 역자 주] 말미암아 결국 만족이 진정한 (형상인을 갖춘) 만족으로서 간주될 수 있다는 것은 무엇을 의미하는가? 결국 그리스도께서 이미 지불하신 만족과 속죄라는 것이, 첨가된 것[믿음]이 제거된 상태에서는, 그 사람에게 실제적인 만족으로 적용되지 못함을 의미한다. 이 경우 이미 값을 지불한 자가 지불금을 되찾아가지 않는다

해도 상황이 바뀌지 않는다. 이런 측면에서는 그리스도께서 성취하신 것이 그 사람을 위한 것이나 혹은 마귀를 위한 것이나 별반 차이가 없게 되는 것이다. 이러한 내용은 만족의 본질적 속성과는 너무도 거리가 있어서 결코 그것을 구성하는 일부가 될 수 없는 것이다. 일례로 완전히 파산한 사람이 있다고 치자. 한 사람이 나타나 파산당한 사람이 진 빚을 남김없이 갚아 주었다. 단 조건이 하나 있었다. 그 파산당한 사람은 이에 대해 "아멘"이라고 말을 해야만 했다. 그렇지 않으면 지불된 것은 무효화되는 것으로 정해졌다. 만일 파산한 사람이 "아멘"이라고 말하는 것을 거부했다고 치자. 이 경우라면 빚을 갚기 위해 내놓은 돈은 반드시 값을 지불한 자에게로 되돌아가야 할 것이다. 만일 값을 지불한 사람이 돈을 되찾아 가지 않는다고 가정해 보자. 파산한 사람이 빚진 금액은 이미 완전히 지불되어 그의 빚은 소멸된 상태일 것이고, 따라서 채권자는 그 파산당한 자로부터 법적으로는 단 일 푼도 거두어가지 못할 것이다.

이제 본론으로 돌아가자. 주지하다시피 불신자의 죄를 위한 만족의 방식으로 그리스도께서 반복하거나 지불한 것을 되찾아 가심을 통해 하나님의 공의를 이루신 내용은 존재하지 않는다. 가룻 유다의 경우를 생각해 보자. 저들은 이렇게 말한다. 유다를 위한 대속은 유다가 믿는다는 것을 조건으로 한다. 그러나 유다는 결코 믿지 않았다. 따라서 [이것이 원인이 되어] 유다를 위한 대속금은 지불된 것이 아니라는 것이다.

3. 만족을 수용하거나 수용하지 않는 것은 믿음 이전에 성립된다. 따라서 유기된 이들을 위해 [그리스도께서] 지불하신 충분성이나 혹은 모든 이의 죄를 그리스도에게 짐 지우는 것 등에 대해 말할 때, [사람의] 믿음과 불신을 그 근거로서 제시할 수 없다.

답 우리는 이렇게 말한다. 그리스도께서는 유다의 죄를 위한 만족이라는 방식으로 그에게 실제적인 대속을 제공하지 않으셨다. 반면에 저들은 베드로가 범한 모든 죄뿐만 아니라 유다가 범한 모든 죄들(최종적인 불신앙의 죄만을 예외로 하고)을 위해서도 값이 지불된 대속금—곧 영원한 징벌로부터 그를 정당하게 자유롭게 할 비용— 역시 존재한다고 주장한다. 다만 유다의 경우는 채권자에 의해 그 지불금이 수용되지 않았는데 이는 유다가 믿음으로 그 거래에 동의하지 않았기 때문이라는 것이다.

그러나 여기서 말하는 동의 혹은 반대, 수용 혹은 거부 등의 행위들은 모두 값이 지불된 이후에 이루어지는 것들로서 공의를 충족시키기 위해 이미 이루어진 만족의 완전함이나 온전함에 무엇을 더하거나 감할 수 있는 것들이 아니다. 공의는 유다를 위해 마련된 두 개의 구분된 만족 혹은 대속—곧 하나는 그리스도의 십자가로부터 지불되고, 다른 하나는 지옥에 있는 유다 자신으로부터 지불되는—을 요구하지 않는다. 만일 그렇다고 한다면 우리는 다음과 같이 말해야만 할 것이다. 공의를 만족시키기 위해 유다의 모든 죄들을 위한 값이 십자가상에서 실제적으로 지불되었다. 따라서 유다가 지옥에서 당하는 고통은 이미 값이 치러진 죄들 때문이 아니다. 오로지 최종적 불신앙의 죄 때문에 고통을 당하는 것이다. 주지하다시피 최종적 불신앙의 죄는 행위 언약과 행위 언약의 공의에 대한 것이 아니다. 공식적으로는 오직 은혜 언약에 대해서만 범해진 죄이다. 따라서 이 특정한 죄를 속하기 위한 신적인 공의를 만족시키기 위한 행위는 그리스도와 유다 사이에 반분(半分)되어야 한다.

그러나 성경은 결코 이러한 내용을 가르치지 않는다. 성부께서 그리스도의 대속을 수용하는 것은, 그것이 본질적으로 또한 그 자체로서 충분한 만족이기 때문이다. 혹은 유다가 그리스도의 만족을 그렇게 믿는다면 이 때문에 성부께서는 그리스도의 대속을 수용하시지 않는가 생각할 수 있다. 그러나 이 경우는 성립될 수 없다. 왜냐하면 [우리의] 믿는 행위는 [그리스도의] 만족의 본질적인 충분성에 그 어떤 것도 보탤 수 없기 때문이다. 이는 마치 우리의 불신앙이 만족의 충분성을 조금도 감소시키지 않는 것과 같다. 물론 우리는 다음과 같이 말할 수 있다. 성부께서 그리스도께서 이루신 만족을 수용하신 공식적인 이유는 최종적으로는 미천한 우리의 믿는 행위에서 종결되는 것이다. 한편 성부께서 그리스도의 만족을 수용하신 형상인적 근거는 그리스도의 희생이 가지고 있는 본질적인 탁월성과 가치 때문인 것이다(엡 5:2 "향기로운 제물과 희생 제물로 하나님께 드리셨느니라"). 또한 이것은 그리스도께서 드리신 대속물이 바로 신-인(God-man)이며 생명의 왕의 보혈이며(행 20:28; 고전 2:8), 이러한 자기 자신을 하나님께 드렸다는 사실에 기인한다(엡 5:25-26; 히 9:14; 마 20:28; 딤전 2:6; 계 1:5). 다시 한 번 반복하지만, 우리가 믿는 행위가 가지는 가치는 그의 죽으심 안에 존재하는 충분성에 그 어떠한 것도 첨가하지 못한다. 결국 성부께서 베드로를 위한 그리스도의 만족을 수용하신 근거는 다른 곳, 곧 선택의 은혜에서 찾아야 하는 것이다.

보혈이 거절될 수 있는 값이라는 것은 사실이다. 그러나 이것이 거절될 수 있다는 것은 하나님께서 다음의 방식을 취하실 수도 있었다는 사실에 기인한다. 즉 하나님은 율법의 방식을 따라 아담과 그의 후손들을 대하실 수도 있었다. 그리하여 우리를 위한 대속물로서 아들을 주시지 않을 수도 있었다. 이 대속물 안에 어떤 종류의 불충분함이 있기 때문에 보혈이 거절될 수도 있다는 의미는 결코 아니다.

믿음과 만족의 관계는 마른 땔감을 들어 불에 가까이 넣는 것과 유사하다. 이 행동은 불이 타오르는 것의 조건이 된다. 그러나 불타는 것의 형상인은 [땔감이 아니라] 바로 불이다. 그렇다. 올바르게 말한다면, 믿음은 그것 없이는 훼손된 공의가 도저히 만족될 수 없는 그런 조건이 아니다. 또한 그것 없이는 하나님께서 우리의 죄악을 그리스도에게 짐 지우게 할 수 없는 그런 종류의—마치 성경이 세상에 꼭 필요한 것과 같은— 조건이라고 말할 수 없다. 왜냐하면 우리가 믿든지 믿지 않든지, "하나님은 우리 모두의 죄악을 그에게 담당시키셨고 우리를 대신하여 그로 죄로 삼으셨기" 때문이다 (사 53:6; 고후 5:21). 그러므로 하나님은 공의의 필연성에 의해 본질적으로 충분한 그 대속을 받으셔야만 하는 것이다. 이것은 그리스도께서 친히 취하시고 대속하신 모든 이들의 죄악이 하나님의 영광을 가린 것보다 더욱 큰 분량으로 회복된 영광을 하나님께 돌려드린 것이다.

한편 우리의 어떤 순종 행위나 믿음이 그리스도의 만족을 온전하게 만들었다거나 충분하게 만들었다고 말하는 것, 또한 그것이 그리스도의 만족을 원인적으로(causatively) 우리의 것으로 만든다고 말하는 것 역시 상상 조차할 수 없는 오류이다. 왜냐하면 하나님께서는 공의의 필연성 때문이 아니라 자기 자신의 기쁘신 뜻에 따라 믿음을 우리와 더불어 실제적으로 이루시는 화해를 위한 일종의 조건으로 우리에게 요구하신 것이기 때문이다. 이외에도 하나님께서는 가령 사랑과 같은 또 다른 순종의 행위를 우리에게 요구하셨을 수도 있었다. 혹은 우리 편에서 그 어떠한 순종의 행위를 요구하지 않고서도 [그리스도께서 이루신] 대속을 수용하실 수도 있었다. 이는 마치 하나님께서 요나를 바다에 던져 버리자마자 우상 숭배자 선원들을 ―그들 편에서 그 어떠한 구원 얻는 믿음이 개입되지 않았음에도― 바다를 잔잔케 하심을 통해 구원하셨던 것과 유사하다.

4. 하나님은 우리 편에서의 그 어떠한 조건을 요구하지 않고서도 그리스도께서 이루신 만족을 수용하실 수도 있다.

진실로 은혜로운 왕께서는 정죄 받은 한 범죄자를 죽음으로부터 해방시키는 사면을 행하실 때, 그 사람이 무릎 꿇고 사면을 수용하는 행위 없이도 이를 행하실 수 있음은 물론이고 심지어 당사자에게 알리지 않고서도, 얼마든지 합법적인 사면을 시행할 수 있으시다. 무엇보다 성부와 성자 사이에 맺어진 특별한 언약이 존재한다.

이 언약을 따라 성자께서는 수난 받으시고 대속의 죽음을 죽으셨는데, 이를 통해 그리스도께서는 그가 대속하신 모든 자들이 자신들의 범죄로 말미암아 하나님의 영광을 가린 것보다 더욱 풍성한 분량의 영광을 회복하여 하나님께 돌리셨다. 요컨대 그 어떠한 피조물의 순종이 개입되지 않고서도 공의를 만족시키는 완전한 배상이 이루어진 것이다.

이런 맥락에서 볼 때, 그리스도께서 택자와 유기자 모두를 포함하는 만인의 죄를 위한 만족을 하나님께 드렸다고 주장하는 사람들의 입장을 검토할 필요가 있다. 이들에 따르면, 그리스도의 만족을 유효케 하기 위한 피조물의 순종 행위가 개입되지 않는 한, 모든 이들은 공의를 만족시키기 위해 지옥에서 보복의 영벌을 받아야 하고, 각자 개인적인 만족 행위를 수행해야만 한다. 여기서 우리는 훼손된 공의에 대한 참된 만족과 보상이 그리스도에 의해 성취되었다는 사실을 이들이—가령 소키누스주의자들— 참으로 신실하게 인정하는 것인지 의심해 보아야 한다. 왜냐하면 피조물이 자신의 믿음을 통해 실제화 하지 않으면 결국 무효화되고 헛된 것이 되어버리는 만족이라는 것이 도대체 어떤 의미에서 단지 가시적이거나 형식적이 아닌 실제적인 것이라고 말할 수 있겠는가? 특히 하나님께서 그의 절대적으로 자유로운 은혜를 따라 우리 안에서 믿음이라는 조건을 만들어 내신다면 어떻게 되겠는가? 과연 믿음을 조건으로 그의 아들을 대속물로 내어 주신 하나님께서는 그 분 자신이 그의 절대적인 역사로 그 조건을 우리 안에 만들어 내실 수는 없는 분인가? 저들은 바로 이것을 인정하지 않으려는 것이다.

생명 언약

05

◆ 1. 하나님은 율법의 경륜적 시기를 단지 일시적으로만 의도하셨다.
◆ 2. 아담은 어떤 방식으로 율법적 생명에 이르도록 정해졌는가?
◆ 3. 어떤 방식으로 영광에 이르도록 예정되었고 어떤 방식으로 그렇지
　　않은가?
◆ 4. 이교도는 마귀에게 허락된 것 이상의 보편적 은총을 소유하지 못한다.
◆ 5. 그와 같은 보편은총에 대한 근거가 존재하지 않는다.

1. 하나님은 율법의 경륜적 시기를 단지 일시적으로만 의도하셨다

　하나님께서는 에덴에서 율법적 경륜을 시행하셨을 때 그 시기를
영원히 지속되는 것으로 계획하시지는 않은 것으로 보인다. 다음의
사항을 고려할 때 그렇다.

① 타락 이후 아담에 관한 언급은 오로지 그가 자녀들과 족장들을 출산했다는 사실, 아담의 죽음과 타락 이전의 그에 행동들, 낙원의 위치가 알려지지 않았다는 사실 등은 하나님께서 보다 더 장기적인 계획, 곧 그리스도를 세우시기 위해 율법적 경륜을 과도적인 것으로 치워버리셨다는 사실을 말해준다.

② 하나님은 특별한 목적을 가지고 실정법을 제시하여 선악수의 열매를 먹는 것을 금하셨으며, 죽음의 위협을 첨가하셨고, 사탄의 유혹을 허락하셨으며, 연약한 인간 본성이 행할 것을 예지하시고 하나님께서 베푸시는 값없는 은혜의 경륜 안에서 사람을 다루시게 될 것을 미리 아셨다.

2. 아담은 어떤 방식으로 율법적 생명에 이르도록 정해졌는가?

반론 만일 아담이 지속적으로 순종할 경우 그는 생명과 의를 소유하게 될 것이라고 하나님께서 정하신 것이 아닌가?

답 그것은 조건적인 일에 대한 작정—"사람이 이를 행하면 그로 말미암아 살리라"—으로서 이것은 율법의 공평성과 거룩함을 보여준다. 그러나 이것은 사람에 대한 작정은 아니다. 아담이라는 인격체에 대한 하나님의 작정은, 그를 최종적 목표로서 율법의 영광과 그것에 이르는 유효적 수단으로서 율법적 순종으로 예정하지 않으셨다.

3. 어떤 방식으로 영광에 이르도록 예정되었고 어떤 방식으로 그렇지 않은가?

질문 아담은 선택받지 않았는가?

답 주님의 최종적이고 객관적인(*finaliter & objective*) 계획을 따라 아담은 그리스도 안에서의 영광과 은혜로 예정된 상태 안에서 창조되었다. 이것은 아담이라는 인격체와 관련되어 있다. 반면 그의 고유한 조건을 따라서 아담은 율법의 경륜 속에서 지음 받았고, 이것은 그리스도로 이어지는 은혜로운 출구였다. 그의 율법적 상태에 따라 아담은 모든 인류를 대표했으며, 그는 미끄러지기 쉽고 깨지기 쉬운 연약한 본성의 복제물로서 지음 받았다.

4. 이교도는 마귀에게 허락된 것 이상의 보편적 은총을 소유하지 못한다.

아담과 같은 상태로 선택받지 않고 지음 받은 사람들 가운데 많은 이들은 행위 언약 아래에 살면서 단지 복음의 부수적인 요소들만을 맛보며 살아간다. 첫째 예로 그들은 선포된 복음 설교를 들을 수 있다. 둘째, 일반은총이라고 하는 것으로서 내면의 경고들이다. 셋째, 저들이 택자와 함께 어우러져 살아간다는 측면과 관련하여 그들은 섭리적 보호와 하나님의 길이 참으심을 누릴 수 있다. 이교도는 은혜와 영광으로 부르시는 내적인 소명을 소유했다고 말할 수 없다. 그들은 하나님 형상으로 지음 받았지만, 그들 안에 남아 있는 하나님 형상의 잔유물을 가리켜 일반은총이라고 부를 수 없다. 이는 마귀 안에 남겨진 동일한 불씨를 가리켜 복음적 은혜라고 부를 수 없는 것과 마찬가지이다. 귀신들도 하나님은 한 분이신 줄을 믿고, 하나님의 아들을 고백한다(약 2:19; 눅 4:34; 막 1:24). 만약에 이를 은혜로 불러야 한다면 인간의 본성은 복음 은혜를 수용할 능력이 있다고 말해야 하고, 타락한 천사의 본성은 도덕적으로 타락한 것이 아니라고 말해야 할 것이다.

5. 그와 같은 보편은총에 대한 근거가 존재하지 않는다.

그리스도는 마귀가 아닌 인간에게만 제공되셨다. 우리는 이 문제를 가지고 씨름하지는 않는다. 한편 우리의 이성은 모든 사람이 복음-은혜-을 공유해야 마땅하다고 말하는 듯 보인다. 그러나 이러한 이성에 대해 왜 반드시 그래야 하는가라고 오히려 반문할 수도 있다. 즉 하나님의 선하심과 너그러우심을 구성하는 일부가 되기 위해서는 하나님께서 모든 인류와 각 개별자를 전부 구원하도록 원하고 의도하셔야만 한다거나, 모든 인류와 각 개별자들이 실제로 구원받는 경륜을 만들어 내셔야만 한다는 생각이다. 그러나 만일 피조물의 자유의지가 구원과 영벌의 문제를 절대적으로 처리한다고 한다면 어떻게 그가 "긍휼히 여길 자를 긍휼히 여기시겠다"는 말씀이 설 수 있겠는가? 또한 부르심, 양자됨, 그리고 자비를 베푸심의 대상이 소수에게로 제한되는 현실과 더구나 구약시대에는 그것이 유대인들에게로 국한되었다는 사실을 어떻게 설명하겠는가?

결국 우리는, 하나님께서 은혜를 다른 사람들에게 시혜하시는 것에 대해 우리 자신의 판단보다는 하나님의 계산과 판단이 실현되기를 기원할 준비가 되어 있다. 우리는—하나님 자신이 우리의 길이 되시지 않는 한— 하나님에 대해서 그리고 그의 선하심에 대해서 바르게 판단할 수 없다. 은혜에 대한 주님의 주권적 자유를 올바르게 사용하는 것, 진흙 토기가 겸손하게 하나님의 주권을 찬양하는 일, 그리고 하나님의 지고하게 높으신 길 때문에 실족하지 않는 것은 결코 쉬운 문제가 아니다. 이러한 문제들에서 하나님의 길과 생각은 우리의 길과 생각보다 너무나 높으시다. "이는 하늘이 땅보다 높은 것과 같다.(사 55장)"

생명 언약
·
06

- ◆ 1. 인간과 더불어 언약을 맺으신 것은 하나님의 자기비하이다.
- ◆ 2. 우리가 선택받지 못했을 것이라는 두려움을 느끼는 유혹들에 대한 논의
- ◆ 3. 존재들과 비존재들 모두 하나님께 빛을 지고 있다.
- ◆ 4. 자기부정은 죄악된 본성에서뿐만 아니라 무죄한 본성 안에서도 요구되었다.
- ◆ 5. 세 가지 방식으로 고려된 인간

1. 인간과 더불어 언약을 맺으신 것은 하나님의 자기비하이다.

과연 하나님께서는 인간과 더불어 언약을 맺어야 하는 의무 아래에 있었는가?

한편으로 하나님의 통치와 주권을 주장하면서 이와 동시에 다른

제6장

한편에서는 피조물에게 역사하는 주님 편에서의 의무를 말할 수 있는 사람은 아무도 없을 것이다. 주님은 그 어떤 인격체나 사물에게 무엇을 빚지는 존재가 아니시다. 주님으로서 그분은 명령하신다. 그러나 그분께서 순종하는 자에게 약속과 보상을 가지고 언약의 법을 명령하신다는 것은 그분의 자기비하이다. 리워야단은 그 힘에 있어 욥을 능가한다. 욥은 리워야단을 향해 명령할 수 없다(욥 41:4 "어찌 그것이 너와 계약을 맺고 너는 그를 영원히 종으로 삼겠느냐"). 그렇다. 리워야단은 욥을 그의 주인으로 복종하기 위해 언약을 맺고 그의 종이 되려 하지 않을 것이라는 의미이다. 언약이란 무엇인가를 수여하고, 취하며, 사역과 보상, 그리고 핵심적으로는 계약 당사자들 사이의 약속에 관한 것을 말한다. 물론 하나님과 인간 사이에 맺어진 언약에는 사람들 사이에 맺는 언약에는 찾아볼 수 없는 것이 존재한다. 이성적 피조물들은 조물주에게 이성적인 순종을 드려야 할 의무를 갖는다. 반면에 하나님은 그들에게 생명을 수여할 그 어떠한 의무를 갖지 않으신다. 특히 영광 가운데 하나님과 더불어 교제를 의미하는 탁월한 생명을 수여할 의무가 없음은 말할 필요조차 없다. 그럼에도 그분은 이를 행하신다. 도대체 무엇 때문에 하나님께서 내려오셔서 자기 자신을 사랑의 방식으로 수여하시고 우리의 연약한 순종에 스스로 묶이시는 언약적 채무자가 되셔야만 한단 말인가? 하나님은 아무에게도 빚지는 분이 아님에도 말이다. 또한 그분은 우리에게 천국과 영광을 약속하셨다. 이 약속은 너무도 확실하여, 하늘이 파괴되어 마치 태양 빛에 눈 녹듯이 하늘이 녹아내리는 것이 그의 약속이 실패하는 것보다 훨씬 쉬운 일일 것이다.

반론 그렇다. 하지만 새 언약의 약속에 "만일 내가 믿는다면"이라는 조건문에 해당하는 믿음이 부과되어 있지 않은가?

답 맞다. 하지만 여기서 믿는다는 의미의 믿음이라는 조건은 보상임과 동시에 그 자체가 약속된 조건이다.

2. 우리가 선택받지 못했을 것이라는 두려움을 느끼는 유혹들에 대한 논의

반론 그렇다면 새 마음과 믿음이라는 조건은 만인이 아닌 선택받은 소수에게만 약속되었을 뿐이고 나에게도 약속된 것이 아닐 것이다.

답 이러한 생각에는 많은 오류가 포함되어 있다. 첫째, 불신앙은 교만한 공적을 조장한다. 그래서 하나님께서 약속하신 것을 인식하는 만큼 우리 역시 믿어야 하는데 자신 안에 가치를 발견하고 또한 내 안에 조건을 성취할 수 있는 능력이 있음을 믿어야 한다고 생각한다. 그러나 이와 반대로 참 믿음은 자신의 무가치함이 아닌 하나님의 진리와 그리스도의 탁월함, 그리고 언약의 절대성에 의존한다.

둘째, 사탄은 마치 소피스트처럼 가장 강력한 것—가령 하나님의 약속은 하늘보다도 더욱 확실한 것이다—으로부터 가장 약한 결론을 도출하여 논쟁하려고 시도한다. 그리하여 하나님의 약속에 대항하는 수없이 많은 논쟁점들을 만들어 내었다. 예를 들어 다음과 같은 주제들이다. 1. 나는 누구인가? 2. 나는 선택 받았는가 그렇지 않은가? 그래서 사탄은 그리스도께 "네가 만일 하나님의 아들이어든 명하여 이 돌들로 떡덩이가 되게 하라"라고 말했다. 우리가 믿을 때, 믿음이 다음의 주제들, 곧 하나님, 그리스도, 대속물이신 신-인 [중보자]의 보혈, 값없이 베푸시는 은혜의 깊이 등을 바라보며 자세하게 설명하는 것은 더욱 유익하다. 한편 우리가 회개하며 낮아질 때에는 자아와 우리 자신의 상태를 바라보며 스스로를 점검하는 것이 유익할 것이다.

셋째, 우리의 믿음이 갖는 위대성에 주목하여 자신의 거룩함과 선함으로부터 그것을 끌어올리는 것은 사탄과 불신앙의 마음이다. 반면에 진실로 위대한 믿음은 "나는 무가치한 자입니다"라고 말하며(마 8:8) 자아로부터 시선을 돌려 그리스도를 발견한다(마 8:10). 또한 그리스도의 전능함—마치 백부장이 자신의 수하에 있는 군인에게 명령을 하듯이 그리스도께서 질병을 향하여 명령하시는 것에서 드러난 전능함—을 깊이 있게 묵상한다.

넷째, 불신앙이 주님을 거짓되고 연약한 존재라고 주장하며 그분은 "피곤하고 곤비하며" "땅 끝까지 창조하신 분"이 아니라고 싸움을 걸어올 때, 불신앙은 자신을 정당화하기 위해 자책감을 핑계하거나 그것으로 스스로를 위장한다. 이사야 40장 28절을 보라. 하나님이 연약하신 존재로 비난받고 있다. 그러나 우리는 우리의 믿음을 충분히 위엄 있게 세우는 대신에 결국 우리 자신의 무가치함 안에서 모든 것을 해결하려는 듯이 보인다. 실상은 이것이다. 우리는 결국 하나님과 그의 작정에 대해 불평하며 이의를 제기하는 것인데 겉으로는 이와 같은 질문을 핑계로 내세운다. "만일 하나님께서 나를 선택하시지 않으신 것은 아닐까?" 또한 "만일에 오직 율법의 방법을 선택하여 내 스스로 조건을 성취하지 않는 한 나는 언약의 은혜를 요구할 권리를 갖지 못하는 것이라면 어떻게 할까?"

다섯째, 우리가 조건적인 약속을 믿을 때 ("만일 내가 믿는다면, 나는 구원을 받는다."), 믿음은 "만일 내가 믿는다면"이나 조건문을 의지하지 않는다. 죄인에게 있어서 이것, 곧 자신이 스스로 믿는 것은 그의 불안한 마음을 안정시킬 수 없는 연약한 기둥이다. 믿음이 의지하는 것은 "만일 네가 믿으면"과 "너는 구원을 받을 것이다" 사이의 연결고리이다. 이 연결고리는 주님에 의해 마련된다. 은혜의 주님은 우리에게 믿는다는 조건까지도 수여하시고 조건화된 보상까지 모두 주심을 통해 이 연결고리를 확실하게 하신다. 믿음은 바로이 연결고리 위에 머무는 것이다. 그리하여 믿음은 심지어 조건적인 복음 약속 안에서도 모든 무게를 실어 오직 주님만을 붙드는 것이다.

1) 인간은 하나의 피조물로서 간주되어야 한다.
2) 인간은 이성과 하나님의 형상이 부여된 피조물로서 고려된다.
   두 차원을 모두 고려할 때, 특히 전자와 관련하여, 모든 피조물은, 비록 범죄하지 않았을 때에라도, 하나님의 뜻을 따르고 감수할 의무를 가진다. 태양, 달, 나무들, 채소들, 포도나무, 지구, 짐승, 새들과 물고기 등은 율법의 파괴와 관련하여 임한 형벌의 악을 감수하지 않는다고 말할 수는 없다. 왜냐하면 전체 피조세계가 우리의 죄악으로 인한 허무함에 굴복하기 때문이다(롬 8:20-21). 주인들로 인해 종까지 매를 맞고 병약해진 것이다. 하나님은 그들에게 수여하신 것들을 다시 빼앗아 가실 수 있다. 그들의 생명에는 비록 고통과 슬픔을 느낄 수 있는 감각이 없지만, 그럼에도 그들에게 나타나는 결함과 결여는 하나님의 선언적 영광을 제대로 드러내지 못하는 빚을 지는 것에 해당한다(잠 16:4; 롬 11:36). 그렇다. 이런 빚으로부터 자유로운 피조물은 존재하지 않는다.

3. 존재들과 비존재들 모두 하나님께 빚을 지고 있다.

또한 하나님은 창조되지 않은, 곧 존재하지 않게 된 일들을 통해서도 영광을 취하실 수 있다. 일례로 엄청나게 많은 수의 메뚜기와 벌레들을 만드셔서 지구상의 모든 과일들을 먹어치우게도 하실 수 있는데 그렇게 하지 않으신 사실은 하나님께서 인간에게 베푸시는 선하심의 영광을 선포한다. 존재하는 만물들과 더불어 존재하지 않게 된 모든 것들, 곧 절대적으로나 조건적으로 성취되지 않은 모든 것들도 사실상 하나님의 실정법적인 작정의 통치 아래에 있는 것이다. 따라서 우리는 실현되지 않은 수많은 악들에 대해서도 주님께 감사해야만 한다. 즉 신명기 28장 11-12절, 레위기 26장 6절, 시편 34장 20절과 91장 5-8절 등의 성경구절들에서 말씀하신 축복과 정반대되는 일들, 곧 우리가 변사하거나, 인간과 들짐승으로부터 화를 당하거나, 수많은 불운들을 당할 것을 하나님께서 미리 막아주시는 일들에 대해 감사해야 하는 것이다. 결국 존재하는 모든 것과 존재하지 않는 모든 것들도 하나님의 선하심과 지혜와 자비와 공의 등의 영광을 선포해야 할 의무를 하나님께 빚지고 있는 것이다. 이러한 내용에 대해 우리는 지금보다 훨씬 더 묵상해야 할 것이다. 혹은 하나님께서 막아주시기로 작정한 모든 고통, 통증, 경련, 페스트와 질병들에 대해 책 한권을 저술할 수도 있을 것이다. 하나님께서 이것들을 막아주심으로 인해 우리의 모든 뼈들과 관절, 사지와 머리카락 등은 각각 시편 35장 10절("내 모든 뼈가 이르기를 여호와와 같은 이가 누구냐")과 같은 찬양의 시편을 작성해야 마땅하다. 이러한 종류의 빚을 지고 있는 사실에 대해 모두 기술할 수 있는 사람은 이 세상에 아무도 없다. 오히려 우리는 소극적 형태의 자비에 의해서는 그다지 영향을 받지 못한다. 다만 우리는 타인의 경험을 읽을 수 있을 뿐인데 이를 통해서도 얻는 것은 그다지 많지 않다. 자신의 고통이 우리에게 설교하는 것도 그리 많지 않은 편인데 하물며 타락한 천사들과 소돔 그리고 옛 세상에 대한 간접적인 경험이 우리의 돌과 같이 굳은 영혼에 끼칠 수 있는 효력이라는 것이 얼마나 미미하겠는가?

남들이 가지고 있는 은혜를 당신이 소유하지 못했다고 해서 불평하지 말라. 당신 생각에는 만일 당신이 그것을 가졌더라면, 당신도 그들처럼 그것을 사용하여 하나님께 영광을 돌릴 수 있으리라 믿는다. 그러나 당신은 자기 자신을 잘 모른다. 당신이 가지지 못한 은혜로 인해 타인에 대한 분을 부풀리지 말라. 오 진노의 그릇이여, 당신은 단지 작은 진흙 한 조각이다. 당신이 할 일은 오로지 하나님의 공의에 대해 영광을 돌리는 것뿐이다.

나의 병약함, 나의 고통, 나의 굴레까지도 모두 하나님께 영광을 돌릴 빚을 지고 있는 채무자들이다. 나와 더불어 모든 이들은 다음과 같이 말해야 마땅하다. 오, 나의 고통으로 하여금 그분을 찬양하게 하라. 나의 지옥과 영원히 타오르는 불까지도 그분의 공의의 영광을 노래하는 영원한 시편이 되게 하라. 나의 슬픔까지도 주님의 지고하게 높으신 영광을 노래할 수 있기를! 우리는 주님이 찬양을 원하셨다는 것을 사랑하기에 오히려 우리의 고통을 원했나이다.

4. 자연 언약에 관해서

하나님께서는 낮과 밤과 더불어 일종의 자연 언약을 맺으셨다(렘 31:35). "만물이 주의 종이 된 까닭이니이다"(시 119:91). 따라서 그들은 하나님을 위하여 그들 자신의 자연적인 목적에 충실하게 존재한다(렘 5:22; 31:37; 시 104:1-4). 이런 면에서 자연물은 인간보다 더욱 충성스럽다(사 1:3; 렘 8:7). 소와 나귀는 그들의 주인을 알아보는 면에서 사람보다 낫고, 제비와 두루미는 때를 분별하는 면에서 사람보다 더 낫다.

5. 자기부정은 죄악 된 본성에서뿐만 아니라 무죄한 본성 안에서도 요구되었다.

그들은 자기들이 지켜야 할 선을 지킨다. 그래서 그들의 행동에는 인간의 길에서 볼 수 있는 것보다 더욱 많은 자기부정이 담겨 있다. 예를 들어 다니엘 3장 27-28절을 보라. 마치 불이 아닌 것처럼, 불의 본성은 부정되었으며, 그 결과 불은 세 자녀들을 집어 삼키지 않았다. 한편 여호수아 10장 12-13절에 따르면 태양은 자기 자리에서 멈추었고 달도 움직이지 않았다. 또한 굶주린 사자가 다니엘을 잡아먹지 않은 것도 기록되어 있다(단 6:22). 주님께서 자연적 본성을 거스르는 것을 그들에게 명령했을 때, 사실상 그것은 언약 안에 포함된 하나의 조항이었다. 즉 하나님께서 그들과 언약을 맺으실 때 주님의 기쁘신 뜻대로 그들이 무엇을 행동하고 무엇을 행동하지 않을지를 그들에게 명령하실 것을 정하셨던 것이다(요 2:10; 사 50:2; 마 8:16). 자신의 본성을 부정하는 데 있어 나귀나 두루미 그리고 불 등이 오히려 인간보다, 심지어는 새 사람이 된 사람들 가운데 얼마보다도 더욱 순종한다는 것은 우리로서는 말하기 가장 부끄러운 주제일 것이다.

6. 세 가지 방식으로 고려된 인간

사람에 대해서는 몇 가지 상태를 고려해야 한다. 먼저 하나님의 형상을 부여받은 인간을 생각해야 한다. 또한 언약이 부과된 상태의 인간을 고려해야 한다. 일례로 십계명 안에서 표현된 언약은 칠일 가운데 한 날을 주님께 대한 안식일로 규정하고 있다. 행위 언약안에는 자연 언약 안에서는 발견되지 않는 적지 않은 수의 실정법적인 도덕법이 포함되어 있다.

사람에 대해 고려할 때 다음과 같은 삼중 상태를 고려해야만 한다.

- ◆ 1. 피조물로서의 인간
- ◆ 2. 이성적 피조물로서의 인간
- ◆ 3. 하나님의 형상이 부과된 이성적 피조물로서의 인간

첫째, 피조물로서의 인간은 다른 모든 피조물과 공통적으로 자연언약 아래에 있다. 일례로 물에서 베드로의 몸은 마치 철 덩어리와같이 가라앉는다.

둘째, 이성적 피조물로서의 인간은 그의 마음속에 기록된 법이그를 이끄는 대로 하나님께 순종해야 할 의무가 있다. 곧 하나님을사랑하고, 그분을 신뢰하며, 또한 그분을 두려워하는 것이다. 사실상 이것을 가리켜 언약이라는 이름을 적용하기는 힘들다. 단지 폭넓은 의미에서만 그렇게 말할 수 있겠다. 또한 여기에는 순종의행위에 대한 보상으로서 그 어떤 생명에 대한 약속도 주어지지 않았다.

7. 어떻게 믿음은 조건적인 약속들을 붙잡는가? 이와 관련된 불신앙의 유혹들

셋째, 그러나 이제 하나님 형상을 부여받은 인간을 고려할 때 우리는 거룩하신 하나님께서 그와 더불어 생명의 언약을 맺으셨다고 말할 수 있다. 여기서 하나님은 사람에게 명령을 부여하셨는데 이것은 실정법이고 도덕법의 성격을 띠는 것으로서 엄밀한 의미로 볼 때 자연법으로부터 추론된 것이 아니다. 예를 들어 창조의 일곱 번째 날을 안식일로서 준수하는 것이나 선악수의 열매를 먹는 것을 금지하신 일, 이와 더불어 생명을 약속하신 것 등이다. 물론 우리의 신뢰할 만하고 저명한 신학자 롤록(Rollock)은 이를 가리켜 자연 언약이라고 명명한 것이 사실이다. 그는 이것을 초월적인 은혜 언약과 구분하기 위해 사용했고 또한 그럴만한 이유가 존재하는 것도 사실이다. 그러나 이 언약 안에 있는 실정법적인 요소들을 고려한다면, 비록 이들 요소가 하나님 형상으로 지음 받은 인간의 자연적 본성에 부합하는 것이지만, 그것들은 하나님의 자유의지로부터 나온 것이고, 따라서 이 언약은 주님의 지혜와 자유의지로부터 기원한 것—실제로 주님은 이 언약을 전혀 새롭고 다른 틀로 주조해 내셨는지도 모른다—이라고 말하는 것이 맞을 것이다. 다음의 사실은 부정될 수 없을 것이다. 비록 하나님을 사랑하는 것은 인간의 전체 본성에 가장 부합하는 것일지라도, 하나님 사랑을 이러저러한 특정한 방식, 곧 선악수의 열매를 따먹지 않는 방식으로, 또한 몇몇 다른 계명들을 통해 실천한다는 것은 전적으로 자연적인 것만은 아니라는 사실이다. 하나님께서는 인간의 자연적 본성에 반하지 않으면서도 그것과는 상이한 내용을 명령하셨을 수도 있는 것이다. 물론 이러한 내용을 말한다고 해서 두 개의 서로 다른 언약이 존재했다고 말하는 것은 결코 아니다. 이는 마치 서로 다른 두 개의 은혜 언약을 말할 수 없는 것과 마찬가지이다. 왜냐하면 여기에도 하나님에 대한 믿음과 복음적인 방식으로의 도덕법이 명령되어 있기 때문이다. 또한 실정법에 의해 명령된 언약의 인증과 관련한 몇몇 의무들 역시 포함되어 있다.

생명 언약

07

- ◆ 1. 하나님께서 인간에게 순종을 조건으로 영원한 생명을
     약속하셔야 한다는 사실은 자연적 본성에 의해
     인간 마음속에 쓰인 것이 아니다.
- ◆ 2. 공의에 대한 채무도 하나님을 묶을 수는 없다.
- ◆ 3. 하나님은 본성의 필연성에 의해 죄를 벌하시는 것이 아니다.
- ◆ 4. 또한 하나님께서 자신의 선언적 영광을 방어하시는 것 역시
     본성의 필연성에 의한 것이 아니다.
- ◆ 5. 자충족적인 하나님께는 그 어떤 것도 드릴 것이 없다.
- ◆ 6. 피조물에게는 그 어떠한 공로적인 것이 없다.
- ◆ 7. 값없는 은혜에 대해 우리는 겸손한 생각을 가져야 한다.
- ◆ 8. 우리 자신의 생각들은 얼마나 낮은 것인가?
- ◆ 9. 하나님의 약속들은 하나님과 우리 사이에 그 어떠한 엄밀한 정의를
     만들어내는 것이 아니다.

1. 하나님은 본성의 필연성에 의해 순종을 보상하거나 죄를 처벌 하시지 않는다.

하나님께서 자기를 찾고 섬기는 모든 자들에게 상을 주신다는 사실을 아는 것은 무죄 상태의 그리고 인간의 자연적 본성 전체에 결코 모순적인 것이 아니다. 그러나 하나님께서 반드시 인간의 순종을 일반적으로나 특정한 방식으로 보상하셔야 한다는 것은 인간의 마음속에 쓰인 것이 아닐 뿐만 아니라 결코 진실이 아니다. 하나님께서 그의 피조물에게 보상을 하지 않는다고 해서 이것이 하나님의 공의와 너그러움 그리고 그 어떤 속성에 반하는 것이 아니다. 왜냐하면 피조물은 하나님을 섬길 의무가 있기 때문이다. 아담과 모든 인간 안에는 순종의 자연적 결과에 해당하는 양심의 고요함과 같은 것이 존재한다. 그런데 이러한 사실로부터 우리의 순종과 하나님으로부터 수여받는 보상 사이의 그 어떠한 본질적인 연관관계를 사물의 본성으로부터(*ex natura rei*) 추론해 내는 것은 불가능하다.

따라서 다음의 내용 또한 건전한 추론이라 말할 수 없다.
[1] 범죄 이후 인간 양심에는 불안이 존재한다. 또한 죄인이 범과 사실을 추적하는 보복[혹은 보복적 정의]의 권세를 감지하는 것은 자연적인 것이다,
[2] 따라서 죄를 추적하여 보편적인 형벌을 가하는 것은 하나님께 있어 자연적이며 본질적인 것이다.
자연적 양심은 다음의 사실을 잘 알고 있다. 곧 하나님께서 그의

자유로운 의지로 세상을 창조하셨다는 사실이다. 이는 곧 그가 세상을 창조하지 않으셨을 수도 있음을 의미한다. 또한 하나님은 그의 자유로운 의지로 그의 피조물에게 선을 행하셨고 하나님은 그의 피조물에게 무엇을 빚진 분이 아니라는 사실도 자연적 양심은 잘 인식하고 있다. 과연 이로부터 하나님의 창조가 그 어떠한 자연적 의무에 의해 이루어진 것이라는 논리를 도출하는 것이 가능이나 하겠는가?

한편 자연적 양심의 능력으로 모든 사람은 그의 피조물에게 선을 베풀고 행하시는 하나님께서 선하시고 너그러우시다는 사실을 알고 있다. 그러나 이러한 사실로부터 우리는 다음의 사실을 추론해 낼 수 없다. 곧 우리가 하나님으로부터 받아서 실현한 자선이 하나님의 무한하신 위엄에 너무나도 본질적으로 귀속되는 것이어서, 만일 하나님이 그의 선하심을 피조물에게 확장하여 베풀지 않으셨다면 그는 더 이상 하나님이실 수 없었을 것이라는 잘못된 추론이다. 우리의 상식은 다음의 것들 이상을 말하지 않을 것이다. 곧 선함과 너그러움은 본질적으로 하나님께 속한 것이다. 이것들은 하나님의 본질적 속성으로서 영원 전부터 그의 안에 존재했다. 설사 하나님께서 그의 선하심을 현실적으로 확장시켜 베푸실 사람이든 천사든 그 외의 어떤 것들을 창조하지 않으셨다고 해도, 하나님은 여전히 본질적으로 선하시고 너그러우신 분이다. 따라서 하나님의 선하심을 지금과 같이 현실화하여 확장시킨 것은 하나님께 본질적인 것이 아니다.

또한 같은 맥락에서 볼 때, 비록 아담이 선악수 열매를 먹은 행위를 하나님께서 처벌하실 것이라는 사실을 감지했다고 해도, 하나님께서 그의 죄를 현실적으로 처벌하는 것 역시 하나님께 본질적으로 속한 것—하나님의 자유로운 행위가 아닌—이라고 말할 수는 없다. 만일 하나님께서 자신의 죄를 처벌하시지 않을 경우 그는 더 이상 하나님이 아니실 것이라고 아담이 생각했다면, 그의 생각은 잘못된 것이었다. 우리는 오직 다음의 사실까지만 따라갈 수 있다. 곧 하나님 안에는 본질적이고 내재적인 공의가 존재한다. 이것은 본성적이고 본질적인 것이다. 그러나 그의 공의를 외향적으로 현실화하는 것은 그의 가장 자유로운 행위이다. 이러한 내용은 몇몇 사람들에 의해 다음과 같이 표현되었는데 전혀 근거가 없는 것은 아니다. 왜냐하면 우리가 하나님에 대해 자연적으로 갖는 보편적인 인식에 따르면 하나님께서는 죄를 처벌하신다. 그러나 우리의 보편적 감각은 결코 하나님의 가장 자유로운 의지에 따라 [하나님에 의해] 존재하거나 혹은 존재하지 않는 것들에 대한 것일 수가 없다.[2] 요컨대 보편적 감각이라는 것은 하나님 안에 존재하는 것들, 예컨대 하나님의 자유로운 뜻을 따라 존재할 수도 있고 존재하지 않을 수도 있는 것들에 대한 감각이 아닌 것이다. 만일 하나님께서 그의 자유로운 의지를 따라 천사들과 사람들 그리고 그의 모든 피조물들에 대해 선을 행하시는 것에 대한 우리의 감각이 모든 사람 안에서 자연적

---

[2] 루더포드가 인용하는 라틴어 원문은 다음과 같다: "*universales apprehensiones, nequaquam sunt eorum quae Deo vel adesse vel abesse possunt pro liberrima voluntate.*" (보편적 감각은 결코 하나님의 가장 자유로운 의지에 따라 존재하거나 혹은 존재하지 않는 것들을 대상으로 할 수 없다)

으로 존재하고, 근절될 수 없으며, 또한 보편적이라고 할지라도, 이러한 감각들은 하나님께서 그의 가장 자유로운 의지를 따라 행하시는 것들—따라서 전능자 안에 [본질적으로] 존재할 수도 있고 그렇지 않을 수도 있는—에 대한 감각일 수 없는 것이다.

다음과 같은 결론은 합리적이지도 상식적이지도 않다. 모든 사람들 안에는 하나님께서 천사들과 인간들 그리고 피조물들에게 자유롭게 선을 행하신다는 사실에 대한 보편적 감각이 존재하고 그것들은 근절될 수 없다. 따라서 이 논리에 의거하면 천사들과 인간들 그리고 피조물들에게 자유롭게 선을 행하시는 것은 그의 자유로운 의지에 따라 전능자 안에 존재할 수도 있고 혹은 존재하지 않을 수도 있는 것이 아니다. [잘못된 결론] 1. 그렇다면 행동하는 것은 반드시 하나님 안에 본질적으로 존재하는 것이다. [잘못된 결론] 2. 그렇다면 만일 하나님께서 그들에게 자유롭게 선을 행하지 않으신다면 하나님은 결코 하나님이실 수가 없다. [잘못된 결론] 3. 그렇다면 하나님은 인간들과 천사들 그리고 피조물들을 창조하시지 않았더라면 결코 하나님이실 수가 없다. [잘못된 결론] 4. 그런데 하나님은 영원하신 하나님이시기 때문에 그는 영원 전부터 인간들과 천사들 그리고 피조물들을 반드시 창조하셨어야 했으며, 또한 영원 전부터 하나님은 반드시 죄를 벌하셔야만 한다.

생명은 두 가지 차원으로 고려될 수 있다. 첫째, [일반적 의미에서] 생명이고, 둘째, 하나님과의 교제라는 의미에서의 탁월한 생명이다.

전자의 생명과 관련하여 일차적으로는 목적으로서의 생명과 이 차적으로는 자유로운 보상으로서의 생명을 고려해 보겠다. 먼저 목 적으로서의 생명이라는 차원에서 말할 때, 아담에게 있어 하나님께 순종하는 지성적 삶을 산다는 것은 자연적 목적에 부합하는 것이었 다. 마치 불이 불타오르는 것, 태양이 빛을 발하는 것이 자연스러운 것과 같은 이치이다. 다음으로 보상이라는 차원과 관련하여, 하나 님께서는 [피조물의] 순종을 목적으로 하는 행위에 얼마든지 보상 의 차원을 부여하실 수도 있다.

그러나 아담에게 보상으로 약속된 매우 탁월한 생명, 곧 하나님 과의 교제를 아담이 자신의 순종에 대한 보상으로 소유하게 된다는 것은 그의 순종의 차원을 훨씬 뛰어넘는 것, 곧 하나님의 값없이 베 푸시는 선물에 해당한다. 같은 맥락에서 아담의 온전한 순종과 그 토록 탁월한 생명 사이에는 그 어떠한 필연적 연결 관계가 존재하 지 않는다. 이 약속과 관련하여 볼 때, 이것은 아담의 마음속에 새 겨진 [자연]언약일 수도 없다. 만약 그랬더라면 하나님께서 그토록 언약 맺기를 사랑했던 사실을 설명할 수 없을 것이다. 하나님께서 는 모든 언약을 맺으실 때, 심지어 행위 언약을 맺으실 때에도, 특 별한 행위와 외향적인 은혜를 동원하였다. 그 삶이 곧 은혜였다. 우 리에게 은혜 베푸시길 사랑하시고 우리를 행복하도록 유도하시는 분을 우리가 어떻게 섬기지 않을 수 있겠는가?

아르미니우스는 행위 언약을 지킴으로 얻는 보상이 결코 영적인 것일 수 없다고 말한다. 또한 처벌 또한 영적일 수 없다고 말하는

데, 이는 우리가 (그가 말하길) [아담의] 순종이 자연적 순종이라고 가르치기 때문이라는 것이다.

답 첫째, 아담의 순종이 자연적 순종이기 때문에 그것에 대한 보상이 영적이지 않아야 한다는 논리는 성립하지 않는다. 그렇다. 그 보상은 하나님의 자유로운 약속으로부터 기원한 초자연적인 보상이었다. 즉 하나님께서는 자연적인 원리에 부합하는 우리의 자연적 순종을 너무나도 탁월한 왕관, 곧 창조주 하나님과의 교제라는 영광의 생명으로 보상해 주신 것이다. 이와 같은 자연적 행위와 초자연적 보상 사이에는 그 어떠한 내적인 비례 관계가 존재하지 않는다. 만약 이것이 사실이 아니라면 우리는 다음과 같이 말할 수밖에 없다. 무엇보다 아담의 행위와 그가 약속 받은 하나님과의 영광스러운 교제라는 고차원의 삶 양자 사이에는 사물의 본성에 따른(*ex natura rei*) 본질적인 연관관계가 존재한다. 따라서 주님은 공의를 따라 아담의 순종을 보상할 수밖에 없었을 것이다. 만일 그렇지 않다면, 하나님은 공평치 못한 분이 될 것이다. 그러나 이것은 말이 되지 않는다. 피조물 안에는 무한하신 하나님의 의지와 지혜를 결론 짓거나, 제한하거나, 혹은 정할 수 있는 그 어떤 것도 존재하지 않기 때문이다.

  둘째, 만일 주님께서 아담의 순종에 대해 그 어떠한 보상을 수여하지 않으셨다 하더라도 공의에 어긋나는 것은 아무것도 존재하지 않는다. 피조물로서의 인간은 이미 그 자신이 하나님께 빚지고 있기 때문이다. 이에 대해 안셀무스(Anselm)는 감미롭게 또 핵심적으로 다음과 같이 말했다. "나는 구원받은 자로서 내 자신을, 아니 내 자신보다 더욱 큰 것을 당신께 빚지고 있나이다. 왜냐하면 나를 위해 내 자신보다 너무나도 큰 당신 자신을 나에게 주셨기 때문입니다. 또한 당신은 당신 자신을 나에게 약속하셨기 때문입니다."[3] 아담의 경우, 하나님께서는, 아담의 순종을 조건으로, 아담보다 훨씬 크시고 위대하신 자기 자신을 그와 연합하시기로 약속하신 것이다. 안셀무스는 이렇게 말한다. "사랑하는 대상에게 자신을 주는 것만큼 가장 큰 선함이 무엇이겠는가?"[4]

2. 피조물에게는 그 어떠한 공로적인 것이 없다.

셋째, 만일 하나님께서 공평함에 따라 아담에게 생명을 주시는 것이라면, 아담은 하나님으로 하여금 아담 자신에게 하나님께서 빚지신 것을 갚도록 강제할 수 있었다는 의미이고, 만일 하나님이 그렇게 하지 않으면 그분은 정의롭지 못한 분이 된다는 말이 된다. 그러나 피조물은 창조주께 그 어떠한 필연성도 부과할 수 없다. 그분은 피조물 없이 무엇을 행할 수 없는 분이 아니시며, 또한 피조물은 창조주가 무엇인가를 의지하도록 하는 원인이 될 수 없다.

---

3) [루더포드가 다소 의역하여 인용한 원문은 다음과 같다. 해석은 본문의 인용문을 참조하라] *de redemptione certe Domine, quia me fecisti debeo amori tuo meipsum totum, imo tantum debeo amori tuo plus quam me ipsum. Quantum tu es major me, pro quo dedisti teipsum and cui promittis teipsum debeo amori tuo plus quam me ipsum. Quantum tu es major me, pro quo dedisti te ipsum promittis te ipsum.*

4) 안셀무스, 『모놀로기온(Monologion)』, 40. *"Quid enim summa bonitas retribuat [vere] amanti et desideranti se, nisi se ipsum."* (본문의 인용문을 참조하라)

넷째, 위대한 브래드워딘(Bradwardine)에 따르면, 공로가 정당하게 작동하기 위해서는 행위가 일한 대가로서 주어지는 보수보다 반드시 선행해야만 한다. 이것이 자연적 순서이다. 만일 행위자가 보수를 위해 일하는 작업과 그 시행을 처음부터 하나님께로부터 수여받았고, 또한 그 작업을 지속적으로 수행하는 것이 하나님께 의존하고 그의 도우심으로 이루어지는 것이라면, 그는 하나님 앞에서 타당한 공로로서(condignly merit) 일한 것이 아니다. 또한 오히려 일을 시작하기 전보다 마친 후에 하나님께 더욱 큰 빚을 진 셈이 된다. 왜냐하면 그는 일하기 전보다 하나님으로부터 더욱 큰 도움을 풍성하게 받았기 때문이다. 특히 그가 하나님께 드리는 것은 엄밀한 의미에서 자신의 것이 아니라 예외 없이 하나님 자신의 것이기 때문이다. 결국 하나님께 먼저 무엇인가를 드릴 수 있는 인간은 이 세상에 존재하지 않는다. 왜냐하면 하나님만이 모든 행위와 움직임에 있어 첫 번째 행위자이고 동인자이시기 때문이다. 이는 "누가 주께 먼저 드려서 갚으심을 받겠느냐"라고 말씀하신 바와 같다.

다섯째, 만일 하나님께서 아담의 행위에 대한 삯을 공평하고 타당한 것으로서 정하기도 전에 현재의 아담에게 영원한 생명이 귀속되는 이것이 [이미 정해졌다는 의미에서] 어제의 공의라고 한다면, 이것은 영원 전부터, 또한 그 어떠한 하나님의 작정보다 선행하여 처음부터 공평하고 타당한 것이라는 말이 된다. 그렇다면 이와 정확히 같은 맥락에서, 곧 하나님은 [아담과 맺은] 언약을 공평한 것으로 만드시기도 전에, 그와 같은 언약을 맺으실 수밖에 없었던 일종의 채무자가 되시는 셈이다. 이런 경우라면 이는 하나님께서 저자가 되시는 하나님의 언약이 아닌 것이다. 왜냐하면 하나님께서 친히 언약의 정의를 만드신 것도 아니고, 행위와 보수 사이의 공평한 연관성을 만들어 내신 분이 아닌 이상 하나님은 언약의 저자가 아닌 것이다. 물론 아담 역시 이러한 정의의 저자도, 공평한 언약의 저자도 아님은 분명하다. 또한 같은 근거에서, 영원한 공의라는 것이 하나님 없이도, 또한 하나님에 선행하여 영원부터 존재한다고 볼 수 있는 데 이것 역시 말이 안 된다. 최초의 정의에 선행하여 주어지는 정의는 존재하지 않는다(*Non datur justum prius primo justo*).

여섯째, 만일 하나님께서 아담에게 행하신 일이, 아담 편에서 그것에 대해 하나님께 되갚아 드릴 수 있는 일—마치 성부가 성자에게 행하신 일처럼—보다 더욱 크다면, 아담의 행위는 하나님 앞에서 공로가 될 수 없다. 하나님은 아담에게 더욱 많은 것을 행하였다. 그에게 존재와 각 기능들과, 지성, 의지, 정서, 능력, 습관, 그리고 복된 형상 등을 부여하셨는데, 이러한 것들에 대해 아담은 그 어떠한 조건에서도 하나님께 되갚을 수 없는 형편이었다. 또한 비율적으로도 아담은 그의 순종의 행위를 통해 하나님께로부터 받은 재화에 대한 이자나 연간 결산 수익을 바칠 수 없었다. 마치 성자가 성부에게 보상으로 무엇을 되갚아 드릴 수 있는 것이 아니듯이, 또한 죽음으로부터 속량함을 받은 포로가 속량의 값을 치르고 자신을 값으로 사신 자에게 무엇을 되갚아 드릴 수 없는 것과 같다. 이 경우 아들과 포로는 아버지와 속량의 값을 치른 분에게 대한 각각 사랑과 봉사의 빚을 지고 이를 갚아야 할 의무 아래에 놓이게 된 것이다. 하물며 전혀 낯선 자에게 이러한 은혜를 베푼 경우에는 더욱 그렇지 않겠는가.

　요컨대 아담은 마치 그가 아무것도 하나님께 빚지고 있지 않은 것처럼 하나님으로부터 자유로운 존재가 아니었다. 누군가는 이렇게 말할지도 모른다. 하나님께서는 아담의 모든 의무와 빚을 값없이 용서하실 수 있었을 것이라고 말이다. 이에 대해 브레드워딘은 다음과 같이 훌륭하게 대답하였다. 첫째, 빚을 탕감해주는 문제와 관련하여, 만약 채무자가 값을 지불할 재화가 전혀 없을 경우에 그의 빚을 탕감해 주는 경우 탕감해주는 이가 더욱 큰 부담을 지게 되는 것이다. 둘째, 브레드워딘이 말하기를, 실제적 의무와 관련한 탕감의 경우 하나님께서는 죄에 대한 처벌의 고통을 가하는 무엇인가를 하시지(*ad aliquid faciendum sub paena peccati*) 않는 용서를 행할 수 있으시다. 마치 고용된 일꾼이 일하기로 언약을 맺었을 때 노동에 대한 의무를 가지듯이 우리는 하나님을 위하여 우리가 할 수 있는 한 최선을 다해 무엇인가를 수행할 의무를 부과 받지 않는 것이다. 한편 습성적 의무의 경우는 다르다. 하나님께서는 이성적 피조물이 하나님께 지고 있는 빚을 탕감할 수는 없으시다. 왜냐하면 만일 하나님께서 이 의무를 제거하신다는 것은 곧 이성적 피조물이 하나님께 마땅히 드려야 할 모든 순종을 제거해 버리는 것을 의미하기 때문이다. 이는 마치 하나님께서 불가능한 것을 명령하셔야 하는 것과 같은 이치다.

　따라서 하나님께서 공의의 필연성에 의해 반드시 죄를 처벌해야만 한다고 말하는 사람들은 하나님을 육적인 눈으로 바라보기 때문에 그와 같이 말하는 것이다. 그들은 마치 가장 높으신 존재가 죄를 처벌하지 않고서는 하나님이 될 수 없는 것처럼 이야기한다. 또한 마치 하나님께서 인간에게 부여하신 율법이 오로지 약속뿐이고 만약 위협이 결여되어 있다면 그분은 결코 하나님이 되실 수 없는 것처럼 말한다.

3. 비록 하나님께서 이성적 피조물에게 형벌적 법을 부과하지 않는다 하더라도 하나님의 자연적인 통치권이 추락하는 것은 아니다.

과연 그러한가? 과연 하나님께서는 다음과 같이 말씀하실 수 없는 분인가? "선악수의 열매를 먹지 말라. 만일 네가 먹지 않으면 너의 순종을 영생의 보상으로 갚아 주리라." 하나님께서 여기까지만 말씀하셨다면? 하나님께서 모든 위협에 관한 내용을 치워버릴 수는 없는 분인가? 도대체 어떤 성경이나 이성이 다음과 같이 가르친단 말인가? 만일 하나님께서 이성적 피조물을 창조하시고 도덕법 아래에 두셨다면, 그 하나님은 본성의 필연성에 의해 반드시 죄인을 처벌해야만 하나님이실 수가 있다. 만일 그렇지 않다면 참 하나님도 아니고 공의로운 존재도 아닌 것이다. 또한 소위 형법을 제정하지 않고서는 하나님의 자연적 통치는 결코 세워질 수 없다. 결국, 이러한 가르침에 따르면, 하나님은 아담에게 "네가 먹는 날에게는 정녕 죽으리라"라고 말하거나 혹은 "먹는 것에 대해 너는 반드시 처벌을 받으리라"라고 말할 수밖에 없었다. 이렇게 말씀하지 않고서는 하나님은 결코 하나님이 될 수 없다는 것이다. 한마디로 요약하자면 이렇다. "하나님께서 죄인을 처벌하지 않고서는 이성적 피조물이 창조주 하나님께 종속되지도, 또한 종속될 수도 없다."

그러나 상기한 가르침은 다음의 사실로 인해 부정된다. 비록 죄가 이 세상에 결코 들어오지 않은 경우에라도, 혹은 만일 하나님께서 그의 택한 천사들—곧 도덕법이 파괴되거나 범해지는 것을 알지도 느끼지도 못했던 천사들—에게 행하셨듯이 아담을 도덕법 아래에서 보존하셨을지라도, 아담은 여전히 하나님께 도덕적으로 의존하는 존재였을 것이고, 하나님은 여전히 하나님이셨을 것이다. 또한 하나님은 본질적으로 공의로우신 분이셨을 것이다. 한편 하나님께서 그의 택한 천사들에게 그 어떤 종류의 형법을 형벌로서 부과하셨다고 가정해 보자. (이것을 입증하는 것은 매우 어려운 작업이 될 것이다). 이때에 하나님은 택한 천사들에 대한 자연적 지배권을 행사하실 것이다. 이와 반대의 경우를 생각해 보자. 만일 하나님께서 이들에게 오로지 보상과 보수만을 규정하는 법만을 부과하셨다고 가정해 보자. 과연 그때에는 하나님께서 하나님이 되시지 못하겠는가? 과연 하나님께서 택한 천사들에 대한 온전한 지배권을 행사할 것이라는 사실을 누가 부인하겠는가? 이를 부인하는 주장은 논박할 가치도 없는 주장일 것이다.

구약과 신약을 통틀어 능동적 순종에 대한 형법이 사람이신 그리스도에게 형벌로서 부과된 사실이 있는지 나에게 제시해 보라. 혹은 "만일 사람이신 그리스도께서 죄를 범한다면 그는 영원히 죽으리라"라는 말이 그 어디에 기록되어 있는가? 이와 같은 표현을 쓴다는 사실만으로도 나는 두려움을 느낀다. 그렇다면 이런 사실이 없다고 해서 과연 하나님은 하나님이 아니신가? 과연 하나님은 그의 아들, 곧 사람이신 그리스도에 대한 자연적인 통치를 행사하지 못하시는가?

결국 하나님께서 모든 인류와 택한 천사들에게 보상적인 법만을 공의롭게 부과하실 수도 있었다는 사실을 그 누가 부정하겠는가? 실제로 하나님은 형벌의 법을 완전히 생략하고, 죽음의 위협—첫째 사망과 둘째 사망 모두—과 그 어떠한 형벌을 완전히 결여한 채 보상의 약속만을 부과하셨더라도 그분은 여전히 하나님이시고 천사들과 사람이신 그리스도, 그리고 모든 인류 위에 자연적인 지배권을 소유하시는 주님이셨을 것이다.

이제 하나님께서 택자인 신자들에게 성령을 거스르는 죄를 처벌하는 형벌은 물론 다른 형태의 형벌도 부과하시지 않으셨고, 오로지 가장 충분한 만족, 곧 하나님의 보혈로 말미암아 타락 이후의 그들을 완전히 새롭게 만들어 천사와 같고 사람이신 그리스도와 같이 거룩한 존재들로서 영광에 이르도록 이끌어 오셨다고 가정해 보자. 이러한 경우에 하나님은 과연 하나님이실 수 없는가? 이러한 경우에 하나님은 과연 그의 자연적 지배권을 상실하시는가?

인류에 대한 하나님의 지배권은 형법이라는 하나의 특정한 것에만 존재하는 것이 아니다. 그것은 보상적인 법들 안에도 존재한다. 또한 우리가 순종을 끝까지 이루고 인내할 수 있도록 미리 정해 놓으신 효력을 공급하시는 것에도 존재한다. 또한 우리를 유혹에 빠지지 않게 하시고, 하나님을 섬기도록 유도하시며, 다른 존재에 대한 주님의 심판—"범죄한 천사들을 용서하지 아니하시고(벧후 2:4;

유 6)"——을 통해 우리를 두렵게 하시는 것 안에서도 주님의 통치는 존재하는 것이다.

결론적으로 하나님께서 인간에게 형벌을 부과하시지 않으시는 것만으로 하나님은 인간에 대한 자연적 지배를 상실하시고 결국 하나님이시길 중단한다는 주장은 논리학의 가장 기초적인 오류를 범하는 것이다. 종(種)을 부정하는 것에서 속(屬)을 부정하는 것으로 나아가는 것으로는 아무 결론도 얻지 못한다(a negatione speciei ad negationem generis, nulla est consequentia). 만일 하나님께서 형벌이라는 하나의 특정한 것에서 사람에 대한 지배권을 행사하지 않으신다면, 그는 다른 모든 것들 안에서 행사하는 그의 자연적 지배권 전체를 상실하는 것이라고 말한다면 이것은 정당하지 못한 추론이 되는 것이다.[5]

또한 복된 하나님과 인간에 대한 그의 본질적인 통치를 오로지 형벌과 관련짓는 것은 매우 무례한 시도라고밖에 볼 수 없다. 가장 높고 거룩하신 분을 제한하여 그분이 우리의 방식을 따르지 않고서는 결코 하나님이 되실 수 없다고 배짱 좋게 주장하는 것은 성경적 근거가 전혀 없는 무모한 대담성의 냄새를 풍긴다. 그들은 하나님

---

5) 이와 동일한 내용을 루더포드는 측주(側註)에서 다음과 같이 표현하였다. [전반부 내용은 본문을 참조하라] "Si enim lex talis non seratur necessariò, possibile esset ut vel Deus jure suo naturali & Dominio in creaturas caderet, & sic non esset DEUS, vel stabilito isto jure, creaturam ei non esse subditam. Quod implicat contradictionem--nam intercisâ obedientiâ (quod fieri potuit & factum est) dependentia (moralis creaturae rationalis à Deo) illa nullo modo continuari potest, nisi per poenam citariam." 후반절에 대한 한글 번역은 다음과 같다. "이것이 모순인 이유는 (수행될 수 있고 수행되는) 순종의 파기로 인해 (하나님에 대한 도덕적 이성적 피조물의) 이 의존성이 어떤 식으로도 지속될 수 없기 때문이다."

께서 지옥을 창조하지 않고서는 자신의 영광을 보존할 방법을 갖지 못했다고 말한다. 그러나 이러한 주장은 전혀 입증되지 않은 것이다. 그 근거로서 제시된 것은 그것의 결론만큼이나 취약하다. 물이 물을 지탱할 수 있을지는 몰라도 물이 땅을 지탱해내지는 못할 것이다.

첫째, 만일 인간이 법 아래 있는 이성적 피조물로 지음 받은 것이라면, 그는 죄를 범할 수도 있고 순종할 수도 있다. 또한 그는 온전한 도덕적 존재로서, 마치 선택된 천사들과 사람이신 그리스도의 경우처럼, 창조주 하나님께 의존하면서 결코 죄를 범하지 않는 상태로 지음 받았을 수도 있다. 그가 법 아래에서 이와 같은 상태로 지음 받았다고 해도 하나님은 그의 통치를 상실하거나 하나님이시길 결코 멈추시는 것이 아니다.

둘째, 만일 인간의 의지가 아담의 의지가 그랬던 것처럼 타락하거나 타락하지 않거나, 천국을 향해 달려가든지 혹은 지옥을 향해 달려가든지 그 선택에 대해 중립의 의지를 소유하지 않는 한, 인간은 엄밀한 의미에서 도덕적 순종의 통치 아래에 있는 것이 아니라는 생각은 어딘가 모르게 아르미니우스주의자들의 사고방식과 닮아 있다. 이 기준에 따르면 그리스도의 가장 온전한 순종—죽기까지 순종하셨으며(빌 2:8) 기쁨으로 하나님의 뜻을 행하셨고(시 40:8; 요 4:34)—마저도 엄밀한 의미에서 참 순종이 아닌 것이 된다. 즉 가장 온전한 순종을 순종이 아니라고 부정하는 셈이다. 또한 우리의 순종의 모델이 되는 선택받은 천사들의 순종(마 6:10; 사 6:2-3; 시 103:20)도 정당한 순종이 아닌 것이 된다.

셋째, 어떤 가르침에 따르면, 사람이 범죄했을 경우, 하나님께서 죄를 처벌하지 않는다면 그의 도덕적 의존성이 세워질 수 없으며, 하나님은 하나님이실 수 없을 뿐만 아니라 사람에 대한 지배권을 상실한다. 이를 막는 유일한 길은 하나님께서 사람에게 형법을 부과하는 것이며, 사람이나 그의 보증인이신 그리스도를 실제로 처벌하지 않고서는 하나님은 결코 하나님이실 수가 없다고 말한다. 그런데 이러한 주장을 한 동일한 사람은 동일한 펜을 사용하여 다음 같은 주장도 했다. 즉 공의의 외향적 사역은 자유롭다는 것이다. 이는 하나님께서 죄를 처벌하시는 것은 하나님의 자유라는 의미이다.[6] 그럼에도 만일 하나님께서 죄를 처벌하시지 않는다면 그는 인간에 대한 자연적 지배권을 상실하는 것이며 하나님은 하나님이시기를 멈추는 것이라고 주장하는 것이다. 그러나 우리는, 이미 충분히 입증되었다고 생각하는 대로, 비록 하나님께서 사람에게 형법을 부과하지 않고 처벌하지도 않으신다고 해도 하나님은 인간에 대한 지배권을 상실하지 않으신다고 주장한다. 사실 다음과 같은 생각은 상상조차 할 수 없는 일이다. 어떻게 하나님께서 본성의 필연성에 의해 반드시 죄를 처벌하셔야만 한단 말인가? 실상은 형벌의 방식과 분량 그리고 정도와 시기 등과 관련하여 하나님은 그것들을 조절하실 수 있는 것이다. 본성의 필연성은 다음과 같은 것들이다. 불은 본성의 필연성에 따라 불타고, 태양은 본성의 필연성에 따라 빛

---

6) *"Jam vere egressus necessarios constituentes, non negamus Deum tamen eam libere exercere."* 루더포드의 인용문을 다소 의역하면 다음과 같다. "[하나님께서 죄를 처벌하는 공의를] 외향적으로 실행하시는 것은 참으로 필연적이다. 그럼에도 하나님께서 그 일을 자유로운 의지로 행사하신다는 것을 우리는 부정하지 않는다."

을 발한다. 과연 불이 자유의지를 가졌기 때문에 그가 원하는 시간에만 타오르는가? 이 시간에는 불타고 다른 시간에는 타오르기를 멈추는가? 태양은 본성의 필연성에 따라 빛을 비춘다. 과연 이런 태양이 자유롭게 하루 중 10시에는 빛을 발하고 12시에는 그 일을 멈추겠는가? 과연 태양이 자유롭게 빛의 밝기를 조절하여 태양처럼 찬란하게 밝기도 하고 달처럼 빛을 희미하게 만드는가?

하나님에 대해서는 어떻게 말하겠는가? 과연 성부께서는 자신을 사랑하시는데 자유롭게 사랑하시기 때문에 오늘은 자신을 사랑하시고 내일은 사랑하지 않으시는가? 또한 사랑하는 크기도 늘었다 줄었다 하는 것인가? 과연 하나님이 오늘은 자비로우시고 공의로우시나 내일은 전혀 자비롭지도 공의롭지도 않으실 수 있는가? 그의 기쁘신 뜻을 따라 하나님은 본질적으로 조금은 덜 은혜로우시기도 하고 조금 더 자비로우실 수 있는 것인가? 이러한 것들은 자기 모순적이다.

그런데 수아레즈(Suarez)가 잘못 판단하여 진술한 내용에 따르면, 피조물은 하나님께 실제적인 상처를 입힐 수도 있고, 영광에 대한 하나님의 권리(*jus Dei ad gloriam*)를 빼앗아 갈 수도 있다는 것이다.[7] 그러나 진실은 이것이다. 곧 피조물이 행하는 것은 그의 죄로 인하여 그의 선언적인 영광(declarative glory)을 어둡게 하거나 가리는 것이다. 피조물은 본질적인 영광을 하나님으로부터 빼앗을 수 없다. 또한 그 어떤 실제적인 권리 혹은 실제적인 선을 하나님으로부터

7] Suarez *de justitia Dei*, sect.2. nn.9. fig.352.

조금도 빼앗을 수가 없다. 욥기 35장 6절[8]에서 엘리후는 이렇게 말하였다. "그대가 범죄한들 하나님께 무슨 영향이 있겠으며 그대의 악행이 가득한들 하나님께 무슨 상관이 있겠느냐?" 하나님으로부터 그의 선언적 영광을 빼앗는다는 것은 사실상 하나님께는 미미한 것이다. 비유컨대 태양 빛을 몸으로 가려서 벽에 그림자를 드리우는 것과 유사하다. 이때 당신은 태양으로부터 빛을 빼앗은 것이 아니다. 욥기 35장 8절을 보라. "그대의 악은 그대와 같은 사람에게 상처를 입힐 수 있고, 그대의 의는 사람의 아들에게나 유익을 끼칠 수 있는 것이다."[9]

어떤 사람은 이렇게 말한다. 하나님께서는 자신의 영광을 안전하게 보존하실 필요가 있다. 그런데 만일 죄에 대해 형벌의 고통을 가하지 않으신다면, 하나님께서 자신의 영광을 방어하는 것은 불가능하다고 주장한다. 따라서 하나님께서는 반드시 죄를 처벌하셔야만 한다는 것이다. 그러나 이 논제는 논쟁거리가 되지 못한다. 왜냐하면 모든 사람들은 다음과 같이 고백하기 때문이다. 즉 하나님은 반드시 그 자신의 영광을 보존하신다. 하나님은 이것을 본성의 필연성에 따라 반드시 그렇게 행하신다. 왜냐하면 하나님은 자기 자신을 사랑하실 수밖에 없기 때문이다(*quoniam se ipsum non potest non amare*). 또한 하나님은 "나는 내 영광을 다른 자에게 주지 아니하리라"

---

8) 원문에는 욥기 39장 6절로 잘못 표기되어 있다. [역자 주]

9) 루더포드의 해석을 따른 것이다. 한글 개역성경은 다음과 같이 번역되어 있다. "그대의 악은 그대와 같은 사람에게나 있는 것이요 그대의 공의는 어떤 인생에게도 있느니라"(욥 35:8).

고 말씀하셨다.

4. 하나님은 본성의 필연성에 의해 자신의 본질적인 영광을 사랑
   하신다. 그러나 그의 선언적인 영광은 그와 같은 필연성에 의
   한 것이 아니다.

이 문제에 대한 답은 다음과 같다. 하나님께 영광은 내적이고, 영
원하며, 본질적인 것이다. 하나님은 마치 자기 자신을 사랑하시는
것과 같이 본성의 필연성에 의해 자신의 영광을 방어하고 사랑하셔
야만 한다. 그런데 만일 누군가 다음과 같이 말한다면 그것은 하나
님께는 있을 수 없는 것을 말하는 것이다. 하나님 자신의 본질적인
영광과 자신의 거룩한 본성을 방어하고 사랑하기 위한 하나님의 외
향적 사역은 그 정도와 시기에 있어 절제된 형태를 취한다. 이는 곧
하나님께서 자신과 자신의 본질적 영광을 사랑함에 있어 정도의 차
이가 존재할 수 있음을 의미한다. 또한 시기와 관련하여 하나님은
자신을 사랑하는 것을 연기할 수도 있고, 자기 자신과 자신의 본질
적 영광을 내일은 사랑할 것이지만 오늘은 그렇지 않을 수도 있음
을 의미한다. 그 책의 저자가 말하듯이, 보복적 정의의 외향적 사역
은 완화된 형태의 처벌을 적용한다.

그러나 하나님에 관한 이러한 경이로운 이야기를 하는 저자는 사
실상 하나님께 결코 합당하지 않은 말을 하는 것이다. 무엇보다 이
사야 42장은 하나님의 본질적인 영광을 이야기하는 것이 아니다.
왜냐하면 그 어떤 우상이나 피조물도 전능자로부터 하나님의 본질

적인 영광을 빼앗아 갈 수 없기 때문이다. 뿐만 아니라 하나님의 복된 본성도 멈출 수 없는 것이다. 본문이 말하는 것은 선언적인 영광으로서 보복적 정의뿐만 아니라 죄를 용서하는 자비의 선언적 영광을 말하고 있는 것이다.

이런 맥락에서 볼 때, 다음과 같이 생각하는 것은 육적인 개념이고 새로운 망상이다. 즉 한편으로 하나님은 본성의 필연성에 의해 보복적 정의, 혹은 정의로 옷 입은 자신과 자신의 보복적 정의의 영광을 사랑하신다. 다른 한편으로 하나님은 본성의 필연성이 아닌 자유로운 의지로 자비로운 존재로서의 자신을 사랑하신다. 하나님은 즐겨 용서하시고 자기 자신의 사죄하는 은혜의 영광을 사랑하신다. 만일 이런 식의 주장을 한다면 동일한 저자는 이사야 42장[10]의 말씀을 다음과 같은 의미로 해석해야만 할 것이다. "나는 나의 오로지 보복하는 정의의 영광을 다른 우상들과 피조물들에게 주지 않을 것이다."

그러나 이사야 42장 8절은 이렇게 결론짓지 않는다. [즉 하나님께서 본성의 필연성에 의해 그의 선언적 영광을 사랑하심을 말하는 것이 아니다. - 역자 주] 그들은 구원과 자비로운 해방의 영광 그리고 유다, 성전, 성소에 대한 승리의 영광을 그들의 우상들에게로 돌리고자 했지만 선지자는 이와 정반대의 것을 의도했다는 것이다. 그러나 만일 하나님께서 본성의 필연성에 의해, 마치 자신을 사랑하듯이, 자신의 선언적 영광을 사랑하신다면, 이는 곧 하나님께서

---

10) 원문에는 이사야 45장으로 잘못 표기되어 있다. 이후 판본의 교정표에 42장으로 정정되었다. [역자 주]

자신의 본질적 속성 가운데 하나만을 사랑하시는 것이 아니라 또 다른 속성도 사랑해야 하는 것을 의미한다. 또한 사람이 범죄할 때, 하나님의 자유와 주권이 아닌 하나님의 자연적 본성이 하나님으로 하여금 공의의 영광을 방어하도록 만든다는 사실을 의미한다. 같은 맥락에서 하나님은 그의 공의의 영광을 옹호하지 않으면 더 이상 하나님이실 수도 없고 본질적으로 공의로우실 수도 없다. 역시 같은 맥락에서 하나님은 반드시, 마치 자신을 사랑하시듯이, 구원과 사죄를 베푸는 자비의 영광을 사랑하셔야만 한다. 왜냐하면 하나의 영광이 하나님께 본질적인 것이라면—만일 이 영광이 본질적인 것이라는 가정 하에— 또 다른 영광도 동일하게 본질적인 것이기 때문이다. 이것의 의미는 다음과 같다. 곧 하나님께서는 본성의 필연성에 의해 구원하는 자비의 영광을 안전하게 보존하여야만 한다. 따라서 하나님은 반드시 그의 아들을 보내셔야만 한다. 또한 하나님이 자신을 사랑하시는 것과 동일한 본성의 필연성에 의해 하나님은 사람을 구원하셔야만 한다. 이제 잘 생각해 보라. 하나님은 자유로운 은혜를 따라 자기 자신을 사랑하시는 것이 아니다. 모든 측면에서 볼 때, 하나님의 자연적 본성이 가진 무한하신 탁월성으로 인해 하나님의 본성은 사랑받을만한 가치를 지닌다. 여기에는—곧 하나님께서 자기 자신을 사랑하고 자기 자신의 본질적인 영광을 사랑하시는 데에는— 자유 혹은 자유로운 은혜, 혹은 주권이 끼어들 틈이 없다.

그러나 하나님께 본질적으로 속하지 않는 선언적 영광이 존재한다. 이에 대한 성경 구절들은 다음과 같다. 잠언 16장 4절("여호와께서 온갖 것을 그 쓰임에 적당하게 지으셨나니" 이는 곧 그의 영광이 선포되는 데 쓰임 받도록 지으셨다는 의미이다), 에베소서 1장 6절("그가 우리를 선택하신 것은 우리로 하여금 그의 은혜의 영광을 찬송하게 하려는 것이라")[11] 과 11절("그리스도 안에서 기업이 되었으니") 그리고 12절("이는 우리가 그의 영광의 찬송이 되게 하려 하심이라"), 로마서 11장 36절("만물이 주에게로 돌아감이라" 그의 영광에게 돌아간다는 의미이다), 이사야 43장 21절("이 백성은 내가 나를 위하여 지었나니 나를 찬송하게 하려 함이니라") 등이다. 이 구절들은 모두 하나님의 본질적인 영광이 아니라 하나님의 선언적인 영광, 곧 외향적으로(ad extra) 빛나는 영광을 말하는 것으로 이해되어야한다.

또한 이 영광은 겉으로 선언된 것과 동일한 내용으로서 하나님께 본질적으로 속한 것이 아니다. 왜냐하면 하나님은 영원 전부터 무한히 영광스러우시고, 비록 이 세상도, 사람도, 천사도 창조되지 않았다 하더라도 하나님은 영원히 본질적으로 영광스러우시기 때문이다. 따라서 이사야 42장 8절 말씀을 다음과 같이 이해하는 것은 본문의 의미를 완전히(toto caelo) 오해하는 것이다. "나는 내 자신을 사랑한다. 따라서 본성의 필연성에 의해 나는 하나님인 나에게 마땅히 돌릴 나의 영광을 다른 우상들과 피조물에게 주지도 그러길 원하지도 않을 것이다."

첫째, 하나님께서 본성의 필연성에 의해 무엇인가를 의지하신다

---

11) 루더포드의 해석을 번역한 것이다. 한글 개역성경은 다음과 같이 번역하였다. "이는 그가 사랑하시는 자 안에서 우리에게 거저 주시는 바 그의 은혜의 영광을 찬송하게 하려는 것이라"(엡 1:6).

는 것은 다음의 것들에 해당한다. 하나님께서는 확실히 그리고 본성의 필연성에 따라 계시고 존재하시며, 자신을 사랑하신다. 또한 본성의 필연성에 따라 아들을 낳으시며, 하나님은 본성의 필연성에 의해 아들에게 사랑을 받으신다. 아들 역시 본성에 필연성에 따라 성부에 의해 사랑을 받으시고 성부로부터 독생하셨다. 한편 동일한 본성의 필연성에 따라 하나님의 영광이 우상들과 피조물에게로 이동했다고 말하는 것은 가장 거짓된 진술이 될 것이다. 성경은 이와 정반대의 것을 외치기 때문이다. 성경이 우상숭배의 죄가 범해졌다고 기록할 때마다(사 40장, 41장, 46장; 롬 1장; 행 17장), 하나님의 선언적인 영광이 가장 죄악된 형태로 다른 것들에게 주어졌으며 이는 하나님의 허용의지(approving will)에 반하여 일어난 것임을 보여준다.

둘째, 하나님께서 무슨 죄를 금하시던지, 하나님은 본성에 필연성이 아니라 그의 허용의지에 의해 죄의 존재를 금하시는 것이다. 왜냐하면 만일 하나님께서 본질적으로 혹은 본성의 필연성에 의거하여 죄와 우상숭배의 존재를 금하신 것이었다면, 하나님은 그것들을 유효하게 막으셨을 것이기 때문이다. 그러나 하나님께서 그의 명령하시는 의지(commanding will)를 따라 금하신 것들에 대해서 하나님은 그것들의 존재를 유효하게 막으시지 않는 사실을 우리가 볼 수 있다. 만약 하나님께서 그렇게 하지 않으셨다면, 죄와 우상숭배는 아예 존재할 수조차 없었을 것이다. 그런데 이는 성경과 우리의 경험으로부터 판단해 볼 때, 사실이 아니다. 또한 만일 하나님께서 자신을 사랑하시는 것처럼 자신의 선언적 영광을 사랑하신다면, 그분은 반드시 이 영광을 지키는 것을 본질적으로 사랑하되 그 정도가 천사와 사람이 그에게 순종할 때와 죄로 인해 그들이 이 영광을 빼앗으려는 것을 금하실 때 사이에 결코 차이가 없을 것이다. 그리하여 하나님께서는 형벌을 통해 이 영광을 앗아가는 죄를 보복하시고, 실정법에 대해 범해진 각 죄들을 보복하실 것이다. 자연법을 어기는 죄는 물론이고, 선악수의 열매를 따먹은 죄, 유대인에게는 돼지고기를 먹은 죄―그리스도께서 오셔서 그와 같은 법을 폐지하셨다― 하나하나에 대해 처벌하실 것이다. 이러한 죄들은 하나님의 영광을 반하는 것인 만큼 [만일 하나님께서 본질적 영광과 동일하게 그의 선언적 영광을 사랑하신다면] 하나님의 영광에 대한 본질적인 사랑에도 반하는 것이다. 또한 그 자신이 입법자이신 하나님의 영광에도 반하는 것이다. 그렇다고 한다면 결국 본성의 필연성에 의해(왜냐하면 하나님은 자신을 사랑하실 수 밖에 없으시기 때문이다) 하나님은 그의 입법적 영광--곧 본질적인 하나님의 영광으로서, 이것은 우리에게 하나님의 의지를 수행할 것을 요구하며, 범죄를 처벌하는 것 역시 본질적인 하나님의 영광이라는 의미에서―을 보존하셔야 한다. 또한 하나님은 본성의 필연성에 의해 죄악을 본질적으로 금하여야만 한다. 왜냐하면 하나님은 자신을 사랑하지 않을 수 없기 때문이다. 그런데 [이는 모순이다. 왜냐하면] 만약 하나님께서 죄책을 사면하신다면 그의 공의의 영광은 어디에 있겠는가? 그것은 상실되었다고 말하는 것이 진실일 것이다. 그렇다면 천사들의 타락과 인간의 범죄를 감수하실 때, 도대체 하나님의 입법적 위엄의 영광은 어디에 있었는가? 타락의 범위만큼이나 상실되지 않았겠는가? 따라서 하나님은 그의 공의의 영광을 수호하여야만 할 것이다. 그러나 과연 하나님께서 본성적 필요에 의해 그의 입법적 영광을 방어하셔서만 하고, 또한 동일한 본성적 필요에 의해 자신의 공의의 영광을 방어하셔서야만 한다고 말할 수 있겠는가? 그렇게 할 수 있다면 이를 입증해보라.

셋째, 하나님은 그의 모든 영광을 동일한 필연성에 의해 수호하여야만 한다. 물론 성경이 몇 가지 예외를 규정하기도 한다. 즉 하나님께서는 다른 영광들과 차별화하여 반드시 보존해야 할 그에게 특별히 소중한 몇 가지 예외적인 영광을 두신다. 이로 보건대 만일 하나님께서 본성의 필연성에 의해, 하나님으로서 본성적으로 자신과 자신의 영광을 사랑하시기 때문에, 그렇게 하나님은 본성의 필연성에 의해 자신의 모든 속성들—거룩함, 은혜로움, 위대하심, 전능하심, 영원성, 무한한 지식 등—의 영광을 수호하셔서야만 한다는 사실을 [추론하여] 말하는 것은 확실히 보증받기 힘든 진술이다. 하나님은 상기한 속성들 가운데 그 어떤 속성의 영광도 죄로 인해 빼앗기지 않으신다. 그리고 하나님은 만물, 곧 그의 외향적 사역으로 지으신 피조물을 자신의 영광을 위해 만드시고 작동시키신다(잠 16:4; 계 4:11; 롬 11:36). 그가 역사하는 만물 안에서 하나님은 본성의 필연성에 따라 그 자신의 영광을 사랑하시는데, 이는 하나님은 자신을 사랑하지 않을 수 없는 분이기 때문이다. 결국 이런 식으로 본다면 주님은 자신의 외향적 사역에 있어 자유롭게 일하시는 것은 아무 것도 없다. 그리하여 비를 내리시는 일, 나무에 싹이 나게 하는 일, 바다가 썰물로 물이 빠지는 일, 바람이 부는 일, 새가 날아 도망가고 물고기가 헤엄치는 일 등은 물론 하나님 자신의 선함과 능력, 자비와 거룩함의 영광을 선언적으로 드러내시는 일 등을 그 자신의 영광을 위해 수행하실 때, 하나님은 그 어떠한 자유를 사용하시지 못하고 다만 본성의 필연성을 따라 행하신다. 여기서의 영광은 하나님이 자신을 사랑하는 만큼 사랑하는 영광이다. 왜냐하면 그의 모든 외형적 사역 안에 존재하는 그의 영광이란 그가 자신을 사랑하는 것과 같은 본성의 필연성으로 사랑하시는 영광이라고 저자는 [루더포드가 이름을 밝히지 않고 논박하는 저자이다. 루더포드의 서문을 참고할 것. 역자 주] 말한다. 같은 맥락에서 하나님은 오로지 죄를 처벌하는 방법으로만 자신의 공의의 영광을 보존할 수 있다고 앞의 저자는 주장한다. 이는 나머지 하나님의 모든 속성들—하나님이 자신을 사랑하는 것과 동일하게 사랑하시는 속성의 영광들이다—에 대해서도 똑같이 적용된다.

그러나 문제가 있다. 하나님의 모든 외향적 사역에 있어 주님께서 모든 것을 이와 같은 본성의 필연성을 따라 행하신다는 것은 하나님의 창조와 섭리 안에서 하나님의 무엇이든 할 자유(liberty)와 어떠한 제한도 없는 자유(freedom) 양자 모두를 완전히 파괴한다. 그리하여 하나님은 그의 모든 외향적 사역에서, 그의 창조와 구속 사역 안에서도, 자유로운 행위자가 아닌 일종의 자연적 기능을 수행하는 존재로 전락하고 만다.

넷째, 성경은 하나님께서 "모든 일을 그의 뜻의 결정대로 일하시는 이의 계획을 따라" 그의 영광을 위해 일하신다고 말한다. 이는 결국 하나님께서 그 자신의 선언적 영광을 의도하시는 것이 자기 자신을 사랑하시는 것과는 다르다는 사실을 보여준다. 왜냐하면 하나님은 본성의 필연성으로 자신을 사랑하시고 또한 사랑하실 수밖에 없기 때문이다. 그러나 하나님은 그 자신의 영광을 밖으로 계시하지 않기를 의도하실 수도 있다. 만일 그것이 자신을 기쁘게 하는 뜻이라면 말이다. 하나님이 자신의 영광을 밖으로 계시하는 것은 마치 그가 자기 자신을 사랑하는 것처럼 본성의 필연성을 따라 행하시는 것이 아니다. 그렇다. 하나님은 세상을 창조하지 않으실 수도 있었다. 뿐만 아니라 아무런 외향적 사역을 행하시지 않을 수도 있었다. 왜냐하면 그분은 자충족적인 분으로서 그 어떠한 선언적 영광을 필요로 하지 않는 존재이시기 때문이다(창 17:1; 행 17:25).

다섯째, 만일 공의의 필연성에 의거하여 하나님께서 죄를 처벌하실 수밖에 없다고 한다면, 이 경우 특히 여기서의 공의는 하나님으로 하여금 행위의 법—곧 그 어떠한 복음적인 온건함이 결여된 형태—을 따르도록 인도할 것이다. 이 법은 죄를 범한 사람과 동일 인물, 곧 범죄의 당사자(겔 18장)가 죄로 인해 죽임 당할 것을 요구할 것이다. "당신은 이 땅의 모든 악인을 멸하시고[시 101:8] 당신의 눈은 정결하시므로 악을 차마 보지 못하시나이다[합 1:13]." 이와 같은 순전히 법적 소송절차에 관한 표현들은 그리스도 밖에 있는 자들, 곧 복음이 아닌 율법 아래에 있는 자들에 대한 것이다. 곧 이들 행악자들에 대해 주님은 공의를 따라 그들의 보증인이 아닌 각 개별 행악자를 처벌하실 것이다. 만일 사물의 본성에 따라(ex natura rei) 객관적으로 존재하는 연결고리가 죄와 형벌 사이에 존재한다면, 그것은 반드시 형벌과 죄를 범한 바로 그 당사자 사이에 존재하는 연결점이어야만 할 것이다. 우리 인간들 사이에서는 이것이 바로 정의이기 때문이다. "가해 소권은 가해물의 주인에 따른다(*Noxa caput sequitur*)"는 원칙이 존재한다. 결국 하나님이 아담과 그 안에 있었던 모든 인류를 영원히 처벌하지 않으신다면 본성의 필연성에 따라 하나님은 하나님이실 수가 없고 하나님은 본성적으로 공의롭지 않은 분이 될 것이었다. 뿐만 아니라 하나님은 그리스도를 처벌하실 수도 없을 것이다. 그러나 주지하다시피 하나님께서 값없이 베푸시는 은혜의 경륜이 존재한다는 사실을 부정할 사람은 아무도 없다. 하나님께서 그리스도를 죄로 정하신 것(고후 5:21), 곧 우리를 위한 속죄의 희생으로 삼으신 것은 공의의 행위가 아니라 은혜의 행위이다. 여호와께서는 우리 모두의 죄악을 그에게 담당시키셨다(사 53:6). 또한 그를 우리의 보증인으로 삼으셨다. 하나님에 대해 그 누가 다음과 같은 이의를 제기할 수 있겠는가? "도대체 어떻게 하나님께서는 자신의 의로움을 선언하기 위해 그리스도를 속죄물로 삼으실 수 있었단 말인가?" 혹은 "어떻게 그와 같은 행위로 말미암아 정의가 배제되도록 할 수 있단 말인가? 정의는 엄밀한 의미에서 그러한 행위를 요구하지 않지 않은가? 무엇인가 생략된 것으로 인해 공의를 위반하는 것을 피할 수 없다면, 만일 하나님께서 영원부터 무한히 공의로우시기 위해서는 그와 같은 일을 행하시지 않았어야만 한다면 어떻게 하겠는가? 만일 어떤 군주가 그의 절대적인 주권을 사용하여 도저히 공의를 상해하지 않고서는 남겨둘 수 없는 것을 그대로 방치하였다면, 그 군주는 과연 공의라는 이름의 영광을 얻을 수 있겠는가?"

이러한 질문들에 대한 대답은 다음과 같다. 이것은 도덕적 인간의 기준으로 하나님을 판단하기 때문에 제기된 의문들이라는 것이다. 과연 어떤 육신의 아버지가 자신에게 실질적인 유익이 없음에도 수백 명의 자녀들을 출산하려 하겠으며, 꼭 그럴 필요가 없음에도, 자녀들 중 대다수가 영원히 멸망할 것을 예지하고, 또한 그 가운데 장남이 반드시 죽고 저주가 되어야만 나머지를 구원할 것이라는 사실을 미리 내다보는 아버지가 세상에 어디에 있겠는가? 하나님께서는 우리를 위해 그리스도를 처벌하셨고, 자신의 아들─그분은 전가에 의해 죄인이 되셨다─ 안에서 죄를 처벌하심을 통해 그의 공의의 영광을 선포하셨다. 이는 하나님의 무한한 지혜의 깊음으로부터 기원한 것이었다. 하나님께서는 그의 자유로운 의지를 따라 그의 피조물에게 법을 부과하신다. 하나님은 그와 같은 형벌을 수반하는 어떤 법도 부과하지 않을 수도 있으셨다. 하나님께서 선악수의 열매를 먹는 행위에 따른 죽음의 위협을 가하신 것은 본성의 필연성에 의한 것이 아니었다. 그것이 아니라면 다음의 사실을 입증해 보라. 즉 하나님께서 금단의 열매를 먹는 것에 대해 죽음의 위협을 가하지 않으셨다면, 또한 그가 금단의 열매를 먹은 죄를 죽음으로─그 열매를 먹은 행위자에 가해지는 것이든 혹은 그의 보증인에게 가해지는 것이든─ 처벌하지 않으셨다면, 하나님은 하나님일 수 없었을 것이라는 사실을 입증해 보라. 그것이 어디에 있는가? 하나님의 말씀으로 입증해 보라. 하나님께서 금지하신 것이라면 선악수의 열매를 먹은 것은 죄이다. 또한 주님의 마음은 죄를 미워하신다. 이것은 사실이다. 그러나 과연 주님의 마음은 마치 그가 자신을 사랑하시는 것처럼 본성적으로 죄를 미워하시는가? 과연 하나님은 그의 다른 속성들, 즉 불변성, 진리, 신실하심 등으로부터 구별되는 것으로서의 그의 본질적 정의의 필연성에 의해 죄를 미워하시는가? 한편 하나님은 상기한 속성들을 따라 하나님은 뜻을 작정하시고 다음과 같이 말씀하셨다. "죄를 범하는 자마다 죽으리라." 또한 "먹는 자는 죽으리라." 하나님은 그가 작정하신 것을 바꾸거나 변경할 수 없고 그가 위협하신 것은 진실일 수밖에 없다.

여기에서 질문은 이것이다. (하나님의 불변성과 진리에 관한 측면은 잠시 접어두자) 과연 먹는 것과 죽는 것 사이에, 혹은 하나님께서 금하신 것을 먹는 것과 형벌 사이에 내적인 연관관계가 존재하느냐는 것이다. 그 관계가 너무나 본질적이어서 하나님께서 금단의 열매를 먹는 것을 처벌하는 방법 외에는 그가 항상 동일하고 본질적으로 공의로우실 수가 없는 것이며 참 하나님이실 수도 없는 것이냐는 질문이다.

확실한 것은 그 열매를 먹는 행위는 그 자체의 본성을 따라서가 아니라 그것을 금하시는 하나님의 의지(the forbidding will)를 따라서 죄라는 사실이다. 왜냐하면 만일 하나님께서 아담에게 선악수의 열매를 먹으라고 명령하셨다고 한들 이것으로 하나님의 본질적인 공의가 조금이라도 훼손되는 것이 아니었을 것이기 때문이다. 따라서 처벌 역시 하나님의 금지하시는 의지로부터 기원하는 것이다. 만일 그와 같은 열매를 먹는 것이 하나님의 금지하시는 의지로 말미암아 죄가 되는 것이라면, 우리가 과연 무엇이 처벌받을 만하고 혹은 처벌받아야 하는지 죄에 대한 본질을 논함에 있어, 그것의 본질 역시 동일한 하나님의 금지하시는 의지가 되어야만 한다는 사실을 알아야 한다.

이러한 사실로부터 우리는 다음과 같은 결론을 내릴 수 있다. 즉 하나님은 모든 죄를 본성의 필연성을 따라 미워하시는 것은 아니라는 사실이다. 또한 하나님은 그 먹는 행위를 오로지 조건적으로만, 즉 그분이 그 행위를 금지하셨다는 조건 아래에서만 미워하셨음을 알아야 한다. 그런데 하나님은 단지 그의 자유로운 의지로부터 그것을 금하신 것이다. 따라서 질문은 다음 사실에 관한 것이 아니다. 즉 하나님은 공의로우심으로 그리스도를 벌하셨으며 그를 속죄물로 삼아 그의 공의를 선포하셨다.

쟁점이 되는 [첫 번째] 질문은 과연 하나님의 외향적인(ad extra) 사역에 해당하는, 또한 이것에 의해 죄를 처벌하시는 상대적 정의(relative justice)가 무엇이냐는 것에 관한 질문이다. 만일 하나님께서 형벌로서 모든 죄를 위협하시기 위해 첫 번째 형법을 제정하시지 않았더라면 과연 하나님은 하나님이시기를 멈추셨어야만 했는가? 두 번째 질문은 만일 하나님께서 모든 죄를 다 벌하시지 않으신다면, 심지어 금단의 열매를 먹은 죄를 벌하시지 않는다면 과연 하나님은 하나님이실 수 없는가의 여부를 묻는 질문이다. 세 번째 질문은 과연 다음의 두 가지 가운데 [하나님의 영광을 위해] 무엇이 좀 더 취약하고 물 탄 듯 묽게 만드는 것인지에 관한 질문이다. 과연 하나님의 값없이 베푸시는 은혜의 영광을 약하게 만드는 것이 그리스도를 우리에게 주셔서 죄인들을 위해 죽게 하심을 통해 하나님의 공의의 영광을 드러내시고 선포하신 것보다 못한 것인가?

확실한 것은 하나님께서 드러내신 영광이 하나님의 값없이 베푸시는 은혜의 사역이라는 것이다. 또한 이것은 가장 자유로운 의지에 의한 것이다. 만약 하나님께서 무엇인가를 자유롭게 행하신다면, 그분은 반드시 자유로우셔야만 하며, 그 어떠한 공의, 자비, 전능성, 인내, 은혜 등의 필연성에 의해 이 모든 것들의 영광을 인간과 천사들에게 드러내지 않으셔야 한다. 물론 이러한 속성들과 내재적인 장려함, 아름다움, 혹은 모든 신적 속성들의 (소위) 근본적인 영광은 하나님과 그의 본성에 본질적인 것들이다.

만일 이러한 속성이나 혹은 그와 같은 영광이 하나님 안에 [감히] 자유롭게 혹은 우유적으로(contingently) 존재하는 것이라고 가르치는 자들은 결국 하나님을 부정하는 것이다. 이러한 가르침에 따르면 상기한 신적 속성들은 왔다가도 사라지며, 하나님 안에서 물러나거나 흘러가버릴 수도 있음을 의미한다. 자비, 전능함, 영광스러움, 등은 하나님 안에서 때때로 있기도 하고 결여되기도 하지만 하나님은 여전히 하나님이어야만 한다. 하나님은 항상 죄를 벌하시지 않지만, 그럼에도 그는 영원히 공의로우신 분이다. 하나님은 항상 구원하시는 것이 아니지만, 그럼에도 그분은 영원토록 구원을 베푸실 능력이 있으시며 긍휼이 풍성한 분이시다.

그러나 하나님의 능력, 자비, 공의 등을 외부적으로 드러내는 것은 하나님 안에서 자유로운 의지에 속한 것이다. 그분은 사랑의 발로에서 그의 아들을 보내시고 우리를 위한 죽음을 아들에게 수여하셨다(요 3:16). 그러나 이 사실로부터 다음의 결론을 도출하는 것은 상식에 어긋난다. 즉 이를 근거로, 하나님은, 사랑과 자비 그리고 값없이 베푸시는 은혜의 필연성에 의해 아들을 보내셨다고 결론짓는 것이다. 따라서 만일 하나님께서 아들을 보내시지 않았더라면, 하나님은 무한히 사랑하시고, 자비로우시며, 은혜로우실 수 없는 분이었다고 말하는 것이다. 한편 다음과 같이 말하는 것 역시 빈약한 논리이다. 즉 하나님은 은혜와 자유로운 사랑 때문에 아들을 보내신 것이고 따라서 그분은 아들을 보내시지 않았을 수도 있었다고 말하는 것이다. 이는 하나님은 사랑할 필요가 전혀 없었던 곳에서 사랑하셨다고 말하는 것이나 다름없다.[12] 또한 (그 저자의 주장대로) 만일 하나님께서 그의 자유로운 뜻대로 죄를 간단히 치워버릴 수도 있는 것이라면, 그의 공의의 영광을 헛되이 보이시는 셈이 된다. 만일 하나님께서 죄를 제거해 버리는 것이 하나님의 기쁘신 뜻이라면, 또한 그가 자유롭게 그렇게 할 수 있음에도, 도대체 자기 아들을 수치와 죽음과 저주로 내어 놓을 까닭이 무엇이겠는가?

그런데 이러한 말은 바로 소키누스주의자들이 주장하는 내용이다. 그들에 따르면, 만일 하나님께서 그의 절대적인 주권으로 보혈 없이도 죄를 제거하실 수 있다면, 보혈과 보혈에 의한 만족의 필요성은 없는 것이다. 즉 실질적인 만족의 필요성이 없다는 것이 그들의 주장이다. 그러나 주지하다시피 이러한 주장은 성령을 거스르는 주장이다. 모든 성경은 다음과 같이 외친다. 곧 하나님께서는 그의 자유로운 의지에 기원하는 은혜로 말미암아 그의 아들을 보내시고 그를 죽음에 내어주셨다는 것이다. 히브리서 2장 9절은 이렇게 말한다. [예수께서] "이를 행하심은 하나님의 은혜로 말미암아 모든

---

12) 라틴어 원문은 다음과 같다. *Qualis enim amor iste esse potest, quem in ea re, qua nihil opus fuit, Deus ostendit?*

사람을 위하여 죽음을 맛보려 하심이라." 그렇다면 우리가 과연 이로부터 그리스도께서 죽으신 것에 아무런 필연성이 없었다고 추론하는 것이 가능하겠는가? 아마도 가장 안전한 것은 오로지 지혜로운 하나님께서 그렇게 작정하신 것이라고 말하는 것이리라. 곧 죄를 제거함을 통해 드러나는 하나님의 공의의 영광은 우리의 방법이 아닌 하나님의 방법으로 이루어지도록 작정하신 것이다. 곧 공의와, 자비와, 값없이 베푸시는 은혜와, 비할 데 없이 크신 사랑과, 전능한 능력의 방법으로 계시되는 공의인 것이다. 그리고 이 모든 것들 안에서 행하시는 주님은 잠시라도 주님이시길 멈추지 않고 역사하시며, 그의 가장 자유로운 의지로 행하신다. 비록 [성육하신] 그분이 그런 방향을 취하시지 않았음에도 말이다. 이처럼 사람과 천사의 생각을 뛰어넘는 탁월한 방식으로 일하시는 하나님을 경건한 신자라면 어찌 흠모하지 않을 수 있겠는가?

5. 모든 언약에는 은혜의 외향적인 요소가 발견된다.

이러한 내용으로부터 가장 안전한 방식으로 도출할 수 있는 거룩한 적용점은 다음과 같다. 하나님과 인간 사이에 맺어진 모든 언약들 안에는 은혜의 요소들이 발생한다는 사실이다. 심지어 율법언약 안에서도 마찬가지이다. 물론 율법언약 안에는 복음적 은혜가 존재하지 않는 것이 사실이다. 복음적 은혜는 이 언약 안에서 그리스도께서 성취하신 공로의 열매이다. 그러나 만일 은혜의 의미를 [더 확장하여] 받을 자격이 없는 선하심을 받는 것이라고 규정한다면, 율

법언약은 이러한 측면에서 다음과 같은 은혜의 요소들을 포함하고
있다.

첫째, 하나님께서는 아담에게 영광스러운 하나님 형상—곧 참된
의와, 하나님을 아는 지식, 그리고 거룩함으로 구성된다(창 1:26; 엡
4:24; 골 3:10)—보다 열등한 무엇인가를 주실 수도 있었는데 그렇지
않으셨다. 이것은 너무나도 부유한 자신이었다. 그런데 이 거룩한
형상이 그토록 악한 방식으로 인도된 것이다. 하나님 형상을 받아
그 요소들을 영적으로 드러내는 사람이 누구란 말인가? 한편으로
우리는 탄식하며 불평한다. 곧 남이 가진 은혜와 거룩은 지나치게
많은 반면 나는 너무나도 적게 가졌다고 생각하여 하나님께서 베푸
신 경륜에 대해 오히려 탄식하고 불평하는 것이다. 혹은 다른 한편
으로 우리는 교만에 빠지기도 한다. 스스로 교만하여져서 마치 우
리가 아무것도 받지 않았다고 생각하는 것이다. 그래서 다른 사람
에게 이렇게 말한다. "나는 너보다 거룩함이라(사 65:5)." 또한 자기
를 특별히 구별해주신 주님을 알아보지 못하기도 한다(고전 4:7). 다
른 사람을 완전히 무시하기도 하고(눅 18:11), 하나님을 너무 엄하고
냉정하게 계산하는 분으로 생각하고 은밀하게 불평하기도 한다(마
25:24). 도대체 이러한 교만한 생각이 어디에 있단 말인가? 나는 단
지 수용자일 뿐인데 어떻게 선물로 받은 신성함을 강탈하여 내 자
신의 것인 양 자랑하겠는가? 이는 마치 하루 동안 빌려 온 비단으
로 짠 안장을 등 위에 얹은 말이 자기 주제를 모르고 야단법석을 떠
는 것과 같은 모양새이다.

둘째, 인간에게 피조물을 다스리는 권세를 수여하신 것 역시 분

에 넘치는 선대이다. 내가 가진 몸은 내 것이 아니라 빌려온 것이요, 내가 가진 영혼 역시 원래 내 것이 아니라 빌려온 것이다. 그럼에도 우리는 이것을 "자신"으로 생각하고 "나"라는 명칭을 사용한다. 도대체 자신을 거저 선물로 받은 존재로 바라보는 사람은 얼마나 되겠는가? 당신은 당신 자신을 높이 평가할지 모른다. 그러나 당신이 "자신"이라고 생각하는 그 "자신"이 실상은 하나님께로부터 받은 것이다. 한 걸음 더 나아가 당신이 말을 타고 달린다고 생각해보자. 도대체 누가 나를 말 타는 자로 만들었고, 피곤에 지친 그 말이 나를 태우고 가는 존재로 만들었단 말인가? 이 모든 것은 하나님으로부터 기원하는 것이다.

셋째, 행위 언약 자체가 우리에게는 분에 넘치는 하나님의 자기 비하이다. 하나님께서는 그의 주권으로 간단히 명령하시지 않고 자기를 낮추어 [행위 언약 안에서] 일종의 거래를 제안하셨다. 즉 "이것을 행하라, 그리하면 살리라." 사실상 하나님은 주권적인 입법자로서 우리에게 단순하게 요구하고 명령하실 수도 있었는데 그렇게 하지 않으셨다. 이것은 분에 넘치는 선하심이다. 율법은 사랑의 꿀이 발라진 채로 잠시 고용되었다. 우리의 무가치한 순종을 하나님과의 교제라는 엄청나게 부요한 보상으로 수여하시는 것은 하나님의 자비였다.

넷째, 순종의 행위에 대한 [하나님의 유효한] 효력은 다음의 이중적 의미로 고려되어야 한다.

1. 아담의 순종 행위에 대한 하나님의 조화롭고 적절한 동사(concurrence)가 존재한다. 이것들은 따로 약속되지는 않았지만 그에

게 이미 선물로 주어진 것들이다. 이에 대해서는 새 언약을 다루는 부분에서 논의할 것이다.

2. 끝까지 남은 선택받은 천사들(이들 역시 아담과 마찬가지로 언약의 상태에 있었다)에게 주어진 효력이 존재하는데, 이것에 의해 이들은 타락한 천사들과 구분되며, 그들이 타락하지 않았다는 측면에서 이 효력 유효성이 확인되었다.

하나님의 절대주권은 아담의 타락 속에서도 빛을 발한다. 참새한 마리도 하나님 없이 날개 짓을 할 수 없고(마 10:29), 우리의 머리에서 머리카락 하나도 떨어지는 법이 없기 때문이다(마 10:30). 하물며 아담과 그의 모든 후손의 타락이 하나님의 특별한 섭리 없이 발생했겠는가? 최소한 아담이 나아가 행동했던 것은 하나님의 유효한 효력 없이는 불가능했을 것이다. 만일 아담이 강하고 정직하며 거룩함 가운데 지음 받은 것이 사실이라면 과연 그가 홀로 설 수는 없었던 것일까? 우리는 어떤가? 과연 타락한 상태에서 우리의 진흙으로 만든 다리는 끝까지 버텨낼 수 있는 것일까? 우리 안에 요구된 경건한 두려움이라는 것은 과연 무엇인가?

다섯째, 하나님의 형상에 덧붙여, 창세기 2장 23절에 기록된 예언의 은사도 아담에게 값없이 수여된 것으로 보인다. 또한 창세기 2장 19절에 따르면 아담은 모든 생물들을 각자의 본성을 따라 파악하고 있었는데 각 생물에 대한 지식 또한 선물로 주어진 것으로 보인다. 물론 이 지식은 자연적 지식으로 보인다. 이것은 또한 아담이 하나님의 형상과 선한 은사를 얼마나 오용했는지에 대한 한탄할 만한 실례를 우리에게 입증해 준다. 그 어떤 습성 역시도 하나님의 지속적인 사역 없이는 순종의 과정에서 우리를 지켜주지 못한다. 결국 은혜의 습성을 우리의 자만심으로 삼을 수 있는 근거는 전혀 존재하지 않는다.

사실 피조물과 창조주 사이에 그 어떤 것을 주고받는다는 것은 있을 수 없다. 이에 대해서는 엘리후가 잘 변증하였다. "그대가 의로운들 하나님께 무엇을 드리겠으며 그가 그대의 손에서 무엇을 받으시겠느냐(욥 35:7)." 또한 그는 이렇게 말한다. "그대의 악은 그대와 같은 사람에게 상처를 입힐 수 있고, 그대의 의는 사람의 아들에게나 유익을 끼칠 수 있는 것이다." 욥기 22장 2-3절에서 엘리바스는 다음과 같이 말한다. "사람이 어찌 하나님께 유익하게 하겠느냐 지혜로운 자도 자기에게 유익할 따름이니라. 네가 의로운들 전능자에게 무슨 기쁨이 있겠으며 네 행위가 온전한들 그에게 무슨 이익이 되겠느냐." 다윗은 시편 16장 2절에서 "나의 선함이 당신께 미치지 못하나이다"라고 고백한다. 한편 사도행전 17장 25절은 다음과 같이 기록한다. "또 무엇이 부족한 것처럼 사람의 손으로 섬김을 받으시는 것이 아니니 이는 만민에게 생명과 호흡과 만물을 친히 주시는 이심이라." 사실이 이러한데 피조물이 하나님께 드리는 것에 무슨 영광이 있겠는가? 단지 그것은 하나님의 사역과 그분께 대한 우리의 순종으로부터 하나님의 탁월함의 빛을 사람들과 천사들에게 조금 비취는 것일 뿐이다.

그런데 이러한 영광의 빛을 하나님께 갚을 피조물이 전혀 존재하지 않는다고 가정해보자. 이것으로 인해 과연 하나님은 패배자가 되시는 것일까? 과연 그분은 영광을 노래하는 우리의 찬송을 필요로 하는 것일까? 과연 피조물이 그를 찬양하는 전령의 역할을 해야만 하는 것일까? 과연 하나님은 그의 영광을 말하고 소리 내어 찬양하기 위해 그가 만드신 작품들과 하늘과 태양과 달의 천체 구조를 일종의 인쇄된 책으로 사용하셔서만 하는 것일까? 만일 하나님께서 그러한 책을 필요로 하시지 않는다면(마치 그가 아무것도 창조할 필요가 없었듯이 말이다. 하나님은 "나는 모든 것을 충족시키는 여호와니라"-- 엘 샤다이: אני-אל שדי --라고 말씀하신다), 하나님은 그와 같은 책의 단 한 글자도 또한 각 장의 그 어떤 내용도 필요로 하지 않는 분이시다.

우리 안에는 하나님을 육적으로 이해하는 감춰진 오해가 있다. 즉 우리가 무엇인가 하나님을 위해 행동하고 고통을 감수했다는 생각이 들 때, 이것은 우리 마음에 거짓된 평화와 평온함을 가져다준다. 이때 우리는 이렇게 생각한다. '이제 한 번 우리는 하나님을 기쁘시게 해드린 거야.' 이러한 거짓된 평화와 더불어 다음과 같은 말도 되지 않는 생각, 곧 우리가 무엇인가 하나님께 유익을 드렸다는 쓰레기 같고 허황된 망상의 연기가 우리의 마음으로부터 모락모락 피어 올라온다. 만일 하나님께서 우리의 기도와 봉사를 원하신다면 사정은 오히려 나빠질 것이다. 과연 하나님께서, 무한하고 측량할 수 없는 세대와 시간 속에서, 하늘과 천사들과 사람들 사이에서 무엇인가 빠뜨린 것이 있으셔서 그 어떤 피조물 앞으로 찾아 가셨겠는가? 오히려 하나님께서는 그의 아들 그리스도에 대한 무한하고 본체론적인 공평과 사랑에서 즐거움을 삼으시며(잠 8:29-30), 이러한 무한하고 스스로 기뻐하시는 생각들 위에 거하셨다.

당신은 만물을 지으신 창조주 하나님께 아무것도 드릴 수 없다.

오직 두 가지 사실만 존재한다. 자기 자신을 완전히 소유하시는, 그 누구에 의해서도 지음 받지 않은 자존하시는 하나님께서 당신이 드린 것에 대해 고마워할 만한 것은 존재하지 않는다고 말하거나, 아니면 당신이 마련한 선물이라는 것은 결국 그분이 지으신 피조물임이 틀림없을 것이라는 말뿐이다. 그분의 우주적인 통치권은 얼마나 넓은가? 과연 당신이 이 모든 것의 완벽한 주님이신 그분께 먼저 무엇인가를 드릴 것이 있겠는가? 모든 장미들도 그분 것이고, 모든 포도원도 그분의 것이며, 모든 산들도 그분의 것이다. 그분이야 말로 동서남북의 주인이시며, 감히 모든 천사들도 능히 셀 수 없이 무수히 많은 가능태 세계의 주인이시다. 무한한 세대 동안 이 모든 것들은 그의 광대하신 전능성의 품 안에 놓여 있다. 그는 스스로 뜻하시기만 하면 그것들을 [현실태로] 창조하실 수 있는 분이다.

6. 역대상 29:11-12 주해: 하나님께 무엇을 드릴 수 있는 자가 아무도 없는 이유는 무엇인가?

또한 당신이 다른 누군가에게 주는 것들도 그의 통치로부터 비롯되는 것이다. 모든 것이 그의 통치 안에 있는데, 과연 어느 누가 그분에게서 그분이 소유하신 것을 탈취할 자가 있겠는가? 다윗은 백성들이 성전을 위해 봉헌했을 때 여호와를 송축하며 자신과 그의 백성들은 단지 위대하신 모든 것을 베푸시는 이로부터 받은 것을 주께 드릴 뿐이라고 고백하였다.

(역대상 29장 11절) "여호와여 위대하심과 권능과 영광과 승리와 위엄이 다 주께 속하였사오니 천지에 있는 것이 다 주의 것이로소 이다 여호와여 주권도 주께 속하였사오니 주는 높으사 만물의 머리이심이니이다." (12절) "부와 귀가 주께로 말미암고 또 주는 만물의 주재가 되사 손에 권세와 능력이 있사오니 모든 사람을 크게 하심과 강하게 하심이 주의 손에 있나이다."

(14절) "나와 내 백성이 무엇이기에 이처럼 즐거운 마음으로 드릴 힘이 있었나이까 모든 것이 주께로 말미암았사오니 우리가 주의 손에서 받은 것으로 주께 드렸을 뿐이니이다."

결국 하나님께 무엇을 드릴 수 있는 자는 아무도 없다. 그 이유는 다음과 같다.

첫째, 하나님은 영원하신 하나님 여호와이시기 때문이다. 하나님은 모든 것을 베푸시나 그에게 드린 바 될 수 있는 것은 아무것도 없다.

둘째, 하나님의 위대하심과 무한하심 때문이다. 준다는 것은 받는 대상에게 무엇을 더한다는 의미이다. 그러나 하나님께는 아무것도 더해 드릴 것이 없다. 왜냐하면 위대하심과 권능과 영광과 승리와 위엄이 다 주께 속하였기 때문이다.

셋째, 아무것도 하나님께 드릴 것이 없는 이유는 하나님은 온 우주를 충만케 하시는 주님이시고 천지와 그 안의 만물을 소유하신 분이기 때문이다. "천지에 있는 것이 다 주의 것이로소이다."

넷째, 아무것도 하나님께 드릴 것이 없는 이유는, 피조물에 불과

한 세상의 모든 왕들과 그들이 통치하는 모든 소유물들 위에 더욱 높으신 하나님은 그들 위에 머리와 군주와 왕으로서 통치하시는 주님이시기 때문이다.

다섯째, 신민(臣民)의 모든 재화는 국왕 혹은 공화국의 것이다. 법학자들은, 스콜라 신학자 테오도리 스미싱(Theodri Smising)이 그의 논문 "하나님에 관하여(De Deo)"[13]에서 법을 상위법(jus altum)과 하위법(jus bassum)으로 구분한 것처럼, 법의 이중적 차원을 구분하였다. 국왕과 공화국은 신민의 재화에 대한 고위의 권리를 행사할 수 있다. 전체의 공공선을 위해 그것을 처분할 수 있다. 일례로 한 사람의 사유재산인 성(城)이 국경지대에 위치해 있고 그것이 적군에 의해 사용되어 자국에게 위해를 입힐 위험 요소가 있기 때문에 국왕이나 공화국은 그것을 파괴해 버리는 권리를 행사할 수 있다. 또한 그것을 처분하도록 강제할 수도 있다. 물론 각 신민은 자신의 소유물을 자신의 뜻에 따라 사용할 수 있는 기본적인 권리와 지배권을 가지고 있고, 이것을 군주라 해도 함부로 침해할 수 없다. 일례로 아합 왕은 나봇의 포도원에 대한 그 어떤 권리나 지배권을 행사할 수 없었다. 나봇으로 하여금 억지로 그것을 팔거나 왕에게 달라고 강요할 수 없었다. [상위법에 따라] 정당한 소유주였던 세상의 군주도 자신의 뜻이 관철되지 않는 것을 참을 수 없었다고 한다면, 하물며 만물의 주재권을 가지신 하나님은 어떠하시겠는가? 12절은 "부와 귀가 주께로 말미암고 또 주는 만물의 주재가" 되신다고 선언

13] F. Theodori Smising, *Tom. I: de Deo*, tractat.3. disp.4.q.5.fig.65.

한다. 하나님께서는 우리가 하나님께 드릴 수 있는 금과 모든 것을 창조하여 존재하게 하신 당사자이시다. 이것은 세상의 그 어떤 군왕도 할 수 없는 일인 것이다.

여섯째, 아무것도 하나님께 드릴 것이 없는 이유는 하나님의 손에 권세와 능력이 있어 모든 사람을 크게 하심과 강하게 하심이 주의 손에 있기 때문이다 1. 우리가 드리는 부와 재화는 모두 주님의 것이다. 2. 우리가 드릴 수 있는 권력과 능력 그리고 힘은, 그것이 물리적인 것이어서 짐을 지고 그의 집까지 나아가는 것이든, 혹은 도덕적인 것이어서 하나님의 손에 자원하는 의지로 마음을 드리는 것이든, 혹은 양자가 혼합된 것이다. 결국 이것들을 드리는 우리의 행위 자체가 사실상 하나님께 속한 하나님의 것이다

일곱째, 우리는 당신의 것을 당신에게 드리나이다. 이미 그분께 속한 것을 그분께 드릴 수 있는가? 이미 자신의 왕국을 통치하는 왕관을 쓰신 임금께 그 자신의 왕관을 드리는 것이 가능한가? 이미 자신의 땅과 정원과 포도원을 소유하고 계신 의로우신 소유주에게 그것들을 선물로 드리는 것이 가능한가? 그렇지 않다. 지음 받은 모든 것이 주님의 것이다.

여덟째, 역대상 29장 15절에서 다윗은 이렇게 말한다. "우리는 우리 조상들과 같이 주님 앞에서 이방 나그네와 거류민[소작농]들이라." 또한 오직 주님만이 유일한 상속자요 그들, 곧 자신들과 그들의 조상 모두 주님의 임의의 뜻에 따르는 소작인과 이방 나그네일 뿐이라고 고백한다. 비록 그들의 조상과 그들은 오백 년 혹은 천 년의 기간 동안 아버지와 아들의 대를 이어 땅을 유업으로 받아 소유

해 왔다. 그럼에도 다윗은 "주님 앞에서" 우리와 우리의 조상들은 단지 소작인의 권리만을 소유할 뿐이고 하나님 앞에서 단지 이방 나그네일 뿐이라고 고백하는 것이다. 그렇다면 생명과 존재에 대해 단지 이방인에 불과한 사람이 생명과 존재의 주님이요 합법적인 상속자이신 그분께 도대체 무엇을 드릴 수 있단 말인가?

아홉째, 다윗은 계속하여 말한다. "세상에 있는 우리의 날들은 하나의 그림자 같아서 영구한 생명과 존재가 없나이다."[14] 우리의 존재는 일종의 존재의 그림자에 해당한다. 오직 하나님만이 유일하고 탁월한 제 일의 존재이시다. 그런데 우리가 생명과 존재를 그분께 드려야한다고 가정해 보라. 우리가 드릴 것은 단지 빌려온 그림자일 뿐이다. 우리는 자신이라는 존재의 주인이 아니다. 또한 우리는 우리 자신에 대한 절대적인 권리를 행사하여 우리 자신을 그분께 드릴 수도 없다. 만일 [에돔 사람] 도엑이 하나님께 자신을 드리려 하지 않고 하나님을 위해 행하기를 거절한다면, 시편 52편 5절의 표현을 따르자면, "하나님이 영원히 너를 멸하심이여 너를 붙잡아 네 장막에서 뽑아내며 살아 있는 땅에서 네 뿌리를 빼실" 것이다. 욥기 27장 21절은 이렇게 말씀한다. "동풍이 그를 날려 보내며 그 처소에서 몰아내리라." 당신들은 그대들보다 더욱 큰 것을 창조하시는 분께 당신보다 더 못한 생명과 존재를 드리려는가? 오, 어리석도다! 어리석은 사람들은 "빌려온 나(I)"의 우상과 "위대한 나(I)"의 우상 그리고 "가련하고 아무것도 아닌 자아(self)"의 우상을 만

---

14) 역대상 29장 15절 하반절에 대한 루더포드의 번역을 따른 것이다. 한글 개역개정 성경의 해당 부분은 다음과 같다. "세상에 있는 날이 그림자 같아서 희망이 없나이다."

들어 낸다. 만일 당신 안에 인칭 대명사가 존재해야 한다면 다만 이와 같은 방식으로만 사용되어야 할 것이다. "아, 만일 내가 그리스도로부터 분리되는 것과, 생명책에서 내 이름이 지워지는 것이, 그리고 나의 천국이 주님의 영광을 드높이고, 많은 이들을 구원하시는 일에 주님의 영광을 높이기 위한 발판일 수만 있다면 그렇게 되기를 기원합니다."

7. 대명사 "자신"과 "나의 것"에 대한 우리의 헛된 자랑, 이들은 교만한 대명사들이다.

대명사 "자신"(self)과 "나의 것"(mine)은 하나님에 대항하는 교만한 강탈자들이다. 이들은 무신론자 혹은 돼먹지 못한 인간으로서 그 이름은 어리석음이다. 사무엘상 25장 11절에 잘 나타나 있듯이 그는 "내" 것이라는 단어를 수없이 많이 쏟아놓는다. "내가 어찌 내 떡과 내 물과 내 양 털 깎는 자를 위하여 잡은 내 고기를 가져다가 어디서 왔는지도 알지 못하는 자들에게 주겠느냐 한지라." 또한 그는 거의 제 정신이 아닌 어리석은 자와 같아서 이사야 10장 13-14절에 기록된 것과 같이 말한다. "나는 내 손의 힘과 내 지혜로 이 일을 행하였나니 나는 총명한 자라 열국의 경계선을 걷어치웠고 그들의 재물을 약탈하였으며 또 용감한 자처럼 위에 거주한 자들을 낮추었으며 (14) 내 손으로 열국의 재물을 얻은 것은 새의 보금자리를 얻음 같고 온 세계를 얻은 것은 내버린 알을 주움 같았으나 날개를 치거나 입을 벌리거나 지저귀는 것이 하나도 없었다 하는도다." 이는 마치 도끼질을 하는 자 앞에서 그에 대항하여 자랑하는 어리석은 도끼와 같은 자이다. 또 다른 어리석은 자는 이렇게 말한다. "너희는 내게 항복하고 내게로 나아오라(사 36:16)." 그리고 이 정신 나간 아무것도 아닌 자는 스스로 하나님보다 높아져서 이렇게 지껄인다. "너는 네가 신뢰하는 하나님이... 하는 말에 속지 말라(사 37:10)." 한편 강 한복판에 누운 큰 용과 같은 이집트의 폭군은 이렇게 말한다. "스스로 이르기를 나의 이 강은 내 것이라 내가 나를 위하여 만들었다 하는도다(겔 29:3)." 또 다른 교만한 독재자의 입에서도 세 번의—"나" 혹은 "내"—대명사가 등장한다. "나 왕이 말하여 이르되 이 큰 바벨론은 내가 나의 능력과 권세로 건설하여 왕국 도성으로 삼고 이것으로 내 위엄의 영광을 나타낸 것이 아니냐 하였더니"(단 4:30)[15]

결국 얼마 지나지 않아 하나의 부스러기 조각과 같고 혹은 피조된 존재의 그림자와 같은 것이 위대하신 모든 존재의 주님으로부터 떨어져 나와 타락했다. 특히 율법 아래에 있던 이성적 존재가 하나님으로부터 분리될 때는 다음과 같은 결과가 뒤따른다. 곧 교만해진 "나"(I)와 헛된 자만심에 빠진 "자아"(self), 그리고 스스로 하나님이 되려는 망상에 빠진 "빌려온 존재(borrowed being)"가 등장한다. 아담은 자기부정을 하지 않았다. 그리고 그의 병든 상상의 세계 속에서 "하나님과 같이 되어 선악을 알게 될 것(창 3)"을 생각했다. 이와

---

15) 루더포드의 번역에 따른 것이다. 한글 개역개정 성경은 다음과 같다. "나 왕이 말하여 이르되 이 큰 바벨론은 내가 능력과 권세로 건설하여 나의 도성으로 삼고 이것으로 내 위엄의 영광을 나타낸 것이 아니냐 하였더니"(단 4:30).

대조적으로 아담보다 더욱 탁월하신 그리스도께서는, 로마서 15
장 3절("그리스도께서도 자기를 기쁘게 하지 아니하셨나니 Καὶ γὰρ ὁ χριστὸς
οὐχ ἑαυτῷ ἤρεσεν)에 따르면, 그 고귀한 "자아"를 기쁘게 하지 않으셨
다. 그는 자기를 부정하여 사람, 곧 단순히 은혜로운 사람이 되셨고
하나님이나 사람보다 뛰어난 존재가 되려고 하지 않으셨다.

　이러한 자기 부정은 택함 받은 천사들 안에도 발견된다. 그들은
죄가 없음에도 자아에 대한 부끄러움으로 인해 날개로 자신의 얼굴
을 가리고 무한히 빛을 내는 하나님의 영광 앞에서 하나님을 향해
세 번 "거룩하다 거룩하다 거룩하다"를 외친다(사 6:2-3). 받은 은혜
를 우리 자신의 것으로 소유한다는 사실을 모를 자가 누가 있겠는
가? 그리하여 우리는 나의 기도, 나의 믿음, 나의 거룩함, 나의 눈물
이라는 표현을 쓴다. 마치 받은 은혜를 두고 하나님이 아닌 자아로
부터 기쁨을 취하듯 한다. 하지만 사도 바울을 보라. 그는 고린도전
서 15장 10절에서 이렇게 말한다. "[내가 한 것이] 아니요 오직 나
와 함께 하신 하나님의 은혜—내 안에 있는 나의 은혜가 아니다—
로라(οὐκ ἐγὼ δὲ ἀλλὰ ἡ χάρις τοῦ Θεοῦ σὺν ἐμοί.)"

　그러나 하나님과 피조물 사이에 언약이 존재하지 않는가? 물론
하나님과 아담 사이에 맺어진 언약은 약속들과 더불어 사람과 사
람 사이에 체결되는 것들과는 완전히 다른 성격의 것이라고 말해야
만 한다. 후자는 피조물들 사이에서 합당하게 이루어지는 거래이기
때문이다. 사람과 사람 사이에 맺어지는 계약들은 계약 당사자들이
각각 자유롭고 서로에게 독립적일 것을 요구한다. 또한 양자 사이
에 법이 개입될 수 있다. 곧 약속하는 자와 그 약속의 대상자에게는

일종의 권리와 의무가 부과된다. "신실하게 언명된 모든 약속들은 의무가 된다(*omne promissum de ore fideli cadit in debitum*)".

법학자들에 따르면 아버지와 아들, 또한 주인과 종 사이에는 엄밀한 의미에서 계약관계가 성립하지 않는다고 말한다. 왜냐하면 아들과 종은 자기 자신의 주인이 아니고 법적으로 독립적인(*sui juris*) 신분이 아니기 때문이다. 아버지는 그 어떤 계약으로도 아들이 아버지에 대해 빚지고 있는 자연적 의무의 기초를 제거할 수 없다. 이것이 불가능한 이유를 생각해 보자. 한 아버지와 한 아들이 있다. 아들은 아버지에게 자신의 존재와 삶(*quod sit & vivat*)을 빚지고 있다. 아들은 이에 대한 값을 아버지께 도저히 지불할 수가 없다. 또한 아버지는 부자 관계를 취소할 수도 없고 아들을 이 의무로부터 면제시킬 수도 없다. 부자 관계가 이와 같다면 하물며 생명과 존재에 대한 빚을 지고 있는 하나님께 그 어떠한 배상을 드리는 것이 가능하겠는가?

타락한 천사와 지옥에서 저주받은 자들 그리고 모든 악인들은 전부 하나님의 장부에 기록된 채무자들이다. 그들은 모두 그들 존재에 대한 빚을 하나님께 지고 있다. 주지하다시피 하나님은 인간 아버지보다 더욱 크신 분이다(하나님에 비해 인간 아버지는 단지 그림으로 그린 것과 같은 아버지일 뿐이다). 따라서 하나님은 인간의 부자 관계를 그의 명령을 통해—예를 들어, 아브라함에게 명령하신 것처럼, 아버지에게 아들을 희생 제물로 하나님께 드리라고 명령할 수도 있을 뿐만 아니라 아버지를 희생 제물로 바치라고 아들에게 명령할 수도 있다— 풀어놓으실 수도 있다. 그러나 하나님은 각 피조물을 다스리는 그의 권세를 그만 내려놓으실 수 없다. 왜냐하면 하나님은 창조주이심을 그만두실 수 없기 때문이다. 모든 피조물에 대한 창조주의 권리(jus Creatoris)를 포기하실 수는 없다.

가령 어떤 피조물이 창조주에 대한 권리(jus)를 소유했다고 가정해 보자. 그것은 창조되지 않은 권리이거나 혹은 창조된 권리 두 가지 중 하나일 것이다. 하나님을 법에 의거하여 추궁하여 자신에게 공의를 행하도록 만드는 권리는 창조되지 않은 권리일 수 없다. 피조물이 그런 권리를 소유한다는 것은 거의 신성모독에 가까운 것이다. 만세의 왕이 쓰는 면류관을 감당할 수 있는 존재는 피조물의 수장들 가운데는 아무도 없기 때문이다. 그렇다면 그 권리는 창조된 권리이다. 그런데 이 창조된 권리는 반드시 만유의 주님이신 분의 통치 아래에 있어야만 한다. 그러면 주님께서 그 권리를 기쁘신 뜻대로 사용하실 것이다. 이는 곧 어떤 인간도 그것을 자신의 뜻대로 활용할 수 없음을 의미한다. 왜냐하면 하나의 동일한 사물에 대한 절대적인 통치권은 두 명의 절대군주의 손에 동시적으로 공존할 수 없기 때문이다. 그렇게 되면 동일한 사물에 대한 상호모순적인 두 개의 욕구 사이에 충돌이 있게 될 것이다. 이런 충돌은 거룩하신 주님과 죄악된 인간들 사이의 관계에서 자주 발생한다.

자, 이제 우리의 헛된 마음이 주님께 대해 제기하고자 했던 무모한 소송과 대담한 기소를 교정하도록 하자. 욥기 33장 13절에서 엘리후는 "하나님께서 사람의 말에 대답하지 않으신다 하여 어찌 하나님과 논쟁하겠느냐"라고 말한다. 사람들은 일상적인 고통을 당할 때, 앙심을 품고 감히 "주의 길이 공평하지 아니하다(겔 18:25)"고 말한다. 한편 에스겔 33장 10절에서 우리는 다음과 같이 고백한다. "우리의 허물과 죄가 이미 우리에게 있어 우리로 그 가운데에서 쇠퇴하게 하니 어찌 능히 살리요?" 그렇다. 죄와 허물과 그에 대한 형벌이 과연 누구 위에 있는가? 당사자들의 사체들 위에 머문 것이 아니라면 다른 누가 그 사람이겠는가? 과연 그대들이 소환장을 들고 그를 불러올 수 있는가? 판사가 어디에 있는가? 법정은 어디에 있는가?

하나님께서는 이러저러한 것들을 약속하신 것이 사실이다. 그러나 이것은 엄격한 정의의 문제가 아니다. 다만 하나님의 진실성과 신실성에 대하여 무엇인가 이의를 제기할 뿐이지 엄밀한 의미에서 정의에 관해서 할 말은 없는 것이다. 그런데 하나님께서 그의 약속을 성취하지 않으셨다고 가정해 보자. 이 경우에도 약속 자체를 가지고 거룩하시고 영광스러운 하나님에 대한 항변의 이유로서 그분의 불의함을 문제 삼을 수는 없다. 그 이유는 다음과 같다.

약속에 의한 언약은 사물과 사물 사이에, 또한 보수와 일 사이에 그 어떠한 공평의 정의를 만들어 내지 않는다. 그렇지 않다면 [포도원 품꾼의 비유에 등장하는] 제 삼시에 포도원에 들어와 일하기 시작한 품꾼들은 한 시간 동안만 일한 품꾼들이 받았던 것과 동일한 한 데나리온을 보수로 받은 것에 대해 정당한 항변을 할 수 있었을 것이다. 그러나 주님은 얼마나 많은 시간을 노동했는가와 보수의 양과 정도 사이에 그 어떠한 형평성이나 비율을 정하지 않으셨다. 오히려 주님은 자기가 정하신 규칙을 가지고 맺었던 자유로운 언약에 의거하여 다음과 같이 말씀하신다. "친구여 내가 네게 잘못한 것이 없노라 네가 나와 한 데나리온의 약속을 하지 아니하였느냐(마 20:13)." 또한 15절에서 이렇게 말씀하신다. "내 것을 가지고 내 뜻 대로 할 것이 아니냐 내가 선하므로 네가 악하게 보느냐?" 이제부 터 우리의 고질적인 논쟁적 본성을 읽어보자.

1) 자연적으로 우리는 일한 시간의 분량을 따져야 한다고 주장할 것이고 이에 따라 다음과 같이 결론지을 것이다. 많은 시간을 달 리고, 오래도록 땀을 흘렸으며, 행위 언약을 지키기 위해 당한 고통들이 하나님을 묶어야 마땅하고 그렇지 않은 경우, 곧 상기 한 행위들에 상응하는 무게만큼의 영원한 영광의 분량을 나에게 주시지 않는 한, 하나님은 불의하시다는 결론이다. 이때 우리는 내가 금식했던 순간들과, 묵주를 가지고 수행했던 수많은 기도 에 대해 말하고 탄식하며 이렇게 말한다. "우리가 금식하되 어찌 하여 주께서 보지 아니하시나이까?" [사 58:3] 우리는 행위 언약 을 지키기 위해 일하나 하나님은 우리의 임금을 지불하지 않으 신다는 의미이다.

만일 행위 언약이 지켜졌다고 가정해 보자. (비록 개연성이 의심되 긴 하지만 말이다.) 만일 아담과 그의 후손들이 그 언약을 온전하 게 지켰다고 가정하자. 만일 우리의 보잘것없는 노동의 무게를 하나님께서 저울을 가지고 아주 작은 온스(ounce) 단위까지 정확 히 측정하여 우리에게 위대한 영광의 보상을 주신다고 생각해보 자. 하나님께서 그와 같은 시장거래를 하시겠다고 했다면, 결국 손해를 입는 편은 우리였을 것이다. 우리는 그와 같은 방식으로는 도저히 영원한 생명을 획득할 수 없었을 것이다. 왜냐하면 우리가 가진 시간적으로 제한된 행위의 자산은 얼마 지나지 않아 고갈되었을 것이기 때문이다. 공평성의 덕이라는 것은 주고받은 것 사이의 균등함에 근거하여 서는 것이다. 이중적 의미의 균등[분배] 개념이 존재한다. 하나는 사물에 대한 사물(*rei ad rem*) 사이에 존재하는 균등으로서 일종의 산술적인 정의이다. 이 경우 얼마큼의 자연적 행위가 온스 단위로 이루어졌고 이에 대해 정확히 같은 양의 은혜와 영광의 온스를 따져야 할 것이다. 가장 건전하고 학식 있는 스콜라 신학자들이 가르치고 있는 바대로 이런 식의 계산적인 정의는 하나님 안에 존재하지 않는다. 한편 또 다른 종류의 균등은 비례적 정의이다. 두 개의 사물들이 두 사물에 비례적으로 대응하여(*duarum rerum ad duas alias res*) 이루어지는 분배적 정의이다. 이것은 일종의 기하학상의 비율을 유지한다. 일찍이 아우구스티누스는 성경의 말씀을 가지고 이렇게 말했다. "하나님께서 우리의 채무자가 되시는 것은 우리로부터 무엇인가를 받는 것에 의한 것이 아니라 그가 기뻐하시는 것을 약속하심에 의거한다."[16]

2) 앞의 비유로부터 알 수 있는 사실은, 하나님의 거래는 사물과 사물, 행위와 임금 사이의 균등에 기초하는 것이 아니라 자신의 것을 자기 뜻대로 처분할 수 있도록 하는 하나님 자신의 자유롭

---

16) Augustinus, Ser. 16: *de Verb. Apostol.* "*Debitor nobis factus est Deus, non aliquid accipiendo, sed quod ei placuit promittendo.*" (본문의 인용문을 참조하라)

고 기쁘신 뜻에 기초한다는 사실이다. 또한 우리가 우리 노동의 대가로 하나님의 영광을 우리 자신의 것으로 소유하고자 값을 매기려는 것은 우리 본성의 허황됨 때문이라는 사실을 알 수 있다. 하나님의 약속이 주어지고, 우리가 조건들을 모두 완수한 이후에라도 약속된 보상은 여전히 우리의 것이 아니라 하나님의 것이다. 하나님은 그것을 자신의 것이라고 부르시며 그것의 시혜도 오로지 주님의 값없이 베푸시는 은혜에 의거해서 이루어진다. "친구여, 내 것을 가지고 내 뜻대로 할 것이 아니냐?(마 20:15)"

약속은 약속 그 자체로서 그것의 엄격한 정의에 의거하여 하나님께 항변할 수 있는 그런 종류의 정당한 권리를 우리에게 수여하지 않는다. 은혜의 약속은 값없이 베푸시는 약속이다. 따라서 다음과 같이 말할 수 있는 사람은 없다. 하나님께서 가장 자격없는 자에게 새 마음을 주시기로 약속을 하셨기 때문에, 이방인들 가운데 돌같이 굳은 마음을 가진 자들과 하나님의 성호를 더럽히는 모든 자들에게도 타당한 정의에 의거하여 새 마음이 수여되어야만 한다는 주장이다. 이렇게 주장하는 사람들은 "어리석은 자요 순종하지 아니하는 자요 여러 가지 정욕과 행락에 종노릇 하는 자들"[딛 3:3]이다. 이 주제에서 극단적으로까지 나아가는 뻔뻔한 자들이 바로 예수회 사람들이다. 이들은 구원하는 은혜의 총합이 갖는 정확한 무게를 계산하여 이에 상응하는 우리의 보잘것없는 동전과 같은 소위 타당한 공로를 운운한다. 이는 교황주의자들조차 수치스러운 가르침으로 거절해온 것이다.

3) 만일 약속으로서의 약속이 한 대상과 다른 대상 사이에 균등을 만들어 낸다면, 그리고 엄밀한 계산적인 정의를 하나님 편에 부과한다면, [하나님께서 주시는] 모든 약속은 똑같은 일을 해야 한다. 즉 동일한 것에 부합해야 하고 모든 곳에서 부합하는 것이어야 한다(quod convenit καθ' αυ'τό convenit κατα΄παντός). 그러나 이것은 있을 수 없는 말이다. 다음 예를 생각해 보자. 만일 하나님께서 한 마디 선한 말을 하는 것에 대해 현재 천사와 인간이 누리는 것보다 백 억 정도 높은 수준의 영광을 약속하셔야 한다면, 그것은 일종의 값없이 베푸시는 약속일 것이다. 그러나 그 약속은 한편으론 그토록 크고 부유한 영광의 보상과 다른 한편으론 너무나도 속이 비었고 초라한 행위—곧 선한 한 마디를 말하는 행위— 사이에 균등을 만들어 내서는 안 된다. 마찬가지로 만일 하나님이 그토록 작은 행위에 대해 그토록 큰 보상을 하는 것을 거절한다면 하나님은 역시 공의에서 실패하는 것이다. 왜냐하면 하나님이 약속을 성취하지 않는 것은 하나님의 진실성과 신실함을 위배하는 일이기 때문이다. 또한 하나님은 엄격한 정의에 대해서도 실패해서는 안 된다. 곧 한편으로는 선행을 보상할 때 그 행위에 대한 타당한 보상이 아닌 것을 수여해서도 안 되고, 또한 다른 한편으로는 선한 말을 한 그 사람에게 자신의 것[약속된 보상]을 주지 않으면 안 되는 것이다. 결국 여기서 행위와 보상 사이에 정당한 균등이라는 것은 존재하지 않는다. 또한 우리의 너무나도 무기력한 행위나 혹은 인간과 천사의 모든 행위는 결코 영생의 영광을 우리의 것으로 만들 수 없다. 왜냐하면 영광

은 언제나 하나님의 고유한 은사로 남아 있으며 그의 지배권 아래에 있는 것이기 때문이다.

4) 하나의 약속은, 시간과 자연의 순서에 의거해서 볼 때, 약속된 사물에 후행하는 것이다. 이는 마치 [기표로서의] 진리 값을 갖는 말이 [기의로서의] 사물에 후행하는 것과 같은 이치이다. 이때 사물은 약속이 주어지기 전과 후에 있어 동일한 가치 혹은 값어치를 소유한다. 만일 한 사람이 일정한 구획의 토지에 대해 그 토지의 가치보다 오백 배에 해당하는 값을 준다는 약속을 했다고 가정하자. 이 경우에라도 이 약속은 불공평하고 불공정한 가격을 공평하고 공정한 가격으로 만들지 못한다. 마찬가지 원리를 아담의 순종에 대해 영생을 주기로 한 하나님의 약속에 적용해 보자. 이 약속은 보상과 임금 사이에 엄격한 정의의 균등을 만들지 못한다. 임금으로 약속된 보상은 사물의 본성을 따라(ex natura rei) 약속 이전과 이후로 공평하고 공정해야만 하기 때문이다. 그리하여 이것은 하나님을 끈으로 동여매어 하나님으로 하여금 그것과 반대되는 행위를 하거나 취소하지 못하도록 해야만 한다. 그런데 이것은 우리 모두의 이성에 어긋나는 것이다.
"누가 주께 먼저 드려서 갚으심을 받겠느냐?" 만일 하나님께 먼저 드리는 존재가 있다면, 그는 사람이든 천사든지 하나님께로부터 받은 것이 아닌 자기 자신의 것—앞서 언급된 바대로 그것이 창조된 존재이든 선물이든 행위이든(창조되지 않은 것을 드릴 수 있는 존재는 아무도 없다)—으로 드려야 할 것이다. 그렇지 않다면 그것은 참으로 드리는 것이 아니기 때문이다. 그러나 만물 가운데서 드려진 것들 가운데 과연 하나님의 것이(능동인으로서) 아닌 것이 무엇이겠으며, 하나님께 속하지 않은 것이(목적인으로서) 무엇이 있겠으며, 하나님으로 말미암지 않은 것이(만물을 보존하시는 이로서) 무엇이겠는가? 요컨대 하나님께 드릴 수 있는 선물이라는 것은 존재할 수 없는 것이다(롬 11:36).

자유로운 선하심의 하나님께서 무엇인가 행하기로 작정하셨다면 그는 또한 행하지 않기로 작정하실 수도 있다. 그의 작정 아래에 있는 사물들은 필연적인 것이 아니다. 물론 하나님은 인간이 이성적인 피조물이 되지 않도록 작정하실 수는 없다. 왜냐하면 이는 모순적이기 때문이다. 인간이면서 동시에 이성적 피조물이 아닐 수는 없는 것이다. 그러나 하나님께서 [선악수의 열매를] 먹지 않도록 금하신다든지 형벌로써 금하신다든지 하는 것에는 그 어떤 모순의 그림자도 드리우지 않는다. 또한 창조되지 않은 세계라는 것은—이것의 존재는 영원 전부터 없음이란 의미의 무(無)이며 비존재(non ens)이다— 창조주 하나님께 그가 작정하신 것을 고수하도록 요구하고 또한 세상에게 존재를 부여하고 그것을 창조하도록 요구할 수 있는 그 어떠한 권리 혹은 법적 권리를 소유하지 못한다. 설혹 하나님께서 영원 전부터 창조하기로 작정하신 것에 존재를 부여하시지 않고 그것을 창조하지 않으셨다고 가정해 보자. 이것은 하나님 자신의 불변성에 대한 실패라고 말할 수 있을지는 몰라도 창조되지 않은 세계에 대해 하나님께서 불의를 행하셨다고 말할 수 있는 근거가 될 수는 없다. 만일

"존재"의 정의라는 빚을 세상에 갚아야 하기 때문에, 하나님께서 아직 창조되지 않은 세계에 "존재"라는 값을 지불하는 것을 거절하신 것이라고 한다면 하나님이 세상을 창조하시지 않으신 것을 두고 하나님은 정의롭지 못하다고 말할 수 있을 것이다. 그러나 이것은 전혀 말이 되지 않는다. 또한 정확히 같은 근거에서 만일 하나님께서 세상을 멸절시키시고 모든 생물들로부터 생명을 취하실 경우 하나님은 정의롭지 못하다는 말이 성립될 수 없는 것이다. 결국 다음과 같은 결론을 내리는 것이 안전할 것이다. 즉 하나님은 피조물에게 아무것도 빚지시지 않으시나 우리는, 우리가 존재하는 한, 하나님을 섬기고 찬양해야 할 빚을 지고 있는 채무자들이라는 사실이다.

8. 순종하는 것은 얼마나 위대한 것인가?

적용 1 만일 하나님께서 그의 자유로운 의지로 아담의 순종을 보상해 주시는 자리에 그를 두셨다고 한다면 우리는 그 삯을 위해 하나님을 섬기는 것과 우리에게 부과된 순종의 조건에 대해 진지하게 생각해야 한다. 하와는—또한 그녀와 동일한 젖을 빠는 우리 역시— 하나님의 통치로부터 벗어나려는 무법한 독립을 향한 갈증을 느끼고 있었다(창 3:5-6). 한편 아담과 순종을 위한 날개를 가지고 있었던 천사들, 그리고 "받으신 고난으로 순종함을 배우신" 고귀하고 높으신 상속자 등은 모두 이러한 순종의 조건 아래에 계셨다. 종의 형체를 취하신 왕 그리스도께서는 "죽기까지 복종하셨으니 곧 십자가에 죽으시기까지" 순종하셨다(빌 2:8). 그런즉 만일 당신이 너무나 피곤하여 하나님께 순종할 수 없다거나, 비정상적인 교만한 말을 많이 내뱉고 있다면, 당신은 하나님께 순종하는 위치에 있는 것이 아닐 것이다. 그리스도에게는 이와 같은 태도가 발견되지 않는다. 순종은 그리스도의 생명이요 고기요 음료였다(시 40:8; 히 10:8; 욥 4:34; 행 10:38). 또한 순종은 천사의 생명이었다(사 6:2-3; 시 103:20; 계 4:8). 또한 천사들은 섬김과 통치를 동시에 행하시는 분을 가까이에서(계 22:3,5) 그분께 순종하는 것을 기뻐하며 마음의 중심에서부터 하나님에 대해 많은 말을 전한다. 당신의 주인을 지치게 하지 말라. 기도하고 베풀고 주는 일을 방해하는 것들이 무엇인지, 혹 그것이 죽음의 원인과 타락의 길이 되지는 않는지 더욱 자신을 살펴라.

적용 2 만일 피조물들이 하나님과 맺은 자연 언약을 지키고 있다면, 소와 두루미(사 1:3; 렘 8:7) 그리고 나귀(벧후 2:16) 등과 같이 한 번도 반역을 꾀하지 않은 피조물들이 최후의 심판 때 우리를 거슬러 증언하지 않겠는가? 오! 처음부터 범죄한 사람(요 8:44)의 첫 번째 악한 생각이라는 것이 얼마나 자연을 거스르는 방책이었던가! 바로 그 사람의 발자취를 따르는 우리 역시 언약을 파괴하는 것에서 스스로 기쁨을 찾지 않는가? 우리는 얼마나 자신의 교활한 기회주의적인 습관을 사랑하는 자들인가? 만일 모든 자연인들 가운데 죽음의 침상에서 스스로 입을 열어 이러한 어리석음을 저주하지 않는 자가 있다면, 그들에게 물어보라. 그들이 말할 것이다.

9. 성화된 이성은 유약하지 않다.

적용 3 하나님께서는 그의 절대주권으로 사람에게 명령하실 수 있음에도 우리와 더불어 언약을 맺으셨다. 그렇지만 우리의 영혼과 이성은 얼마나 죄악에 있어 유약하고, 연약한 것이기에, 한 개의 사과가 하와의 눈과 마음을 정복한 순간, 지푸라기와 같이 그토록 쉽게 부러진 것인가? 은 몇 달란트와 금덩이는 아간과 게하시를 정복하지 않았는가? 목마름을 느낄 때 마실 물이 가까이 있지 않다는 이유로 사람들은 쉽사리 하나님께 대해 불평하지 않았던가?

　우리의 이성은 성화될수록 더욱 더 깨끗해지고 영적으로 되어 저 주받은 발람과 유다가 있는 곳에서부터 멀어져 점점 더 높은 곳으로 올라갈 것이다. 모든 것을 움직이도록 하는 천국의 제1운동(*primum mobile*)은 반드시 가장 탁월하고 그것의 움직이는 힘은 가장 영적인 것임에 틀림없다. 그 힘은 돌이나 흙 안에 있는 무거움도 아니고 공기나 불 안에 있는 가벼움도 아니다. 그것은 그 물체들에 유효하게 역사하는 천상의 힘이다. 이와 같이 성화된 이성의 운동은—마치 개가 뼈다귀에 의해 움직이고, 소가 여물에 의해 움직이는 것처럼— 그 어떤 인간의 주장에 의해 좌우되지 않을 것이다. 성화된 이성의 움직임은 영원으로부터, 하나님과의 교제로부터, 또한 시간을 초월한 왕국으로부터 기원하며, 또한 그것은 가장 영적인 것임에 틀림없다.

10. 우리는 행위에 의한 칭의에 얼마나 근접해 있는가? 또한 "나"
    라는 이름의 교만을 얼마나 연모하는가?

만일 율법이나 우리의 그 어떤 순종으로도 하나님의 교제를 구입할 수 없는 것이 사실이라면, 우리 자신을 점검하여 과연 우리의 순종으로부터 평화가 흘러나오고 있는지 살펴보자. 칭의로부터 흘러나오는 평화는 더욱 깨끗하고 좀 더 견고한 평화이며 하나님과 우리 사이에 일어나는 전투를 즉각적으로 제거한다(롬 5:1). 하나님과 그리스도 안에 있는 구원의 대속으로부터 더욱 근접하고 깨끗하게 흘러나오는 평화는 피조물의 내재적인 거룩함의 행위로부터 흘러나오는 것보다 더욱 순수하고 견고하다.

우리의 첫째 아담 안에 있는 요소는 행위에 의한 칭의이며 우리는 이 안에서 살고 죽기를 사랑한다. 율법은 우리 안에서 타고난 우상이다. 우리 자신의 행위를 인식하는 감각은 매우 활발하고 생동감 있다. 사도행전 2장 37절에 등장하는 삼천 명의 사람들, 사도행전 9장 6절에서의 사울, 그리고 사도행전 16장 30절에 등장하는 간수는 과연 그들이 무엇을 행할까를 질문한다. 그러나 살아서 역사하는 것은 율법의 말이 아니다(롬 4:2-6, 3:20, 28). 우리는 율법과 율법의 의에 대해서는 이미 죽었다. 갈라디아서 2장 19-20절은 이렇게 말씀한다. "내가 사는 것이 아니요 내 안에 그리스도께서 사시는 것이라."

그리스도는 우리에게 낯선 존재요 우리 밖으로부터 오신 존재이다. 선물로 주어진 의는 하늘로부터 오는 것이다. 오직 은혜만이 우리로 하여금 기꺼이 은혜에 대해 빚진 자가 되도록 만든다. 교만한 자아는 자기 집의 지붕이 무너져 내릴 때까지도 십자가에 못 박히신 구세주를 무시하며 그로부터 그 어떤 것을 구걸하거나 빌려오길 거부한다. 더구나 그에게 빚진 채무자가 되길 원하지 않는다. 보통의 경우 다음의 두 가지, 곧 은혜의 사역 앞에서 자아를 죽이는 것과 은혜의 사역을 활력 있게 감당하는 것은 동시적으로 나타나지 않는다. 바울의 경우는 두 가지를 다 겸비했다(물론 모든 사람이 바울은 아니다). 고린도전서 15장 9-10절에서 바울은 "내가 모든 사도보다 더 많이 수고하였으나"라고 말한다. 그러나 바로 다음 순간 두렵고 떨리는 마음으로 바울의 "나"(ἐγώ)는 그리스도로 향해 달려간다. "[그러나] 내가 한 것이 아니요 오직 나와 함께 하신 하나님의 은혜로라." 바울은 유대인들 안에 바로 이 교만이 있음을 보았다. 그들은 마치 아랫사람이 그의 주인과 왕 그리고 주님에게 하듯이, 혹은 아버지와 남편에게 하듯이, "하나님의 의"(롬 10:3)에 대해 머리 숙여 "힘써 복종하지" 않았다. "나"와 "자아" 혹은 본성이 행위와 조우할 때면 오만함이 뒤따르게 된다. 오직 은혜로만 "나"라는 자아는 겸손해지고 죽임을 당한다. 이때에야 비로소 울며 이렇게 말한다.

"오 주님, 도대체 내가 무엇이란 말입니까?"

생명 언약

08

◆ 1. 언약 안에서 죽음이 차지하는 자리는 무엇인가?
◆ 2. 가인과 유다와 같은 자들이 그들의 절망적인 상태에서 행해야 할 것은 무엇인가?
◆ 3. 왜 주님은 그 어느 곳에서도 "아담의 하나님"으로 불리지 않는가?

질문 언약 안에서 죽음이 차지하는 자리는 무엇인가?

답 죽음은 깨어진 행위 언약 안에서, 보복적 정의의 종과 법관으로서 자리를 차지하고 있다. 죽음의 통치는 이와 같은 원리로 작동한다. "내가 의지하든지 말든지 반드시 죽어야만 한다." 곧 죽기를 거부하는 것과 "죽기를 두려워함으로 종 노릇 하는" 것이 사망 안에서 율법이 쏘는 것이다. 그리스도는 이로부터 우리를 해방하셨다 (히 2:15). 원죄와 죽음은 행위 언약에 의해 세상에 들어왔다. 은혜 언약은 사망을 만들어낸 것이 아니다. 세상 안에서 그것을 발견하고, 그리스도는 오랜 숙적인 죽음을 새로운 종으로 만들었다. 사망은 이제 자녀들을 물 건너 실어 나르는 왕의 여객선이 된 것이다. 이제 죽는 것은 영적인 상태에 적합한 조건이 되었다. 그 이유는 율법적으로 소환되어 죽기 때문이 아니다. 죽어야만 하기 때문이 아니라 오히려 죽기를 원하기 때문이다(빌 1:23). 사실 소환 당하는 것보다는 내 스스로 자신을 소환하는 것이 더 낫다. 우리는 천국을 거룩한 장소보다는 지나칠 정도로 즐거움의 장소로서 사랑하는 것이 사실이다, 그래도 대다수 사람들은 차가운 무덤이나 땅 속의 어두운 구멍 속에서 잠자는 것보다는 기꺼이 거룩한 천국으로 가는 방축 길을 원할 것이다.

1. 행위 언약 안에서 약속된 생명은 무엇인가?

질문 언약 안에서 생명이 차지하는 자리는 무엇인가?

답 율법언약의 경륜을 운영하는 방식은 먼저 행위의 습성적 거룩함 이후에 면류관이 뒤따르는 것이다. 은혜의 운영방식은 먼저 믿음이 오고 믿음과 함께 그리스도를 우리의 생명과 영광의 소망을 삼을 수 있는 권리가 온다. 그 후에야 습성적 거룩함이 따르는 것인데 이것은 현재 이곳에서 출발하고 후일에 완성된다. 복음적 생명이란 보상과 의무 모두를 포함한다. 즉 십계명을 대신하여 그 모든 자리를 차지하게 된 율법과 복음을 영원토록 찬양하고 사랑하는 보상이

자 동시에 의무에 해당하는 것이다.

율법적 생명—만일 이것이 계시되어야 한다면—이란 우리의 율법적 순종에 의해 값으로 구입하게 될 보상이다.

질문 만일 아담이 타락의 시점과 복된 후손에 대한 복음이 선포된 시점 사이에도 절망하지 않고 구원할 능력이 있으신 하나님께 의존해야 했다면, 유다나 가인과 같은 자들은 무엇을 행해야 하는가?

답 가인과 절망하는 사람들의 양심은 그들과 하나님 사이의 논쟁을 감당할 만한 성경이나 판사도 아니다. 그들이 인생길에서 순례자로 지내는 동안에도 그리스도와 더불어 맺은 복음의 조약은 항상 서 있고, 그리스도 편에서는 깨어지지 않는다. 그들은 이 조약을 소중히 여기고 그것을 붙들어야 한다. 이를테면 그리스도로부터 선포되는 말씀, 곧 제시된 구원의 소식을 추구하여 붙들어야 하는 것이다.

성령님은 결코 그들에게 절망하라고 제안하시거나 그들로 하여금 유기자의 검은 명부에 그들 자신의 이름을 기록하도록 명령하시지 않는다. 마치 마귀가 한 분 하나님께서 계시다는 사실을 믿는 것과 같이 그들 역시 지옥의 존재를 믿는다. 그럼에도 그들은 지옥의 용광로에 불을 지피는 석탄에 부채질을 하며, 밤도 오기 전에 불을 붙인다.

그들은 자연법 아래에 있으나 능히 구원하실 수 있는 무한하신 자비에 의뢰해야 할 의무를 가진다. 그들이 소유한 불신앙은 어두움의 재치를 따라 겉으로는 그들도 믿는다고 말한다. 그러면서도 속으로는 자신들뿐만 아니라 다른 이들을 향한 하나님의 일반적인 자비하심을 미워한다.

한편 하나님의 자녀이지만 의심하는 신자들의 경우, 그들에게 있는 희미한 증거의 빛은 영적인 빛보다는 오히려 자연적 이성의 빛에 근접한다. 그러므로 믿음이 믿음으로서 일하도록 가동되어야만 한다. 믿음은 이성이 가장 약할 때 오히려 가장 강하게 일한다. 자연적 원인들은 반대의 조건 속에서 더욱 강하게 활성화된다. 불은 한겨울의 추위 속에서 가장 강하게 타오른다. 몸의 내부적인 체온은 외부로부터 살을 에는 듯한 찬바람이 불어 닥칠 때 몸을 정상화시키기 위해 가장 강력하게 일한다. 이와 마찬가지로 욥 안에서 죽음과 썩음이 정반대의 것을 말할 때에도 믿음은 가장 어두운 밤에 가장 날카로운 시선으로 하나님을 바라본다. 욥기 19장에서 욥은 "내가 확실히 알기에 나의 구속자가 살아계시니"라고 말한다(출 8:1; 시 31:8). 이사야 50장 10절은 이렇게 말씀한다. "흑암 중에 행하여 빛(곧 증거의 빛)이 없는 자라도 여호와의 이름을 의뢰하며 자기 하나님께 의지할지어다."(또한 로마서 4장 19-20절을 보라).

2. 불신앙 안에 존재하는 의지

어떤 의심들은 오로지 하나님께 맡겨 해결 받아야 한다.

요한복음 20장 25절에 등장하는 도마의 경우를 보면 불신앙 안에서도 비록 보이지는 않지만 한 조각의 믿고자 하는 의지와 두 개의 거절 요인("그의 손의 못 자국을 보며 내 손가락을 그 못 자국에 넣으며 내 손을 그 옆구리에 넣어 보지 않고는 믿지 아니하겠노라 하니라")이 존재한다. 한편 신실한 믿음 안에는 많은 양의 성화된 의지가 요구된다 (롬 10:9-10; 막 9:24). 그리하여 성화된 의지로 불신앙 안에 존재하는 눈먼 의지의 힘을—이것으로 우리는 우리의 의심을 배가시키는 것을 스스로 기뻐한다— 강하게 저항해야만 한다.

창세기 22장 2절에서 아들을 잡아 죽이라는 명령은 창세기 15장 4절에 기록된 약속의 후손에 관한 전체 복음에 모순되는 것으로 보인다. 그럼에도 아브라함은 이 두 가지 모두 하나님으로부터 온 것임을 알았다. 그리고 겉으로 보기에 모순인 문제를 하나님께서 해결해 주시도록 그분께 맡기고 자기는 여전히 두 개를 다 믿었다. 이것은 아브라함이 잘한 것이다. 우리 역시 양식이 있을 때나 양식이 없을 때나 기근 중에라도 하나님을 변함없이 신뢰해야 한다.

3. 주님은 어떻게 아담의 하나님이신가?

질문 하나님께서 아담의 하나님이라는 말이 어디에 있는가?

답 직접적으로 언급되지 않는다. 첫째, 이 언약은 마치 국왕이 어느 특정한 날에 작성한 왕의 서한과 같다. 그런데 그 문서의 기한이 만료되어 더 이상의 효력을 상실한 것과 같다. 둘째, 아담은 그의 완료된 순종으로 (이를테면) 하나님께서 그의 하나님이 되시는 것을 얻어내고 구입하도록 되어 있었다.

제8장

4. 아담에게는 [견인의] 효력에 대한 어떠한 약속도 주어지지 않았다.

그런데 하나님께서는 아담으로 하여금 순종할 수 있도록 하고 또한 끝까지 순종할 수 있도록 하는 유효한 효력을 그에게 수여하심으로 아담의 하나님이 되실 것이라고 말씀하지 않으셨다. 아담이 의지하고 행동할 수 있도록 그에게 허락된 효력이라는 것은 모두 창조주 하나님에 의거하여 아담에게 수여된 것이었다. 은혜 언약에서와 같이 구세주의 은혜에 의거하여 행하고(겔 36:27), 사랑하고(신 30:6), 보존되는 것이(렘 30:39-40) 아니었다. 이러한 효력들은 하나님께서 거저 베푸시는 은사들인데 아담에게 약속되지는 않았다.

이 은사들은 겉으로는 자연적인 것으로 보이지만, 사실은 인간의 의지를 선행적으로 굽게 하거나 한쪽으로 경도되도록 효력을 미친다. 물론 그 영향력은 새 언약에서 약속된 것만큼은 아니다. 이 언약은 새 마음을 주신다는 약속에 의해 언약 자체가 새롭게 명명되었기 때문이다(히 8:10; 사 54:9,13; 렘 31:31-33; 겔 11:19-20; 호 2:18-19). 결국 하나님께서 친히 내 마음의 주님이 되시고 내 마음이 주님의 것이 되는 것이, 내가 내 마음의 주인이 되고, 내 마음을 내가 소유하는 것보다 훨씬 나은 것이다. 우리의 마음이 우리의 마음에 더욱 적게 머물수록 우리의 마음은 그만큼 더 하나님께 머물게 되고 이것이 더욱 나은 것이다. 오, 우리가 우리의 마음을 인도할 수 있는 기술이 있었다면!

한편 만일 아담이 범죄할 경우 아담에게 주어진 죽음의 위협(창

2:17)으로부터 생명의 언약을 추론해 내는 것이 가능하다. 또한 아담이 순종했다면 하나님은 "아담의 하나님"이셨을 것이라고 말할 수 있을 것이다.

생명 언약

09

◆ 1. 행위 언약 안에서 약속된 생명은 무엇인가?
◆ 2. 아담 안에 있는 모든 자들은, 특히 유기자들은, 타락의 결과로
   피조물에 대한 모든 권리를 상실했는가?
◆ 3. 하나님은 어떤 방식으로 우리의 하나님이 되시는가?

1. 행위 언약 안에서 약속된 생명은 무엇인가?

질문 행위 언약 안에서 약속된 생명의 의미는 무엇인가?

답 그것은 그리스도 안에 있는 생명이 아니다. 그리스도의 보혈의
공로로 열매 맺은 생명, 곧 새 언약 안에서 우리가 가진 생명이 아
니다(요 10:11, 3:16). 여기서 아담은 화해를 위한 중보자가 아니다.
그는 일종의 공인으로서 자기 안에 있는 자들을 대표하여 그들과

운명을 같이하는 법적인 수장이다. 이 사실에 근거해서 만일 누군가 아담을 중보자라고 부른다면, [중보자로서의] 아담이 영광의 상태에서 기쁘게 교제하는 생명은 율법의 생명이라고 말할 수 있다.

그런데 아담이 살았던 삶과 그가 일한 것으로 얻는 피조물들은 오늘날 현세에 속한 것은 아닌 듯 보인다. [지금과 다르게] 아담은 피조물들을 얻기 위해 일하지 않았고 오히려 그것들은 아담에게 주어진 것이었다. 만일 아담의 실제적인 순종에 대한 보상으로서 아담에게 주어진 축복이 신명기 28장에 기록된 복, 곧 율법을 지킨 자들에게 주어지는 현세적인 복이라고 누군가 말한다면 나는 그렇게 추측해서는 안 된다고 할 것이다. 물론 확실히 말할 수 있는 것은 우리가 그리스도 안에서 얻은 생명은 신-인이 흘리신 고귀한 대속의 피 값으로 구매한 매우 값진 생명이라는 것이다. 그렇다고 해서 아담에게 속했던 생명을 우리가 그렇게 하듯이 너무나 낮게 평가하는 것은 우리 생각의 미숙함 때문일 것이다. 우리와 같은 후손들은 실제 선악과 천국이 어떤 모습을 취하고 있었는지를 알지 못한다.

2. 아담 안에 있는 모든 자들, 특히 유기자들은 타락의 결과로 피조물에 대한 모든 권리를 상실했는가?

질문 과연 아담과 그의 허리 안에 존재했던 모든 유기자들은 죄로 인하여, 피조물들에 대한 권리를 상실했는가? 그렇지 않은가?

답 권리로는 다음 세 가지, 곧 삼중적 권리가 존재한다.

1. 자연적 권리
2. 섭리적 권리
3. 영적인 권리

3. 삼중적 권리: 과연 유기자와 불신자들은 삶과 먹고사는 문제 등과 관련하여 어떤 권리를 소유하는가?

1) 자연적 권리. 자연적 권리는 다음의 두 가지로 인식된다. 첫째, 절대적 의미에서 아직 지음 받지 않은 피조세계와 인간은 존재 혹은 생명에 대한 그 어떤 법적 권리도 소유하거나 주장하지 못한다. 존재와 생명은 창조주의 선물로서 우리가 생명과 존재에 대해 가진 최고의 헌장이다. 둘째, 이 권리는 조건적으로 인식될 수 있다. 마치 하나님께서 태양을 창조하시고 그에게 주신 빛을 발산하는 능력이 마치 타당하고(congruous) 태양의 본성에 적합하게 귀속되는 것(debita natura Solis)과 같다. 그러나 (앞의 경우와 마찬가지로) 피조물은 이 능력을 빛으로서 요구할 권리는 없다.

만일 주님께서 존재를 수여하셨다면, 피조물이 이 존재를 향유하는 것은 죄가 될 수 없다. 왜냐하면 무(nothing)로 하여금 창조주로부터 존재와 생명을 받거나 받지 못하도록 하는 어떠한 법과 명령이 존재하지 않기 때문이다. 주지하다시피 법이 없는 곳에는 범법도 존재하지 않는 것이다. 따라서 존재와 생명을 소유하는 것은 그 자체로서는 죄가 될 수 없다.

2) 섭리적 권리. 섭리적 권리는 다름 아닌 생명과 존재를 지속하는 권리이다. 단 생명과 권리를 부여했던 동일한 능력이 형벌의 방식으로 생명과 존재를 제거할 때까지 지속된다. 하나님은 창조주로서 그의 주권에 의해 존재와 생명을 부여하시고 지음 받은 것들을 편안하게 사용할 수 있도록 하신다. 그러나 이와 동시에 하나님은 심판주로서 그것들을 제거하신다. 일상적으로는 죄 때문이지만 (나 자신도 부인하지 않는바) 그렇지 않은 경우도 있다. 일례로 하나님은 천사들이 육신을 입고 현현했을 때 섭취했던 고기와 부활하신 그리스도께서 드셨던 고기를 주권적인 방식으로 아마도 소멸시키셨을 것이다.

3) 영적인 권리. 영적인 권리는 새로운 초자연적 권리로서 택함 받은 신자들이 소유하는 것이다. 그 목적은 초자연적인 것이며, 모든 존재는 그들의 소유가 되며 이 모든 것들은 그들의 구원을 향해 작동한다. 고린도전서 3장 21절은 "만물이 다 너희 것임이라"고 말씀한다. 요한계시록 21장 7절은 "이기는 자는 이것들을 상속으로 받으리라" 기록한다. 여기서의 상속은 언약적 권리에 의해 이루어진다. 이는 바로 뒤에 첨가된 구절 "나는 그의 하나님이 되고 그는 내 아들이 되리라"(시편 37:10 인용)에 의해 확인된다. 이 헌장에 의해 마시는 냉수 한 모금이 국왕의 왕관보다 낫고 이 한 모금이 제공하는 원기회복은 이 땅에서 생산되는 최고급의 포도주가 제공하는 것보다 더욱 크다. 베푸시는 자의 "사랑이 포도주보다 나음이라(아가 1:2)." 이 권리의 헌장은 이 땅보다

수천 배 이상 값진 것이다.

자연에 관해 말하자면, 만인에게 보편적으로 속하는 자연 역시 값없이 베푸시는 은혜로 도금되었다. 우리가 향유하게 될 자연적 생명과 존재, 그리고 물리적인 천국은 현재 우리가 그것들을 향유하는 것과는 다른 방식으로 복을 받아 영화롭게 될 것이다(고전 15:40-43이하; 벧후 3:13; 계 21:1; 사 65:17). 우리의 신비한 몸이 완전하게 변화하고, 그동안 성인들의 몸이 분해되어 흙으로 돌아갔던 이 땅이 그리스도 안에서 하나님께 대한 영적인 언약을 지킬 때[곧 죽은 자들을 내놓을 때] 이들은 하늘 위에 높이 들릴 것이다. 출애굽기 3장 6절, 마태복음 22장 32절, 요한복음 6장 39절, 로마서 8장 21-23절 등이 증언하듯이 그 날에 우리 몸의 작은 한 부분도 남김없이 언약적인 영광에 참여할 것이다. 우리가 상속 받을 땅에서 모든 금은보화는 빛날 것이며 그리스도가 없는 불모지는 아예 볼 수도 없을 것이다. 다음의 구절들을 보라. 호세아 2장 18, 22절, 에스겔 34장 24, 27절과 36장 29절, 레위기 26장 6절, 시편 37장 9, 11, 29절, 디모데전서 4장 8절, 히브리서 13장 5-6절, 마태복음 6장 25-26절, 시편 34편 10절. 오, 얼마나 부요한 유산인가!

두 번째 것[섭리적 권리]과 관련하여 말하자면 (이것이 주요 논쟁거리이다) 생명과 존재를 향유하는 것은 그 행위의 본질에서 볼 때, 죄가 아니다. 사람들은 법에 의해 금지된 것을 이러저러하게 위반하며 죄 가운데 출생한다. 그러나 태어나고 살아가는 것은—자연 질서상 원죄 이전에는— 죄가 아니다. 마치 짐승들에게 먹고, 자고, 깨어 살아가는 것이 금지되지 않은 것처럼, 사람이 태어나고 살아

가는 것은 금지된 일이 없다. 또한 율법은 사람에게 죽으라고 명령하지 않았다. 대신 잘 죽을 것을 명령한다, 곧 그리스도 안에서 잠들 것(살전 4:14,16)과 죽기까지 믿음을 지킬 것(행 7:60; 계 2:10, 14:13)을 명령한다.

택자들 역시 다른 이들과 마찬가지로 진노의 자녀들로서 태어난다(엡 2:3). 만일 먹고사는 것 자체가 죄라고 한다면, 이들 택자들과 모든 유기자들은 태어나면서부터 자살하거나 죽임당해야 할 것이다. 그러나 오로지 삶과 죽음의 주인이신 하나님과 그의 사역자들 그리고 판사들만이 사람으로부터 생명과 존재를 박탈할 수 있는 권세를 소유한다. 아무도 그 자신을 처형하는 집행관이 될 수 없다. 그러나 만약 사는 것 자체가 죄라고 한다면, 이들은 그들이 악의로(mala fide) 소유하고 있는 유효 기간이 만료된 생명 곧 그들이 강탈한 생명을 원 소유주이신 주님께로 되돌려 드려야 한다. 마치 훔친 재화를 주인에게 되돌리는 것이 당연한 의무인 것과 같은 이치이다.

유기자들이 피조물에 대해 행사하는 지배권은 선한 하나님 형상의 일부를 구성한다(창 1:26-27). 그들은 택자들과 마찬가지로 숨 쉬고 생활하고 말과 배를 탄다. 또한 그들 역시 하나님에 대한 자연적 지식을 옆으로 제쳐두지 않는다. 이 지식에 근거해서 그들은 하나님을 하나님으로서 영화롭게 할 의무를 갖는다(롬 1:19-21, 2:14-15; 행 14:16-17). 유기자들은 하나님의 형상을 완전히 상실한 것이 아니다. 그들은 한 분이신 하나님이 존재하신다는 것과, 그들의 부모를 공경해야 한다는 것, 또한 사람을 해치면 안 된다는 사실을 인식한다.

차라리 공상에 가까운 의견이 존재한다. 스스로 유기되었다는 슬픔에 빠진 약한 사람들 안에서 발견되는 일종의 유혹이라고 할 수 있다. 사탄이 그들의 우울감 위에 올라탄 셈이다. (성화되지 않은 안색은 사탄에게 이용 가치가 있다. 성화된 얼굴에는 겸손과 죄죽임의 좌소가 있다) 그들은 먹고 마시고 자는 것을 죄라고 여긴다. 그런데 이런 것들에 대한 권리가 없다고 생각하는 것은 곧 삶에 대한 권리를 상실했다는 의미이다. 그렇다면 그들은 스스로 목숨을 끊어야 할 것이다. 또한 이와 동일한 근거에서 볼 때 아담에게 있어, 그가 말하고, 하나님께 대답하고, 숨쉬고, 복된 후손에 관한 소식을 들었던 것 모두가 죄가 된다. 삶의 모든 활동은 곧 모두 죄의 활동이 되는 셈이다. 역시 같은 근거에서 볼 때—즉 삶의 모든 활동을 죄 없이 수행하는 것이 불가능하다는 것을 전제할 때— 그들은 기도도 해서는 안 된다. 왜냐하면 입을 열어 기도하면서 하나님의 성호를 헛되이 사용하지 않을 수 없기 때문이다. 물론 우리에게는 부패성이 존재한다. 그리고 그 부패성은 우리가 수행하는 의무에 항상 붙어 다닌다. 그러나 우리의 죄악을 핑계로 의무 수행하는 것을 포기해서는 안 된다. 왜냐하면 그리스도 안에서 우리의 죄악은 용서받고 우리가 행하는 의무도 수용되기 때문이다.

만일 회심하지 않은 자들은 그리스도 안에 있는 영적인 권리를 소유하지 않았기 때문에 그들에게는 먹는 것도 죄라고 말한다면, 필연적으로 다음의 결과가 도출된다. 즉 회심한 사람들은 이를 근거로 회심하지 않은 자들로부터 그들이 소유하고 있는 재산, 가옥, 금, 정원, 포도원, 토지 등을 모두 빼앗을 수 있다. 또한 중생하지 못한 죄를 물어 그들을 죽여 생명을 박탈해야만 할 것이다. 왜냐하면 유기자들은 하나같이 생명과 재화에 대한 권리를 소유하지 못하기 때문이다. 사실이 이렇다면, "네 이웃을 네 몸과 같이 사랑하라"는 말씀은 오로지 회심한 이웃에게만 적용되어야 할 것이다. 그리고 나머지 이웃들은 불과 칼로 약탈하고 살해하여 다음의 일들이 없도록 해야 할 것이다. 즉 도둑질, 억압, 과부와 이방인과 고아 그리고 약자를 짓밟는 일, 그리고 가난한 자들의 얼굴에 맷돌질 하는 일[사 3:15] 등이다. "대저 그들의 구속자는 강하시니"라고 했으니 이들의 존재는 성경과 모순되기 때문이다(잠 23:11; 렘 50:33-34; 시 94:5-8, 14:4; 겔 22:26-27; 사 3:12-15; 미 2:3).

같은 맥락에서 이 세상에 속한 모든 중생하지 않은 왕들과 권세들과 통치자들로부터 그들의 왕관과 유산과, 토지와 위엄과 명예들을 정당하게 빼앗는 것과 아직 그리스도를 모르는 모든 이방 나라들을 칼로써 잘라내는 것 또한 합당할 것이다. 한 걸음 더 나아가 중생한 자녀들과 형제들은 본성상 진노의 자녀들에 해당하는 그들의 부모 형제와 왕과 주권자들, 동포, 이방인, 고아, 포로, 죄수, 아픈 자, 옥에 갇힌 자, 그리고 모든 유아들을 유린하고 살해하는 것이 정당할 것이다. 왜냐하면 결국 [이들의 논리에 따르면] 회심한 자들이 모든 회심치 않은 자들을 재판하여 생명과 재화에 관한 그들의 권리들을 무효화시킬 것이기 때문이다. 그리하여 이들 안에서 [거짓된] 그리스도의 사회들과 교회들이 반드시 사라져야 하기 때문이다.

제9장

반론 현재 박탈되기에 마땅한 것을 향유하는 자들은 박탈당하기에 마땅한 것들에 대한 정당한 권리를 갖지 못한다. 그들은 현재 강탈자이며 따라서 죄를 짓는 것이다. 중생하지 않은 모든 자들은 이에 해당한다. 그들은 현재 자기들이 권리를 주장할 수 없는 것들을 사용하는 것이며, 따라서 그것들을 사용하는 행위 안에서 죄를 짓고 있는 것이다.

답 상기한 진술—곧 "현재 박탈되기에 마땅한 것을 향유하는 자들은 박탈당하기에 마땅한 것들에 대한 정당한 권리를 갖지 못한다."—은 보편타당하게 참되지 않다. 일례로 이러한 것들을 사적인 능력으로 정당하게 향유하고 또한 마땅히 그래야 하는 자들이 자신의 전리품들을 돌려준 경우가 있다. 이러한 자들도 자신의 소유물을 사용하면서 죄를 지을 수 있다는 사실 또한 참이다(잠 3:27; 출 22:26-27; 눅 19:8). 가난한 자들이 덮고 잘 것을 저당잡고 있는 자들의 경우 그것을 저녁때까지 가난한 자들에게 돌려주지 않고 자신이 향유할 권리를 소유하지 못한다.

또한 무엇이든 박탈되기에 마땅한 것, 곧 죄에 의해 그들이 권리를 소유하지 못하는 것들을 현재 향유하는 자들이라는 진술 역시 부정되어야 한다. 왜냐하면 그것이 생명, 존재, 먹는 것, 자는 것 등과 같은 것에 해당하는 경우, 이러한 것들을 법적인 권세에 의해 박탈할 수 있는 존재는 오직 삶과 죽음의 주님이신 하나님뿐이기 때문이다. 이것들은 이들 자신에 의해서 박탈될 수 없다. 왜냐하면 자신을 스스로 처벌하여 자살하는 것은 어느 사람에게도 합법적인 일이 아니기 때문이다. 또한 중범죄라는 예외를 제외하면 타인에 의해서도 박탈될 수도 없다. 그들은 섭리적인 권리를 가지기 때문이다. 곧 그들에게 상기한 것들을 수여한 권세와 동일한 권세가 다시 그것들을 그들에게서 빼앗아갈 때까지 그들은 그 모든 것들을 유지하고 향유할 수 있는 권리를 소유한다. 또한 이 기간 동안 이들이 이것들을 사용하는 것은 죄를 짓는 것이 아니다.

한편 마귀들과 지옥에 있는 저주받은 자들의 경우, 그들의 삶과 존재만으로도 그들은 하나님의 위엄을 더럽히는 것, 곧 죄를 짓는 것이며, 따라서 완전히 멸절되어 그들의 존재를 박탈당해야 마땅하다고 주장하는 것, 또한 바로 이런 측면에서 그들이 멸절당하지 않고 있는 것은 죄를 짓는 것이라고 주장하는 것, 한결음 더 나아가, 모든 택자들의 경우도 그들이 회심하기 전, 자신의 존재와 생명을 향유하는 것 역시 죄를 짓는 것이라고 말하는 것은 가장 위험한 발언이다. 비유컨대, 어떤 판사가 자신의 부친을 살해한 사람을 24시간 안에 처형하라는 판결을 내렸다고 가정하자. 그러나 도저히 거역할 수 없는 섭리로 말미암아 그 사람은 판사의 손으로부터 구출되었고 이후 많은 여생을 살아갔다. 이 경우 애초에 사형 판결을 받은 사람은 그가 생존했다는 이유만으로 하나님께 범죄한 것이 아니다. 또한 국법에 어긋난 것도 아니다. 그의 여생으로 인해 그는 강탈자나 불의한 자라고 불릴 수 없다. 또한 악의로 그의 생명을 소유한 자가 되는 것도 아니다. 판사가 그에게 사형 판결을 내렸을 때에는 그 사형 언도를 받은 자가 자신의 손으로 스스로의 생명을 취해야 함을 의미하지 않는다. 법적인 손과 판사의 사형집행관에 의해서 처형이 집행되는 것을 의미했던 것이다. 게다가 이 경우에 해당하는 것은 단순한 허용의 권리를 의미하는 섭리적 권리가 아니다. 그 사람은 [하나님께로부터] 더욱 적극적으로 하사된 것, 곧 값없이 베푸신 선물에 대한 권리를 소유한 것이다.

그렇다면 이와 같은 이유로 유기자들은 단순한 허용의 권리에 의거하여 다음과 같은 지식을 유지하고 향유할 수 있다고 우리는 말할 수 있을 것이다. 즉 하나님은 존재하신다, 하나님은 신들 중에서 탁월하신 존재이다, 부모를 공경해야 한다, 전체는 부분보다 크다 등의 명제들이다. 과연 그렇다. 그들 역시 다른 죄인들이 서로에게 대해 소유하고 있는 것과 동일한 자연적 권리와 섭리적 권리를 소유하고 있는 것이다.

"박탈되어 마땅한 것들을 현재 향유하고 있는 자들은 그것들을 사용하는 행위 안에서 죄를 짓고 있는 것"이라는 진술은 곧 삶과 존재 그리고 먹고 마시는 행위의 본질을 건드리고 있다. 이것은 제일 크게 거짓된 진술이다. "박탈되어 마땅한 것을 향유하는 자들"이라는 진술은 그들이 두 가지에서 모두 죄를 짓는다는 사실을 의미한다. 첫째는 모드(modo), 곧 방법과 수단에 있어서 그러하고 둘째는 삶과 먹는 것 등의 목적에서 그러하다. 물론 이러한 행동은 그리스도 안에 존재하는 생명에 대한 영적이고 초자연적인 권리─이것은 가견 교회 안에 있고 복음을 들은 자들이라면 당위적으로 소유해야 할 권리에 해당한다─는 아니다. 그들이 믿지 아니함으로 죄를 범하는 것이고(롬 14장), 하나님께 영광을 돌리는 목적으로 먹지 않기 때문에 범죄하는 것이라고(고전 10:31) 말하는 것은 그들의 존재와 피조물 됨에 의거하여 말하는 것이 아니다.

자연인들은 사물들을 소유하고 향유할 수 있으면 단지 그렇게 할 뿐이다. 그들은 땅과 바위가 존재하듯이 그저 존재한다. 그들은 나무와 채소가 살아가듯이 그렇게 살아간다. 짐승과 새들이 건강을 가지고 있다면 그들 역시 그렇다. 그들은 까마귀와 수사슴과 다른 짐승들이 나이를 먹듯이 그들 역시 많은 세월을 살아간다. 그들은 정말 장구한 수명을 추구하며 살아간다. 단지 오랜 세월 존재할 뿐 그들은 오래 사는 것은 아니다. 과연 그 누가 하나님을 위해 사는가? 어느 누가 하나님을 위해 자고 깨고 먹고 그의 영광을 위해 살겠는가? 그 자신을 삶의 최종 목표로 만들어 놓은 자들은 결국 모든 것들 가운데 최종적인 목표가 되시는 하나님의 자리에 자아를 우상처럼 앉혀 놓는다(롬 11:36; 계 4:11; 잠 16:4). 자아를 하늘과 땅의 제 일 저자이시자 최종 목적이 되시는 창조주로 만들어 놓는 것이다. 먹고 마시는 너희 인생들아, 과연 누가 너희의 먹고 마시는 값을 지불하는가? 그리스도가 아닌가? 그렇다면 너희는 강탈자가 아닌가? 당신들은 그 어떤 권리의 헌장을 소유한 것이 있는가? 그렇지 않다면 하나님의 것을 도둑질 하는 것이 아닌가?

4. 하나님은 어떤 방식으로 우리의 하나님이 되시는가?

질문 하나님은 어떤 방식으로 우리의 하나님이신가?

답 언약에 의해서다(겔 34:24; 창 17:7; 렘 32:38; 슥 13:9). 그러나 마치

우리가 어떤 선물로 받은 권리와 지배권을 하나님에 대해 행사할 수 있는 듯이 그분께서 우리의 하나님이 되는 것은 아니다. 또한 우리가 그의 것인 사실과 똑같은 방식으로 그분이 우리의 것이 되지 않는다. 이는 마치 토기가 토기장이에게 주권을 행사할 수 없는 것과 같은 이치이다. 또한 하나님은 순전한 하나님으로서 우리의 하나님이신 것이 아니다. 하나님께서는 스스로 낮아지셔서 그리스도 안에서 우리에게 다가오시고, 성육하신 하나님으로서, 언약적 방식으로 우리의 하나님이 되신 것이다. 그리하여 그의 선하심과 은혜 그리고 자비로우심을 우리에게, 또한 우리를 위해 제공하신다. 성육하신 하나님, 곧 그리스도께서는 우선적으로는 우리의 소유가 아니라 하나님의 소유이시다(고전 3:21). 그리스도는 오직 하나님을 위하시며 또한 우리와 함께하시는 임마누엘, 곧 우리를 구원하시는 우리의 임마누엘이시다. 이런 측면에서 그분은 천사들의 하나님보다는 더욱 우리의 하나님이 되신다.

5. 은혜의 공급은 있으나 그리스도가 결핍된 상태

1) 하나님은 성도의 갈망의 피리가 되신다. 온 하늘의 폭과 넓이를 통틀어서도, 또한 그 공간에 거하는 모든 존재들 가운데에서도 성도만큼 하나님을 사모하는 존재는 없다(시 73:25; 사 63:16). 신자들은 모든 천사들보다도 또한 [천상의] 모든 성도보다도(살전 4:16) 오직 주님만을 사모한다.

2) 그리스도께는 아버지로부터 멀리 떨어지는 것이 곧 지옥이고 (시 22:1; 마 27:45), 오직 성부와 더불어 누렸던 영광이 곧 천국이다(요 17:5).

3) 그리스도의 신부가 그리스도에 대해 영혼(마음)의 사랑을 품을 때(아가 3) 성도가 가진 최고의 영적인 성향이 드러난다. "마음으로 사랑하는 자를 찾았노라."[아 3:1] 그녀는 타오르는 갈망으로 그를 찾는다. "내가 찾아도 찾아내지 못하였노라." 만일 그녀에게 강한 믿음이 없었다면, 그녀는 그리스도를 찾기 위해 그토록 부지런히 탐색할 수 없었을 것이다. 그녀는 성 안을 순찰하는 자들을 만나서 이렇게 물었다. "내 마음으로 사랑하는 자를 너희가 보았느냐?" 이는 곧 그녀가 교회의 예식들과 은혜의 방편들을 향유했음을 의미한다.

그러나 주의 깊게 살펴보면 은혜의 공급은 있으되 아직 그리스도가 결여된 상태를 의미할 수 있다. 곧이어 "그들을 지나치자마자 마음에 사랑하는 자를 만나서"라고 기록되어 있다. 이로부터 몇 가지 사실을 알 수 있다. 첫째, 마음의 각성이다. 둘째, 사랑하는 대상을 분별한다. 그리고 그의 말씀을 거듭하여 이야기한다. "나의 누이, 나의 사랑, 문을 열어 다오."[아 5:2 이하] 셋째, 마음의 열쇠구멍으로 열고 들어오시는 그리스도의 손길이 존재한다. 넷째, 그리스도를 향한 내면의 움직임이 존재한다. 다섯째, 그리스도를 찾고 기도하지만 그를 찾지 못하고 기도의 응답도 존재하지 않는다. 여섯째, 그리스도를 향한 상사병에 걸려 그를 찾으나 아직 찾지 못한다. "[마음으로 사랑하는 자를] 찾았노라 찾아도 찾아내지 못하였노라." 다음의 구절들을 서로 비교해 보라. 아가서 1장 1, 4절, 2장 3-4절, 6절과 8절, 그리고 몇몇 다른 구절들을 보라. 오로지 하나님만이 우리 영혼을 잠잠하게 할 수 있음이 분명하다. 또한 문제의 핵심은 우리가 진주가 묻혀 있는 장소가 정확이 어디인지를 아느냐 하는 것이다. 곧 루비와 사파이어, 그리고 보석들이 이곳에 감추어져 있는데 이것들의 가치는 능히 천사들과 천상의 성도의 그것보다 탁월한 것이다.

따라서 그리스도의 영광은 우리에게 최종적인 목적이 되셔야 마땅한 것이다. 또한 우리의 모든 행위를 자극하는 동인이 되시는 것이다. 그리고 이 모든 것 안에서 은혜만이 유일한 유효인이 되는 것이다. 사실이 이러한 만큼 우리의 길은—만일 하나님께서 언약에 의해 우리의 소유가 되신다면— 하나님의 것이 되고 우리의 목적에서 그분의 향내가 나는 것이다.

한편 우리의 영적인 행위들 안에는 피조물에게 속한 많은 것들, 자아, 이윤, 헛된 영광 등이 적지 않게 존재한다. 그러나 하나님께서는 피조물을 결코 짓누르시지 않는다. 사실 천국도 그리스도와의 연합과 마찬가지로 피조물에게 무겁게 다가오는 것이 아니다. 오히려 영적인 마음이 하나님을 사모한다. 믿음, 사랑, 소망 등과 같은 일련의 모든 은혜들과 하나님을 사모하고 향유하려는 갈망이 신자들을 이끈다. 신자는 그들의 마음에 천국이 있어도 그리스도께서 멀리 떠나 계심을 인식하며 교회의 예식들 안에서 공허한 부분을 분별할 수 있다. 이는 우리 존재의 모든 것들과 관련되어 있다. 우리의 손, 무릎, 신체(출 20:5; 시 44:20; 고전 6:19), 그리고 자아는 모두 하나님을 위한다. 또한 우리 자신이 아니라 오직 그분 안에서만 우리는 온전하게 살 수 있다. 우리는 우리의 믿는 행위 자체를 믿어서는 안 된다. 또한 그리스도의 사랑을 사랑하는 일에 지쳐서도 안 된다. 한편 믿음과 사랑을 우상으로 만들어서도 안 된다. 이것들은 은혜를 소유하고 그리스도를 사모하기 위한 영적인 조건들이다.

생명 언약

10

1. 하나님은 마치 어쩔 수 없이 새 언약을 지정하셔야 했다고 주
   장하는 아르미니우스주의자들의 근거들

질문 하나님께서 은혜 언약을 맺으시는 것과 관련하여 제시된 잘못
된 근거들은 무엇인가?

답 아르미니우스주의자들이 고안한 두 개의 거짓 근거들이 존재한
다. 첫째, 행위 언약은 능동적 순종과 수동적 순종 두 가지 모두를
수행하도록 할 수 없었기 때문이다. 그들에 따르면 행위 언약은 둘
중에 한 가지만을 수행하도록 했을 뿐이다. 또한 행위 언약은 너무
나 엄격했기 때문에 하나님은 그것을 끝까지 실행하실 수 없었다
고 주장한다. 하나님은 유아들을 죄 때문에 지옥에 던져 넣으실 수
없었다. 왜냐하면 유아들의 죄는 오로지 전가된 것이며, 첫 사람이

범한 죄에 대한 사면은 오로지 첫 사람에게만 선언되었기 때문이다. 따라서 하나님은 필연적으로 모든 인류와 은혜 언약을 맺으실 수밖에 없었고 여기서 아무도 제외되지 않았다는 것이 그들의 주장이다.

#1. 물론 행위 언약은 깨어졌고 현재 누구에게도 칭의와 구원의 길이 될 수 없다는 것은 사실이다. 그럼에도 행위 언약은 여전히 모든 사람에 대해 구속력을 갖는다. 아울러 죄는 우리를 무법한 상태로 만들지 않는다. 왜냐하면 영적인 법은 우리에게 영원한 의무이기 때문이다. #2. 한편 그리스도에 대해 한 번도 듣지 못한 자들은 율법에 의해 멸망하는 것이지 그들이 들어보지도 못한 은혜 언약에 의해 멸망하는 것이 아니다. 복음은 그들의 마음 판에 새겨지지 않은 것이다. #3. 첫 번째 [행위]언약은 거룩하고 영적인 언약이었다. 유아들의 경우, 만일 그들에게 영원한 정죄를 받을 죄책이 전혀 없었다고 한다면—이것은 아르미니우스가 주장하는 바이다[17]—하나님께서 유아들에게 죽음의 위협을 가하시는 것은 불의한 행위일 것이다. 그러나 성경은 유아들 역시 이 죄에 대한 죄책을 가진다고 말한다(엡 2:3; 롬 5장; 시 51:5; 욥 14:4). 또한 만일 유아들에게 죄가 없었다면, 그리스도께서는 그들의 죄를 위해 죽으실 수 없었다는 말이 된다. 따라서 유아들은 그리스도의 대속의 보혈을 필요로 하지 않았다는 의미가 되는 것이다.

---

17) Arminius, *disp.pub.* 7. th.16.3.

2. [만인 구원을 위한] 소위 하나님의 자연적으로 선행하는 사랑 이라는 것은 망상이다.

둘째, 그들의 두 번째 거짓된 근거는 만인을 구원하시기 위한 하나님의 소위 자연적으로 선행하는 욕구와 사랑이라는 개념이다. 그들에 따르면 이것이 하나님으로 하여금 만민과 더불어 은혜 언약을 체결하도록 만들었다는 것이다. 그러나 이러한 주장은 하나님께서 [그의 자유로운 의지로] 값없이 베푸시는 은혜를 없애버리고 하나님을 눈먼 탈무드의 하나님으로 바꾸어 버린다. 탈무드에 따르면, 하나님은 자신 안에 비밀의 방을 가지고 계셔서 그 안에서 성전을 불태운 것과 유대인들을 포로로 끌려가게 하신 일에 대해 스스로를 자책하신다고 가르친다. 또한 유대인들의 포로생활과 성전의 훼파된 것을 기억하며 하나님은 매일 매일 슬픔의 눈물 두 방울을 바다에 떨어뜨리며 양손으로 그의 가슴을 때리신다고 말한다. 한편 코란경에 따르면, 하나님과 천사들은 마호메트에게 호의를 가졌으나 그를 죽음으로부터 해방시킬 수는 없었다. 그래서 이방인들에게 목성을 만들어 주어서 그가 만들었으나 수정할 수 없었던 운명을 슬퍼하도록 하셨다. 결국 이 모든 이야기들의 요점은 이렇게 정리할 수 있다. 하나님은 모든 택자와 불택자, 인간과 천사들이 순종하여 영원히 구원받기를 원하시는 강렬한 소원을 갖고 계셨으나 사정이 그렇게 되도록 만드실 수 없었으며, 바로 이로 인하여, 곧 모두를—모든 사람과 천사들— 구원하실 수 없었다는 사실로 인해 슬퍼하고 애통하셨다는 것이다. 그런데 이러한 주장은 은혜의 능력을 파괴하며 하나님의 자유로운 사랑이 외향적으로 역사하는 것을 제한한다.

생명 언약

11

◆ 1. 소위 삼중언약에 대한 논의
◆ 2. 이스라엘에게 선포된 율법은 행위 언약이 아니라 더 희미한 형태의
    은혜의 경륜이었다.
◆ 3. 아르미니우스주의자들의 삼중언약에 대한 논박
◆ 4. 율법과 복음에 대한 다양한 고려

1. 몇몇 사람들이 주장하는 소위 삼중언약에 대하여

　세 개의 언약이 존재한다고 주장하는 사람들이 있다. 첫째는 자
연 언약이다. 여기서 하나님은 창조주로서 낙원에 있던 아담에게
생명의 약속과 죽음의 위협과 더불어 완전한 순종을 요구하셨다.
둘째는 은혜 언약이다. 여기에서 하나님은 신자들에게 그리스도 안
에 있는 생명과 용서를 약속하셨다. 셋째는 보조적 언약(the Subservi-

ent Covenant)이다. #1. 이 언약은 아담이나 온 인류가 아닌 이스라엘과 맺으신 언약이다. #2. 자연 언약과 달리 영속적이지 않고 일시적으로만 이스라엘과 맺으신 언약이다. #3. 낙원에서가 아닌 시내산에서 맺으신 언약이다. #4. 대상을 위협하고 속박한다.(다른 언약은 내적인 원리에 따른 순종을 요구한다) #5. 이스라엘로 하여금 외적인 죄를 범하지 않도록 제약한다. 또한 백성들에게 다음 사실을 증명하기 위한 목적을 갖는다. 즉 그들의 목전에서 하나님을 두려워하도록 하여 그들로 죄를 짓지 못하도록 한다. 그래서 백성들은 출애굽기 20장 20절을 그와 같이 해석한다. [모세가 백성에게 이르되 두려워하지 말라 하나님이 임하심은 너희를 시험하고 너희로 경외하여 범죄하지 않게 하려 하심이니라.] 다른 언약[자연 언약]은 모든 죄를 억제하도록 되어 있었다. 시내산 언약도 마찬가지였다. 율법책에 기록된 모든 것을 실행하도록 주어진 것이다(신 27:26, 28:1-4). 또한 같은 목적으로서 마음을 다하고 마음을 다하고 뜻을 다하여 하나님을 사랑하기 위해 주어진 것이다(신 10:12, 5:1-3, 6:1-3, 5:29, 6:5). 그리스도는 "마음을 다하고, 뜻을 다하고, 힘을 다하여"라고 주해하였다(마 22:37; 눅 10:27). 이는 애초에 아담에게 요구되었던 것과 동일한 정도와 수준의 온전성이다. #6. 이것은 돌비에 새겨져 이스라엘에게 주어졌다. 한편 자연 언약은 마음에 새겨진 것이다. 비록 많지는 않지만 마음의 할례에 대한 약속이 이스라엘에게 주어졌다. #7. 그들에 따르면, 자연 언약이 중보자 없이 주어진 것과 달리 이 언약은 중보자 모세를 통해 주어졌다. 모세는 아직 젊은 은혜 언약의 전형적인 중보자였다.

한편 보조적 언약과 은혜 언약의 차이점들은 다음과 같다.

#1. 보조적 언약에서 하나님은 단지 의로움을 승인하고 죄를 정죄하신다. 이와 대조적으로 은혜 언약 안에서 하나님은 용서하시고 새롭게 하신다.

답 다음 구절들을 보라. 사도행전 15장 11절 "그러나 우리는 그들이 우리와 동일하게 주 예수의 은혜로 구원받는 줄을 믿노라 하니라." 사도행전 10장 43절 "그에 대하여 모든 선지자도 증언하되 그를 믿는 사람들이 다 그의 이름을 힘입어 죄 사함을 받는다 하였느니라." 아브라함과 다윗이 의롭다 함을 받은 것은 행위에 의한 것이 아니고 또한 죄가 그들에게 전가되지 않았기 때문이다(롬 4:1-3, 6-8; 창 15:6; 시 32:1-2,5). "내가 이르기를 내 허물을 여호와께 자복하리라 하고 주께 내 죄를 아뢰고 내 죄악을 숨기지 아니하였더니 곧 주께서 내 죄악을 사하셨나이다.") 이사야 43장 25절, "나 곧 나는 네 허물을 도말하는 자니 네 죄를 기억하지 아니하리라." 이처럼 다윗은 하나님과 마음이 합한 자였다. 이런 면에서 아사, 요시아, 여호사밧, 사무엘, 바룩, 기드온, 다니엘 등도 마찬가지였다. 보조적 언약 아래에 있었던 선지자들은 (만일 또 다른 네 번째 언약 아래 있었던 것이 아니라면) 은혜 언약에서와 마찬가지로 믿음에 의해 새롭게 되고, 의롭게 되고, 또한 구원을 받았다(히 11장).

#2. 보조적 언약은 "행하라, 그리하면 살리라"인데 비해 은혜 언약은 "믿으라, 그리하면 살리라"이다.

답 "행하고 사는 것"은 단지 율법 아래에 있는 자들의 입을 다물게 하여 그들로 하여금 그리스도를 믿고 그에게로 도망치도록 하기 위함이다. 그렇지 않았다면 족장들은 행위에 의해 의롭다 함을 받고 구원을 받았을 것인데 이는 로마서 2장과 4장 그리고 히브리서 11장 말씀에 위배된다.

#3. 고대에 은혜의 약속이 주어진 지 430년이 지난 후에야 보조적 언약은 첨가된 것이다.

답 사실이다. 그러나 그는[사도 바울] 여기서 시내산 언약을 엄격한 율법의 부분을 따라 말하는 것이다. 이 율법은 구원하지 못한다는 면에서 차이점이 있는 것이다. 그러나 이 말씀이 두 개의 언약을 입증하는 것은 아니다.

#4. 보조적 언약에는 강제성과 종의 영이 존재한다. 반면 은혜 언약 안에는 자유하는 마음과 양자의 영이 존재한다.

답 양자 사이의 차별점은 우유적이다. 물론 그들의 마음속에 율법적인 두려움이 있었다. 마치 그들이 종들이었던 것처럼 말이다. 그러나 사실 그들은 자녀들이고 상속자들이었다(갈 4:1-2). 잠언 전체의 말씀은 입양된 자녀들에게 하듯이 경건한 자들에게 말씀한다. 그들은 신자들이다(히 11장, 롬 4장, 행10:43). 또한 자녀들로서 영적인 상태에 있다(요 1:11-12). 다만 경륜의 측면에서 말할 때, 그것은 좀 더 엄격하고 율법적이었고, 그들은 종과 같이 제약을 받았다. 그 럼에도 그것 역시 은혜 언약이었다. 이 언약에 의해 믿는 유대인들 은 의롭다 하심을 받았고 구원받았다(행 15:11; 행 10:43).

#5. 보조적 언약 안에서 사람은 죽었고, 은혜 언약 안에서 사람은 죄로 인해 겸비해진다고 하지 않았는가?

답 그리스도에게로 피하는 자들 이외에는 율법적으로 죽었고, 율법 적으로 정죄 받는다는 의미이다. 물론 그 언약 아래에서도 죄에 대 한 참된 겸손이 존재한다. 다윗, 요시아, 히스기야 등이 이 사실을 말해준다. 지금과 마찬가지로 과거의 신자들 역시 동일하게 죄사함 을 받고 의롭다 함을 받았다.

#6. 보조적 언약 안에는 명령들만 있고 [그것을 지킬] 힘은 존재하 지 않는다. 반면에 은혜 언약 안에는 약속들과 더불어 은혜가 수여 되지 않는가?

답 온전히 충만한 은혜와 새 마음은 확실히 이 시대까지는 유보되 어 있었던 것이 사실이다. 게다가 율법의 경륜 속에서 짐승의 피를 사용하는 율법은 아직 완전하지 않았고 완벽한 사면을 제공할 수 없었다. 그럼에도 앞으로 오실 그리스도를 바라보면서 은혜, 성령, 용서, 의로움 등과 함께 생명까지 모두 믿고 제공받을 수 있었다.

#7. 보조적 언약에서 약속된 것은 가나안이고, 은혜 언약에서 약속된 것은 천국 아닌가?

답 가나안은 오로지 성례전적인 의미로 약속된 것이다. 이것은 일종의 교육적인 목표를 갖는 약속으로서 아직 유아 단계에 있었던 교회를 위한 것이었다. 가나안은 일종의 유형으로서 그때에는 언약 안에 있었고 현재에는 그렇지 않다. 요컨대 이것은 각각 과거와 현재에 존재하는 서로 다른 두 개의 언약을 만들어 내는 것이 아니다. 이는 마치 한때 유월절 안에 있었던 어린양이 앞으로 오실 그리스도를 예표했다가 현재에는 그와 같은 예표가 더 이상 사라진 것과 같은 이치이다. 실체가 실제로 오셨고 참된 대제사장이신 그리스도가 자신을 희생 제물로 드리셨기 때문이다. 두 명의 그리스도가 존재하는 것이 아니다. 먼저는 앞으로 오실 그리스도였고 이제는 이미 오신 그리스도 한 분만 존재할 뿐이다.

2. 이스라엘에게 제시된 것으로서의 율법은 곧 은혜 언약이었다.

이스라엘에 대한 하나님의 경륜은 종종 하나의 언약이라고 명명된다. 그것은 행위 언약 아니면 은혜 언약, 혹은 제3의 언약일 것이다. 분명한 사실은 이스라엘에게 부과된 율법은 행위 언약이 아니었다는 사실이다.

1) 율법으로서의 율법 혹은 행위 언약으로서의 율법은 자비를 필요

로 하지 않는 온전한 사람과 더불어 맺어지는 것이다. 그런데 이 [시내산] 언약은 죄인과 더불어 체결된 언약이다. 그 서문에 자비하심이 표현되어 있다. "나는 너를 애굽 땅, 종 되었던 집에서 인도하여 낸 네 하나님 여호와니라"[출 20:2]. 이 언약은 모세와 이스라엘과 더불어 맺어졌다(신 29장, 30-32장). 또한 목적과 대상을 고려하여 이것은 언약이라고 명명된 것이다. 마치 움직임은 그 목적에 의해 명명되는 것과 같은 이치다. 그렇다면 주님께서 율법을 그들에게 강요하신 목적은 그들로 하여금 참 도피성이신 그리스도 예수 안에서 구원을 찾을 수밖에 없도록—주님은 그들을 이러한 복된 필연성 아래 두신 것이다— 이끄시기 위함이었다. 참으로 예수 그리스도만이 그들을 영적인 죄의 속박으로부터 구속하셨기 때문이다.

호렙에서 맺은 언약은 하나님께서 아브라함과 더불어 맺으신 언약과 동일하다.

2) 시내산 언약은 아브라함과 맺은 언약과 동일한 언약, 곧 은혜 언약이었다. 신명기 29장 1절에 따르면, 호렙에서 이스라엘 자손과 세우신 언약 외에 또 다른 언약이 존재하는 것처럼 명명되었다. 그 이유는 다음과 같다. 첫째, 그들이 언약을 파기한 후에 다시 갱신되었기 때문이다. 둘째, 모세의 죽음 직전에 반복되었기 때문이다(신 31:28-30). 셋째, 이전에 제시된 언약(출 20장) 안에는 없었던 몇몇 특별한 축복과 저주들, 의식 관련한 명령들이 새

롭게 추가되었기 때문이다. 그러나 본질에 있어서는 동일했다. 즉 하나님을 온 마음을 다해 사랑하라는 것이다(신 2:10,12-14). 동일한 것이 아브라함과 맺은 언약에도 있었다. 신명기 8장 18절을 보라. "이같이 하심은 네 조상들에게 맹세하신 언약을 오늘과 같이 이루려 하심이니라." 주님께서 이스라엘을 이집트로부터 해방시키실 때 하나님은 출애굽기 2장 24절과 같이 말씀하셨다. "하나님이 그들의 고통 소리를 들으시고 하나님이 아브라함과 이삭과 야곱에게 세운 그의 언약을 기억하사." 주님께서는 이러한 사실을 모세에게 자신을 계시하실 때 설명하셨다(출 3:6). 또한 예레미야 31장 32절을 보라. "이 언약은 내가 그들의 조상들의 손을 잡고 애굽 땅에서 인도하여 내던 날에 맺은 것[언약]과 같지 아니할 것은". 여기서 언급된 언약은 하나님께서 아브라함과 더불어 맺으신 언약과 동일한 것이다. 그 언약의 인증이었던 할례는(창 17장) 단지 가나안에서만 일시적으로 적용되는 것일 뿐만 아니라 마음-할례에 대한 것이기도 했다(골 2:11). 주님께서 그들에게 명시적으로 말씀하신 바에 따르면, 하나님은 "그들의 손을 잡고 나오셨다." 하나님께서는 이스라엘을 그와 더불어 결혼한 백성의 자격으로서 이집트 땅, 곧 종 되었던 집으로부터 그들을 끌고 나오신 것이다. 여기서 하나님은 일찍이 창세기 15장에서 아브라함과 맺으셨던 언약, 곧 믿음의 언약을 언급하신 것이다.

물론 아브라함 언약에도 주님 앞에서 행하여 온전할 것이 명령되었다(창 17:1-2). 이것은 어떤 의미에서 모세의 경우와 같이 다소 율법적인 내용이다. 계속하여 하나님은 아브라함 언약과의 관련성에 대해 스스로 설명하셨다(출 2:24, 3:6, 20:1-2). 또한 레위기 26장에서 이스라엘 백성에게 다음의 사실을 계시해 주신다. 만일 이스라엘 백성이 적국의 나라에서 회개하고 스스로 나아와 형벌을 기쁘게 받으면, 곧 "그 할례 받지 아니한 그들의 마음이 낮아져서 그들의 죄악의 형벌을 기쁘게 받으면," 42절을 보라. "내가 야곱과 맺은 내 언약과 이삭과 맺은 내 언약을 기억하며 아브라함과 맺은 내 언약을 기억하고 그 땅을 기억하리라."

요컨대 하나님은 여기서 세 개의 언약들이 아닌 하나의 단일한 언약을 말씀하신다. 여기에는 시내산에서 이스라엘과 맺은 소위 "보조적 언약"에 대한 한 마디의 언급도 없다. 그가 어느 하나를 언급하실 때, 다른 편을 배제시키는 것이 결코 아니다. 주지하다시피 창세기 17장 1절에서 아브라함 언약 안에서 요구된 "하나님 앞에서 행하라"는 것은 곧 주님의 모든 길로 행하라는 의미이며 또한 하나님을 두려워하고 사랑하라는 요구로서 신명기 10장 12-13장에도 동일하게 기록되었다. 이와 같은 아브라함 언약에 관한 언급은 이후 사무엘에게도(삼상 12:22), 여호수아에게도(수 24:22-25), 또한 마리아와(눅 1:55) 사가랴(눅 1:70-73)에게도 동일하게 발견된다. 신명기 6장에 따르면 호렙에서 맺어진 언약은 일찍이 하나님께서 아브라함에게 그의 후손에게 가나안을 주시기로 하신 언약과 동일한 것이었다(신 6:10). 또한 신명기 7장 12절을 보라. "너희가 이 모든 법도를 듣고 지켜 행하면 네 하나님 여호와께서 네 조상들에게 맹세하신 언약을 지켜 네게 인애를 베푸실 것이라."

3) 시내산 언약은 할례 받은 마음에 대한 약속을 포함한다(신 30:6)
   또한 믿음의 말씀에 관한 약속—"그 말씀이 네게 매우 가까워서
   네 입에 있으며"[신 30:14]—도 포함하고 있다. 믿음의 의에 관
   한 약속은 행위에 의한 율법의 의와는 분명하게 차별화되는 것
   이다. 사도 바울이 로마서 10장 5-7절과 다른 곳에서 모세의 신
   명기 30장 11-14절을 주해한 내용을 보라.

4) 행위 언약은 그리스도께서 우리의 죄 값을 치르기 위해 대속의
   보혈을 흘리실 것이고, 이것을 예표하는 피로 죄를 속하는 방식
   에 대해 전혀 가르치지 않는다. 이에 비해 은혜 언약은 이 사실
   을 확인하는 희생제사 및 피와 더불어 상기한 내용을 가르친다.
   출애굽기 24장 8절을 보라. "모세가 그 피를 가지고 백성에게 뿌
   리며 이르되 이는 여호와께서 이 모든 말씀에 대하여 너희와 세
   우신 언약의 피니라." 여기서 말하는 "말씀"은 십계명을 가리킨
   다. 히브리서 9장 18-24절을 보라.

5) 시내산 언약은 이스라엘과만 맺으신 언약이다(출 20장; 신 5-6장;
   신 6:5-7,12). 이와 대조적으로 행위 언약은 모든 인류와 더불어
   맺어진 언약이다.

6) 율법 아래에서는 그 어느 누구도 율법에 의하여 의롭다 함을 받
   거나 구원받지 못한다. 또한 그들의 죄를 사함 받지도 못한다(롬
   3:9-11,19-20, 4:1-4, 9-10장; 시 130:3, 143:2; 갈 3:1-3, 10-13). 이와

대조적으로 은혜 언약 안에서 아브라함과 다윗(창 15장; 시 32장; 롬 4:1-9)은 사죄와 칭의와 구원을 받았다. 또한 유대인들이 믿음에 의해서 죄사함과 구원을 받았던 것처럼 이방인들 역시 믿음에 의한 죄사함과 구원을 받았다(행 10:43, 15:11).

7) 주님은 은혜 언약과 양립할 수 없는 율법을 개의치 않고 치워버리셨다. 갈라디아서 3장 18절을 보라. "만일 그 유업이 율법에서 난 것이면 약속에서 난 것이 아니리라 그러나 하나님이 약속으로 말미암아 아브라함에게 주신 것이라." 은혜 언약에 의해 산다는 것은 곧 약속의 생명을 의미한다. 이 안에 모든 것이 약속되었다. 조건으로서의 믿음과 견인이 약속되었고 새 마음, 의, 사죄와 생명 등이 약속되었다. 만일 어떤 사람이 오로지 문서와 잠시 있다 사라지고 마는 구두상으로만 부동산을 소유하고 있다면 아마도 그 사람은 가난한 사람으로 보일 것이다. 그러나 여기서 약속에 의해 산다는 것은 전혀 다르다. 이것은 소망의 상속자로서의 부유한 삶이다. 죽음과 핍절 속에서도 이것은 강력한 위로이며, 믿음은 어두움 아래에서도 역사한다.

갈라디아서 3장 21절을 보라. "그러면 율법이 하나님의 약속들과 반대되는 것이냐 결코 그럴 수 없느니라 만일 능히 살게 하는 율법을 주셨더라면 의가 반드시 율법으로 말미암았으리라." 비록 하나님께서 율법을 행하라고 명령하셨으나, 이는 그것으로 말미암아 살라고 하신 것이 아니다. 한편 주님은 우리 신자들에게도 동일한 것을 명령하셨다. 그러나 신자들에게 이것은 또 다른 의미의 명령이다. 이 명령에 대해 우리는 마치 영벌의 고통의 위협 아래에서 입법자로서의 하나님의 권위에 순종하는 것이 아니다. (물론 이러한 요소가 전혀 고려되지 않는 것은 아니다. 그러나 어디까지나 복음적인 의도를 가지고 상속자들에게 부과된다.) 우리가 순종하는 권위는 사랑의 하나님, 곧 은혜의 수여자로부터 기원하는 권위이다. 또한 그리스도 안에는 우리들을 끌어당기는 매력적인 내적 즐거움이 존재한다. 그리하여 오늘날 우리의 순종은 본성에 부합하고, 자유로우며, 즐거운 순종의 성격을 띤다. 만일 순종의 멍에가 여전히 고통스럽고 사람이 돌리는 연자 맷돌과 같이 생각되는 사람이 있다면 이러한 내용을 숙고해 보는 것이 좋겠다.

8) 유월절과 할례(창 17:7)는 모두 언약의 표(seal)이다. 세례는 그 본질에서 할례와 하나이며(골 2:11), 동일한 언약에 대한 표이다(행 2:39-41). 이제 율법은 할례와 피 흘림을 요구하지 않는다. 또한 회개와 새 마음을 요구하는 것은 율법이 아니다. 율법의 가장 작은 부분을 어기는 것도 영원한 정죄를 초래한다. 사도 바울은 정말 그렇게 말한다. 갈라디아서 5장 3절을 보라. "내가 할례를 받는 각 사람에게 다시 증언하노니—거짓 선지자들은 할례를 받아야 의롭다 함과 구원을 받는다고 가르쳤다— 그는 율법 전체를 행할 의무를 가진 자라." 요컨대 생명을 얻는 유일한 방법으로서는 율법을 완벽하게 지켜야만 하고, 의롭다 함과 구원을 받도록 하는 다른 언약은 없었다는 것이 바울의 요점이다. 그러나 이제

아브라함의 할례를 살펴보자. 아브라함은 의롭다 함과 구원을 받기 위한 방법으로 할례를 받은 것이 아니다. 물론 할례는 아브라함으로 하여금 율법을 지키도록 속박했다. 그러나 어디까지나 주님께서 명령한 은혜 언약의 의식과 표로서 그렇게 한 것이다. 반면에 행위 언약으로서의 율법은 아무런 의식이나 희생 제사를 명령하지 않는다. 또한 중보자 그리스도에 대한 그 어떠한 모형도 명령하지 않는다.

3. 옛 언약과 새 언약은 몇 가지 우유적 요소들에 있어서 다를 뿐이다.

첫 번째 언약이 모세를 중보자로 가지고 있었다는 것은 사실이다. 그러나 그는 그리스도의 모형이었다. 따라서 어제나 오늘이나 오로지 그리스도만이 참 중보자이시다. 다만 베일에 가려 있었다. 새 언약은 더 나은 약속을 가졌다(히 8:6, 7:22). 그것은 더 나은 언약이다(히 7:22). 새 언약은 더 이상 모형이 아닌 더 나은 실물 보증인을 가졌고, 영원한 성령을 통해 자신을 희생 제물로 드리신 더 나은 제사장을 가졌으며(히 9:14), 더 나은 제사를 드렸다. 더 낫다는 의미는 명백함 때문이다(요 16:29; 고후 3:18). 이제 실제적인 약속들이 우리들에게 명백하게 알려졌다. 또한 은혜의 규모가 더욱 크기 때문이다(고후 3:1-4). 첫 언약에 흠이 있었다는 의미는(히 8:7) 그것에 의한 구원이 없었기 때문이 아니었다. 히브리서 11장은 이것을 증거한다. 이것은 상대적으로 표현할 때 그렇게 말할 수 있다는 의미이다. 왜냐하면 짐승의 피가 죄를 제거하는 것이 아니었기 때문이다(히 10:1-4). 죄에 대한 용서는 첫 번째 언약 안에서 상대적으로 어둡게 약속되었으나 또 다른 [은혜] 언약 안에서는 명백하게 드러났기 때문이다. 첫 번째 언약 안에서는 은혜가 [상대적으로 말해] 드물게 약속되었으나 은혜 언약 안에서는 풍성하게 약속되었다. 또한 율법은 이제 마음속에 기록되었다(요 7:39; 사 54:13).

물론 갈라디아서 4장 22-24절 등은 두 개의 언약을 서로 반대되는 것으로 대조하는 것이 사실이다. 그러나 먼저 갈라디아서 3장에서 사도 바울은 구체적으로 그 [이스라엘] 백성들과 관련된 율법에 대해 말하고 있다. 이 율법은 그들을 그리스도에게로 몰아간다. 또한 아직 미성년자에 해당하는 상속자들을 보호한다. 한편 갈라디아서 4장 21절에서 사도 바울은 절대적인 의미에서의 율법을 말하면서 복음과 정반대로 구별 짓는다. #1. 즉 여기서는 종의 자녀들을 생산하는 행위 언약을 말하는 것이다. #2. 이들은 의에 이르지 못하며 상속을 받지 못하는 자들이다. 요컨대 이들은 구원을 받지 못한다. #3. 이들은 은혜의 왕국으로부터 추방된 자들이다. #4. 이들은 경건한 약속의 후사들을 핍박하는 자들이다. 아담의 시대에는 율법이, 오늘날에는 유기자가 이 역할을 한다. 경건한 상속자들은 율법과 행위 언약의 지배 아래 있지 않기 때문이다. 이 언약이 신자들을 강력하게 몰아치는 것은 그들이 멀리 떨어져서 두려워할 때 그들을 시험하기 위함이다. 출애굽기 20장 20절에서 모세가 백성에게 이렇게 말했다. "두려워하지 말라 하나님이 임하심은 너희를 시험하고." 시험의 의미는 곧 백성들을 정죄하기 위해 하나님께서 오

생명 언약

174

신 것이 아니라는 의미이다. 같은 맥락에서 칼빈은 고린도후서 3장을 매우 훌륭하게 관찰하여 주해한다. 칼빈이 옳게 지적하듯이 여기서 사도 바울은 결코 [예레미야] 선지자보다 덜 율법을 중요하게 생각하지 않는다.[18] 바울이 [비판하여] 말하는 것은 율법의 의식에 대한 헛된 애정을 가지고 율법을 지나치게 강조하여 복음을 어둡게 한 사람들의 주장이다. 바울은 율법과 복음을 대조하면서 율법의 특징을 다음과 같이 제시한다. #1. 문자이다. #2. 돌비에 기록된 것이다. #3. 죽음과 진노에 관해 설교한다. #4. 율법은 없어질 것이요 상대적으로 덜 영광스러운 것이다. 이와 대조적으로 복음의 특징은 다음과 같다. #1. 영적이다. #2. 마음에 기록되었다. #3. 생명의 직분이다. #4. 영광스럽다. 바울에 따르면, 율법에 대한 칭찬은 그 자체의 성격 때문이 아니라 그것이 주님에 의해 사용되는 것에 따른 것이다. 즉 주님은 그것을 가지고 백성들을 시험하시며(출 29:20), 그들을 그리스도에게 몰아가신다.

4. 아르미니우스주의자들의 견해를 고려하고 논박함

아르미니우스주의자들 역시—특히 에피스코피우스(Episcopius)를 보라— 삼중 언약을 만들어 놓았다.

1) 첫 번째 언약은 아브라함과 맺은 언약이다. 여기서 하나님은 이

---

18) Calvin, *Inst.* 2.11.7-8.

방 신을 제거하고 하나님께 신실한 예배를 드릴 것을 요구하신다. 아울러 믿음과 보편적 순종을 요구하시고 가나안을 그의 후손에게 약속하셨다. 영적인 복은 희미하게 약속되었다.

2) 두 번째 언약은 시내산에서 맺어졌다. 이 안에서 세 종류의 율법, 즉 도덕법, 의식법, 그리고 시민법이 주어졌다. 현세적으로 좋은 것들이 약속되었고, 죄인을 위한 영생의 약속은 이루어지지 않았다.

3) 세 번째 언약은 은혜 언약이다. 믿고 회개하는 모든 자들과 모든 인류에게 사죄와 생명의 약속이 주어졌다. 그러나 그는[에피스코피우스] 다음의 내용들을 주장한다. #1. [은혜의 역사와 관련된] 모든 종류의 주입된 습성들을 부정한다. 그러나 이는 다음 구절들에 위배된다. 이사야 44장 1-3절, 59장 20-21절, 스가랴 12장 10절, 요한복음 4장 14절, 7장 37절, 16장 7-8절, 요한일서 3장 9절. #2. 그에 따르면 모든 계명들을 지키는 것은 은혜에 의해 수월해 졌다. #3. 현세적인 풍요함에 대한 약속은 폐기되었다. 우리 신자는 인내함으로 고난을 당하도록 부름 받기 때문이다. #4. 지옥 불에 대한 위협 외에는 다른 위협은 이 언약 안에서 발견되지 않는다.

반론 첫째로 아브라함과 맺은 언약은 은혜 언약으로서 그의 모든 후손들과 체결된 것이다(신 30:6, 7:5-7,12; 레 26:40-41). 또한 아브라함의 자손인 모든 신자들과 체결된 언약이다(갈 3:13-14,18-19; 롬 4:1-4; 눅 19:9). 참으로 인류의 종족들 가운데 예외를 두지 않고 맺은 언약인 것이다.

두 번째 언약과 관련하여, 그들이 주장하는 바대로 오로지 [현세적인] 복만을 약속하는 언약이라는 것은 사람과 더불어 맺은 것이라기보다는 차라리 잘 먹고사는 짐승들과 맺은 것이라고 말하는 것이 나을 것이다. 이는 다음의 말씀에 위배된다. 시편 73장 25절, 이사야 57장 1-3절, 시편 37장 37절. 또한 그리스도가 도래하기 이전에 구약의 족장들이 머물 수 있는 방들을 지옥 안에 건축해야만 할 것이다. 이는 성경을 통해서는 알 수 없는 공상이다.

세 번째 언약과 관련하여 그들은 은혜 언약을 일종의 행위 언약으로 둔갑시킨다. 즉 생명과 사죄를 얻기 위한 조건은 우리 스스로의 자유의지에 기초한 회개와 믿음이다. 즉 우리 스스로의 힘으로 홀로 서는 것을 의미한다. 이들이 말하는 언약 안에는 믿음도 새 마음도 회개도 약속되지 않았다. 이것은 다음의 구절들에 위배되는 것이다. 신명기 30장 6절, 에스겔 11장 19-20절, 36장 26-27절, 이사야 59장 19-21절, 44장 1-5절, 스가랴 12장 10절.

생명 언약

12

- ◆ 1. 모든 사람은 자신이 무슨 언약 아래에 있는지를 점검해야 한다.
- ◆ 2. 새 언약 아래에서의 위협은 좀 더 영적인 성격을 갖는다.
- ◆ 3. 두 언약 아래에서의 변절이 의미하는 것을 비교함.
- ◆ 4. 행위 언약 아래에 있는 자들과 은혜 언약 아래에 있는 자들 사이에 존재하는 중요한 차이점들.
- ◆ 5. 율법적인 공포에 대해서.
- ◆ 6. 정죄의 종류들: 강요된 정죄, 자유로운 정죄, 율법적 정죄 등

1. 자신이 무슨 언약 아래에 있으며 어떤 영적인 상태에 처해 있는지 또한 그 이유는 무엇인지 알기 위한 자기 점검

질문 #1 모든 사람은 자기가 무슨 언약 아래에 있는지의 여부를 반드시 점검해야 하는가?

답 1) 자기 점검이란 자기가 어떤 상태에 있는지에 대한 숙고이다 (이것은 직접적인 행위라기보다는 좀 더 영적인 성격을 지닌다). 따라서 이것은 모든 사람들이 마땅히 행할 일이다. 모든 사람은 자기가 누구의 통치 아래 있는지, 즉 첫째 아담의 통치인지 둘째 아담의 통치 아래 있는지 점검해야 한다. 천사들의 경우는 그들이 하나님 앞에서 자신의 날개로 얼굴과 발을 가린다고 기록되어 있다(사 6장). 또한 요한계시록 4장 8절에 따르면 그들의 날개 안팎으로 눈들이 가득하다. 이로부터 우리는 이와 같은 순수하고 영적인 천상의 영들의 성격에 최대한 근접하는 것을 배울 수 있다. 한편으로 이들은 자신들이 누구인지를 볼 수 있는 내부의 눈들을 가지고 있다. 동시에 거룩하신 하나님과 그의 율법과 자신들을 비교할 때에는 자신들의 얼굴과 발을 가린다.

2) 육적인 사람은 짐승과 같다(시 49:20). 짐승은 자기가 짐승의 상태에 있다는 사실을 숙고하지 않는다.

3) 누구든지 점차 영적인 삶을 살수록 더욱 더 자신의 마음과 교감하도록 스스로를 자극한다. 한편 율법은, 마치 지렁이가 밟힐 때 더욱 꿈틀거리며 생명이 있음을 드러내듯이, 그러나 이것이 죽음과 어리석음—우리 자신과 우리 자신의 마음을 제대로 읽지도 못하고 능숙하게 다루지도 못한다는 의미에서—을 더욱 만들어 내듯이, 전혀 영적인 것을 주장하지 못한다. 율법은 영적인 언약으로부터 소원하게 만들며, 꿈에서라도 은혜 언약을 붙잡을 수

없도록 만든다.

2. 새 언약 아래에 있는 위협은 좀 더 영적인 성격을 지닌다.

질문 #2 옛 언약과 비교해볼 때, 과연 새 언약 아래에는 현세적 악에 대한 위협이 더욱 적게 존재하는가?

답 예루살렘과 유대인들에 대한 칼과 기근과 질병, 그리고 황폐함의 위협(마 23-24장)이 존재했던 것은 부인할 수 없는 사실이다. 그러나 레위기 26장에서 이집트의 모든 재앙들을 내리시겠다고 위협하신 것이나, 신명기 28장에 기록된 무서운 심판과 저주의 목록은 사실상 옛 언약을 파괴하는 자들에게 해당하는 것이다. 그리스도와 사도들은 새 언약 안에서 그와 같은 현세적인 재앙들을 좀처럼 선언하지 않으셨다. 물론 그리스도께서도 "거기에서는 구더기도 죽지 않고 불도 꺼지지 아니하느니라"고 말씀하셨다. 또한 외식하는 자들에 대해서는 그들의 손발이 묶임을 당하고 "바깥 어두운 데에 내던짐"을 당하게 될 것이라고 말씀하셨다(마 22:12). 또한 성령님도 이와 같은 [위협하는] 말씀, 곧 "하나님의 나라를 유업으로 받지 못할 것"(고전 6:9; 엡 5:5)이라고 말씀하신다. 또한 변절자에 대해서는 "버림을 당하고 저주함에 가까워 그 마지막은 불사름이 되리라"고 경고하신다(히 6:8). 또한 "오직 무서운 마음으로 심판을 기다리는 것과 대적하는 자를 태울 맹렬한 불만 있으리라"(히 10:27)라고 말씀한다. 어떤 이들에게는 "영원한 결박으로 흑암에 가두셨으며"(유 6)라는 위협이 주어졌다. 끝으로 요한계시록 21장 8절은 이렇게 기록한다. "불과 유황으로 타는 못에 던져지리니 이것이 둘째 사망이라."

새 언약 아래에서의 위협이 옛 언약 아래에서보다 좀 더 영적인 성격을 갖는 이유에 대해서

1) 현세적인 복과 저주는 좀 더 율법적이고, 아직 계시의 빛이 희미한 때에 사람들은 이것을 좀 더 쉽게 믿는다. 그러나 이제 계시의 빛은 더욱 밝아졌고 그만큼 사람들은 더욱 큰 확신을 가지고 영원한 진노를 믿을 수 있게 되었다.

2) 현세적인 징계보다는 영원한 진노에 대한 위협을 말하는 것이 좀 더 복음적인 방식이다.

3) 율법 아래에서의 타락과 심판은 좀 더 율법적이고, 날카롭고 슬픈 형태로 다윗, 에스겔, 욥, 예레미야, 헤만에게 임했다(시편 6장, 38장, 77장, 102장, 88장; 이사야 38장; 예레미야 20장). 그런데 오늘날 시대와 관련하여 생각해 보아야 할 사실이 있다. 여명이 밝아온 오늘날, 다른 조건은 다 동일하다는 가정 하에(ceteris paribus), 계시의 빛이 풍성해졌다는 사실 하나만으로도 복음으로부터의 타락은 곧 더욱 절망에 가까운 상태로 인도된다. 고린도후서 1장 8절을 보라. "우리는 힘에 겹도록 심한 고난을 당하여 살 소망까

지 끊어지고 우리 자신이 사형 선고를 받은 줄 알았으니"라고 기록되어 있다. 여기서 사도 바울이 말하는 것이 곧 현세적인 죽음의 선고로 인한 고난이라고 생각할 수는 없을 것이다. 그럼에도 새 언약 아래서도 자기의 영혼을 지탱하기 위해서는 적지 않은 규모의 믿음이 있어야 한다. 옛 시대보다 오히려 오늘날 시대의 경륜 속에서 지옥에 관한 내용이 좀 더 눈에 띈다. 복음으로부터 떨어져 나간 가룟 유다의 절망이 그렇고, 누가복음 23장 29-30절에 언급된 사람들, 곧 산들과 작은 산들을 향해 우리 위에 무너져 우리를 덮으라 외치는 자들의 절망이 또한 그렇다. 이들의 절망은 복음 아래에서 더욱 견딜 수 없게 된 것이다.

4) 과거 어느 때보다 "죽기까지 자기의 생명을 아끼지 아니한" 자들의 수효가 더욱 많아졌다. 그리스도를 위해 순교자들은 박해하는 황제들과 적그리스도의 통치 아래에서 더욱 극심한 고통을 감수했다. 그리스도를 향한 억제할 수 없는 사랑은 죽음이나 지옥보다 강했으며, 지상에서의 모든 고난들을 능히 삼킬 수 있었다. 성령님은 이처럼 육체에 그와 같은 효력을 행사하신 것이다.

5) 세상은 지식을 찾고(고전 1장), 유대인의 랍비들과 배움과 기술이 온 세상에 가득 넘쳐났다. 이방인의 심오한 철학자들과 자연의 신비가 이러한 사실을 입증한다. 그러나 이러한 때에도 부름 받은 자들 중에 지혜로운 자가 많지 않았다(고전 3:21,26-27). 반면에 배우지 않은 자들과 무식한 사람들 가운데 경건한 영적 지식

을 가진 자들이 다수 생겨났다. 이들의 수효는 경건한 지식인들의 수효를 훨씬 능가한다. 이로써 다음의 말씀들이 사실로 확인되었다. 이사야 11장 9절을 보라. "내 거룩한 산 모든 곳에서 해 됨도 없고 상함도 없을 것이니 이는 물이 바다를 덮음 같이 여호와를 아는 지식이 세상에 충만할 것임이니라." 또한 이사야 30장 26절을 보라. "여호와께서 자기 백성의 상처를 싸매시며 그들의 맞은 자리를 고치시는 날에는 달빛은 햇빛 같겠고 햇빛은 일곱 배가 되어 일곱 날의 빛과 같으리라." 주님은 육적인 지식을—물론 그 자체도 하나님의 선한 선물이다— 세상의 어리석은 자들 안에 있는 밝게 빛나는 영적인 지혜로 어둡게 만들어 부끄럽게 만드셨다(고전 1:27).

3. 율법 아래에 있다는 것의 의미

질문 #3 행위 언약 아래에 있는 자들과 은혜 언약 아래에 있는 자들 사이에 존재하는 특별한 차이점들은 무엇인가?

답 1) 죄의 지배와 왕적인 권력은 정죄하고 영원한 진노로 심판하며 이성의 모든 그림자를 반하여 명령한다. 이처럼 울부짖는 죄악들에 대해서는 다음 구절들을 보라. 고린도전서 6장 9-10절, 로마서 1장 29-30절, 갈라디아서 5장 20-21절, 에베소서 4장 17-19절, 골로새서 3장 5절, 디모데전서 1장 9절, 요한계시록 21장 8절과 22장 15-16절. 이러한 죄들은 예외 없이 모든 사람을 보편적인 노예 상태로 만들어 놓는다. 죄의 정욕이 미치는 곳이라면 어디에나 죄의 지배가 있다. 이것이 바로 율법 아래에 있다는 의미이다(롬 6:14).

율법에 대한 종속은 사람들이 죄의 제단에 자기 자신을 희생 제물로, 혹은 죄라는 주인을 섬기는 종으로, 스스로 맡기고 드리는 순간에 일어난다(롬 6:16). 이때 죄는 율법으로부터 정죄하는 권세를 받는다(고전 15:56). 비록 포로가 되는 것을 의도하지 않았어도 때때로 엄습하는 힘에 그렇게 된다. 로마서 7장은 그러한 환자의 모습을 그대로 보여준다.

죄의 율법이 존재할 때 그들은 죄의 종들이 된다. 또한 언약이 있을 때도 마찬가지다. 마치 주인과 종 사이에 언약이 체결되는 것과 같다. 여기에는 온전한 동의가 수반된다. 또한 자기 자신을 더러움 가운데 자발적으로 내어주되—이 표현은 그리스도께서 자기 자신을 [그리스도의 신부] 우리와(엡 5:25) 심판 주 하나님께 자발적으로 드리는 것을 설명할 때(벧전 2:23) 사용된다— 풍부하게 또한 탐욕을 가지고 그렇게 한다(사 9:19).

로마서 7장 19절을 보라. ["내가 원하는 바 선은 행하지 아니하고 도리어 원하지 아니하는바 악을 행하는도다."] 새롭게 된 부분이 활동을 시작했음에도 영적인 것과 반대의 것이 주장된 경우, 이 육적인 주장은—자연 이성의 활동에 의거한 것이다— 새롭게 된 의지와 정서가 기존의 의지와 정서와 더불어 싸운 결과로 초래된 것이 아니다. 이것은 의지와 의지가 서로 투쟁함으로 인해 실천적 행위에 분열을 발생시킨 것과 관련되어 있다. 주지하다시피, 분열은 약화시키는 성질이 있다. 절반은 전체보다 못하다. 게다가 절반과 나머지 절반이 서로 상극인 경우는 더욱 그러하다. 절반이 불이고 절반이 물이라면 잘 타오르지 못한다. 절반이 빛이고 절반이 어두움이라면 그것은 황혼을 만들어 낸다. 이것은 온전한 대낮의 빛이 아닌 것이다. 이러한 분열은 분량을 감소시킬 뿐만 아니라 힘을 약화시킨다. 참으로 도덕적 행위의 종류를 변경시킨다. 풍랑을 만난 상인이 배가 난파할 것을 두려워한 나머지 자신의 상품들을 바다에 던져버리는 경우, 그의 행위가 물건을 낭비하는 행동이라고 판단하는 이성은 존재하지 않을 것이다. 그러나 이 행동에는 기쁨이나 온전한 동의가 결여되어 있다.

육과 영 사이의 전투와 자연인 안에서의 전투는 서로 상이하다.

헤롯이 세례 요한을 살해한 경우를 살펴보자. 헤롯은 슬픔을 가지고 이 일을 행했다. 물론 강요된 행동이 아니었다. 또한 그의 내면에서 새롭게 된 정서와 그렇지 못한 정서 사이의 투쟁으로 인해 빚어진 분열된 행동도 아니었다. 따라서 그의 주장된 행위는 하나님의 법에 대한 호의를 증거하지 않는다. 왜냐하면 하나님의 사람을 살해하는 것은 하나님의 명예를 훼손하는 것이라는 우려에서 그가 슬퍼한 것이 아니기 때문이다. 오히려 헤롯은 세례 요한을 살해하지 않는 것이 그의 신용을 훼손할 것이란 사실을 우려했다. 살해하지 않으면 그가 사람들 앞에서 거짓말 하는 것이 될 것이기 때문이다. 그러나 그를 살해하는 것은 그의 양심을 괴롭힌 것이 사실이다. 정리하자면, 결국 헤롯에게서 주장되어 나타난 것은 그 자신의 신용과 자연 이성을 위한 것이었다.

결론적으로 행위와 행위의 형상인에 해당하는 목적은 한편으로는 감각과 이성 사이, 혹은 자연 양심과 육신(the flesh) 사이의 싸움—[영과의 투쟁이 아니다] 왜냐하면 자연 양심은 영적인 하나님의 법을 위해 탄원할 수도 항변할 수도 없기 때문이다—과 다른 한편으로는 육과 영의 투쟁 사이에 존재하는 차이점을 분명하게 보여준다.

수동적으로 강요된 정죄는 율법의 영임을 입증한다.

2) [행위 언약 아래에 있는 자들과 은혜 언약 아래에 있는 자들 사이에 존재하는] 두 번째 특별한 차이점은 율법 안에서의 정죄와 복음 안에서의 정죄에서 발견되는 차이이다. 복음 아래에서의 정죄가 더욱 강하고 견고하다. 왜냐하면 복음 아래에 있는 자들 안에는 더욱 성화된 이성과 의지, 그리고 마음과 정서의 성향이 존재하기 때문이다. 신자는 자신을 능동적으로 정죄한다. 신자는 성령님께서 자신을 정죄하고 자신의 죄책을 부각하는 일에 활동적으로 참여한다(시 51:1-6; 단 9:5-9,20).

반면에 율법의 정죄는 마귀에게 적용된다. 그들은 두려워 떤다 (약 2:9). 또한 율법 아래에 있는 자들에게도 해당된다. 율법의 정죄는 자연 양심으로부터 기인하는 것인데 양자의 관계는 마치 불로부터 열을, 태양으로부터 빛을 분리해 낼 수 없는 것과 마찬가지로 분리할 수 없다. 수동적으로 강요된 정죄는 율법의 상태에 있음을 말한다.

4. 건전한 믿음의 내용을 소유하는 것이 실제로 경건한 것보다 쉽다.

실제 경건하게 되는 것보다 신앙의 내용에 있어 건전하고 정통적이 되는 것이 더 쉽다. 사탄은 어떤 면에서 하나님은 한 분이시라는 사실에 대한 건전한 믿음을 소유했다(약 2:19). 또한 그리스도는 하나님의 아들이라는 사실도 믿었다(눅 4:34). 같은 맥락에서 육적인 유대인들은 도적질하는 것과 음행하는 것은 율법에 어긋난다는 사실을 가르쳤다(롬 2:21-22). 그런데 구약과 신약을 통틀어서 마귀가 스스로의 죄를 고소했다는 기록이 없다. 그들은 오히려 죄를 유혹하고 자신들이 아닌 오히려 율법과 하나님을 불의하다고 고소했다(창 3:4-5). 가장 적절한 의미에서 마귀는 행위 언약 아래에 있다고 말할 수 있다. 그들에게 복음을 설교하라는 명령은 전혀 없다. 마귀들 다음의 자리를 차지하는 자들이 바로 복음을 문자적으로 이해하는 데 있어서는 건전하나 결코 스스로 죄인이라는 사실을 확신하지 않는 자들이다. 그와 같은 자들은 대부분 율법 아래에 있다. 이들은 최소한의 율법의 행위와 율법적 정죄를 자신들의 영혼에 적용한다. 율법 아래에 있는 자들은 자신들의 상태와 관련하여 대부분 율법의 조문 아래에 있다. 한편 형벌에 대한 각성과 관련해서는 성령 아래 거하지 않는다.

5. 율법적 두려움에 관하여

율법의 속박 아래에 있다는 것은 다른 존재보다는 마귀와 율법 아래에 있는 자들에게 좀 더 형벌이다. 왜냐하면 율법적 공포가 마귀와(마 8:29; 약 2:19) 가인에게(창 4:14) 임했기 때문이다. 형벌은 그 자체로서는 어떠한 은혜를 만들어 내거나 지명하지 않는다. 만일 형벌이 무엇인가 그리스도를 향해 준비하도록 한다면 그것은 형벌의 우유적 요소에 해당한다. 율법으로 인해 고통을 받았던 많은 이들은 이것을 두 번째 출산을 위한 산고였다고 믿어왔다. 물론 예외적으로 단순한 율법의 열병이 존재한다. 단순한 율법의 열병을 경험한 사람은 [마치 개가 토한 것을 다시 먹듯이] 다시 자기가 토한 것으로 되돌아가고 오히려 더욱 느슨하고 불경한 삶을 산다. 이렇게 되는 이유는 첫째, 율법은 율법 자체로서는 아무도 회심시키지 못하기 때문이다. 둘째, 복음적 은혜 없이 단순히 율법의 속박과 더불어 분투하는 것은 결국 하나님과 그의 공의를 반박하는 행위일 뿐이다. 하나님은 이들이 더욱 죄악된 삶으로 하나님을 반대하고 신성모독을 행한 죄를 지옥에서 갚아주실 것이다. 셋째, 율법적 공포 아래서 빛나는 율법의 빛이 더욱 명확하게 빛을 발하기 때문이다. 또한 자연의 회초리를 사용하지 않는 것 때문에 갖게 되는 죄책감 역시 더욱 극심하기 때문이다. 그러나 이러한 용광로 안으로 떨어져 화상을 입은 후에 지옥으로부터 돌아온 자들은 경험적인 감각에 의해 다음과 같은 교훈을 얻는다. 즉 지옥은 존재하지만, 지옥의 고통은 누구도 회심시키지 못한다는 사실이다. 그것은 다만 사람을 더욱 핑계하지 못하도록 만드는 역할을 할 뿐이다. 겸비함, 각성, 율법의 구속을 거룩하게 만드는 일 등은 율법의 사역을 넘어서는 것이다. 이는 죄를 고백하고, 기도하고, 믿고, 하나님께 겸손하게 순복할 때 이루어지는 일들이다. 그 실례를 욥, 다윗, 히스기야, 헤만 등에서 볼 수 있다. 참으로 놀랍게도 그리스도는 지옥의 타오르는 것과 숯불을 가지고 우리를 치료하시는 의사가 되신다.

6. 문자적이고 율법적인 정죄와 복음의 정죄에 관하여 또한 율법 아래에 있는 자들의 표지들

율법의 행위 아래 있는 사람은 약속의 진리와 선함—자기 나름대로 자유롭게 인식한 바에 따라—에 대해 율법적이고도 죽은 동의만을 할 수 있을 뿐이다. 마치 현세인들이 그렇듯이, 또한 시몬 마구스가 놀라며 그렇게 했듯이 말이다. 물론 사도행전 9장에서의 사울과 16장에 기록된 간수의 경우는 다르다. 그들은 단순히 지성적인 정죄에 그치지 않았고 마음에서의 정서적인 정죄까지 수반하였다. 그리하여 "내가 무엇을 하리이까?"라는 고백까지 만들어내었다. 한편 벨릭스는 두려움에 떨었지만 이것은 단지 문자적인 정죄로서 지성과 관련된 것이었다. 벨릭스와 마구스는 모두 "내가 무엇을 하리이까?"라는 고백에 이르지 못했다. 이들과 바울이나 간수 사이의 차이점은 마치 타오르는 불에서 빛과 열기가 함께 방출되는 것과 밤중에 빛나는 보석으로부터 나오는 약하고도 열기가 결여된 빛 사이의 차이와 유사하다. 불과 같이 날카로운 정죄는 유익한 것이다.

그러나 오직 율법 조문의 죽은 정죄도 존재한다. 이것은 아무런 유익이 없다.

매우 강한 율법적 정죄가 존재한다. 일례로 소돔의 타락이나 부모를 살해하는 행위가 수반하는 일종의 보복과 같다. 자연적 본능이 영혼을 율법적 두려움으로 불을 붙이고 활활 태우기 때문이다. 그러나 지성이 자신 안에 깊이 새겨진 날카로움을 가지고 부인할 수 없는 원리들을 분별해 내는 순간에도, 양심은 좀 더 무뎌져서 불신앙과 같은 영적인 죄들이 수반하는 영적인 보복을 제대로 파악하지 못한다. 그 이유는 하나님의 초자연적인 계시가 있기 전까지 우리는 복음 진리와 복음과 관련한 범죄들에 대해 죽은 상태이기 때문이다. 그런데 일반 은총이 영혼을 고양하여 초자연적인 동의에까지 이르는 경우, 그리스도는 하나님께서 보내신 교사(요 7:28, 3:2)라는 사실에도 영혼은 동의한다. 그렇게 되면 정죄는 더욱 강해진다. 그런데 한편으로 이것은 더욱 초자연적인 내용에 해당하고, 또 한편으로는 다정한 사랑의 정서가 결여되어 있기 때문에 그 결과 미움과 분노가 뒤섞인 상태가 만들어지며, 급기야는 더욱 악화되어 성령님에 대한 불타는 분노감으로 변질된다. 마치 요한복음 15장 24절에서 예수님이 말씀하신 것과 같다. ["내가 아무도 못한 일을 그들 중에서 하지 아니하였더라면 그들에게 죄가 없었으려니와 지금은 그들이 나와 내 아버지를 보았고 또 미워하였도다."] 이 구절과 마태복음 12장, 15장, 26장 31절을 비교해 보라.

정죄는 정죄 그 자체만으로는 경건의 원리가 아니다. 또한 어떤 마음도 변화시키지 않는다. 정죄가 숯불을 정서로까지 내려 보내지 않고서 단순히 놀라게 하고 경멸하도록 만든다면 이것은 참으로 위험한 것이다.

7. 가장 어려운 거룩의 계명 안에 있는 달콤함

은혜 언약 아래에 있는 사람은 순종이 주는 삼중적 달콤함을 발견한다. 첫째, 계명 안에 내재하는 달콤함이다. 둘째, 그가 순종의 행위를 할 수 있도록 하는 능력 안에 있는 달콤함이다. 셋째, 하나님과의 교제 속에 내재한 달콤함이다.

율법 아래 있는 사람은 예외 없이 멍에를 지고 있는 것이다. 오직 문자로 쓰인 것은 율법 조문의 낡은 것일 뿐이다(롬 7장). 또한 그 자체로서 죽은 것이요 사람에게 짐을 지우되 그것을 등으로 지고 갈 수 있는 힘을 제공하지 않는다. 반면에 은혜 아래 있는 자는 실정법 안에서 기쁨의 달콤함을 발견한다. 물론 계명으로 주어진 것은 자기의 혈과 육을 십자가에 못 박는 것만큼이나 힘든 일이다(요 10:18). 그러나 그는 하나님의 뜻에 기원하는 거룩의 달콤함을 취한다. 시편 40장 8절을 보라. 저자는 "나의 하나님이여 내가 주의 뜻 행하기를 즐기오니"라고 말한다. 심지어 저주가 되고 십자가에 못 박히기까지도 그렇게 말한다. "주의 법이 나의 심중에 있나이다"라고 고백한다. 또한 저자는 "모든 의를 이루는" 분이다. 심지어 복음에서 벗어나는 것처럼 보이지만 주님은 물세례까지 받으셨다(마 3:15). 그리스도는 이것을 은혜 언약 아래에 계신 분으로서 행하신 일이다.

8. 의무들 안에 있는 천국

　성령께서 자극하시고 기운을 불어넣어주시는 것은 우리의 사역 행하는 것을 달콤하게 만드신다. 말씀을 듣는 것은 우리의 마음을 뜨겁게 만들고(눅 24:32). 또한 기쁨을 가지고 일을 자발적으로 행하게 만든다(행 2:41). 주님의 손이 우리의 마음 문의 열쇠구멍을 열고 역사하실 때, 우리 내면 깊은 곳으로부터 달콤함이 분출되어 나온다(아 5:4). 율법 아래에 있는 자연인에게는 기도를 올려 드리는 것이 마치 연자 맷돌을 등에 지고 가는 것과 같이 힘들다. 단어 한 마디가 감당할 수 없는 돌의 무게처럼 느껴진다. 그러나 기도하는 것의 전부가 다 하나님과의 교제를 의미한다면 이 얼마나 달콤한 일이겠는가? 그리스도께서 기도하실 때, "용모가 변화되었다"고 기록되어 있다(눅 9:29). 기도의 가슴 속에는 천국이 있다. 비록 그의 청이 결코 응답받지 못한다고 해도 그렇다.

　하나님의 보좌 앞에서 그를 찬양하는 일 속에 천국이 있다. 여기에 영적인 의무가 존재한다. 그러한 천국을 값을 지불하여 잠시 임대하려고 하는 행위나 우리의 의무를 단지 상대적인 것으로 만드는 행위, 곧 일과 임금으로 만드는 것은 죄를 짓는 것이다. 이는 마치 여행을 위해 말을 빌리거나, 집으로 금을 가져가는 항해를 위해 배를 빌려 쓰는 것과 같은 것이다.

9. 새로운 본성은 계명의 편에 선다.

문자로 기록된 계명이 없다고 가정해 보라. 실상 계명으로 명령된 영적인 사안들은 사람의 마음속에 새겨진 율법과 잘 부합한다. 이 때문에 은혜 아래에 있는 은혜의 자녀는 이내 의무들을 수행하길 시작할 것이다. 이러한 면에서 볼 때, 시편 122장 1절에 기록된 대로, 다윗을 향해 "[사람이 내게 말하기를 예루살렘으로 곧] 여호와의 집에 올라가자"라고 굳이 말할 필요가 없을 것이다. 왜냐하면 다윗은 이미 이렇게 고백하고 있기 때문이다. "사람이 내게 말하기를 여호와의 집에 올라가자 할 때에 내가 기뻐하였도다."

마치 아버지에게 자신의 자녀를 사랑하라는 명령이 필요 없는 것처럼, 또한 바다를 향해 밀물과 썰물을 만들라고 권할 필요가 없는 것처럼, 혹은 태양을 향해 빛을 비추라고 하거나, 아기에게 젖을 먹이라고 엄마들을 강요하기 위해 많은 논증이 불필요하듯이, 자연의 본성은 율법의 편에 서 있다. 우리의 마음에 새겨진 법의 힘이 문자로 기록된 것을 능가하는 것이다.

이와 마찬가지로 [신자의] 새로운 본성, 곧 내주하는 기름부음은 일종의 새로운 본능으로서 은혜의 자녀로 하여금 행동하도록 만든다. 여기서 우리가 유의해야 할 것이 있다. 곧 우리는 결코 말씀과 성령을 분리해서는 안 된다. 성부는 성령의 아버지로서 자기 자신의 도구들과 함께 일하는 것을 사랑하신다. 또한 자신의 씨앗, 곧 하나님의 말씀을 뿌려 심기를 기뻐하신다. 다음의 세 가지는 하나로 일치한다. #1. 일하시는 성령님, #2. 성령에 의해 작용하는—성령님은 재를 멀리 날려버리신다— 은혜의 습성, #3. 권고의 말씀 등이다. 우리는 [종교적 방임주의를 옹호하는] 자유파(Libertines)가 말하듯이 죽은 문자와 생명을 상실한 형식을 칭송하는 것이 아니다. 우리는 우리의 감각을 살리는 문자에 의지하고, 우리를 설득하는 말씀의 의미에 의지하기 때문이다. 성령께서 우리의 본성과 의지와 지성과 정서를 달콤하게 끌어가신다는 사실은 매우 중요하다. 우리를 이끄시기 위해 진실로 말씀과 성령 그리고 새로운 본성 이외에 것을 필요로 하지 않으신다. 이와 대조적으로 [몰렉을 섬기는] 사람들이 참으로 야만적이게도 자신의 자녀들을 살해하고 불 가운데로 통과시킬 때, 그들은 살해당하는 자녀들의 울음과 비명소리를 듣지 않기 위해 북소리를 크게 울려 자신들의 귀와 마음을 마비시켜야만 했다. 때때로 우리의 자연적 본성은 애곡하면서 마귀를 섬긴다. 또한 사탄은 우리의 본성을 죽여 버린다. 한편 은혜 역시 우리의 [죄악된] 본성을 죽여서 우리의 [새로운 본성의] 동의를 남김 없이 이끌어 내신다. 시편 1장 2절과 119장 72절, 97절을 보라.

[시 1:2 "오직 여호와의 율법을 즐거워하여 그의 율법을 주야로 묵상하는도다."]

[시 119:72 "주의 입의 법이 내게는 천천 금은보다 좋으니이다."]

[시 119:97 "내가 주의 법을 어찌 그리 사랑하는지요 내가 그것을 종일 작은 소리로 읊조리나이다."]

생명 언약

13

◆ 1. 두 종류의 언약체결이 존재한다. 하나는 외면적, 가견적, 고백적,
　　조건적 언약체결이고, 다른 하나는 내면적, 실제적, 절대적인 언약
　　체결이다. 양자의 차이점에 대하여.
◆ 2. 신약시대의 유아들은 외면적인 언약 안에 포함된다.
◆ 3. 유아들과 관련한 몇 가지 의문들.

1. 두 종류의 언약: 외면적, 가견적, 고백적, 조건적 언약과 내면
적, 비가견적, 실제적, 절대적인 언약. 양자는 어떻게 다른가?

　사람들은 두 개의 방식으로 하나님과의 언약 관계 안에 있다. 첫
째는 가견적 신앙고백에 의해 또한 조건적으로─언약을 대상으로
말하는 것이 아니라 언약 안에 약속된 것을 말하는 것이다. 즉 언약
의 조건들을 성취하는 자만이 약속된 것을 획득한다─ 외면 언약

안에 머무는 것이다. 여기에는 언약 당사자들의 동의와, 약속과 조항들이 표현되어 있다. 구두로 표현된 것에 대해서 다음 구절들을 보라. 신명기 5장 27절 "우리가 듣고 행하겠나이다." 여호수아 24장 24절 "백성이 여호수아에게 말하되 우리 하나님 여호와를 우리가 섬기고 그의 목소리를 우리가 청종하리이다 하는지라." 혹은 "너와 네 후손의 하나님이 되리라"[창 17:7]라고 말씀하신 것에서 짐작할 수 있듯이, 무언의 혹은 암시적 동의로 언약 당사자로 성립하기도 한다. 이러한 외면 언약을 지키거나 파괴하는 것은 하나님과 언약으로 연합된 사람에게 외면적(비본질적)이다.

2. 유아들은 언약 안에 있다.

1) 한편 언약을 맺은 부모에게서 난 유아들 역시 하나님과의 언약 안에 있다. 왜냐하면 창세기 17장 7절의 말씀—"너와 네 후손의 하나님이 되리라"—을 따라, 언약 백성인 부모에게서 난 자녀들은 부모와 마찬가지로 하나님과의 언약 관계 안에 있게 된 것이다.

2) 하나님 편에서의 언약적 선택은 후손들에게까지 확장된다. 신명기 4장 37절을 보라. "여호와께서 네 조상들을 사랑하신 고로 그 후손인 너를 택하시고"라고 기록되어 있다. 또한 신명기 10장 15절을 보라. "여호와께서 오직 네 조상들을 기뻐하시고 그들을 사랑하사 그들의 후손인 너희를—너희까지, 곧 조상과 후

손들 모두를—만민 중에서 택하셨음이 오늘과 같으니라." 한 걸음 더 나아가 후손을 포함시키는 언약적 선택은 신약시대의 후손들에게까지 확장된다. 사도행전 2장 39절을 보라. "이 약속은 너희와 너희 자녀에게... 하신 것이라." 여기서 사도는 창세기 17장 7절에 기록된 언약의 말씀—"또한 네 후손에게(καὶ τοῖς τέκνοις ὑμῶν)"—을 그대로 사용하고 있다.

사도는 계속하여 너희가 각각 세례를 받으라고 말한다. 그런데 여기서 사도는 너희 모든 사람들, 곧 노인과 젊은이, 부모와 자녀들 모두를 향해 회개하라고 말하지 않았다. 회개하라는 명령은 오로지 "형제들아 우리가 어찌할꼬?"(행 2:37)라는 질문을 제기한 개인들에게만 주어진 것이다. 이들은 '우리는 큰 진노 아래 있고 영광의 주님을 십자가에 못 박았기 때문이다'라고 생각했던 것이다. 이에 대한 대답으로 주어진 것이 바로 "너희 성인들아 회개하라!"(39절)인 것이다. 이에 동의하면서도 그들은 이렇게 탄식했을 것이다. "그러나 우리는 이렇게 기원하지 않았는가? 그 피를 우리와 우리 자손에게 돌릴지어다."[마 27:25]

사도는 이에 대한 응답으로 "너희가 각각 세례를 받으라"고 말씀한 것이다. 과연 이것이 회개를 명령받은 자들만 반드시 세례를 받으라는 의미인가? 그렇지 않다. 여기서의 의미는 약속이 주어진 모든 자는 각각 세례를 받으라는 뜻임에 틀림없다. 약속은 "너희와 또한 너희 후손에게(ὑμῶν καὶ τοῖς τέκνοις ὑμῶν)" 주어진 것이다. 여기서 사용된 두 개의 대명사를 주목하라. "너희와 너희 후손들"은 창세기

17장 7절, 신명기 4장 37절, 10장 15절에도 등장한다. 너희와 너희의 후손 곧 너희의 자녀들을 가리킨다. 만일 여기서 사도가 자녀들을 언급하면서 그들의 세례를 배제시켰다거나 그들이 언약 안에 있음을 배제했다고 말하는 것은 아마도 가장 부적절한 대답이 될 것이다.

첫째, 그들의 자녀들은 주 예수님을 십자가에 못 박지 않았다. 또한 재세례파의 근거가 되는 바, 그 자녀들이 자신들의 부모들과 가견적 언약관계에 있지 않은 것이 결코 아니었다. 자녀들은 실제로 말씀을 들을 수 있었고, 또한 자신들의 죄를 실제로—스가랴 12장 10절과 마태복음 3장 8-10절에 기록된 바와 같은 회개— 슬퍼하고 회개할 수 있었다. 자녀들은 영광의 주님을 십자가에 못 박은 그들의 부모들이 저지른 악에 관여하지 않았다. 또한 부모들의 회개를 위한 일에도 아무 관여한 바가 없었다. 결국 (유아세례를 반대하는 자들의 주장대로) 언약의 약속은—마치 그것이 돌들에게 주어지지 않은 것과 마찬가지로— 자녀들에게 주어지지 않았다라고 주장하는 것은, 상기한 말씀, 곧 "너희 모든 자는 세례를 받으라, 왜냐하면 이 약속은 너희와 너희 자녀들에게 주신 것이라"는 말씀이 부적절하고 거짓이라고 말하는 셈이 된다. 옛 언약 안에서 주님은 이스라엘을 가리켜 "내 백성"이라고 부르셨다. 나의 백성 곧 성인과 미성년자들 모두를 포함하는 말이다. 같은 의미에서 "사울은 내 백성의 지도자가 되리라" 또한 "다윗은 내 백성을 먹이리라"고 기록되었다. 여기서 백성은 노인과 어린이를 모두 포함하는 것이다. 또한 유아들을 살해한 것을 칼로써 징벌할 것이라는 말씀도 기록되어 있다.

둘째, 하나님은 유대인들과 그들의 후손 모두를 선택하셨기—이 선택은 언약적 선택이다— 때문이다. 신명기 4장 37절, 10장 15절, 창세기 17장 7절 등을 보라. 이것이 사실이라면 하나님은 그들의 후손들의 하나님이심에 틀림없는 것이다. 그런데 신약에서도 하나님은 언약적 선택으로 선택하시고 열방과(사 2:2-3) 땅의 모든 나라들의 모든 족속들을 부르신다(시 22:27). 신약시대에 모든 이집트와 아시리아도 부르신다. "내 백성 애굽이여, 내 손으로 지은 앗수르여... 복이 있을지어다 하실 것임이라"(사 19:25). 요한계시록 11장 15절에서 일곱 번째 천사는 이렇게 외친다. "세상 나라가 우리 주와 그의 그리스도의 나라가 되어 그가 세세토록 왕 노릇 하시리로다." 모든 이방인들은 그의 것이다(사 60:1-4; 말 1:11). 땅의 모든 끝과 이교도 역시 그의 것이다(시 2:8-9, 72:7-10).

이제 이들이 가견적이고 외면적으로 고백된 언약에 의거하여 하나님의 백성이 되는 것이 아니라고 가정해 보자. 그렇다면 이들은 [상기한 구절들이 증거하는 대로] 오직 주님의 왕국에만 소속된 백성일 것이다. 이 왕국에 소속된 백성들 가운데 일부는 #1. 성인이고 #2. 진리를 고백하며 #3. 그들이 회심하고 선택받았다는 증거를 제시하여 세례를 받았을 것이다. 그렇다면 이들 외에 유아들과 나머지 왕국 백성들의 경우를 생각해 보자. 이들 가운데 [왕국] 교회 안에 고정된 일원으로서 말씀을 듣고, [주님을] 따르는 자들로 고백을 하는 사람들은 여호수아 24장 22절—["너희가 여호와를 택하고 그를 섬기리라 하였으니 스스로 증인이 되었느니라."]—의 내용대로 말할 수 있을 것이다. 즉 여호와를 그들의 하나님으로 선택하고 언약에 동의한다는 의미이다. 이것이 사실이라면, 이들이 새 언약 아래에서 언약으로부터 단절되어 있다고 말하는 것은 이들 자신이 스스로 증인이 된 사실에 모순되는 일이 될 것이다. 또한 오늘날 새 언약 안에서 하나님은 [스가랴 11장에 기록된] 아름다움 [은총]과 연합의 막대기를 꺾으셨고, 이 저주를 이집트, 아시리아, 그리고 지구상의 모든 왕국 안에 있는 모든 유아들에게 부과하셨다는—즉 하나님은 더 이상 그들의 하나님이 아니고, 그들을 먹이시지도 않으실 뿐만 아니라, 결국 스가랴 11장 9절에 기록한 대로 "죽는 자는 죽는 대로, 망하는 자는 망하는 대로, 나머지는 서로 살을 먹는 대로 두리라" 말씀하신다는— 사실이 어디에 기록되어 있는지를 제시해야만 할 것이다. 또한 이와 같은 내용은 성인이 되었으나 아직 세례를 받지 아니한 자들 혹은 세례 받지 않은 모든 자들에게도 동일하게 적용되어야 할 것이다. 그리고 언약의 약속은 신자들의 자녀들과 노인들에게, 그들이 가견적으로 회심하고 세례를 받기 전까지는, 결코 해당되지 않는다는 사실을 제시해야만 할 것이다. 그런데 어린이와 관련한 내용은 [이미 앞서 살펴본 대로] 사도행전 2장 39절에 정면으로 위배된다. 또한 이러한 주장대로라면, 이방인들과 이교도 역시 하나님의 백성이 된다는 말씀은 지금까지 결코 성취되지 않은 일이 될 것이다.

요컨대 언약 안에는 후손들을 위한 자비가 과거에도 또한 현재에도 확실히 존재한다. 출애굽기 20장 6절을 보라. "나를 사랑하고 내 계명을 지키는 자에게는 천 대까지 은혜를 베푸느니라." 또한 시편 89장 28절을 보라. "다윗과 그의 후손에게 나의 자비를 영원히 지키고" 여기서 자비는 무엇인가? "그와 맺은 나의 언약을 굳게 세우며"가 그 내용이다. 이 때문에 "다윗에게 허락한 확실한 은혜니라"(사 55:3)라고 말씀하신 것이다. 주님은 경건한 자의 후손들을 따라가며 그의 자손들에게 시편 37장 26절과 112장 2절에 기록된 대로 복을 주시며 그들에게 실제적인 자비를 베푸신다. 그래서 이 자비를 가리켜 오직 유대인들에게만 귀속되는 특권, 곧 그들의 의식과 제도화되거나 실정법으로 된 특권들에 대한 호의라고 부를 수는 없는 것이다. 주지하다시피 하나님의 자비가 떠나가는 것은 반드시 둘 중의 하나, 곧 은혜 아니면 진노 안에서 이루어지는 일일 것이다. 그런데 실제적인 자비의 축복이 하나님의 은혜 안에서 제거되는 경우에라도 영적인 자비, 곧 그리스도 안에 있는 구원의 은혜만큼은 결코 그 자리를 양보하지 않을 것이다. 그런데 이에 못지않은 것이 또 하나 존재한다. 그것은 바로 실제인 자비가 하나님의 진노하심 가운데서 예수 그리스도—그분 안에서 나라들이 복을 받는다— 안에 있는 유아들로부터 제거된다는 것은 결코 진실일 수 없다는 사실이다. 신명기 28장을 보라. 언약을 지키는 것에 따르는 축복과 언약을 파기하는 것에 따른 저주들은 그들의 몸에서 난 자들, 곧 그들의 아들들과 딸들에게까지 확장된다(4절, 18절, 32절). 또한 욥기 21장 19절과 29장 14절, 18장 15-17절을 보라. 이러한 내용이 새 언약의 경륜에도 해당된다는 사실을 누가 부인할 수 있겠는가?

3. 유아들은 마땅히 세례를 받을 수 있으며 언약적 특권들을 부
   여받는다. 또한 신약에서는 오직 회심자만이 언약 안에 있다
   고 말하는 것은 잘못이다.

이와 같은 외면적이고 적극적인 호의가 유아들에게 수여된다는
사실은 다음에서 명확하게 드러난다.

#1 그리스도께서 그들에게 손을 얹어 안수하시고 축복하셨다. 주
님은 유아들을 그의 왕국 주민의 고정된 복사본으로 만드셨다.

#2 언약의 약속이 유아들에게도 주어졌다(행 2:39).

#3 유아들은 언약적 거룩함의 의미에서 정결하고 거룩하다. 고린
도전서 7장 14절을 보라. 여기서의 거룩이란 단순히 합법적인 혼
인관계에서의 출산을 의미하는 것일 리가 없다. 그 이유로는 로
마서 11장 16절을 보라. 여기서 사도 바울은 동일한 내용을 유대
인들에게 적용하여 말한다. 그들의 뿌리와 가지, 곧 조상과 자녀
의 관계로 말하는 것이다. 로마서 11장에서 사도 바울은 다음의
사실을 입증하려했다고 생각하는 사람은 아무도 없을 것이다. 곧
유대인들은 부자 관계에서 서자가 아니기 때문에 그들이 다시 접
붙임 받을 것이라는 사실을 입증하는 것이 논점이 아니라는 것
이다. 결론적으로, 유아들이 상기한 세 가지의 축복—그리스도께
서 안수하시고, 그들도 언약의 약속들에 대한 권리가 있으며(행
2:39), 그들은 언약적으로 거룩하게 되었다는 사실(고전 7장)—을
누린 것으로 이해할 때 우리는 유아 세례 역시 그것에 포함된다
고 말할 수 있다.

#4 아브라함과 맺은 언약과 동일한 언약이 고린도교회 성도와 맺어졌다(고후 6:16 "나는 그들의 하나님이 되고 그들은 나의 백성이 되리라"). 이것은 신약의 이방인들에 관한 예언에 이미 기록된 것이다. 다음을 보라. 에스겔 11장 17-20절, 34장 23-25절, 예레미야 31장 31-36절, 32장 36-40절, 스가랴 13장 9절, 호세아 1장 10-11절, 베드로전서 2장 9-10절. 뿐만 아니라 이방들에게도 새 마음이 첨가되어 주어지고, 언약의 범위가 신약시대에 크게 확장될 것이 예언되었다. 이 때문에 새 언약을 가리켜 "더 나은 언약"과 "더 나은 약속"이라 지칭한 것이다(히 7:22, 8:6-12). 이처럼 옛 언약을 능가하는 새 언약의 첨가된 요소와 탁월성을 고려할 때, 새 언약 시대의 모든 유아들에게까지 모든 언약의 권리가 확장되지 않는다는 것은 오히려 이상한 것이다. 즉 하나님이 내 백성이라고 말씀하셨을 때, 옛 언약에는 유아들이 포함되었는데 새 언약에는—일례로 "이집트는 내 백성이 될 것이라"고 말씀하셨을 때— 유아들과 노인들 그리고 성도가 아닌 자들이 모두 제외된다고 말하는 것은 결국 주님께서 내 백성이라는 표현을 잘못 쓰셨다는 의미가 되는 것이다.

#5. 이전 언약 안에서 유아들은 출생과 더불어 구원에 이르는 수단들에 대한 권리를 소유했다. 그들은 가견 교회 안에서 언약백성인 부모에게서 태어났다는 이유 때문에 하나님의 율법을 배우고 교리교육을 받을 수 있었던 것이다. 또한 언약적인 부르심과 하나님의 언약적 선택에 대한 소유권을 주장할 수 있었다. 마태복음 22장 14절과 창세기 18장 19절을 보라. "내가 그로 그 자식

과 권속에게 명하여 여호와의 도를 지켜 공의와 정의를 행하게 하려고 그를 택하였나니 이는 나 여호와가 아브라함에게 대하여 말한 일을 이루려 함이니라." 또한 출애굽기 20장 10절과 신명기 6장 6-7절을 보라. 주님은 "네 자녀에게 부지런히 가르치며"라고 명령하셨다(출 12:26-27; 시 78:4-6).

만일 이들이 이교도의 유아들과 마찬가지로 언약을 가지지 못했다면, 그들은 더 이상 복음을 듣고 그리스도와 더불어 조약을 맺는 언약적 특권을 소유하지 못하게 된다. 이 면에서는 이교도와 전혀 다를 바가 없게 되는 것이다. 그들의 아버지들이 자녀들의 영혼에 대한 자연적인 동정심의 발로에서 자녀들을 가르치는 부모의 의무를 행한다는 정도로는 불충분하다. 만일 아버지에게 언약적인 소명이 주어졌다는 보장이 없다면, 도대체 무슨 근거에서 그 아버지는 이교도의 한 사람과 다를 바 없는 자녀에게—언약이 없다는 면에서 모두 똑같다는 이유에서 볼 때 이렇게 말할 수 있다— 은혜 언약을 하나님의 이름으로 제시할 수 있다는 말인가? 만일 그들의 자녀가 이교도라고 한다면, 아버지로서 자녀들에게 언약 백성이 동의한 바를 제안하고 이에 함께할 것을 명령하는 것을 어떻게 실천할 수 있겠는가? 이러한 일이 성립하기 위해서는, 그들의 자녀들이 출생과 더불어 상기한 소명에 대한 권리를 소유하고 또한 그러한 소명이 세워진 곳에 출생할 때 가능한 것이다. 즉 다른 이교도와 달리 [언약 백성의] 자녀들은 언약 자체에 대한 일정한 가시적 형태의 권리를 소유해야만 하는 것이다.

로마서 9장 6절 주해로부터 유아세례 반대자들의 논의를 반박함

사도 바울이 로마서 9장에서 "나는 너희와 너의 자손의 하나님이 되리라"는 말씀을 오로지 영적인 후손에만 적용하는 것으로 주해한 것—영광으로 예정된 야곱만이 영적인 후손이고 나머지 육적인 아브라함의 자녀들은 배제시킨 것—은 별 문제가 되지 않는다. 만일 바울이 이렇게 주해하지 않았더라면, 유대인들은 그들이 믿음과 회개 없이도 단지 [육적인] 아브라함 언약 안에 있다는 사실에 근거해서 자신들은 구원받았을 것이라는 결론을 도출했을 것이다.

답 로마서 9장에 나타난 사도 바울의 목적은 매우 중차대한 반론에 대한 대답을 제시하는 것이었다. 그 반론의 내용은 이렇다. 만일 유대인이 하나님으로부터 끊어지고 거절되는 것이—물론 사도 바울은 구원받기를 매우 극렬하게 소망한다— 사실이라면, 이는 곧 유대인들을 불러 선택하시고 자기의 백성으로 삼으셨다는 사실이 효과를 발생하지 못했음을 의미하는 것이요, 결국 하나님의 말씀 자체가 무효화될 것이라는 반론이다(6절).

1) 이에 대해 바울은 비록 육적인 이스라엘이 거절된다 해도 하나님의 말씀은 여전히 실패하는 것이 아니라고 대답한다. 왜냐하면 두 종류의 이스라엘이 존재하기 때문이다. 하나는 육을 따른 출생에 의한 이스라엘이다. 또 다른 하나는 약속의 자손, 곧 하나님의 선택에 의한 이스라엘이다. 약속의 말씀은 후자, 곧 하나

님의 선택과 약속의 자손 안에서 효과를 발생한다. 요컨대 그들은 하나님으로부터 단절된 것이 아니다. 따라서 하나님의 말씀은 폐하여진 것이 아닌 것이다(6절).

2) 만일 신약에서는 하나님의 택함을 받은 자들 이외에는 아무도 하나님과 더불어 언약을 맺은 것이 아니라고 한다면, 이는 곧 신약에는 하나님과 더불어 외면적이고 가견적인 언약을 맺는 것이 없다는 의미이다. 그렇다고 한다면, 성경에 기록된 모든 열방과(사 2:1-2), 세상의 왕국들(계 11:15), 모든 이집트와 아시리아(사 19:29), 그리고 모든 이방인들(사 50장)은 모두 내면적인 언약 백성이고 약속의 자녀들이며 생명으로 예정된 자들로 볼 수밖에 없지 않은가? 또한 고린도후서 6장 16절—"나는 그들의 하나님이 되고 그들은 나의 백성이 되리라"—의 말씀으로부터 다음의 결론을 도출할 수밖에 없지 않은가? 즉 이 말씀은 새 언약에 해당하기 때문에 그리스도 아래에서 언약 안에 있는 모든 자들은 곧 영적으로 언약 안에 있음을 의미한다. 따라서 가견 교회인 고린도교회는 물론 세상 왕국의 모든 자들까지(계 11:15) 모두 하나님의 선택을 받았다고 결론내릴 수밖에 없다. 그런데 이것은 마태복음 22장 14절—"청함을 받은 자는 많되 택함을 입은 자는 적으니라"— 말씀에 위배된다.

질문 과연 오늘날 그리스도 아래에서 믿는 부모에게서 태어난 유아들은 출생에 의거하여 그 어떠한 특권이나 외면적인 은혜 언약을 소유하지 않는 것인가?

답 물론 그들은 그것들을 소유한다. 사도행전 2장 39절을 보라. "이 약속은 너희와 너희 자녀에게 하신 것이라." 이 말씀은 모든 자녀나 일부 자녀라든지의 예외를 규정하지 않았다.

질문 만일 이 약속이 "그들이 믿는다면"의 조건으로 모든 이에게 주어진 것이라면 절대적인 약속이라기보다는 조건적인 약속이 아닌가?

답 1) 조건적인 약속은 택자에게 해당하는 내면적인 언약에 해당하는 것임에 틀림없다. 내면적 언약 안에서의 약속은 조건적으로 성인에게 주어져서 그들로 믿음을 갖도록 한다. 그러나 유아들과 자녀들이 아직 성인이 되지 않은 동안에는 이 [내면적 언약의] 약속은 그들에게 해당되지 않는다.

2) 언약으로부터 끊어지고 쫓겨나는 것은 무서운 심판이다(슥 11:9; 호 2:3-5; 롬 11:20). 로마서 11장 20절은 "그들은 믿지 아니하므로 꺾이고"라고 그 이유를 밝힌다. 그렇다면 이미 오신 그리스도를 믿은 유대인들의 경우, 만일 부모들의 믿음과 자녀가 무관하다면, 그들의 모든 자녀들은 아무 잘못도 없이 언약으로부터 단절되어야만 한다고 말해야 한다.

3) 에베소서 2장 12절을 보라. "그때에 너희는 약속의 언약들에 대하여는 외인이요 세상에서 소망이 없고 하나님도 없는 자이더니"라고 사도 바울은 말하며 이것을 비참한 상태로 소개한다. 사도 베드로 역시 이방인들을 향해 전에는 너희가 "백성이 아니더니"라고 말한다(벧전 2:12). 이런 맥락에서 볼 때, 우리는 같은 종류의 비참함이 신자들의 유아들에게도 적용되며, 가견 교회 안에서 아직 회심하여 세례를 받기 이전 상태에 있는 모든 이들에게 적용된다고 말해야 한다. 또한 이미 그물 안에 들어온 자들과 가견 교회, 곧 공식적인 은혜의 집 안에 들어온 이들에게 복음은 그 어떤 호의도 베풀지 않는다고 말해야 한다. 바로 이 장소에서[가견 교회] 자녀들을 향해 말씀이 설교되며, 자녀교육이 이루어진다(창 18:19; 신 6:7; 출 12:26-27; 시 78:1-7; 딤후 3:15). 하나님은 다음의 사안들을 이 세상 모든 나라가 아닌 오직 이스라엘, 곧 그의 소유된 언약 백성에게만 베푸시는 것을 그가 베푸시는 호의들 가운데 하나로 간주하신다. 곧 복음의 말씀으로 그의 백성과 그들의 자녀들을 모두 모으시는 일(마 23:37; 딤후 3:15; 시 78:1-5), 하나님의 법령과 심판을 그들에게 선포하고 설교하시는 일(시 147:19-20; 신 5:1-4, 6:1-7; 시 81:4), 하나님의 신탁과 약속들을 그들에게 맡기신 일(롬 3:1-2, 9:4), 하나님의 약속들과 율법을 수여하신 일, 그리고 언약들과 하나님을 섬기는 일 등이다. 사도행전 13장에 근거해 볼 때, 상기한 특별한 축복은 새 언약 안에 있는 성인과 미성년자들 모두에게 적용된다는 사실은 분명하다. 여기서 사도 바울은 모독하는 유대인들에게 등을 돌리고 이방인

에게로 향하면서 이렇게 말한다. "주께서 이같이 우리에게 명하시되 내가 너를 이방의 빛으로 삼아 너로 땅 끝까지 구원하게 하리라 하셨느니라 하니"(47절). 이 언약적 구원은 이사야 49장에 기록되어 있다. "내가 너에게 주어 이스라엘 중에 보전된 자를 돌아오게 하리라"(6절), "내가 너를 백성의 언약으로 삼으며 땅을 기업으로 세우리라"(8절), "네가 잡혀 있는 자에게 이르기를 나오라 하며"(9절) 등이다.

만일 상기한 특권들이 오로지 유대인들에게만 귀속되는 것이라고 말한다면 도대체 새 언약 안에서 이방인들과 그들의 자손들을 위한 언약적 특권의 자리는 어디에 있단 말인가? 만일 언약의 말씀이 신약시대의 성인들에게 설교된다면, 혹시 동일한 방식으로 언약의 말씀과 약속들이, 마치 이교도에게도 전해지듯이, 아직 세례를 받지 않은 자녀들—그러나 점차 성장하여 복음을 들을 수 있게 된 자녀들(행 2:39; 딤후 3:15)—의 귀에도 당연히 들려질 수 있지 않겠는가? 이들은 결코 언약에 대해 외인들이 아니다. 또한 그들의 부모들이 맺은 언약에 의거하여 모든 권리들을 결여하는 것도 아니다. 과연 그들이 이 모든 특권에 있어서 사탄을 숭배하는 인디언과 그들의 자녀들과 아무런 차이가 없다고 이야기할 수 있겠는가?

사도 바울이 분별력 있는 이방인들에게 언약의 말씀을 설교했던 것은 [주님의] 명령 없이 행한 일이 아니었다(행 13:47; 사 49:6-10절). 같은 맥락에서 아버지들은 그들의 자녀들에게 복음을 설교할 명령을 받지 않았는가? 혹은 언약 안에서 부모들과 목사들이 취해야 하는 보증서 안에 부모들은 동일한 언약을 그들의 자녀들에게 설교하는 것을 보증하는 규정이 있지 않은가? 그렇지 않다면 사도는 아마도 다음과 같이 진술했어야 할 것이다. 즉 우리는 다음의 조건에 해당하는 사람들을 제외하고는 그 누구에게도 언약을 제안하거나 그리스도께서 주신 언약을 그 누구에게도 설교할 수 있는 보증이 없다고 말이다. 그 조건들이란 첫째, 성인이어야 하고, 둘째, 회심한 자들이어야 하며, 셋째, 자신은 가시적으로뿐만 아니라 비가시적으로도 택자에 해당하는 언약 백성이라는 신앙고백의 표지를 제시할 수 있는 자들이어야 한다. 한 걸음 더 나아가 이들은 다음의 내용을 진술할 수 있어야 한다. 즉 신약시대에는 오로지 참 신자들만이 하나님과의 언약을 맺기 때문에(재세례파의 주장이다), 오늘날 모든 자녀들은 마치 불경한 이방인과 이교도와 마찬가지로 그리스도에 의해 은혜 언약으로부터 배제되어 있다는 사실을 고백할 수 있어야 하는 것이다.

그러나 참으로 새 언약은 그리스도와 언약을, 선포된 약속들 안에서, 아버지와 아들 모두에게 똑같이 제시한다. 마태복음 4장 16절을 보라. "흑암에 앉은 백성—아버지들과 아들들 모두를 포함한다—이 큰 빛을 보았고." 또한 마태복음 21장 43절을 보라. "그러므로 내가 너희에게 이르노니 하나님의 나라를 너희는 빼앗기고 그 나라의 열매 맺는 백성이 받으리라." 만일 이 왕국[하나님의 나라]을 빼앗긴다는 것은 일종의 형벌이 아니겠는가? 언약이 설교되는 곳에 하나님 왕국이 도래하는 것이라면(마 3:2, 12:28), 신랑이 함께하는 곳에 기쁨의 근원이 있다면(마 9:15), 금 촛대들이 있는 곳에 그 사이로 하나님의 아들이 거니신다면(계 1:20, 2:1), 이 모든 장소에 자녀들도 함께 있음이 분명하다. 만일 자녀들은 이 내용들을 이해할 수 없기 때문에 이것은 아무것도 아니라고 말할는지도 모른다. 그렇다면 이방인들이 가입할 것을 예언한 시편 87장 4-6절의 말씀이 의미하는 바는 과연 무엇이겠는가? "하나님의 성이여 너를 가리켜 영광스럽다 말하는도다(4절) 나는 라합과 바벨론이 나를 아는 자 중에 있다 말하리라 보라 블레셋과 두로와 구스여 이것들도 거기서 났다 하리로다(5절) 시온에 대하여 말하기를 이 사람, 저 사람이 거기서 났다고 말하리니 지존자가 친히 시온을 세우리라 하는도다(6절) 여호와께서 민족들을 등록하실 때에는 그 수를 세시며 이 사람이 거기서 났다 하시리로다."

한편 그리스도는 예루살렘의 멸망에 대해 예언하실 때, 언약을 경멸했던 죄에 대한 심판을 자녀들과 집안으로까지 확대하셨다(마 23:37-38; 눅 19:44, 22:24). 그렇다면 어떻게 새 언약의 언약적 진노가, 언약을 파괴한 당사자들인 부모에게만 아니라 부모 안에 있으면서 언약을 파괴하지 않은 젖먹이 자녀들에게까지 미칠 수가 있단 말인가? 이것은 그 자녀들 역시 그들의 부모들과 함께 언약 안에 있었음을 말해준다.

이사야 19장 18-21절과 말라기 1장[19]은 이집트의 다섯 도시들—곧 이집트의 많은 도시들—과 모든 이방인들에 관한 말씀이 기록되어 있다. 특히 가견적인 언약 체결에 대한 암시적 표현들이 등장한

---

19) [역자 주] 원문에는 말라기 1장 18절로 기록되어 있다. 11절을 잘못 표기한 것으로 보인다.

다. 일례를 제단을 향하여 "가나안 방언을 말하며," "분향을 드리며," "여호와를 가리켜 맹세하는" 등이다. 언약의 축복들은 아버지로부터 그 자녀들에게로 파생되어 전해질 것이다. 주님은 이렇게 말씀하신다. "내 백성 애굽이여, 내 손으로 지은 앗수르여, 나의 기업 이스라엘이여, 복이 있을지어다(25절)." 만일 언약을 맺은 이집트와 아시리아 그리고 이스라엘에 대한 축복이 오로지 #1. 성인들과 #2. 믿음을 고백하는 자들과 #3. 세례 받은 자에게만 해당된다고 말한다면 그것은 "내 백성 애굽이여 복이 있을지어다"라는 축복을 너무나 좁게 이해하는 것이 될 것이다.

한편으로 볼 때, 성인과 미성년자를 포함하는 전체 후손이 가견적으로 언약 안에 있다. 그러나 다른 한편에서 볼 때, 이것이 곧 언약 안에 있는 모든 약속들이 절대적인 것이라는 사실을 의미하는 것은 아니다. 일례로 신명기 30장 6절에 약속된 새 마음은 가견적인 언약 안에 있는 모든 개인에게 주어진 것이 아니다. 물론 이 약속은 유대인들에게 주어졌다. 또한 가견적인 유대인 집단과 그들의 자손들은 분명 선택받았고 외면적으로 입양되어 언약을 맺은 하나님의 언약 백성임은 부인할 수 없는 분명한 사실이다(신 29:10-13, 7:6, 10:19). 주님은 그들을 가리켜 자신이 "이집트로부터 인도하여 낸" 그의 백성이라고 부르셨다. 출애굽기 3장 7절을 보라. "내가 애굽에 있는 내 백성의 고통을 분명히 보고"라고 말씀하신다. 또한 에스겔 37장 12절을 보라. 주님은 "내 백성들아 내가 너희 무덤을 열고"라고 말씀하신다. 하나님은 사울과 다윗이 목양했던 많은 무리들을 가리켜—그들이 새 마음을 가졌는지의 여부와 상관없이—"내 백성"이라고 부르셨다(삼상 9:16; 삼하 7:8). 또한 시편 50장 7절과 81장 13절, 그리고 예레미야 9장 26절 등을 보라. "내 백성아 들을지어다." 고린도후서 6장 16절에서도 하나님은 고린도교회를 가리켜 그의 백성이라고 부르셨다. 요한계시록 11장 15절은 세상의 왕국들을 가리켜 언약 안에 있는 "주님의 왕국들"이라고 지칭한다. 이 안에는 마음에 할례를 받지 못한 자들이 다수 존재한다(렘 9:26; 사 1:10, 암 9:7). 하나님은 그들 중 다수를 기뻐하지 않으셨다(고전 10:5). 따라서 신약에서는 오직 신자들만이 언약 안에 있다고 말하는 것은 가장 큰 오류이다. 왜냐하면 가룟 유다, 데마, 시몬 마구스 등과 외면적으로 부르심을 받은—하나님과의 (내면적인) 언약 관계 안에서 세례를 받았다고 말할 수 없으므로—모든 자들은(마 22:10) 그들의 고백에 의해 언약 안에 외면적으로 거하기 때문이다. 이는 유대인들의 경우와 동일하다. 유대인들도 고백적으로 은혜 언약에 의해 수용되었고 은혜 언약에 동의했던 것이다. 이 때문에 고린도전서 10장 7절은 이렇게 말한다. "그들 가운데 어떤 사람들과 같이 너희는 우상 숭배 하는 자가 되지 말라." 계속하여 "그들 중의 어떤 사람들처럼 우리는 그들과 같이 음행하지 말자"(8절), "우리는 그들과 같이 그리스도를 시험하지 말자"(9절), "그들과 같이 원망하지 말라"(10절). 이처럼 유대인들의 경우와 마찬가지로 오늘날 우리 역시 같은 방식으로, 언약 안에 거하는 것이다. 즉 그들의 가견 교회와 오늘날 우리의 가견 교회는 그 구성 요소에 있어 동일한 것이다.

제13장

4. 아브라함과 맺은 언약은 우리의 언약과 동일한 것이다. 또한 아브라함 언약은 시민적 언약이 아니다.

질문 현재 우리는 은혜 언약 아래에 있는데, 이 은혜 언약은 하나님께서 아브라함과 더불어 맺으신 언약과 그 성격과 본질에서 동일한 것이라고 말할 수 있지 않는가?

답 1) 동일하신 그리스도께서 두 언약 모두의 중보자이시다(히 13:8). 그들의 반석과 우리의 반석은 모두 그리스도이시다(고전 10:1-6, 요 8:56).

2) 우리는 아브라함과 다윗이 의롭다 함을 받은 것과 동일하게 의롭게 되었다(롬 4:1-5; 창 15:6; 시 32:1-2)

3) 이방인들이 은혜에 의해 구원을 받은 것처럼 그들[아브라함 언약 안에 있는 구약의 성도] 역시 은혜에 의해 구원을 받았고(행 15:11), 또한 우리와 그들 모두 믿음에 의해 구원받았다(행 10:43; 히 11:1-4, 13절 등).

4) 아브라함 언약이 아브라함의 후손들을 다른 국가들로부터 구분했다고 해서 그것을 가리켜 일종의 시민 언약이라고 부를 이유가 없다. 또한 아브라함의 자손에게 가나안이 약속되었다고 해서, 이 언약을 가리켜 현세적 언약이라고 불러야 할 이유도 없

다. 이런 식의 논리라면 우리는 행위 언약도 두 가지가 존재했다고 말해야 한다. 하나는 지상의 낙원을 약속받은 아담과 맺은 행위 언약이고 다른 하나는 현세적인 가나안을 두고 유대인과 맺은 행위 언약을 말해야 하는 것이다. 한 걸음 더 나아가 복음의 시대에 살고 있는 자들에게 해당하는 제 삼의 행위 언약도 생각해야 할 것이다. 마찬가지 논리를 은혜 언약을 맺은 다윗에게 적용해 볼 때(시 89장, 삼하 7장), 그는 왕권을 약속받았으므로 앞의 두 개의 언약과 구분되는 또 다른 종류의 언약으로 분류해야 할 것이다. 한편 여기서의 언약은 순종을 조건으로 구원을 얻는 방법이라는 사실을 고려할 때, 세례 요한의 은혜 언약과 사도의 은혜 언약은 서로 다른 언약이라고 말해야 할 것이다. 왜냐하면 사도가 전하는 믿음에는 이적들의 역사가 약속되었지만(막 16:16-18), 세례 요한은 그 어떤 기적도 행하지 않았기 때문이다. 또한 수없이 많은 신자들은 기적을 행하지 않으니, 이들은 제 삼의 언약 아래 있다고 말해야 할 것이다. 요컨대 비록 가나안이 아브라함의 자손들에게 약속이 되었다 해도 이것을 근거로 아브라함 언약을 현세적인 언약이라고 부를 이유가 없는 것이다. 같은 맥락에서 모든 신자들에게 그들의 땅이 복을 받을 것이라는 약속이 주어진 것—겔 36:25-31; 렘 31:31(38-43절과 비교하라); 마 6:33; 눅 12:31; 딤전 4:8; 히 13:5-6—을 근거로 이를 가리켜 현세적인 언약이라고 부를 이유가 없는 것이다.

5) 우리 구세주께서는 마태복음 22장 31-33절에서 아브라함과 맺

은 언약과 출애굽기 3장을 인용하여 논증하신다. 만약에 당시 사두개인들이 살았던 시대의 유아들과 모든 신자들이 아브라함과 맺은 언약과 동일한 언약 아래 있지 않은 것이었다면, 결국 아브라함 언약과 출애굽기 3장은 다음의 사실을 입증하는 셈이 될 것이다. 즉 유아들은 아무도 부활생명을 얻고 천사와 같은 상태로 구원받지 못할 것이다. 이는 그들의 유아들 중 아무도 언약의 부활과 언약적인 구원을 소유하지 못하게 될 것임을 의미한다. 그렇지 않다면 구원받은 유아들을 위한 또 다른 종류의 구원을 생각해야 할 것이다. 즉 언약과도 무관하고 그리스도도 없는 일종의 이교도의 천국과 같은 장소를 생각해야 할 것이다. 만일 유아들이 언약을 결여한 이교도와 같다면, 다음의 두 가지 중 하나일 것이다. 첫째, 그들 중 아무도 구원받고 생명에 이르도록 선택받지 못할 것이다. 이는 그리스도의 교훈에 위배되나(마 18:2-4; 막 10:13-16), 재세례파는 승인한다. 둘째, 언약과 무관한 구원이 존재할 것이다. #1. 즉 새 언약과 옛 언약 모두 결여한 구원이다. #2. 예수의 이름도, 언약의 보혈도 없는 구원이다. 이는 다음 구절들에 위배된다. 사도행전 4장 12절과 요한일서 5장 8절 그리고 요한계시록 1장 5절 등이다. #3. 유아들은 가견 교회 없이 구원을 받을 것이다. 이는 이교도가 구원을 받는 방식이라고 할 수 있겠다.

5. 신약시대 그리스도의 왕국은 비록 외면적인 기표와 인들을 포함하고 있지만 여전히 영적인 왕국이다.

질문 유아들 전부가 구원 얻는 것은 아닌가? 그리스도의 왕국은 영적이기 때문에, 그들이 믿지 않는 한 물[세례]의 요소는 그들에게 아무런 유익을 줄 수 없다고 말하는 것으로 충분하지 않은가?

답 1) 만약 하나님의 지혜가 외면적인 기표들을 지정했기 때문에 그의 왕국은 영적이지 않다고 말한다면, 자녀들에게는 그 어떠한 약속들도 (좋은 소식으로서) 주어질 수 없을 것이다. 왜냐하면 그들이 (성인이 되어) 믿기까지는 그 약속들이 그들에게 아무런 유익을 미치지 못할 것이기 때문이다. 그런데 이것은 사도행전 2장 39절에 위배된다. 2) 그렇다면 마태복음 28장 20절에서 기록된 모든 민족들에게 복음을 설교하는 것 역시 무의미해질 것이다. 왜냐하면 복음에 의해 실제로 [영적으로] 모든 민족들이 유익을 얻는 것은 불가능할 것이기 때문이다. 3) 소위 선포된 복음 아래에 살면서 기표와 인—곧 세례, 성만찬, 책망과 권징 등—을 심지어 성인에게까지 베푼다는 것은 일종의 율법적인 예속이요 유대교적이라고 생각하는 것은 분명 의심스러운 가정이다. 4) 오로지 신자들만이 언약의 가견적인 회원이 되어 언약 안에 가견적으로 머물고, 세례를 받을 수 있는 것이라고 주장하는 것은 분명 유대교적인 것이다. 오늘날 사역자들은 모든 나라들에게 설교하고 세례를 베푼다. 나라의 더욱 큰 부분이 비록 아직 신자가 아님에도 그렇게 한다. 그럼에도 이것은 확실히 새 언약의 규례에 해당하는 것이다.

6. 언약적 거룩함에 관하여

질문 만일 믿음이 믿음 자체로서 거룩하게 하는 것이라면 과연 믿지 않는 창기가 간음하는 신자에 의해서도 거룩해질 수 있다는 것인가? [이것의 논거로서] 과연 믿음은 각 사람 안에서 믿음의 형상인적인 사역을 수행하는 것인가?

답 사도 바울은 믿음이 모든 개별자들을 성화시킨다는 의미로 결코 말하지 않았다. 다만 넓은 의미에서 대상을 언급한 것이다. 믿음은 근친상간과 죄악을 성화시키지 않는다. 이것들은 거룩하게 쓰임받도록 따로 구별될 수 없는 것들이다. 만일 불이 불 자체로서 타는 것이라면, 아마도 작은 불씨 하나만으로도 태양의 모든 물을 마르게 할 수 있을 것이다. 만약 기도가 기도 자체로서 모든 것을 얻을 수 있다고 한다면, 당신의 아들을 하나님께 희생 제물로 드리는 기도 역시 거룩하고 합당한 예배로 수용될 수 있겠는가? 백스터(R. Baxter)는 이 주제에 관해 훌륭하게 다음과 같이 말했다. "사물은 그것이 거룩해지기에 앞서서 우선 정당한 것이어야 한다. 하나님께서는 사람 안에 있거나 사람에 대한 것이나 여하간의 죄를 거룩하게 하시지 않는다." 또한 고린도전서 7장에 기록된 학문적이고 견고하게 변증된 그의 논증을 살펴보라. 이로써 이 논쟁은 매듭지어졌다.

질문 과연 유아들 안에 있다고 하는 소위 언약적이라고 불리는 거룩함, 혹은 언약적 거룩함은 무엇인가?

답 언약적 거룩함이란 개별 인격체의 거룩을 지칭한다기보다는— 물론 그 당사자가 세상으로부터 분리되어 하나님께로 나와 교회의 회원이 되었다는 의미에서 그렇게 불릴 수도 있지만— 후손들, 사회, 가정 혹은 국민의 거룩함을 지칭한다고 볼 수 있다. 아버지로부터 아들에게로 파생되는 거룩함으로써, 마치 한 도시의 자유민인 아버지의 자유가 그에게 개인적으로 귀속되는 특권이지만 그럼에도 합법적으로 그의 자녀에게 상속되는 것과 같은 이치이다. 동일한 차원에서 만일 아버지가 구원을 위한 수단에 대한 권리(*jus ad media salutis*)를 소유하고 있다면, 그의 아들 역시 그것을 소유한다.

1) 이처럼 일차적으로 이것은 가정에 관련하기 때문에, 하나님께서는 아브라함 및 그의 가족과 더불어 언약을 맺으신 것이다. "너와 네 후손의 하나님이 되리라"(창 17장). 이 언약의 확장은 그가 아버지라는 사실에서뿐만 아니라 가장이라는 사실에 의거한 것이다. 이 때문에 그의 가족 공동체 안에서 출생한 종들의 자녀들까지 할례를 받아야 했고, 구원의 수단에 대한 권리를 소유하도록 교육 받았던 것이다. 창세기 17장 12절을 보라. "너희의 대대로 모든 남자는—따라서 이것은 세대의 거룩함에 해당하는 것이다— 집에서 난 자나 또는 너희 자손이 아니라 이방 사람에게서 돈으로 산 자를 막론하고 난 지 팔 일 만에 할례를 받을 것이라."

여기서 하나님은 아브라함 안에서 그가 선택하시는 대상이 국가와 가문임을 분명하게 보여주셨다. 창세기 18장 19절을 보라. "내가 그로 그 자식과 권속에게 명하여—이것을 가견 교회로 국한하는 것은 너무 좁게 보는 것이다— 여호와의 도를 지켜 공의와 정의를 행하게 하려고 그를 택하였나니."

언약에 대한 외면적 교회의 특권들은 국가와 사회들에게 주어졌다.

2) 이후 하나님께서는 한 국가를 선택하여 그의 특별한 거룩한 백성으로 삼으셨다(신 7:6-7). 이때 하나님은 또 다른 새로운 언약을 맺으신 것이 아니라 [아브라함과 맺으신 것과] 동일한 언약 안에서 그렇게 하신 것이다. 신명기 7장 8절을 보라. "여호와께서 다만 너희를 사랑하심으로 말미암아, 또는 너희의 조상들에게—곧 아브라함을 가리킨다— 하신 맹세를 지키려 하심으로 말미암아"라고 기록되어 있다. 또한 신명기 10장 15절을 보라. "여호와께서 그들의 후손인 너희를 만민 중에서—모든 가족들이라고 말씀하시지 않았다— 택하셨음이 오늘과 같으니라." 아모스 3장 2절은 "내가 땅의 모든 족속 가운데 너희만을 알았나니"라고 기록한다.

이와 마찬가지로 신약시대에도 외면적인 교회 언약과 은혜의 수단에 대한 교회의 권리는 한 사회에 주어지고 국가와 더불어 맺어진다. 이사야 2장 1-3절, 시편 2장 8-9절과 22장 27절, 87장 2-4절, 요한계시록 11장 15절, 마태복음 28장 19-20절 등을 보

라. 신약성경에서 세례 받은 자들은—사도행전에 기록된 내시
(행 8:39)와 사울을 제외하고는— 일차적으로는 [약속의] 자손
을 대표하는 공인으로서 공적으로 세례를 받았다. 또한 [개인
이 아닌] 사회가 세례를 받은 것으로 기록되기도 한다. "온 유대
와"(마 3:5), "온 유대 지방과"(막 1:5), "모든 백성이"(눅 3:21) 등의
표현이 이를 보여준다. 물론 아버지들 역시 그들의 자녀들이 동
일한 약속의 인에 대한 권리를 소유한 것과 마찬가지로 기독교
인이 되어 세례를 받은 것이었다. 요한복음 3장 22-23절과 26절
에 기록된 사람들도 그렇게 세례를 받은 것이다. 또한 사도행전
10장 33절과 47절에 기록된 고넬료의 경우도, 그의 가족과 그와
함께한 모든 자들이 고넬료와 더불어 세례를 받았다. 사도행전 2
장 39-41절에 기록된 삼천 명은 다 함께 한 번에 세례를 받았다.
사도행전 16장 33절에 기록된 간수는 그의 가족과 종과 친구들
과 더불어 세례를 받았다. 고린도전서 1장 16절에 기록된 스데
바나 집 사람들도 세례를 받았다.

3) 이들은 다음에 기록된 다른 [가옥] 교회들처럼 교회로서 간주
된다. 로마서 16장 11절 "나깃수의 가족 중 주 안에 있는 자들에
게", 5절 "또 저의 집, 곧 브리스가와 아굴라의 집에 있는 교회에
도 문안하라," 그리고 빌레몬서 2절 "네 집에 있는 교회" 등의 구
절들을 보라. 이는 곧 언약적 거룩함이 과거 아브라함의 가족에
서와 마찬가지로 신약에서도 사회들과 가정들에 귀속됨을 가르
쳐 준다. 또한 아브라함의 가족이 할례를 받은 것과 마찬가지로

새 언약 시대에도 전체 가족 공동체가 세례를 받는 것임을 가르쳐 주는 것이다.

4) 사도 바울은 매우 적절하게도 이를 가리켜 일종의 집단, 혹은 국민의 거룩함이라고 불렀다. 또한 뿌리와 가지의 거룩함, 곧 거룩한 뿌리로부터 첫 열매가 맺은 것으로 비유하기도 했다. 로마서 11장 16-17절에 기록된 올리브 나무와 가지의 비유를 보라.

5) 언약의 말씀을 전파하시는 것 안에 담겨 있는 하나님의 특별한 의도가 이 사실을 [곧 외면적 언약이 사회와 국가에게 주어졌다는 사실] 증거한다. 하나님은 오직 한 사람을 위해, 곧 그 한 사람을 가입시키기 위해 복음을 전파하지 않으셨다. 오히려 한 사회와, 한 도시, 곧 사마리아와(행 8장), 이방인들과(행 13장), 모든 민족들(마 28:19-20)을 대상으로 눈에 보이고 귀에 들리도록 선포된 언약을 통해 하나님은 교회와 그의 택자들을 불러 모으신다. 따라서 이들 사회와 나라들의 구성원과 그의 자녀들은 구원과 언약에 이르는 수단들에 대한 권리를 소유하는 것이다. 따라서 복음이 나라와 가정과 사회에 이르렀을 때, 우리는 우리 조상의 믿음이 실제 믿음인지 아닌지의 여부를 단순한 호기심으로 따져 물어서는 안 될 것이다. 한 사람 아브라함, 한 사람 고넬료, 한 사람 간수(우리가 성경을 통해 알 수 있는 내용에 의거하여 말하자면 주님은 이들을 효과적으로 회심시키셨다) 안에 계셨던 하나님은 종족과 가문과 사회와 나라를 선택하시고 그들에게 언약적 거룩함을

수여하신다. 하나님의 부르심이 있는 곳에서 태어난 사람은 그 부모의 믿음만큼 방향 전환을 한다.

7. 조건적이고 외면적인 언약을 받는 제 일 주체는 혈통적 뿌리가 아니라 도덕적 뿌리에 의거한다.

우리가 뿌리를 언급할 때, 이것은 필연적으로 육체적인 뿌리에 해당하는 아버지를 의미하는 것은 아니다. 아브라함은 육체적인 뿌리와 조상이 아니었다. 고넬료 역시 그의 가옥 안에 있는 모든 종들과 친구들의 육체적인 아버지는 아니었다. 그러나 집이나 사회의 한 친구가 복음을 고백할 때, 그와 그의 사람들은 세례와 구원의 수단에 대한 권리를 소유한다.

물론 실제적 거룩함에 대해 말하자면, 이것은 믿는 아버지로부터 파생되어 그의 아들을 신자로 만드는 것이 아니다. 성경과 우리의 경험은 이것을 반대한다. 또한 실제적 거룩함은 하나님과 더불어 내면적이고 효과적인 언약 관계를 만들어내지도 못한다. 이러한 내면적이고 효과적인 언약에 의해 사람은 약속의 아들이 되고(롬 9장), 생명으로 예정되며, 국민적인 호의를 받게 된다. #1. 아버지가 선택받았다고 하여 아들 역시 그 아버지 안에서 생명으로 선택받는 경우는 존재하지 않는다. 아무리 택함 받은 아버지라 해도 유기자 아들을 가질 수도 있다. #2. 생명으로의 선택은 나라 혹은 가문 혹은 사회 등이 선택받는 것과 다르며, 오로지 하나의 개별적 인격체의 선택에 해당한다. 하나님은 다음과 같이 말씀하지 않으셨다. "그 나라들이 무슨 선이나 악을 행하지 아니한 때에 내가 저 나라가 아닌 이 나라 전체를 선택하였고, 이 사람은 사랑하였으나 저 사람은 사랑하지 아니하였노라."

8. 세례에 대한 권리의 형상적인 근거

질문 어떤 사람이 세례에 대한 권리를 가질 수 있게 하는 형상적인 이유와 근거는 무엇인가?

답 1) 만일 수동적인 권리를 말한다면, 사도행전 8장의 내시가 믿었을 때, 그리고 사도행전 10장에 기록된 사람들이 성령을 받았을 때, 그들은 세례를 받을 수 있었다. 내시의 경우 만일 빌립이 자기에게 세례를 주는 여부에 따라 죄를 짓는 것인지에 관해서 그는 질문을 제기하지 않았다. 그는 빌립이 아닌 그 자신의 회심을 확실히 하길 원했다.

행 8:37과 막16:16 주해. 이 구절들은 재세례파를 전혀 지지하지 않고 오히려 상당 부분은 재세례파의 입장을 반대한다.

오로지 성년이고 실제로 믿는 신자만 세례를 받아야 한다고 주장하는 사람들은 이를 입증하기 위해서 사도행전 8장 37절의 "가하니라(ἔξεστι)"[20]와 마가복음 16장 15-16절을 제시한다. 이들은 생명으로 예정되고 실제로 믿는 신자들 이외의 사람들에게 세례를 베푸는 것을 가리켜 교회가 범죄하는 것이라고 주장하면서 이를 입증하는 말씀으로 앞의 구절들을 제시한다. 왜냐하면 여기서 빌립이 요구하는 믿음은 실제적―"마음을 온전히 하여"―믿음이기 때문이다. 이 믿음은 시몬 마구스의 믿음과는 다른 것이다. 또한 마가복음 16장 16절에 기록된 믿음―"믿고 세례를 받는 사람은 구원을 얻을 것이요"―은 실제로 구원을 가져오는 참 믿음이다.

2) 그 근거는 단지 가견적인 믿음만이 될 수는 없다. 왜냐하면 이것은 시몬 마구스 안에도 있었던 믿음이기 때문이다. 그는 가견적으로는 그렇게 믿고 또한 세례를 받았다. 그러나 이러한 믿음을 근거로 그는 구원을 받지 못했다. 그는 "악독이 가득한 자였다" [행 8:23].

3) "믿지 않는 사람은 정죄를 받으리라"[막 16:16]. 틀림없이 이 말씀은 구원 얻는 믿음으로 믿지 않는 자는 정죄를 받는다는 사실을 의미할 것이다. 그러나 다음과 같이 말하는 것, 곧 가견적으로 믿지 않는 자들은 정죄를 당한다는―마구스나 가룟 유다처럼 ― 진술은 가장 거짓된 진술이다. 왜냐하면 베드로 역시 유다처럼 믿지 않았으나 [곧 불신앙의 죄를 범했으나] 그는 정죄를 당

20] 한글 개역성경에는 사도행전 8장 37절이 "없음"으로 되어 있다. 그러나 어떤 사본에는 다음의 내용이 기록되어 있다. "빌립이 이르되 네가 마음을 온전히 하여 믿으면 가하니라 대답하여 이르되 내가 예수 그리스도께서 하나님의 아들인 줄 믿노라." 루더포드는 이 구절의 "가하니라(ἔξεστι)"를 근거로 유아세례를 부정하는 논의를 논박한다.

하지 않았기 때문이다.

한편 상기한 구절의 의미는 내면과 외면 양자 모두에서—곧 [내면적으로는] 실제로, 구원의 효력이 있도록 믿으면서 이와 동시에 [외면적으로는] 고백적이고 가견적으로— 믿어야만 구원을 받는다는 사실임에 틀림없다. 단, 이를 근거로 두 가지 모두를 갖춘 신자, 곧 참 신자이면서 동시에 가견적인 신자들만이 세례를 받을 수 있다고 주장할 수는 없다.

4) 만일 사도행전 2장 39절에서처럼 오직 언약을 맺은 자만이 세례를 받을 수 있다는 것이 참이라면, 또한 신약에서는 참 신자 곧 생명으로 예정된 신자들만이 언약 백성이라는 주장—이는 재세례파가 로마서 9장에 근거해서 가르치는 바이다—이 참이라면, 교회는 틀림없이 아무런 말씀[성경]의 근거도 없이 마구스와 데마, 그리고 가룟 유다에게 세례를 베푼 셈이 된다.

5) 또한 같은 논리를 적용하자면 결국 성경에 기록된 대로 온 유대와 독사의 자식들에 해당하는 모든 세대는 참 신자이면서 동시에 가견적인 신자였음에 틀림없었다는 결론을 도출할 수밖에 없다. 왜냐하면 이들은 모두 세례를 받았기 때문이다(마 3:3-4; 막 1:5; 눅 3:21). [영국의] 독립파(Independents)는 이 내용을 숙고해 보아야 한다. 또한 이 구절들에 대한 풀크(Fulk) 박사, 카트라이트(Cartwright), 패라우스(Paraus), 칼빈(Calvin), 베자(Beza), 그리고 우리의 신학자들의 해석을 고려해 보아야 할 것이다. 이들은 모

두 이 구절들에 등장하는 큰 무리가 [세례를 받기 위해] 입을 열어 고해를 했다는 해석을 반대한다.

6) 사도행전 8장에 등장하는 내시가 세례를 받기 전, 빌립이 그에게 세례를 베푸는 것이 합당한지의 여부를 검토하기 위해, 다시 말해, 그 자신의 믿음을 점검하여 세례의 표를 받을 수 있는 자격을 갖추었는지의 여부를 확정하기 위해 특별한 양심 점검의 절차를 밟았을 것이라는 공상을 하는 사람이 있다면 오히려 그것이 놀라울 것이다. 사도행전 8장 36절을 보라. 그는 단지 물이 있음을 발견하고 "내가 세례를 받음에 무슨 거리낌이 있느냐?"(τί κωλύει με βαπτισθῆναι)라고 말했을 뿐이다.

7) 같은 맥락에서 볼 때, [만일 참 신자만이 세례를 받아야 한다면] 임종의 순간까지 믿음을 가지고 죽어가는 신자들 이외에는 아무에게도 확신을 가지고 세례를 베풀 수 없을 것이다. 게다가 이들조차도 사도행전 8장 37절과 마가복음 16장 16절에서 말하는 믿음을 소유했는지의 여부가 확실하지 않다. 만일 세례를 베푸는 것에 대한 형상적인 보증이 존재하지 않는다면, 그 누구도— 성인은 성인대로, 유아는 유아로서— 세례를 받지 못할 것이다. 반면에 그 근거가 있다면, 심지어 이교도의 모든 성인과 유아들도 세례를 받을 수 있을 것이다. 한편 언약 안에 있는 모든 자들이 다 세례를 받을 수 있는 것은 아니다. 비록 언약 안에 있는 참되고 비가견적인 신자라 할지라도 교회의 [공적인] 신앙고백을

전혀 하지 않은 경우에는, 교회에 의해 정당하게 세례를 받을 수 없기 때문이다.

요컨대 나이가 많거나 적거나의 여부에 상관없이, 단지 가견적인 언약의 방식으로 있는 자들이라면(*tali modo visibili federati*), 곧 외면적인 신앙고백과 눈에 보이게 언약 안에 머물고, 부르심을 받은 자들은(행 2:39) 정당하게 세례를 받을 수 있는 것이다. 사도행전 2장 39절에 기록된 사람들은 언약의 말씀에 의한 부르심에 응하는 방식으로 언약 안에 거하게 되었음에 틀림없다. 자신들의 의지에 반하여 세례를 받았을 리는 없기 때문이다(눅 7:29-30).

행 2:39 주해. 이 구절은 유아세례를 강력하게 지지한다.(86, 87)

질문 사도행전 2장 39절에 과연 유아세례를 보증하는 근거가 있는가?

답 1) 필자는 이 말씀이 주어졌던 그 현장에서 실제로 유아세례를 베풀었을 것이라는 사실을 주장하지는 않겠다. 본문은 "각각 (ἕκαστος)─곧 아버지와 자녀들 모두─ 세례를 받으라"고 기록되어 있다. 그 이유는 무엇인가? "이 약속은 너희와 너희 자녀에게 하신 것이라." 사람들은 이 텍스트를 일백 개로 쪼개어 자기가 원하는 방식대로 해석하여 혈전을 시작한다. 그러나 결코 간과될 수 없는 참 테제는 바로 이것이다. 언약의 약속이(ἐπαγγελία) 귀속된 사람들이 세례를 받아야 한다. 그런데 이 언약의 약속은 너

희와 너희 자녀들에게 하신 것이다. 따라서 **너희와 너의 자녀들**
은 세례를 받아야 한다는 것이다. 이러한 생각은 베드로 자신이
명시적으로 한 말이고 다음의 진술 또한 베드로 자신의 말이다.
"각각 세례를 받으라. 왜냐하면 이 언약의 약속은 참으로 너희에
게(ὑμῖν γάρ ἐστιν) 하신 것이기 때문이다." 칼빈, 불링거(Bullinger),
브렌티우스(Brentius), 그발터(R. Gwalther) 등이 이 부분을 잘 주해
하였다.

2) 세례를 받는 것에 가장 근접해 있는 사람들은 누구인가? 베드로
가 제시한 바에 따르면 언약의 약속이 선포된 대상들이다. "모든
먼 데 있는 사람들," 곧 이방인들로서 "주 우리 하나님이 얼마든
지 부르시는 자들"이다. 요컨대 주님의 부르심과 그리스도를 제
시하는 선포된 복음 설교의 대상들이다. 다음 구절들을 보라. 잠
언 9장 1-4절, 마태복음 22장 [9절] "사람을 만나는 대로 혼인
잔치에 청하여 오라," 누가복음 14장 16-18절 등에 등장하는 대
상들은 모두 외면적으로 언약 안에 거하는 자들이다. 이들에게
도 언약은 체결되며 따라서 이들은 세례를 받을 수 있다. 물론
이들은 스스로 부르심에 대한 동의를 표현했을 것이다. 또한 초
청을 즉시 거절하지도 않았다는 사실을 짐작할 수 있다. 그렇지
않다면 이들은 자기 의사에 반하여 세례를 받았을 것이기 때문
이다.

3) 칼빈은 사도행전 2장 39절 주해에서 그의 시대에 재세례파들이

주장한 바를 소개한다. 곧 약속은 오직 신자들에게만 주어진 것이라고 그들은 말한다는 사실이다. 그러나 본문은 이렇게 분명하게 이야기 한다. "이 약속은 너희와 너희 자녀에게 하신 것이라." 다시 말해 유아들에게 주어진 것이고, 선지자들의 자녀들에게도 주어졌으며, 언약을 맺었던 조상들의 자손들(행 3:25)에게도 주어진 것이다. 재세례파는 도대체 무슨 근거로 그들의 어린 자녀들의 전부 혹은 일부가 성년이 되었을 때 믿음을 갖게 될 것이라고 생각하는가? 그들에게 있어서 자녀들은 이교도의 자녀들과 마찬가지로 그리스도도 없고 언약도 소유하지 못한 것이 아닌가? 혹시 상기한 구절[행 2:39]이 믿는 자녀들을 가리킨다고 주장한다면, 굳이 "너희 자녀"라는 말을 따로 첨가할 이유가 무엇이겠는가? 믿는 자녀란 이미 성년을 의미하지 않는가? 그들의 아버지들과 그들 자신은 이미 신자에 해당한다.

여기서 베드로는 두 집단을 구분한다. 첫째는 성인 집단으로서 선포된 말씀을 기쁨으로 듣고 마음의 찔림을 받은 자들이다(37,41절). 두 번째 집단은 자녀들이다. 약속은 두 집단 모두에게 주어졌다. 도대체 무슨 근거로 그들로부터 젖먹이들을 배제시킨단 말인가? 사도행전 2장 39절에 쓰인 단어는["자녀"] 마태복음 2장 18절과 고린도전서 7장 14절에서 사용된 단어와 동일하다. 곧 젖먹이 아이들을 당연히 포함시키는 단어들이다. 성경은 이들이 실제적인 믿음을 소유했다고 말하지 않는다.

"이 약속은 너희와 너희 자녀에게 하신 것이라." 이 말씀은 달리 해석될 수 없다. 즉 약속과 언약의 말씀이 너희와 너희 안에 있는 너희 자녀들에게 선포되었다. 이것은 외면적으로 언약 안에 거하는 것이다. 이러한 외면 언약은 구약과 신약 모든 시대에 존재한다. 만일 이렇게 해석하는 것 이외에 또 다른 의미가 있다면, 그것은 분명 다음과 같은 의미일 것이다. "하나님은 선포된 말씀을 들은 너희와 너희 자녀들 곧 3,000명의 회중 전체와 더불어 내면적으로 언약을 체결하셨다. 너희는 모두 영적인 자손들이며 약속의 자녀들이고 영생으로 예정된 자들이다." 로마서 9장에서처럼 그들은 본문에서 언약의 후손[택자]을 설명한다.

그러나 다음의 사실들을 고려해보라. 첫째, 삼천 명 안에 포함되었을 아나니아와 삽비라 및 그들의 자녀들 역시 과연 영적이고 택함 받은 후손인가? 둘째, 만일 약속이 오로지 참되고 실제로 믿는 신자들에게만 주어진 것이라면 베드로는 시몬 마구스와 데마 그리고 이러한 부류를 향해 "이 약속은 너희와 너희 자녀에게 하신 것이라"고 말할 수 없었을 것이다. 그들의[재세례파] 해석에 따르면 베드로는 자신이 회개하라고 촉구한 대상들이 모두 택자인 후손들이라고 인정했다. 그러나 베드로가 앞서 진술한 말의 의도는 분명하다. 언약의 말씀이 너희에게 설교로 선포되었고, 복음 설교 안에서 그리스도가 너희에게 제시되었다는 것이다. (어떻게 이 사실을 부정할 수 있겠는가?) 요컨대 부인할 수 없는 사실은 이것이다. 즉 약속은 가견 교회 안에 있는 모든 자들, 곧 유기자들에게도—그들이 믿든지 아니 믿든지— 주어진다는 사실이다. 그리스도와 언약의 약속은 시몬 마구스에게도, 가룟 유다에게도, "말씀에 걸려 넘어지는" 모든 위선자들에게도 선포되는 것이다. 아울러 모든 바리새인들에게도 선포된 사실은 다음의 구절들에게 분명하게 드러난다. 마태복음 13장 20-23절, 사도행전 13장 44-45절, 18장 5-6절, 마태복음 21장 43절, 베드로전서 2장 7-8절 등이다.

4) "나는 너희의 하나님이 되고 너희는 내 백성이 되리라." 구약에 서 이 말씀을 해석하는 하나의 방식으로 다음의 의미를 고려해 야 한다. 즉 "너희는 하나님과 더불어 맺은 외면적인 언약 관계 에 있다." 한편 새 언약에서 상기한 말씀은 다음의 의미를 갖는 다. "나는 너희의 하나님이 되고." 이 말씀의 의미는 다음과 같다 (고후 6:16). 곧 "너희는 모두 생명으로 예정되었으며, 약속에 의 한 자녀들이고 영적인 자손이다. 나는 너희의 하나님이 될 것이 다." 이러한 사실을 고려할 때 다음과 같은 오해가 제기되는 것 도 큰 무리는 아니다. 즉 구약시대에는 내면적인 언약이 존재하 지 않았고 이와 대조적으로 신약시대에는 오로지 내면적인 언약 만이 존재한다는 주장이다. 만일 이 주장이 사실이라면, 요한계 시록 11장 15절에서 "세상의 나라들은 나의 것이고 내 자녀들이 다"라고 주님께서 말씀하셨을 때, 이것을 다음의 의미로 해석할 수밖에 없을 것이다. 곧 이집트, 아시리아, 두로, 에티오피아 등 의 왕국들은 모두 택함 받은 영적인 자손이다. 또한, 언약을 맺 은 나라들과 이방의 왕국들은 모두 내면적이고 유효한 부르심을 받았다. 또한 신약에서는 오로지 구원받은 무형교회만이 존재할 뿐 가견 교회를 찾아볼 수 없다.

5) "이 약속은 너희와 너희 자녀에게 하신 것이라." 만일 이 말씀의 대상을 하나님의 유효한 부르심을 받은 자들—그들이 부모이든 자녀들이든—만으로 제한을 한다면, 스티븐 마셜(Stephen Marshall)씨가 옳게 관찰했듯이, 언약적 호의를 누리는 것에 있어 그들의 자녀들이나 이교도의 자녀들이나 별반 차이가 없을 것이다. 만일 하나님께서 이교도의 자녀들을 유효한 소명으로 부르신다면 그들에게도 약속이 주어질 것이기 때문이다.

6) 다음의 사실들은 분명하다. 첫째, 이들에게 적용되는 외면적인 언약적 거룩함에서 [구약의] 의식적인 거룩은 더 이상 유효하지 않게 되었다. 그들에게 있어 외면적인 부르심은 내면적이고 유효한 부르심을 위한 수단일 뿐이다(마 22:14; 고전 1:18,23-24; 눅 15:1-2). 그들에게는 정기적으로 교회에 출석하여 선포되는 복음을 듣는 것이 일종의 의식이다.

둘째, 주지하다시피 하나님께서 유대인의 자손인 유아들의 하나님이 되신 것은, 하나님의 자유로운 사랑에서 비롯되어 그들의 조상과 후손 모두에게 베푸신 자비임에 틀림없었다(신 10:15; 창 17:7; 신 7:6-8). 또한 이 자비는 이방인들에게 주어질 것이라고 모든 선지자들에 의해 예언되었다. 그 자비가 바로 오늘날 그리스도 안에서 사라지게 된 의식인 것이다.

셋째, 그렇다. 오늘날 그리스도 안에서는 이스라엘과 더불어 외면적인 언약을 맺고, 그들을 입양하고 선택하는 것이 더 이상 자비가 아니다. 단지 율법의 교훈[적 용법]이 일시적인 자비에 해당할 뿐이다.

넷째, "이 약속은 너희와 너희 자녀에게 하신 것이라." 이것을 다음의 의미로 해석하는 것은 본 구절의 내용과 모순되는 것이다. 곧 "너희의 자녀가 유아로 머물러 있는 동안에는 이 약속의 의미는 그들에게나 마귀에게나 별반 다를 것이 없는 것이다." 진실로 그렇다. 만일 오늘날 신약시대에는 오로지 택자들의 내면적인 언약 체결만이 존재한다고 한다면 우리는 다음과 같이 말할 수밖에 없을 것이다. 즉 생명으로 선택되었으나 아직 믿지 않는 아버지들과 자녀들은, 이들을 위한 [가견적] 언약이 부재한 이상, 가견적인 입양, 부르심, 그리고 복음적 약속을 듣는 것으로부터 파문될 수밖에 없다고 말이다.

다섯째, 가견 교회 안에서 자라고 있는 어린 디모데, 믿는 부모의 자녀들, 그리고 모든 성인들은, 그들이 아직 믿는 신자가 되어 거룩한 자손이 되기 전까지는 선포된 복음을 들을 아무런 권리를 소유하지 못하며, 이러한 측면에서 이교도보다 나을 것이 전혀 없다.

여섯째, 같은 맥락에서 참 신자가 되기 전까지 그들은 복음을 들으라는 하나님의 명령도, 은혜 언약의 보증도 소유하지 못하게 된다. 말씀을 듣고 숙고할 수 있도록 하는 그 어떠한 약속이 주어지지 않는다면, 비록 그들이 후일에 신자가 된다 할지라도 그들이 아직 믿지 않을 때까지는 다음과 같은 처지에 놓이게 된다. 즉 하나님의 유효한 부르심이 있기 전까지 그들은 복음과 그리스도 안에서 맺어진 은혜가 제공되는 것을 들을 수 있도록 하는 그 어떠한 명령도 율법도 결여하게 된다. 사정이 이렇다면, 회심하지 않는 자들에게 "귀를 돌려 율법을 듣지 아니한" 죄를 물을 수도 없고, 복음을 듣지 않는 것도 더 이상 죄가 될 수 없을 것이다. 일곱째, 또한 외면적 언약 아래에 있는 자들을 향해 다음과 같이 말하는 것도 무의미하게 들릴 것이다. 곧 "회개하라," "복음을 들으라," "[은혜의] 수단을 사용하라," "[언약의] 표를 받으라," 등이다. 왜냐하면 이와 동시에 "너희들은 들을 권리가 없으며, 너희가 믿을 때까지 우리는 너희에게 세례를 베풀 수 있는 보증이 없다"고 말해야 하기 때문이다. 왜냐하면 "먼저 너희가 믿기 전까지는 너희와 너희 자손과 자녀들에게 하신 약속은 존재하지 않기 때문이다." 또한 같은 논리를 적용하자면, 아담이 범죄하기 전까지는 아담에게 죽음의 위협이 주어지지 않았으며(창 2:17), 아담이 먼저 범죄하고 또한 먼저 언약을 순종하기 전까지는 "행하라, 그리하면 살리라"의 약속은 아담에게—또한 그 누구에게도 — 주어지지 않았다고 말해야 할 것이다.

9. 조건적 언약은 비록 그것이 온전히 성취되지 않은 언약이라 하더라도 여전히 분명한 언약이다.

자, 요한이라는 사람이 베드로의 포도원에서 노동을 하기로 계약을 맺었다고 하자. 베드로는 그에게 일당으로 4펜스를 약속했다. 요한이 12시간의 노동 시간을 채우지 못하면 베드로는 삯을 지불할 필요가 없는 조건이었다. 그런데 이 계약을 수용한 요한은 12시간의 계약과 달리 오직 한 시간만 노동을 했다. 자, 이 경우, "당신에게 4펜스가 약속되어 있으니 일하시오"라는 말이 요한에게는 애초부터 해당되지 않는다고 말할 사람은 아무도 없을 것이다. 즉 요한은 "내가 12시간을 일하지 않는다면, 실상 그 약속은 [애초부터] 내게 주어진 것이 아니다"라고 말할 수 없다는 의미이다. 만일 요한이 그렇게 말한다면 이것은 확실히 자신에게 충실하지 못한 것이다. 왜냐하면 이 계약에 의거하여 12시간 노동의 조건이 성립되지 않은 경우에는 4펜스가 그에게 지급되지 않도록 되어 있기 때문이다. 그럼에도 만약 그가 "내가 12시간 노동을 하지 않은 것으로 내가 그 계약을 파기한 것이 아니다"라고 말한다면 이것은 너무도 뚜렷한 허위 진술이 될 것이다. 왜냐하면 내가 그 계약에 동의를 해서 비록 한 시간만 일하기 시작했어도, 그 약속이 귀속되는 주체는 단순한 내가 아닌 '12시간을 일하는 나'이기 때문이다. 사실이 이러함에도 "계약 자체가 성립된 것은 오로지 12시간의 조건을 채운 요한에게 4펜스가 지급되었을 때에 성취된 것이다"라고 말하는 것은 너무 뻔뻔하고 신용 없는 대답인 것이다. 결국 약속과 계약은 비록 그가 불충하게 파기했더라도 여전히 그에게 이행되었다고 말할 수 있다.

요컨대 조건적 언약은 이에 대해 동의와 수용이 이루어졌다면 하나의 온전한 언약인 것이다. 우리는 마땅히 (우리의 이성이 당위성을 부여할 것이다) 언약을 다음의 두 차원, 곧 그것의 본질과 성격으로서의 언약과 그것이 성취 혹은 파괴된 차원에서의 언약을 따로 구분해서 생각해야 할 것이다. 아담의 경우, 만일 아담이 자기에게 제시된 언약과 위협(창 2:17)을 암묵적으로 동의하고 수용하였다면, 그것은 아담에게 구속력을 갖는 언약과 위협으로 성립하는 것이다.

가견 교회 안에 있는 고백자들의 경우도 마찬가지이다. 만일 그들이 복음 혹은 은혜 언약의 교리를 고백하고, 언약의 인을 받고 선포된 말씀을 듣는다면, 그들은 은혜 언약 아래에 있는 것이다. 그리하여 자신들을 주어진 계명들과 약속들, 그리고 위협에 순종하도록 스스로 묶는 것이고, 이에 따라 약속들은, 사도행전 2장 39절의 말씀처럼, 타당하게 그들에게 주어진 것이라고 말할 수 있는 것이다. 즉 계명, 위협, 권고들, 초청, 복음의 요구 등이 정당하게 그들에게 주어진 것이라고 말할 수 있다.

재세례파는 무지하게도 약속과 약속된 것 사이를 구분하지 못하고 혼동한다. 또한 언약과 언약된 유익들을 구분하지 못한다. "이 약속은 너희에게 하신 것이라." 즉 약속과 더불어 명령과 위협이 함께 주어진 것이고, 이것들은 그들이 믿든지 안 믿든지의 여부와 무관하게 그들에게 대한 명령이요 그들의 순종 유무와 무관하게 그들에게 부과된 의무이며, 그들의 범법 유무와 무관하게 그들에게 주어진 위협인 것이다. 물론 그들이 먼저 믿기 전까지 그 약속, 곧 약속된 축복들—의와 영생—은 그들에게 주어지지 않는다. 이것은 분명한 사실이다.

반론 약속은 자녀들에게 주어진 것과 동일한 방식으로 성인들에게도 주어진 것이 아닌가? "이 약속은 너희와 너희 자녀에게 하신 것이라." 그러나 만일 성인들만이 실제로 믿는다면 실상 이 약속은 성인들에게만 이행된 것이다. 따라서 자녀들의 경우도, 그들이 실제로 믿을 때에야 이 약속은 그들에게 이루어진 것이므로 이 약속은 유아들에게는 주어진 것이 아니다.

답 상기한 진술과 그 진술이 전제하는 가정 모두 논거의 무게를 결여하고 있다. 하나님께서 아브라함에게 "나는 너와 네 자손의 하나님이 되리라" 말씀하셨을 때, 과연 상기한 진술대로, 동일한 조건들을 아브라함과 유아들에게 요구하셨다고 말할 필요가 있을까? 즉 하나님께서 아브라함을 구원하실 수 있도록 그에게 선포된 언약의 말씀을 듣고 그것을 실제로 믿는 것을 요구하셨다면, 과연 그와 동일한 믿음을 아브라함에게 난 모든 유아들과 아직 어릴 때 사망한 유아들에게도 요구하신 것일까? 그렇다면 후자의 유아들 경우는 모두 영원한 정죄를 받은 것일까? 결코 그렇지 않다. 우리는 유대인들 가운데 아직 유아일 때 사망한 수많은 유아들 역시 은혜 언약에 의해 구원받았다고 믿는다.(물론 우리는 이 문제를 선택과 유기에 대한 거룩하시고 영광스러운 하나님의 자유에 맡긴다. 롬 9:11-12)

10. 유아세례 반대자들은 유아들을 구원하는 입증된 수단들— 곧 율법에 의해서든지 혹은 복음에 의해서든지—을 제시하지 못한다.(91, 92)

1) 우리가 재세례파를 정죄하는 내용은 바로 이것이다. 믿는 부모의 유아들로서 조기에 사망하는 유아들의 구원과 관련하여, 재

세례파는 그 어떠한 하나님의 계시된 방법을 제시하지 못한다. 그들에게는 이러한 유아들을 구원하는 것과 이교도와 그들의 자녀들을 구원하는 것에 있어 하등 차이가 없다. 양자 모두 은혜 언약과 그리스도의 밖에 있다는 면에 있어서 동일하기 때문이다. 그리하여 믿는 부모들은 조기에 사망한 그들의 자녀들의 구원을 두고 기도할 때, 그 어떠한 믿음의 말이나 복음의 말도 가지지 못한다. 왜냐하면 그들의 기도는 행위 언약 안에서도 또한 은혜 언약 안에서도 나름의 방식으로 작동하는 그 어떤 보증을 가지고 있지 못하기 때문이다. 그러나 [우리의 유아들을 위해] 우리가 기도해야만 하는 성경적인 근거들이 있다. 창세기 19장 18절, 사무엘하 12장 16절, 욥기 1장 5절, 마가복음 12장 16절, 시편 28장 9절 등이다. 자, 우리가 그들의 구원을 위해 기도한다고 가정해 보자. 그들은 두 가지 방법, 곧 율법이나 복음에 의거해 구원을 받을 것이다. 그들을 위한 우리의 기도는 복음과 은혜 언약에 대해 전혀 들어보지도 못한 야만인들이 구원받기를 기원하는 내용의 기도와는 최소한 차별화되지 않겠는가? 또한 사도행전 4장 12절의 말씀 "천하 사람 중에 구원을 받을 만한 다른 이름을 우리에게 주신 일이 없음이라," 또 요한복음 14장 6절의 말씀을 주목하라. 이로서 상기한 자녀들을 위한 기도의 유일한 보증이 바로 복음임이 드러난다. 결국 우리는 하나님께서 그들에게 복음으로 보내주시길 기도해야 하는 것이다. 주님께서도 유아들을 위해 기도하고 그들을 축복하셨다. 이 축복도 그들을 위한 기도에 해당한다. 그리스도는 그 유아들을 자신 안에서 복을 받은 자들로서 자신의 소유로 삼으신 것임에 틀림없다. 동일한 그리스도 안에서 지상의 모든 나라들도 복을 받고 그리스도 안에서 하나님과 더불어 언약 관계 안에 있을 수 있는 것이다. 다음의 구절들을 참고하라. 창세기 48장 15-16절, 신명기 33장 1절과 6-8절 이하, 에베소서 1장 2절, 갈라디아서 1장 3절, 고린도전서 1장 3절, 디모데전서 1장 2절, 디모데후서 1장 3절. 또한 마태복음 10장 16절을 보라.

2) 약속은 실제로 믿는 것을 조건으로 하여 오로지 성인에게만 주어졌다는 진술 또한 허위이다. 이 약속은 그들의 자녀들에게도 주어졌다는 것은 텍스트 안에 명시적으로 기록되었다. 다만 우리는 그들이 어떤 방식으로 믿음을 갖는지에 대해 주님께 맡겨 놓을 뿐이다. 한편 다음의 진술 역시 거짓이다. "그 약속은 믿는 것을 조건으로 성인들에게 이루어진다." 진실은 이렇다. 그 약속은 그들에게 절대적으로 주어진 것으로서 그들이 믿거나 믿지 않는 유무에 의거하지 않는다. 물론 약속과 은혜 언약의 축복은 조건적으로 주어진다. 즉 오직 그들이 믿는다면 그들에게 수여되는 것이다. 요컨대 약속은 절대적으로 주어지지만, 그것을 가리켜 조건적이라고 부르는 이유는, [그 절대적 약속이 약속하는] 약속된 사물이 조건적으로 주어지기 때문인 것이다.

반론 언약을 두 가지로 나누는 것은 이미 승인된 구분이 아닌가? 그 구분에 따라 그 사람은 외면적으로, 고백적으로, 가시적으로 언약 안에 있든지 아니면 내면적으로, 참으로, 혹은 하나님의 의도에 따라 언약 안에 머물게 된다. 따라서 단지 외면적으로 언약 안에 머무는 자들은 참으로 또한 진정한 의미에서는 은혜 언약 안에 포함된 것이 아니라고 말해야 하지 않는가?

답 부사 "참으로"는 성취된 언약이 실제로 맺은 열매에 연결된다. 그렇다면 언약 안에 외면적으로만 존재하는 사람들은 과연 참으로 언약 안에 있지 않은 것인가? 과연 하나님은 그들을 결코 인도하시지도 않고, 언약의 축복을 수여할 의도가 전혀 없으시며, 그들에게 부과하신 언약의 조건들을 수행할 수 있도록 은혜를 베푸실 의도가 전혀 없으신 것인가? 그러나 외면적으로 언약 안에 거하는 자들은 "참으로" 언약을 맺은 자들이다. 그들은 언약을 수행하기로 외적 고백을 통해 동의한 것에 의거하여 언약 관계에 들어온 자들이다. 은혜 언약의 계명과 위협은 오직 외면적인 언약 안에 있는 자들에게도 실제적인 의무로서 부과되었다. 이것은 그들이 순종을 하든지 불순종하여 위협을 감수하든지 여부에 상관없이 부과된 것이다.

언약의 약속 또한 마찬가지이다. 그것은 상기한 자들에게도 언약에 대한 참여와 의무를 부과하여 그들로 하여금 언약을 믿도록 요구하는 것이다. 물론 때로 우리는 은혜 언약의 약속들이 "참으로" 가견 교회 안에 있는 유기자들에게 주어진 것은 아니라는 표현을 사용한다. 왜냐하면 그들에 대한 혹은 그들을 위한 하나님의 의도와 작정에 따르면, 그들에게는 약속된 축복이 주어지지 않기 때문이다. 또한 언약의 조건을 수행하는 것, 혹은 믿음을 갖도록 하는 구원하는 은혜를 주시지 않기 때문이다.

따라서 히브리서 8장 10절에 비유적인 표현으로 계시된 말씀—
"또 주께서 이르시되 그 날 후에 내가 이스라엘 집과 맺을 언약은
이것이니 내 법을 그들의 생각에 두고 그들의 마음에 이것을 기록
하리라"—이야말로 언약적 축복의 특별하고 주요한 내용에 해당한
다. 요컨대 내가 그들에게 새 마음을 주시겠다는 것이 핵심이다. 이
것은 단순한 예견이 아니다. 비록 예언임에 틀림없지만 이것은 동
시에 택자들에게 절대적으로 주어진 실제적 약속인 것이다. 주님
자신이 이것을 택자들 안에서 성취하실 것이다. 그래서 이를 가리
켜 언약이라고 부르신 것이다.

그 이유는 첫째, 만일 하나님께서 언약의 축복과 이 부분[새 마
음]을 부여해 주시지 않는다면, 사실상 그들은 언약을 맺지 않는 자
들과 별반 다르지 않을 것이기 때문이다. 둘째, 새 마음에 관한 약속
은 단지 가견 교회로서의 가견 교회에게는 주어지지 않았기 때문이
다. 실상 이것은 오로지 택자와 비가견 교회에게만 약속된 것이다.

이런 맥락에서 볼 때, 사도행전 2장 39절에 대한 재세례파의 해
석은 결국 다음과 같은 의미라고 비판할 수 있다. "새 마음에 관한
약속은 너희와 너희 자녀들에게, 너희와 너희 자녀들이 믿는다는
것을 조건으로 주어진 것이라." 그런데 이들은 자신들이 먼저 새 마
음을 갖기 전까지는 이 조건을 수행할 수 없다. 다시 말해 베드로는
이렇게 말한 셈이다. "하나님께서는 너희와 너의 자녀들에게 믿도
록 하는 은혜를 약속하셨다. 또한 하나님을 순종할 수 있도록 하는
새 마음을 약속하셨다. 그런데 이것들을 받기 위해서는 너희가 먼

저 믿는 조건을 수행해야 한다." 간단히 말해 "하나님의 약속은 너희가 믿는다는 것을 조건으로 너희가 믿도록 하겠다는 약속"이라는 뜻이다. 이것이야말로 터무니없는 해석이다. 결국 이렇게 되면, 우리는 다음과 같이 말할 수 없게 된다. 곧 새 마음의 약속은 믿고, 회개하고, 세례를 받으라는 명령을 받은 모든 자들에게 성사되는 것이라고 결코 말할 수 없는 것이다. 왜냐하면 가견 교회 안에 있는 택자와 유기자 모두 상기한 명령을 받았으나, 새 마음에 대한 약속은 가견 교회 안에 있는 그 누구에게도 이루어지지 않을 것이기 때문이다.

질문 어떻게 그럴 수 있는가? 과연 새 마음에 대한 약속이 이곳[사도행전 2장 39절]에서 배제되어야 하는 것인가? 또한 "너희와 너희 자녀들에게" 하신 말씀 안에는 오로지 사죄와 생명에 관한 약속 외에는 과연 아무것도 없는 것인가?

답 나는 본문에서 약속된 것이 오직 다음과 같은 의미라고 판단하기는 매우 어렵다고 본다. 즉 "새 마음에 관한 약속은 너희 모두에게 하신 것이요, 따라서 회개하고 세례를 받으라." 첫째, 전반부의 진술은 참이 아니다. 둘째, 당시 베드로는 아버지들과 자녀들, 택자와 유기자들이 함께 섞여 있는 회중을 향하여 설교했다. 이들은 우선적으로 그들을 향해 주어진 생명과 용서의 약속을 이해했다. 따라서 모든 성인들은 회개하고 세례를 받아야 했던 것이다. 또한 그 약속은 그들의 자녀들에게도 하신 것이기 때문에 자녀들 역시 세례를 받도록 한 것이다. 셋째, 새 마음에 관한 약속도 배제되어서는 안 된다. 왜냐하면 베드로가 설교의 대상으로 삼고 있는 회중 가운데에는 많은 수의 택자들이 포함되었기 때문이다. 이들 택자들 안에서 과거 예레미야 31장과 에스겔 11장에서 예언된 내용은 성취되어야만 했기 때문이다. 또한 베드로는 이방인에 대해서도 이렇게 선포했다. "이 약속은 모든 먼 데 사람 곧 주 우리 하나님이 얼마든지 부르시는 자들에게 하신 것이라."

이런 맥락에서 볼 때, 그 약속[새 마음]을 배제한다는 것은 본문의 의미를 지나치게 좁게 이해하는 것일 터이다. 이런 맥락에서 그 위대한 약속—곧 "나는 너와 네 후손의 하나님이 되리라"(이것이 바로 사도행전 2장 39절의 주된 의미이다)—은 아버지들과 자녀들 사이에 정확히 동일한 조건을 요구하지 않는다. 한 걸음 더 나아가, 아버지들과 아내들, 나무꾼들, 관료와 장교들, 소자들, 그리고 언약 관계 안에 있지만 아직 태어나지 않은 유아들(신 29장) 사이에 똑같이 적용되는 동일한 조건을 요구하지도 않는다. 아버지들 안에 있는 믿음과 유아들 안에 있는 믿음, 그리고 동일한 의무들 안에서 역사하는 믿음 등 각각의 믿음과 정확히 동일한 것을 남편들, 아내들, 관료들, 나무꾼들에게 똑같이 요구할 수 없기 때문이다. 약속도 마찬가지이다. 아버지들에게 이루어진 약속과 동일한 방식으로 자녀들에게 이루어지지 않는다. 유대인들은 가까이 있다면 이방인들은 먼 데 있는 것이다. 또한 택자들에게 주어진 약속이 있다면 유기자에게 해당하는 것도 있는 것이다.

11. 언약에 대한 두 가지 차원의 고려. 첫째는 추상적인 차원이다. 죄인을 구원하는 단순한 방식으로서 가견 교회의 모든 사람들을 언약 안에 포함시킨다. 둘째는 구체적인 차원으로서 사람의 마음에 역사하는 하나님의 의지와 기쁘신 뜻을 포함한다. 따라서 여기서는 오직 택자들만을 언약 안에 포함시킨다.

질문 어떻게 율법을 마음에 쓰시겠다는 언약의 약속이 절대적으로 주어질 수 있는가? 어떻게 유기자에게는 주어지지 않고 택자들에게만 주어질 수 있는가? 한편으로는 오직 택자들에게만 이 약속은 주어졌다고 말하고, 다른 한편으론 유기자들 역시 참으로 은혜 언약 안에 있을 뿐만 아니라 약속까지 이들에게도 주어졌다고 앞서 언급하지 않았는가?

답 1) 다음과 같은 진술이 반드시 일관성을 상실한다고 말할 수는 없다. 즉 가견 교회 안에 있는 유기자들은 은혜 언약 아래에 있고, 몇몇 약속들이 그들에게 주어졌으며, 또한 얼마간의 자비도 조건적으로 그들에게 약속되었다. 반면 새 마음과 견인에 관한 특별한 약속들은 그들에게 귀속되지 않았다. 왜냐하면 모든 약속들은 정확히 동일한 방식으로 하나님과의 언약 관계 안에 있는 두 집단에 귀속되지 않기 때문이다. 한편으로는 가견적이고 외면적인 관계를 맺은 집단이 있고 다른 한편으로는 내면적이고 개인적인 관계를 맺은 집단이 있다. 전자에 대해서 주님은 그들이 믿는다는 것을 조건으로 생명과 용서에 대한 약속을 주셨다. 그렇지만 외면적으로만 언약 안에 있는 자들에게 주님은 새 마음과 믿는 것을 가능하게 하는 은혜를 약속하지 않으셨다. 반면에 택자들에게는 주님은 이 모든 것을 약속하셨다.

이런 맥락에서 볼 때, 언약은 두 가지 차원으로 고려되어야 한다. 첫째는 추상적(*in abstracto*)이고 형상적인 차원이다. 문자적인 의미에서 죄인들을 구원하는 단순한 방식이다. 곧 그들이 믿으면 [구원을 받는다]. 가견 교회의 모든 사람들이 이 은혜 언약 안에 포함된다. 이것은 오로지 명령의 의지만을 포함한다.

둘째는 구체적(*in concreto*)인 차원으로서 주님께서 친히 이러저러한 방식으로 선택과 유기의 작정과 더불어 언약을 수행하신다. 선택 작정을 따라서 주님은 약속하실 뿐만 아니라 약속하신 바를 행하시고 사람의 마음에 율법을 새겨 넣으신다. 이로써 오직 택자들만이 은혜 언약 안에 있게 된다. 말씀은 [택자에게] 그 어떤 조건이나 행위를 명령하지 않으며 특정한 행위를 수행함에 의거해서 새 마음을 받도록 명령하시지 않는다. 따라서 마음에 새겨진 율법에 관한 약속은 단순한 언약 당사자로서의 언약 백성에게 주어진 단순한 약속이 아닌 것이다. 만일 그런 것이라면 모든 가견적 언약 백성—가견적으로 언약을 맺은 자들도 본질적으로 언약 백성이다—에게 똑같이 주어졌을 것이기 때문이다. 이 약속은 약속이면서 동시에 예언이다. 하나님의 선택 작정을 특정한 택자들, 곧 하나님의 특별한 사랑을 받은 언약 백성을 위해 실제로 집행하는 것이요, 또한 그것을 성취하는 유효한 방식인 것이다.

12. 새 마음은 어떤 이들에게는 단지 명령되었을 뿐이고 다른 이
    들에게는 명령과 더불어 약속까지 주어졌다.

2) 새 마음 또한 두 가지 측면에서 고려되어야 한다. 첫째는 의무
   와 명령으로서의 차원이고 둘째는 약속된 축복으로서의 차원이
   다. 전자의 차원으로는 다음의 구절들을 보라. 에스겔 18장 31절
   "너희는 마음과 영을 새롭게 할지어다." 예레미야 4장 4절 "유다
   인과 예루살렘 주민들아 너희는 스스로 할례를 행하여 너희 마
   음 가죽을 베고 나 여호와께 속하라." 에베소서 4장 23절 "오직
   너희의 심령이 새롭게 될지라." 에베소서 5장 14절 "잠자는 자여
   깨어서 죽은 자들 가운데서 일어나라." 이 구절들은 모두 순수한
   명령들이고 여기에는 이 명령을 순종할 수 있는 복음적인 능력
   이 덧붙여지지 않았다. 따라서 이들은 율법적 명령으로서 모든
   가견적 언약 백성으로 하여금 순종하도록 의무지우는 문자[율
   법의 조문]이다. 모든 문자와 모든 율법이며 그것을 행할 수 있
   는 복음의 능력은 결여되어 있다. 말 그대로 순수한 율법인 것이
   다. 이 경우, 하나님께서는 타락한 인류에게 그들이 아담 안에서
   죄악된 방식으로 상실한 온전한 마음을 반복적으로 요구하신다.
   또한 당신의 거룩하신 율법에 합당한 마음을 모든 인간들에게서
   공의롭게 찾으신다.
   한편 이러한 명령들은 순종을 가능하게 하는 복음적인 능력에
   의해 든든한 지원을 받을 수 있다. 이 경우 새 마음은 명령임과
   동시에 약속된 축복이 된다. 이에 대해서는 다음 구절들을 보라.

예레미야 31장 33절 "내 언약은 이러하니 (언약과 언약 이외에 무엇인가가 더 있다) 곧 내가 나의 법을 그들의 속에 두며 그들의 마음에 기록하리라." 계속하여 34절을 보라. 또한 에스겔 11장 19절, 36장 26절, 히브리서 8장 6,10-12절을 보라. 더욱 많은 능력이 약속될수록 복음이 더욱 크게 드러난다.

앞서 언급한 바대로 가견 교회 안에 있는 유기자들에게 새 마음과 성도의 견인과 같은 특별한 약속이 주어지지 않았다는 사실과 그들이 은혜 언약 안에 참으로 포함되어 있다는 진술 사이에 모순이 존재하는 것은 아니다.

질문 하나님께서 자신들에게 새 마음을 주실 것이라는 사실을 믿어야 하는 사람들은 과연 누구인가?

답 한편으로 하나님께서 자기 안에서 새 마음의 사역을 수행하고 계신 동안에 그러한 사실을 적극적으로 믿는 사람은 아무도 없다. 왜냐하면 예정 작정의 첫 번째 효과가 자신 안에서 시작된 사람치고 처음부터 자신이 영광으로 예정되었을 것이라고 믿는 사람은 없기 때문이다. 이것은 [요한계시록 2장 17절에 기록된] "감추었던 만나"이고 "흰 돌"이며 "새 이름"인 것이다. 그러나 다른 한편으로 그 누구도 자신은 유기된 사람이라는 치명적인 결론을 스스로 만들어 내거나 절망해서도 안 된다. 이내 하나님께서는 복음적 소명을 가지고 친절하게 다가가 그와 더불어 일을 시작하실 것이기 때문이다.

생명 언약

·

14

- ◆ 1. 창세기 17장으로부터 제기된 논점들에 대한 고려
- ◆ 2. 유아세례와 관련한 마가복음 10장 15-16절, 누가복음 18장,
  마태복음 19장, 로마서 11장 주해

1. 창세기 17장 주해: 할례와 세례의 비교

만일 하나님께서 아브라함과 그의 자손들의 하나님이 되신다면 (창 17장) 모든 사내아이들은 시작의 표(seal)라고 할 수 있는 할례를 받음으로 언약에 가입해야 한다. 여자들의 경우는 유월절 음식을 먹음으로―할례 받지 않은 자들에게는 금지되었다― 언약 관계에 들어갔다. 베드로는 할례 받은 자들, 곧 모든 유대인 남녀에게 파송되었다. 유대인 여자들의 경우는 남자들 안에 포함되어 남자들과 동일한 근거에서 함께 할례를 받았다고 생각할 수 있다. 왜냐하면

동일한 약속이 아버지들과 그들의 자녀들에게 주어졌고, 이에 근거해서 유아들은 세례를 받아야 했기 때문이다(행 2:39).

첫째, 이러한 내용은 주님 자신의 주장이다. 창세기 17장 7절을 보라. 물론 할례와 세례 사이에는 수없이 많은 차이점이 존재한다는 사실을 우리는 인정한다. 하지만 그것들의 본질적 성격, 신학적 정수, 형상인적인 효력에 있어서 두 가지는 동일하다. 물론 과거에 모형들과 희생제사 안에서 앞으로 오실 분으로 계시된 그리스도는 이후 시대에 비해 어둡게 제시되었다. 그리스도께서 도래하신 이후에는 이 모든 폐지된 그림자들을 통하지 않고 설교를 통해 분명하게 제시되신다. 우리는 전자와 후자 사이에 차이점이 있음을 인정한다. 그러나 분명한 것은 그리스도를 믿는 모든 자들에게 그리스도는 과거에나 현재에나 동일하시다는 사실이다(행 10:43, 15:11).

둘째, 우리는 단순히 언약의 다음 글자, 곧 "나는 너의 하나님이다"에 의거해서 "따라서 세례를 받으라"라고 주장하지 않는다. 왜냐하면 누군가는 "나는 너희 하나님이다. 따라서 나에게 그러한 짐승들을 바쳐라"라고 대답할 수도 있기 때문이다. 그러나 하나님은 다음과 같이 말씀하셨다. "나는 너의 하나님이다. 그리고 너의 후손의 하나님이다." 즉 하나님은 처음 아브라함에게 제시한 동일한 그리스도와 동일한 의(義)를 동일한 언약 안에서 그의 후손에게 제공하신다는 의미이다. 따라서 동일한 언약 안에 그들[아브라함의 후손] 모두는 세례를 받아야 하는 것이다.

1) 육체의 할례는 은혜 언약 안에서 약속된 마음의 할례에 대한 표

이다(신 30:6). 또한 표피를 자르는 것과 세례는 동일한 의미를 가진다(렘 4:4, 9:26; 겔 36:26-27; 골 2:11-12; 딛 3:5).

2) 할례는 믿음의 의에 대한 표이다(롬 4:11). 세례 역시 마찬가지이다(벧전 3:21; 롬 4:24).

3) 할례는 언약의 표지이다. 또한 환유법적으로 육체 안에 있는 하나님의 언약으로 불린다(창 17:7, 13). 이와 같은 방식으로 세례는 사도행전 8장에서 모든 사마리아를 엄숙하게 신자의 언약 안에 공적으로 가입시켰다. 사도행전 2장 39절 또한 같은 맥락에서 이해해야 한다.

4) 할례는 그것을 받는 사람을 이스라엘 교회 안에 처음 가입시키는 엄숙한 수단이다. 우리 역시 한 성령에 의해 세례를 받아 한 몸을 이룬다(고전 12:12-13).

#1. 할례에 대한 명령이 미치는 범위는 언약을 맺는 범위 곧 조상 아브라함과 그의 자손 범위만큼이다. 사도행전 2장 39절은 "각각($\check{\epsilon}\kappa\alpha\sigma\tau\sigma\varsigma$)," 곧 "너희가 각각 세례를 받으라"라고 말씀하면서, 세례의 명령이 미치는 범위를 신자의 언약의 약속이 미치는 범위, 곧 부르심의 범위와 일치시킨다. "이 약속은 너희와 너희 자녀와 모든 먼 데 사람 곧 주 우리 하나님이 얼마든지 부르시는 자들에게 하신 것이라."

#2. 이 [할례의] 명령은 다음 사실을 전제한다. 즉 태어난 지 8일 만에 할례를 받는 모든 남자 아이들은 언약의 약속, 성격, 활용, 의미, 그리고 언약의 표지가 가지는 목적 등을 이해하지 못한다. 이와 마찬가지로 세례를 받으라는 명령 역시 다음 사실을 전제한다. 곧 언약의 약속이 주어진 자녀들은 세례와 언약의 약속에 대해 상기한 내용들을 이해하지 못한다(행 2:39).

#3. 만일 언약 안에 있는 모든 자들은 언약에 가입하는 표를 받아야 하는 것이 일종의 보편성을 갖는 절대적 명령이었다고 한다면 (창 17:7-8 "나는 너와 네 후손의 하나님이 되리라"), 그리하여 성인이나 미성년자나 모두 할례를 받았다고 하자. 그렇다면 이제 성인과 어린이들에게 세례를 베풀라는 특정한 명령이 별도의 명령으로서 요구되지 않는다고 볼 수 있다. 다만 세례라는 가입의 표가 할례의 자리를 대신하도록 한다는 정도의 명령이 필요할 뿐이다.

세례를 사람들에게 적용하는 것과 관련하여, 그 대상자가 성인이든지 미성년자든지 그들이 외면적인 언약 관계 안에 있다면 이것으로 언약 관계에 있는 모든 이들에게 언약의 표지를 시혜할 수 있는 충분한 보증이 마련되는 것이다. 진실로 그렇다. 만일 세례의 표를 오로지 성인들—곧 자신들의 신앙을 진술하고 실제로 믿는 자들—에게만 베풀도록 하는 절대적 명령과 보증이 새 언약 안에 있었다면, 세례에 관한 다음과 같은 명시적인 내용이 주어졌어야만 했을 것이다. 즉 성만찬의 경우처럼 세례를 베풀기 전에 그 대상자들을 점검하여 그들이 구원 얻는 믿음을 소유했는지의 여부를 시험하여 검사하라는 명령이 명시되어 있어야만 하는 것이다. 그리하여 자격을 갖추지 못한 자들이 세례를 받았을 경우, 성만찬에서와 같이, 그들은 자기 자신에 대한 정죄를 받게 되었을 것이다. 결국 교회가 베푸는 언약의 표지로서의 세례를 정당하게 받기 위해 대상자들에게 요구되는 필요조건은 이것이다. 대상자들은 자기 점검을 통해 자기에게 참 믿음이 있는지의 여부와, 자기가 내면적인 언약 관계에 있는지의 여부를 스스로 판단해야 한다. 또한 자신의 전체 마음과 속마음에 은혜의 법이 반드시 새겨져 있는지의 여부를 확인하는 것이 필요하다. 이런 맥락에서 우리는 신약 안에 다음과 같은 공적인 명령이 기록되어 있을 것을 요구한다. "비록 언약 안에 있다고 외면적 고백을 하는 사람이라 할지라도, 그들을 시험하여 그들이 구원 얻는 믿음으로 믿는지 안 믿는지의 여부를 점검한 후에 자격을 갖춘 자에게만 세례를 베풀지니라."

이 지점에서 재세례파는 (우리도 마찬가지겠지만) 반드시 말씀으로부터 도출해낸 결론과 은혜 언약으로부터 도출해낸 근거들을 확보하고 그리로 도피해야 할 것이다. 그러나 그들이 도피처로 삼을 수 있는 명시적인 명령은 구약에도 신약에도 존재하지 않는다. 주지하다시피, 유아들이 하나님의 명령도, 표도, 언약도 이해할 수 없다는 사실이 우리를 흔들리게 할 수는 없다. 왜냐하면 성령님의 뜻에 반하는 것이 재세례파의 주장이며, 해명을 해야 하는 당사자들은 바로 그들이기 때문이다.

물론 유아들은 복음의 교훈도 모르고 복음의 특별한 신비에 관한 약속에 대해서도 알지 못한다. 그럼에도 은혜 언약의 약속은 신약 시대의 유아들에게 명시적으로 약속되었다(행 2:39). 이 약속(ἐπαγγελία)은 일찍이 아브라함에게 주어진 복음 약속이다(갈 3:16). 생명의 성령이 주시는 복음과 의의 약속(갈 3:17-18, 22-29; 히 6:12,15, 8:6, 9:14; 요일 5:1)은 신약 시대의 "너희의 자녀들(τοῖς τέκνοις ὑμῶν)"에게 하신 것이다. 곧 너희의 유아들에게도 주신 것이다. 그들은 여기에 "만일 그들이 믿는다면"이라는 조건을 덧붙인다. 그렇다면 #1. 과연 유아들이 실제로 믿는 것이 가능한가? #2. "만일 그들이 믿는다면"의 조건을 첨가한다면 그러한 약속은 투르크족에게도 주어지는 것이 아닌가?

2. 만일 유아들이 언약 안에 포함되지 않았을 경우에 그들이 상실하게 될 축복과 특권들은 무엇인가?

만일 재세례파가 다음과 같이 말할 수 있었다면 문제를 쉽게 해결할 수 있었을 것이다. 곧 신약 시대에 믿는 부모의 유아들은 언약 안에 외면적으로 포함되어 있다. [가견] 교회의 회원들에게는 언약적 자비가 따른다. 유아들은 이해를 못한다는 이유 때문에, 또한 신약시대의 경륜이 좀 더 영적이라는 이유로 해서, 그리고 오늘날 믿음이 더욱 강력하게 촉구된다는 이유 때문에 하나님은 오늘날 유아들을 강물에 담그라고 요구하시지 않는다. (즉 더욱 부담스러운 의식을 요구하지 않으신다는 의미이다. 특히 임신한 여인들, 처녀들, 질병이 있는 자들에게 그렇다. 또한 겨울이나 추운 지방의 경우는 더욱 그럴 것이다. 이러한 의식은 하나님의 말씀을 반대하여 곧 십계명의 두 번째, 세 번째, 네 번째 여섯 번째 일곱 번째 계명 등을 논박해야 할 필요가 주는 부담 못지않은 더욱 큰 부담을 주는 일일 것이다.) 이러한 의식은 [필요하다면] 생략해 버릴 수도 있는 단지 의식일 뿐이다.

오늘날 신자들의 자녀들을 은혜 언약으로부터 축출시키는 것은 잘못이다. 그 이유는 다음과 같다.

1) 언약의 자비는 수천 대에까지 이른다는 말씀에 반대되기 때문이다(창 17:7; 출 20:5).

2) 언약에 기초한 기도와 교회의 기도에 반대되기 때문이다(삼상 12장; 시 28:9, 67:1-2, 103:4-5).

3) 세상 나라와 왕국 가운데 거주하는 자들 중에 현존하는 하나님의 언약적 축복에 반대되기 때문이다(시 135:21, 132:13-14; 계 11:25, 사 19:25, 2:1-3). 고린도후서 6장 16절을 보라. "내가 그들 가운데 거하며 두루 행하여 나는 그들의 하나님이 되고 그들은 나의 백성이 되리라." 또한 18절을 보라. "너희에게 아버지가 되고 너희는 내게 자녀가 되리라 전능하신 주의 말씀이니라." 물론 이 말씀은 하나님의 언약 백성 전체를 향해 주어진 말씀이다. 그러나 과연 유아들이 언약의 아버지 하나님의 품으로부터 축출되었겠는가?

4) 유아들이 언약적 부르심과 그리스도의 날개 아래로 모으심으로부터 배제되었다고 말하는 것은 다음의 말씀들에 위배된다. 마

태복음 28장 19-20절, 23장 37절, 시편 147장 19-20절. 또한 이
들이 하나님의 언약적 선택으로부터 배제되어 결국 진노의 자녀
로 남아 사탄의 먹이가 된다고 주장하는 것은 다음의 구절들에
위배된다. 신명기 7장 6-9절, 13-14절, 10장 15절.

5) 유아들이 현세적인 언약적 축복과 구약과 신약 안에서 약속된
   장막의 보호로부터 파문되었다고 말하는 것은 다음의 구절들에
   위배된다. 신명기 28장 4절, 레위기 26장 6-9절, 시편 37장 18
   절, 22-26절, 92장 10절, 112장 1-3절, 에스겔 34장 24-26절,
   36장 29절, 35-37절, 8장 7-8절 등이다. 신약의 구절들로는 다
   음을 보라. 마태복음 6장 27-28절, 33절, 디모데전서 4장 8절,
   히브리서 13장 5-6절 등이다. 만일 우리의 천부께서 육신의 아
   버지들에게는 빵, 보호, 안전, 거주지, 가옥 등을 공급해 주시면
   서 그들의 자녀들에게는 아무 권리를 주지 않으시고 오직 구걸
   과 칼과 짐승과 이집트의 재앙에 의해 삼킨바 되게 하신다면 상
   기한 구절들의 내용은 결국 아무것도 아닌 것이 된다. 또한 만일
   우리의 유아들이 언약으로부터 아무것도 얻지 못한다면, 아말렉
   과 바벨론 (삼상 15:1-2; 시 137:5) 그리고 소돔의 (창 19장) 유아들
   과 무엇이 다르겠는가?

6) 결국 유아들은 사탄에게 속한 일원들이요, 어둠의 왕이 다스리
   는 왕국의 백성이며 그리스도의 몸에 속한 자가 아니라는 말이
   되기 때문이다. 성경은 오직 두 명의 왕, 곧 하나님과 사탄만을

말하고 있기 **때문이다**(고후 4:4; 엡 2:1-2, 6:12; 마 12:29). 그리스도는 그 자신의 몸을 다스리는 왕이고 머리이시다. 주지하다시피 가견 교회 안의 유아들은 마귀, 치명적인 질병, 죽음 등의 습격을 받는다. 만일 유아들이 이교도와 같이 언약 밖에서 머물고 있는 상태라면, 그들에게 닥치는 이러한 악들은 보복적 공의와 영원한 심판의 불을 예비시키는 행위이거나, 그렇지 않다면 그리스도 안에 있는 복된 상태에서 일어나는 일이어야 할 것이다. 만일 전자의 경우라면 유아들은 정죄를 받는 것이다. 만일 후자 경우라면, 도대체 그리스도가 없는 상태에서 무슨 복을 거론할 수조차 있겠는가?

7) 언약에 대해 외인인 상태에서 #1. 유아들은 그리스도 안에서 선택될 수도 예정될 수도 없다(엡 1:4; 롬 9:11). 또한 언약적인 방법으로 그리스도에게 주어져서 구원받을 수도 없다(요 17:2, 6:39). 그리고 영원 전부터와 시간 안에서 사랑을 받지 못한다(이는 아르미니우스주의자들의 가르침과 같다). 결국 유아들은, 하나님 없이, 곧 하나님의 섭리, 작정, 예지, 의논도 없이, 그리스도 안에서 천국으로 인도되든지, 아니면 지옥으로, 혹은 좀 더 높은 가능성으로 중간 장소로 들어가야만 한다고 말해야 할 것이다.
#2. 복음 언약에 대해 외인인 상태에서 유아들은 예수 그리스도에 의해, 곧 그의 보혈에 의해 구속받지 못하고 무엇인가 다른 방식에 의해 구원받아야 한다. 이것은 사도행전 4장 12절에 위배된다.

#3. 만일 유아들이, 재세례파의 가르침과 같이, 죄 없이 출생한다면, 그들은 죽어서 천국으로 가든지 혹은 지옥으로 갈 것이다. 전자의 경우 문제는 그리스도께서 그들의 본성을 취하시지 않았고 그들의 구원자가 아니시라는 것이다. 후자의 경우 그들은 범죄하지 않았으나 영원한 고통으로 들어가는 것인데 이는 하나님의 공의에 상당히 모순되는 것이다. 혹은 제 삼의 장소로 가야 하는데 이에 대해서 성경은 아무 말도 하지 않는다. 요한계시록 20장 12절 말씀을 보라. "또 내가 보니 죽은 자들이 큰 자나 작은 자나 그 보좌 앞에 서 있는데...심판을 받으니"라고 기록되어 있다. 요컨대 성경은 유아들 역시 형벌을 받을 수도 있고, 끊어짐을 당할 수도 있으며, 형벌 받는 부모들 안에서 형벌을 당하고, 부모들 안에서 언약적 진노를 함께 감당할 수도 있다고 말한다. 성경에 기록된 여로보암의 후손과 아합의 후손이 이 경우에 해당한다. 또한 출애굽기 20장 5절과 창세기 17장 14절을 보라.

#4. 만일 유아들이 언약에 대해 외인이라면, 그들에게는 죄의 사면과 칭의가 주어질 수 없을 뿐 아니라 죽음을 감수하신 그리스도 안과 영원한 언약의 보혈 안에서 누리는 영생, 자녀의 권리, 양자됨이 그들에게 귀속되지 않는다.

3. 마가복음 10장 15-16절과 누가복음 18장, 그리고 마태복음 19장에 나타난 천국의 성격에 관한 주해

오늘날 유아들을 은혜 언약으로부터 축출시키는 것이 잘못된 이

유는 마가복음 10장에서 예수님이 유아들에게 안수하시고 축복하셨다는 사실에서 증언된다. 만일 신약시대의 유아들이 은혜 언약 안에 머물 수 없다면 그들은 그리스도의 축복을 받지 못했을 것이다. 또한 다음의 사실들을 염두에 두어야 할 것이다.

1) 누가복음 18장에서 주님께로 "자기 어린 아기를 데리고 나온 (προσέφερον)"(눅 18:15) 사람들은 바로 언약 관계 안에 있는 부모들이었다는 사실이다. 이들은 그들의 질병을 치료받기 위해 주님께 나아왔고, 주님을 메시아로 믿었다. 마치 시각장애인(마 20장)과 가나안 여인(마 15장)이 그를 다윗의 자손으로 불렀듯이 말이다. 부모들은 환자들을 주님께 데리고 나온 것처럼(마 8:16, 9:2, 눅 4:40) 그들의 아기들을 데리고 나온 것이다.

2) 본문의 아이들은 병이 있거나 귀신들린 것이 아니었다. 부모들은 그들이 축복 받기를 원하는 마음으로 데리고 나온 것이다. 본문의 사건이 입증하듯이. 이들이 이교도의 자녀들이 아니라 가견 교회의 회원이었음은 분명한 사실이다.

3) 누가복음 18장 16절 "하나님의 나라가 이런 자의 것이니라(τῶν γὰρ τοιούτων)"를 보라. 주님은 "이런 자의 것"으로서의 "하나님 나라"가 마치 유대인과 이교도의 모든 유아들로 구성되는 가견 교회를 의미하는 것으로 말씀하셨다고 우리는 생각하지 않는다. 그렇다고 한다면 모든 이교도의 유아들 역시 [출생시] 가견 교

회의 언약 백성이 되어야 할 것인데 그들의 부모들은 가견 교회 밖에 있기 때문이다. 또한 [이 논리대로라면] 이교도의 유아들은 이제 자라면서 그 어떤 스캔들을 범하지도 않았음에도 가견 교회로부터 파문되어 나간다는 것인데, 이것은 터무니없는 생각이다. 한편 주님께서 "이런 자의 것"이라고 말씀하신 것은 비가견적인 하나님의 나라일 수 없다. 이는 마치 모든 유아들은 단지 그들이 유아라는 이유만으로 구원을 받는다는 사실을 의미한다.

4) 과연 주님께서 유아들을 품에 취하신 것을 단순한 상징으로 해석할 수 있는가? 마치 비둘기나 어린양이 온유함을 상징하듯이, 그리스도의 팔에 안겨 축복을 받은 유아들과 같이 온유한 자는 복을 받을 수 있다는 사실을 본문이 상징하는가? 그렇지 않다. 그리스도께서는 어린 아이들이 언제나 나아올 때, 용납하고 금하지 말라고 명령하셨다(16절). 그리스도께서는 일상적인 것으로 상징적 행위를 삼지 않으신다. "그들을 금하지 말라"고 말씀하신 의미는 언제나 어린이들을 주님께 오도록 하시겠다는 의미이다. 이와 대조적으로 상징적 행위는 단회적이다. 주님께서 무화과나무를 한 번 저주하셨고, 제자들의 발을 한 번 씻기셨다.

5) 주님은 오로지 영광으로 예정된 어린이들만 그에게 나오는 것이 용납되어야 한다는 뜻으로 말씀하셨을 리 없다. 왜냐하면 첫째, 주님은 "어린아이들을 오는 것을 용납하라('Aφετε τὰ παιδία)"라고 말씀하실 때, 무차별적인 표현을 쓰셨기 때문이다. 그렇지 않았

다면, 주님은 예정된 어린이를 구별해내는 표지를 미리 주시고 그들만을 용납하셨을 것이기 때문이다. 둘째, 그들만을 마치 "내 이름으로"(막 9:36-37) 제자 삼으신 것처럼 수용하셨을 것이다. 셋째, 예수님께서는 영광으로 예정된 몇몇 아이들에게만 안수하시고 다른 아이들은 안수받기 위해 오지 못하도록 하였을 것이다. 이로써 부모들은 어느 아이가 생명으로 예정된 자로서 가까이 다가오도록 되었고 누가 그렇지 못한 아이인지를 구분할 수 있었을 것이다.

6) 본문은 다음의 사실을 증언한다. 곧 제자들은 유아들에 대해 육적인 편견을 가지고 있었다는 사실이다. 유아들은 그리스도와 은혜의 왕국에 관해 아무것도 이해하지 못했을 것이라고 그들은 생각했다. 제자들은 "그들[유아들]을 데리고 온 자들을 꾸짖었다(ἐπετίμων)." 마치 재세례파와 똑같이 행동한 것이다. 그러나 그리스도께서는 오히려 제자들을 꾸짖으셨다. 그리고 믿는 부모의 아이들을 가견 교회의 일원들로 임명하셨다.

7) 그리스도께서 "어린아이들이 내게로 오는 것을 용납하라"고 말씀하신 것은 예외적인 것으로 말씀하신 것이 아니다. 주님은 왕국 안에 그들과 같은 부류의 일원을 차지할 자리를 마련하신 것이다. 따라서 이 부류 가운데 얼마는 반드시 구원을 받음에 틀림없다. 그리고 이러한 사실은 몇몇 특별한 실례로서 확인되어야만 했던 것이다. 이에 대해서는 코베트(Mr. [Thomas] Cobbet)가 옳

게 언급하였다.

8) "하나님의 나라가 이런 자의 것이니라." 하나님의 나라는 그들과 같은 언약 관계에 있는 자들이 신민으로 있다는 의미이다. 만일 여기서 그리스도가 의미한 대상이 겸손, 온유함, 악함과 시기가 없는 자들만의 하나님 나라를 지칭하는 것이었다면(벧후 2:1-3; 마 18장; 시 131:1-2), 그것은 분명히 영광의 나라와 승리한 교회로서의 하나님 나라를 가리키는 것임에 틀림없다. 이러한 의미는 재세례파에 의해서도 거절되는 해석이다.

한편, 이교도와 모든 사람들의 유아들은 본성상, 그들이 교회 안에 있는지 밖에 있는지의 유무와 상관없이, 겉모습으로는 회심자들과 유사하다. 만일 회심자들의 개인적인 자격조건—언약적 거룩과 가견적 고백자들의 [가견]교회의 거룩함이 아니라—이 이 본문에서 의미하는 바라고 한다면, 그리스도께서는 이교도의 유아들도 똑같이 팔에 안고 축복을 해주셨으나, 그들이 나이를 먹은 후에는 아무 잘못을 범하지 않았음에도 오직 나이가 들었다는 한 가지 이유로 축복으로부터 파문시켜야 했을 것이라고 말해야만 할 것이다. 왜냐하면 겉모습으로는 이교도의 유아들 역시 가견 교회 안에 있는 유아들과 마찬가지로 겸손함과 악의가 없는 모습을 소유하고 있기 때문이다.

9) "어린 아이들이 내게로($\pi\rho\acute{o}\varsigma$ $\mu\varepsilon$)—곧 성인들은 물론 그들의 구세

주이신 분에게로— 오는 것을 금하지 말라(마 19:14; 눅 18:16)." 그리스도께서 이렇게 강조하는 표현을 사용하실 때에는 가견 교회 안에 있는 유아들($\tau\grave{\alpha}\ \pi\alpha\iota\delta\acute{\iota}\alpha$) 전체 부류의 공통적인 이익, 곧 그리스도 안에서 그들이 가지고 있는 언약적인 이익을 위해 말씀하시려는 것 이외의 다른 의도와 목적을 가진 것이 아니었다. 주지하다시피, 제자들은 유아들이나 다른 가련한 죄인들이 죄인들의 구주 앞으로 나아오는 것을 금하려고 하였다. 그 유일한 이유로는 유아들이 이해력을 결여했다는 사실 이외에 다른 것을 상상하기 힘들 것이다(오늘날 오직 재세례파들의 편견이기도하다).

10) 그리스도께서는 "그 어린 아이들을 안고 그들 위에 안수하시고 축복하시니라." 이것은 유아들에게 베푸신 그리스도의 개인적이고 실제적인 호의였다. 유아세례를 반대하는 자들은 본문의 유아들이 실제 회심자들의 겸손함에 대한 단순한 상징과 교의적인 유사성이라고 설명한다. 또한 본문의 어린이들이 이교도와 마찬가지로 언약의 밖에 있었으며 따라서 언약의 은혜와 언약의 표지를 받을 수 없다고 주장한다. 왜냐하면 새로운 복음의 경륜 아래에서 그들은 참 믿음을 결여하고 있다는 이유에서이다. 이런 면에서는 말이나 짐승과 별반 차이가 없다는 것이다. 자, 그렇다면, 그리스도께서 유아들을 축복하신 것은 과연 어떤 종류의 축복인지 이들로 하여금 대답하게 하자.

제14장

263

4. 그리스도께서 팔에 안으신 유아들에게 축복하신 내용은 무엇인가?

1) 그리스도께서 축복하신 내용은 일찍이 야곱이 에브라임과 므낫세를 축복한 것보다 더욱 많은 가치를 가진다. 혹은 최소한 하늘로부터 오신 주 그리스도께서 주권자이신 것만큼이나 실제적이고 확실한 축복이다. 그리스도께서 소유하신 능력으로 주님은 무화과나무를 저주하사 곧 그것을 시들게 하셨다. 주님은 그의 주권적인 능력으로 유아들 안에 있는 가견 교회 안의 전체 유아 집단을 축복하신 것이다. 또한 그들이 신약 시대에 언약을 맺은 교회의 일원이 된 것을 천명하신 것이다. 그리스도는 이것을 어린이들을 축복하시는 탁월한 행위를 통해 보여주셨다. 또한 어린이들로 하여금 왕이신 그리스도께로 자유롭게 다가오도록 하라는 명령을 주심으로 선언하셨다. 이는 성인들은 물론 어린이들 역시 하나님 나라의 신민이라는 이유 때문이다. 또한 그리스도께서는 그들이 주님께로 나오는 것을 용납하고 금하지 말하는 명령을 명시적으로 주셨다. 마태복음 10장 14절과 누가복음 18장 16절 그리고 마태복음 19장 14절이 그 구절들이다. 요컨대 세 명의 공관복음 기자들은 이 내용을 충분히 증언하는 세 명의 증인인 셈이다.

2) 주 그리스도께서는 축복과 저주를 내리시는 최고의 주권자이시다. 왜냐하면 지상의 모든 나라들과, 언약 국가들의 상당한 부분

을 차지하는 어린 자들은 모두 그리스도 안에서 복을 받아야 하기 때문이다.

3) 이삭이 야곱을 축복했을 때 야곱은 "반드시 복을 받을 것이니라"(창 27:29,33)라고 기록되어 있다. 야곱은 열두 부족을 축복했다(창 49:28). 하나님의 사람 모세는 죽기 전에 이스라엘 자손을 위하여 축복했다(신 33:1-2). 이것은 언약의 축복이었다. 그리고 백성들은 실제적인 복을 받았다. 이제 그리스도께서도 언약을 맺은 부모들의 유아들 전체 집단을 실제적인 언약적 축복으로 축복하셨다. 재세례파는 본문에서 그리스도께서 유아들에게 행하신 방식은 일종의 의식적인 환영의 인사와 같은 것이라고 주장한다. 그러나 복음서 기자들은 분명히 "그가 그들을 축복하셨다"고 기록한다. 마태복음 19장 13절은 "그리고 [축복]기도해 주심을 바라고(καὶ προσεύξηται)"라고 기록되어 있다. 마가복음 10장 16절은 "그가 그들을 축복하시니라(κατευλόγει αὐτὰ)"라고 기록하고 있다.

4) 만일 마태의 말처럼 유아들의 어머니 혹은 부모들이 주님께 구한대로(마 19:13) 그리스도께서 유아들을 위해 기도를 하셨다면, 주님의 기도는 반드시 언약의 말씀 위에 기초했을 것이다. 주님께서 유아들의 평화를 위해 간구하셨을 것이 언약의 자비와 구원 이외에 무엇이었겠는가? 그리스도는 그들을 위해 기적을 베푸실 것이 아니었다. 그분은 유아들을 팔에 안아 주님께로 데리

고 나온 이들의 소원을 만족시키셨다. 유아들은 스스로의 힘으로 걸을 수도 없었고, 신앙을 고백할 수도 없었다. 그들은 마치 마태복음 9장 2절에 등장하는 침상에 누운 중풍병자와 같은 모습으로 태어났을 뿐이었던 것이다.

5) 그리스도께서는 항상 기도에 있어 열심을 내셨다(요 11:42). 그리스도께서 유아들에게 부어주신 축복은—재세례파의 경우는 유아들을 그리스도와 언약의 밖에, 곧 하나님의 저주 아래에 두려고 할 것이다—은혜 언약의 축복이든지 아니면 행위 언약의 축복, 혹은 성경에 기록되지 않은 제 삼의 종류에 속하는 축복이었을 것이다. 모세는 모든 종류의 축복을 [축복과 저주의] 두 가지로 시작한다(신 27:12-16, 28:2-3, 15-16, 30:19). "내가 생명과 사망과 복과 저주를 네 앞에 두었은즉" 이와 같이 사도 바울도 두 가지를 말한다(갈 3:10,13-14; 히 6:7-8,14-15). 그러나 그리스도의 경우 유아들에게 행위에 근거한 율법적인 복을 수여하실 수 없었을 것이다. 왜냐하면 유아들은 자기 안에서 스스로 율법을 성취하지 않았기 때문이다. 뿐만 아니라 유아들은 혹은 어떤 육체도 율법에 의해 의롭게 되지 못하기 때문이다(롬 3:20). 따라서 그리스도께서는 유아들에게 은혜 언약의 축복을 베푸셨음이 틀림없다(갈 3:14; 히 6:14). 그것이 죄의 사면과 생명에 관한 축복일지 아니면 하나님 나라에 대한 실제적 권리일지 그것은 주님께 맡기자. 분명한 것은 그것은 언약의 축복이라는 사실이다.

6) 마태복음 19장 13절은 유아들을 데려온 부모들의 믿음을 소개한다. "그때에 사람들이 예수께서 안수하고 기도해 주심을 바라고 어린 아이들을 데리고 오매." 그들은 그리스도에 대한 믿음을 소유했다. 곧 유아들을 위해 그리스도의 기도와 축복을 받을 수 있으리라 기대한 것이다. 미루어 짐작컨대, 그들은 주님께로 나아올 때 '아마도'라는 생각을 가지고 나왔을 것이다. 혹은 코베트 씨가 잘 말했듯이 [그들의 자녀들이] 택자일 것이라는 가능성에 기초한 믿음을 가지고 나왔을 것이다. 하나님의 선택은 언약과 분리될 경우에는 비밀이다. 하지만 계시된 언약은—이로부터 선택받지 않았다는 결론이 도출되지는 않는다—믿음의 기초가 될 수 있다(신 29:29).

마태복음 18장 4절과 10절에서 그리스도께서는 이 작은 자들의 천사들이 하늘에서 하늘에 계신 그의 아버지의 얼굴을 항상 뵈옵는다고 말씀하셨다. 또한 히브리서 1장 14절에서 성령님은 천사들이 "섬기는 영들"이라고 말씀하신다. 이들은 "구원 받을 상속자들을 위하여 섬기기 위해(διὰ τοὺς μέλλοντας κληρονομεῖν σωτηρίαν)" 보냄을 받은 것이다. 유아들 역시 구원에 대한 그들의 몫이 있음이 분명하다. 언약에 의해 반드시 그래야만 하는 것이다.

5. 새 언약에서 언약의 자손이 유대인의 교회에 더해지도록 약속되었다.

주지하다시피 아담이 아이를 갖기 이전에 복된 씨 하나가 아담과 그의 후손에게 약속되었다. 이 복된 씨는 셋, 야벳, 이삭, 야곱, 아브라함 등에게 주어지고, 가나안, 함, 이스마엘, 에서, 그리고 아브라함의 자손으로 우상을 섬기는 집안들에게는 거절되었다. 다윗에게는 주어졌지만 그의 형제들은 거절되었다. 먼저 언급된 자들은 각 세대의 수장들로서 그 약속을 받았다면, 그들과 대조를 이루는 세대들과 가나안, 함, 이스마엘의 가문은 거절되었다.

이스라엘 집안은 이스라엘의 자손들 곧 야곱의 자손들이고 여기에 앞으로 이방인들이 추가될 것이었다. 이사야 49장에 따르면 이방인들은 그들의 아들들과 딸들을 데리고 교회로 들어올 것이다(22절). 또한 이사야 54장 1절을 보라. "잉태하지 못하며 출산하지 못한 너는 노래할지어다... 이는 홀로 된 여인의 자식이 남편 있는 자의 자식보다 많음이라 여호와께서 말씀하셨느니라." 또한 이사야 60장 4절을 보라. "네 눈을 들어 사방을 보라 무리가 다 모여 네게로 오느니라 네 아들들은 먼 곳에서 오겠고 네 딸들은 안기어 올 것이라." 이스라엘은 이스라엘과 더불어 결혼하며 육체를 따라 "거룩한 자손"이라고 불렸다. 느헤미야 7장 61절과 에스라 9장 2절을 보라. "거룩한 자손이 그 지방 사람들과 서로 섞이게 하는데." 또한 역대상 16장 13절[과 15절]을 보라. "그의 종 이스라엘의 후손 곧 택하신 야곱의 자손 너희는 그의 언약을 기억할지어다." 그런데 외면 언약에 의한 이 거룩함이 이제 이방인들에게로 확장된다. 고린도전서 7장 14절을 보라. "그러나 이제 너희의 자녀들은 거룩하니라." 그리고 이러한 거룩함 안으로 유대인들을 초청한다. 로마서 11장 16절을 보라. "처음 익은 곡식 가루가 거룩한즉 떡덩이도 그러하고 뿌리가 거룩한즉 가지도 그러하니라." 같은 맥락에서 이사야 61장 9절에 예언된 것을 보라. "그들의 자손을 뭇 나라 가운데에, 그들의 후손을 만민 가운데에 알리리니 무릇 이를 보는 자가 그들은 여호와께 복 받은 자손이라 인정하리라." 또한 6절을 보라. "오직 너희는 여호와의 제사장이라 일컬음을 받을 것이라(아론의 가문처럼 언약에 의해 거룩해진다. 왜냐하면 하나님과 더불어 맺은 가견적인 언약 안에 있기 때문이다.) 사람들이 너희를 우리 하나님의 봉사자라 할 것이며 너희가 이방 나라들의 재물을 먹으며 그들의 영광을 얻어 자랑할 것이니라." 또한 이사야 62장 2절을 보라. "너는 여호와의 입으로 정하실 새 이름으로 일컬음이 될 것이며." 또한 12절을 보라. "사람들이 너를 일컬어 거룩한 백성이라 여호와께서 구속하신 자라 하겠고 또 너를 일컬어 찾은바 된 자요 버림받지 아니한 성읍이라 하리라." 또한 이사야 65장 22절을 보라. "이는 내 백성의 수한이 나무의 수한과 같겠고 내가 택한 자가 (부르심에 의한 것이다) 그 손으로 일한 것을 길이 누릴 것이며."

여기서 선지자는 신약 시대의 가견적인 언약 백성에 대해 예언하는 것임에 틀림없다. 선지자는 23절에서 다음의 말을 덧붙인다. "그들의 수고가 헛되지 않겠고 그들이 생산한 것이 재난을 당하지 아니하리니 그들은 여호와의 복된 자의 자손이요 그들의 후손도 그들과 같을 것임이라."

이제 경건한 독자들에게 여기에 주목할 것을 권한다. 1) 이방인들이 가입하게 될 것이라는 예언의 성취는 누가복은 4장에서 그리스도께서 이사야 61장 1-4절의 말씀을 자신에게 적용시키는 장

면으로 분명해졌다. 이사야 61장 9절 말씀을 보라. "그들의 자손을 만민 가운데에 알리리라." 또한 이사야 62장 2절을 보라. "이방 나라들이 네 공의를 볼 것이라." 사도 바울은 이사야 65장 1-4절의 말씀을 로마서 9장 24절과 26절, 10장 20절, 에베소서 2장 12-13절, 로마서 15장 20절 등에서 이방인들이 가입하는 것의 의미로 해석한다.

2) 선지자는 이사야 65장 9절에서 가견 교회와 그들의 후손에 관해 말한다. "그들의 자손을 뭇 나라 가운데에, 그들의 후손을 만민 가운데에 알리니 무릇 이를 보는 자가 그들은 여호와께 복 받은 자손이라 인정하리라." 또한 요한계시록 2장 17절을 보라. "또 흰 돌 (그들의 선택에 관한 표이다)을 줄 터인데 그 돌 위에 새 이름을 기록한 것이 있나니 받는 자밖에는 그 이름을 알 사람이 없느니라." 이사야 62장 12절을 보라. 그들은 한 자손과 하나님의 언약 백성의 후손을 보고 "일컬어 거룩한 백성이라" 말할 것이다. 그들은 이들을 [거룩한 백성] 하나의 가견 교회로 판단했음에 틀림없다. 왜냐하면 영광으로 예정된 자들의 교회는 그들이 눈으로 볼 수 없을 것이기 때문이다.

3) 이사야 55장을 보라. 이들은 가견 교회이다. 21절 "그들이 가옥을 건축하고 그 안에 살겠고." 또한 22절을 보라. "그들이 건축한 데에 타인이 살지 아니할 것이며 그들이 심은 것을 타인이 먹지 아니하리니." 이것에 대한 이유는 23절에 기록되어 있다. 왜냐하면 "그들은 (이들은 새 언약에서 다음과 같이 될 것이라고 예언되었다는 의미이다) 여호와의 복된 자의 자손이요 그들의 후손도 그들과 같을 것

임이기" 때문이다. 또한 예레미야 33장 22절을 보라. "하늘의 만상은 셀 수 없으며 바다의 모래는 측량할 수 없나니 내가 그와 같이 내 종 다윗의 자손을 번성하게 하리라." 이 자손은 과연 누구인가? 가견적인 후손을 의미하는 것이다. "또한 나를 섬기는 레위인을 번성하게 하리라." 여기서 선지자는 아브라함에게 주신 약속, 곧 그의 자손을 번성하게 하리라는 약속(창 13:15, 15:5, 22:17)을 암시한다. 이 약속은 아브라함에게 주어졌고 또한 그의 자손들 모두에게 귀속된다(칼빈[21]). 선지자는 그들로 하여금 그 백성이 본토로 귀환할 것을 의심하지 않도록 하였다. 이제 그 백성과 레위인, 그리고 다윗의 가문은 바벨론으로부터 구출된 후에 유대인들 가운데에서는 그토록 번성하지 않았다. 따라서 이 예언은 반드시 신약 시대로 확장되어야만 한다.

만일 하나님께서 다윗의 자손을 영원토록 세우시면(시 89:4), "그 백성의 자손이 그 원수의 성 문을 얻게 할 것이다"(창 24:60). 그리고 성령의 능력이 야곱의 자손에게 임하시면(사 44:3), 성령께서 "네 자손의 마음에 할례를 베푸시고," 또한 "네 입에 둔 나의 말이 이제부터 영원하도록 네 입에서와 네 후손의 입에서와 네 후손의 후손의 입에서 떠나지 아니하리라"(사 59:21)고 기록되어 있다. 시편 37편 26절을 보라. "의인의 자손이 땅에서 복을 받는도다." 단순히 그들이 자손이기 때문에 복을 받는 것이 아니다.(만약 그렇다면 지상의 모든 자손들은 복을 받아야 할 것이다.) 복을 받는 이유는 그들이 "그의 종

---

21) Calvin, in loc. "*Haec promissio Abrahae data ad totum populi corpus spectabat.*" (아브라함에 주어진 이 약속은 백성 전체를 바라보며 주어진 것이다)

들의 후손"이기 때문이다(시 69:36). 또한 유대인들의 후손(스 6:13)
이며, "주의 종들의 자녀들"(시 102:28)이다. 또한 예레미야 31장
35-27절과 이사야 6장 13절을 보라. "아브라함의 자손"이기 때문
이며, 아브라함과 맺은 언약 안에 있기 때문이다(출 2:24; 왕하 13:23;
시 105:8-9, 111:5, 9; 창 17:2, 7, 9; 레 26:42, 45; 겔 16:60; 눅 1:72; 출 6:4;
신 8:13절 이하).

그렇다면 신약의 교회는 가견적인 후손들과 더불어 세워져야만
한다. 만일 이러한 호의를 축소하고 줄여서 택자들에게만 적용한다
면, 이러한 사실이 그렇게 계시되었을 것이며, 권리를 유보시키고
제외시키는 내용이 구약이나 신약 안에 반드시 기록이 되었어야만
했을 것이다.

사정이 그랬다면, 선포된 복음에 의해 주님께로 부름 받은 모든
이방인들의 후손은 가시적인 하나님의 저주 아래에 있어야만 했을
것이다. 또한 이들은 하나님의 백성, 곧 "그의 백성의 총회로부터"
단절되어 주님께로부터 분리되었을 것이고, 마치 십대에 이를지라
도 여호와의 총회에 들어오지 못했던 모압과 암몬 사람들, 그리고
사생자들과 같이 되어 진영으로부터 쫓겨나 부정한 자와 같이 되
었을 것이다. 또한 신자들과 더불어 혼인을 하거나 그들과 더불어
언약을 맺을 수도 없었을 것이다. 다음 구절들을 보라. 신명기 23
장 14절, 레위기 13장 43-46절, 신명기 7장 1-3절, 출애굽기 34장
15-16절, 열왕기상 11장 2절, 에스라 9장 2절과 12절, 느헤미야 13

장 23절, 사사기 3장 6-7절, 4장 2절 등이다.

만일 저주받은 후손과 복 받은 후손 사이에 어떤 중간지대가 없는 경우를 제외한다면, 이는 교회와 언약 안에 있는 자손과 뱀과 언약 밖에 있는 이교도의 자손 사이로 구분하는 것에 해당한다. 그런데 어둠과 사탄의 왕국과 사랑하시는 아들의 하나님의 왕국 사이에 중간지대가 있다는 것은 다음 구절들에 위배된다. 에베소서 2장 2-4절, 사도행전 26장 18절, 골로새서 1장 13-14절, 베드로전서 2장 9-10절, 에베소서 5장 8절 들이다. 즉 성경이 말하지 않는 것이다. 참으로 언약은 그리스도와 그의 후손에게 맺어졌으며(갈 3:16), 아브라함의 축복과 동일한 것이 우리 이방인에게 임한 것이다(갈 3:13-14). 그런데 아브라함과 그의 모든 자손은 언약의 외면적인 부르심의 은혜 안에서 복을 받은 것이다. 다음 구절들을 보라. 에스겔 16장 1-8절, 신명기 7장 7-8절, 로마서 9장 25절 "내가 내 백성 아닌 자를 내 백성이라, 사랑하지 아니한 자를 사랑한 자라 부르리라." 생명으로 예정하시는 것만이 은혜가 아니라 이처럼 은혜의 외면적인 부르심 또한 은혜이며 그 어떤 공로에 의한 것이 아니다. 여기에서는 어느 누가 부르심을 받든지 택자이기 때문이 아니라 성부와 성자 하나님의 자유로운 사랑 때문이며 아무 공로 없이 부르심을 받기 때문에 그들은 은혜의 상태 안에 있는 것이다. 모든 이들은 이와 같은 방식으로 가견 교회 안에 존재한다.

제14장

273

6. 외면적 언약체결과 내면적 언약체결 사이에 존재하는 중요한 상이점들

하지만 누군가 다음과 같이 이의를 제기할 수 있다. 즉 그리스도 께서 모든 나라들의 성인과 미성년자들과 교통하신다고 해서 이것 에 의해 모든 나라들이 주님의 나라와 그리스도의 소유가 되는 것 이 아니라 오로지 참 신자들만이 그렇다는 사실을 우리의 교리도 가르치지 않는가?

답 1) 그들이 주님의 왕국들이 되는 것은 그들이 참 회심했다는 사 실에만 의거하지 않고 그들이 그리스도의 직무실 안에서 하나님 에 의해 선택을 받았으며, 또한 그리스도께서 앞으로 회심시킬 자들을 그의 말씀의 홀(笏)로 다스리신다는 사실에 의거하기도 한다. 하나님과 더불어 외면 언약을 맺는 것 자체도 값없이 베푸 시는 은혜이며 하나님께서 베푸시는 특별한 호의이다. 다음 구 절들을 보라. 시편 147장 19-20절, 신명기 5장 1-2절, 마태복음 21장 42-43절, 누가복음 14장 16절과 21절.

2) 하나님께서는 위선자들과 정말로 불경한 자들의 몸으로부터 난 자녀들과 더불어 내면적인 언약을 기꺼이 맺으시는 것 또한 그 분의 값없이 베푸시는 은혜이다. 하나님은 유기자 부모들로부 터 태어난, 영광을 상속할 수많은 자녀들로 택자들의 수효를 채 우시며, 이런 측면에서 유기자들은 앞으로 도래할 세상을 위해

또한 가견 교회 안에서 도구적으로 쓰임 받는다. 그리고 이 일을 수행함에 있어 유기자 부모들로부터 그들의 자녀들, 곧 영광의 상속자들에게까지 이들 사이에서 올바르게 소통하는 교회가 존재한다.

3) 외면적 언약체결은 내면적 언약체결에 선행한다. 이는 수단이 목적보다 선행하는 것과 같고, 원인이 결과에 대해 선행하는 것과 같은 이치이다. 믿음은 보냄을 받은 설교자가 전하는 말씀을 들음으로 생긴다(롬 10:14). 복음 설교는 새 마음과 새 영을 탄생시키는 역할을 감당하는 구원의 수단이 된다. 따라서

#1. 모든 이들은 반드시 외면적인 언약 안에 머문 후에야 비로소 내면적이고 실제적인 언약 안에 거하게 된다.

#2. 하나님은 어떤 이들에게는 단순히 하나님이시다. 외면적인 교회의 특권들—일례로 말씀, 표지, 보호, 평화, 치리의 울타리, 심고 물 주는 사역 등—의 측면과 관련하여 그들의 하나님이 되시지만 그 이상에 대해서는 아니다. 한편 또 다른 그룹에 대해서 하나님은 하나님 이상의 존재가 되신다. 호세아 2장 19절을 보라. "내가 네게 장가들어 영원히 살되 공의와 정의와 은총과 긍휼히 여김으로 네게 장가들며." 이제 주님께서는 타락하는 이스라엘과 더불어 외면적인 결혼 언약 안에서 연합하셨다. 그러나 부패한 파트너와 관련하여 "공의와 정의와 은총과 긍휼히 여김으로" 연합하신 것은 아니었다. 그가 말씀하신 대상과 관련하여 하나님은 이렇게 말씀하신다. "너희 어머니와 논쟁하고 논쟁하라 그는 내 아내가 아니요 나는

그의 남편이 아니라." 또한 스가랴 8장 7-8절을 보라. "만군의 여호와가 이같이 말하노라 보라, 내가 내 백성을 해가 뜨는 땅과 해가 지는 땅에서부터 구원하여 내고, (8)인도하여다가 예루살렘 가운데에 거주하게 하리니 그들은 내 백성이 되고 나는 진리와 공의로 그들의 하나님이 되리라."

그렇다면 하나님은 모든 사람에 대해 "진리와 공의로" 그들의 하나님이 되시는 것이 아니다. 오직 [이 약속을 받은] 이들에 대해서만 하나님은 마음속에 율법을 새기시겠다는 우선적이고도 본질적인 약속을 성취하신다. 물론 하나님은 외면적인 언약 곧 조건적인 언약까지도 지키신다. 즉 그들이 믿으면 그들은 반드시 구원을 받는다. 그러나 하나님은 여기에서는 새 마음과 믿음을 약속하지 않으셨다.

#3. 하나님은 택자들의 외부에 계신 하나님이요 또한 값없이 베푸시는 은혜의 하나님도 되시기 때문에 결국 "진리와 공의로 그들의 하나님"이 되시어, 택자들의 마음에 그의 율법을 새겨 넣으신다. 여기에서 외면적인 연합 자체가 충분한 원인이라고 말할 수 없다. 그렇다고 한다면 하나님은 그와 더불어 외면 언약을 맺은 모든 자들에게 새 마음을 주셔야 하기 때문이다. 적절한 원인을 말하자면, 하나님의 무차별적인 사랑의 발로에서 나온 외면적 연합—곧 그 같은 방식(tali modo)으로서의 외면적 연합—과 일부 [택자의] 하나님이 되신다는 값없이 베푸시는 은혜가 그 원인이라고 할 수 있겠다.

#4. 하나님은 택자들, 곧 그들의 마음과 내부에 하나님의 율법을 새기신 자들에게 그들의 하나님이 되신다. 따라서 이 같은 방식으

로(*tali modo*) 그들의 하나님이 되시겠다는 약속은 원인(cause)이 되고, 새겨진 새 마음은 결과(effect)가 된다. 예레미야 31장 33절과 32장 38절을 보라. "그들은 내 백성이 되겠고 나는 그들의 하나님이 될 것이며" 이 말씀[약속]은 원인이다. 39절을 보라. "내가 그들에게 한 마음과 한 길을 주어 자기들과 자기 후손의 복을 위하여 항상 나를 경외하게 하고" [이것은 결과다] 또한 에스겔 11장 19-20절에서도, 비록 기록된 말의 어순은 도치되었지만, 동일한 논리적 순서가 발견된다. 히브리서 8장 10절의 경우도 마찬가지이다.

#5. 누구든지 정결한 마음을 가졌기 때문에, 또한 그들의 마음에 율법이 새겨져 있기 때문에 [이것이 원인이 되어] 하나님께서 누군가의 하나님이 되시는 것이 아니다. 이는 마치 "언약 안에 들어오기 위해서는 그 전에 먼저 언약 안에 있어야 한다"라고 말하는 것과 같다. 다음의 진술은 참이다.

"하나님은 진리와 공의로 우리의 하나님이시다."

"그렇기 때문에 우리는 믿는다."

그러나 다음의 진술은 거짓이다.

"우리는 믿는다."

"그렇기 때문에 그분은 우리의 하나님이시다."

후자의 경우는 결과로부터 원인으로 거슬러 올라가는 잘못된 주장이다.

이제 마태복음 19장 14절에 대한 칼빈의 주해를 다시 살펴보자. "이로부터 우리가 알 수 있는 것은 그의[그리스도의] 은혜가 그 연령[어린 유아들]에게까지 확대된다는 사실이다. 전체 인류가 멸망했다는 사실을 생각할 때 [이는 놀라운 일이 아니다]"[22] 베자는 이렇게 말한다. "유아들 역시 하나님의 값없이 베푸시는 은혜 언약 안에 포함된다(*Ipsi quoque Infantes in gratuito Dei foedere comprehenduntur*)." 같은 맥락에서 파레우스는, 그리스도께서 오라고 명령하신 유아들을 세례와 교회에 접근하지 못하도록 막는 것은 불법적인 것이라고 주장한다.

반론 그렇지만 그리스도는 그들이 세례를 받도록 명령하시지는 않았다.

답 1) 그런 식으로 말한다면 본문에서 그리스도께서는 부모들에게 "오직 주의 교훈과 훈계로 양육하라"라고 명령하시지 않은 사실도 지적해야 한다. 본문에서 명령하시지 않았다고 해서 일례로 부모들은 제 사 계명과 제 오 계명을 지켜야 할 책임이 없다고 주님이 생각하셨다는 결론을 내리는 것이 과연 합당한가? 파레우스에 따르면 본문은 그 주제를 언급할 때와 장소가 아니었을

---

22) 루더포드는 칼빈의 말을 축약하여 인용한다. 축약된 부분까지 포함한 원문은 다음과 같다. Calvin, "*unde colligimus ad hanc quoque aetatem extendi eius gratiam. [Nec mirum: nam quum totum genus Adae sub mortis reatu conclusum sit, omnes a mmimo usque ad maximum perire necesse est, nisi quos eripit unus Redemptor]*" [이는 놀라울 것이 없다. 왜냐하면 아담의 전체 종족이 최종적으로 사형선고를 받아, 가장 작은 자로부터 가장 큰 자에게 이르기까지, 오직 한 분 구세주에 의해 구출 받는 자들 이외에는 반드시 멸망하기 때문이다.] 또한 루더포드는 비록 본문에 포함시켜 해석하지는 않지만 같은 주해 부분에서 다음의 구절을 인용한다. "*Quid vero illis precatus est, nisi ut inter Dei filios?*"[그리스도께서 그들을 위해 기도하셨을 때 그들을] 하나님의 자녀들로 받아주시기를 구하는 것 외에 참으로 무엇을 그가 간구하셨겠는가?]

뿐이다. 그러나 마태복음 28장 19절에서 그리스도는 모든 이에게 세례를 베풀라고 명령하신다.

2) 그리스도께서는 유아들을 위해 기도하셨고 그들을 축복하셨다. 또한 그들 위에 안수하셨다. 또한 유아들을 그에게로 데리고 오라고 초청하셨다. (이 모든 일에서 유아들은 아무 능력이 없었다. 마치 유아들은 세례의 사용과 목적에 있어서, 또한 실제로 죄를 고백하는 것과 믿는 일에 대해서도 아무것도 할 수 없는 것과 같이 말이다) 바로 이러한 일을 행하신 당사자, 그리스도께서 유아들은 세례를 받아야 한다고 판단하신다.

3) 가족이 세례를 받는 경우에 오직 집안의 가장만이 세례를 받았다고 말하는 것은 결코 건전한 해석이 아니다. 특히 고린도전서 1장 16절과 사도행전 16장 33절의 경우처럼 한 가정에게 세례를 베풀었다는 기사를 읽을 때 알 수 있다. 이 본문들에서 유아들이 세례를 받지 않았다는 근거를 찾는 것은 다음의 구약 본문들에서 유아들이 배제된 근거를 찾는 것만큼이나 어렵다. 창세기 12장 2절을 보라. "내가 네게 복을 주어 네 이름을 창대하게 하리라." 또한 창세기 22장 17절을 보라. "내가 네게 큰 복을 주리라." 이처럼 하나님께서 아브라함에게 말씀하셨을 때 이것은 오로지 아브라함에게만 복을 주고 그의 자손을 축복하시지는 않는다는 의미이겠는가? 또한 이사야 19장 25절을 보라. "내 백성 애굽이여, 복이 있을지어다." 여기서도 하나님은 이집트와 아시리아의 성인들만을 축복하고 그들의 자손과 유아들은, 이들이 하나님의 축복을 이해하지 못한다는 이유로 축복하시지 않겠다

고 생각하셨겠는가? 분명한 사실은 태의 열매와 자손이 복을 받겠다고 성경에 기록되어 있다는 것이다(시 37:26; 신 7:13). 또한 하나님께서는 이스라엘과 다윗의 가문을 축복해 달라는 간구를 들으신다는 사실이다(시 28:9, 67:1; 신 26:16; 삼하 7:29). 이것은 하나님께서 오로지 이스라엘과 다윗 가문의 어린 유아들과 자녀들만을 축복하신다는 것을 의미할 리가 없다. 창세기 30장 30절에서 야곱이 자신의 집에 대한 하나님의 복을 언급한 것도 같은 맥락에서 이해해야 할 것이다. 디모데전서 5장 8절에서 신자가 자기 가족을 돌볼 것이 언급되었을 때, 이것의 의미는 집안의 오직 성인들만을 돌보고 미성년자들은 돌볼 필요가 없다는 것—왜냐하면 성인들은 공급되는 것이 무엇인지를 이해하는 반면에 유아들은 내일 배고프다는 것이 무엇인지를 이해하지 못하기 때문에—을 말하지 않는다.

결국 어린 유아들은 세례를 받을 능력이 없다는 것은 사실이 아닌 것을 사실로서 단정 짓고 질문하는 것과 같다. 첫째, 고린도전서 10장 1절과 3절을 보라. 모든 이스라엘 사람들은 성년이나 미성년자들이나 바다와 구름 아래에서 세례를 받았다. 둘째, 모든 이스라엘 사람들은 성년이나 미성년자나 모두 언약의 축복을 받을 수 있었다(시 28:9, 67:1-2). 또한 언약의 표지를 받을 수 있었다. 재세례파 역시 다음 사실을 인정한다—반드시 그래야 한다. 즉 만일 유아들이 언약 안에 있다면 그들은 언약의 표지를 받아야 한다는 사실이다. 마지막으로, 집안이 세례를 받았다는 것의 의미가 어찌 오로지 실제로 믿을 수 있는 성년만을 의미해야만 한다고 말할 수 있겠는가?

7. 로마서 11장 16절 "뿌리가 거룩한즉 가지도 그러하니라" 주해

유대인들은 로마서 11장 16절 안에 등장하는 거룩한 뿌리와 가지이다. 처음 익은 곡식 가루이며 떡덩이이며, 조상과 후손이다. 그들은 마침내 다시 돌이켜 들어올 것이라는 사실이다. 왜 그런가? 그들의 조상이 맺은 언약으로 인해 앞으로 도래하는 세대가 거룩하기 때문이다. 이에 대해 재세례파는 우리에게 다음과 같은 이의를 제기할 수 있다. 너희가 말하는 언약적 거룩함에도 불구하고, 로마서 11장 16절은 잘려나간 자들에게 세례 받을 권리를 주지 않았다. 또한 교회의 특권들을 허락해주지도 않았다. 왜냐하면 잘려나간 자들은 교회가 아니기 때문이다. 이처럼 이들이 교회의 특권을 소유하지 않았다면 너희가 말하는 언약적 거룩함이라는 것도 일종의 몽상과 같은 것이 아니겠는가?

답 앞으로 돌이켜서 다시 접붙임이 될 자들은 거룩하다. 단 하나님의 작정 속에서, 곧 사랑하는 그들의 아버지의 의도에 따라서 그렇다는 의미이다. 하나님께서 그들을 부르실 때, 하나님은 아브라함과 맺은 것과 동일한 언약에 근거한 권리를 그들에게 수여할 것이다. 요컨대 아직 존재하지 않는 이들 가지들과 아직 태어나지 않은 세대들은 오직 [하나님의] 의도에 따라 거룩하며, 이러한 언약적 거룩함에 의거하여 그들은 출생한 후에 실제적으로 거룩하게 될 것이다.

한편 바울 당시에 불신앙으로 인해 잘려 나가지 않은 세대, 곧 로마서 11장 7절에서 바울이 택자로 명명한 이들은 그들의 조상으로 인해 권리를 현재적으로 소유한다. 왜냐하면 "하나님이 그 미리 아신 자기 백성을 버리지 아니하셨기" 때문이다(1-2절). 바울도 "나도 이스라엘인이요 아브라함의 씨에서 난 자"라고 말한다. 또한 엘리야의 때에 그랬던 것처럼, 바울 당시에도 "바알에게 무릎 꿇지 아니한" 숨어 있는 수천 명의 유대인들이 남아 있다고 말한다. 그러나 유대인들 가운데 더욱 많은 다수는 떨어져 나갔다고 증언한다.

요컨대 유대인들은 언약적으로 거룩하기도 하고 언약적으로 거룩하지 않기도 하다. 또한 아버지로부터 언약적인 사랑을 받는 자이기도 하고 그렇지 못한 자이기도 하다. 그들 가운데 보다 온전하고 비가견적인 부분은 거룩한 자들로서 세례와 예식에 대한 교회의 권리를 소유한다. 그러나 의도적으로 몸에서 떨어져 나와, 그리스도를 십자가에 못 박고, 조상들의 잔학한 행위의 편에 선 자들은 언약적으로 거룩한 자들이 아니며 세례에 대한 교회의 권리를 소유하지 못한다. 이들은 비록 아브라함의 육적인 후손이나, 실상은 사도행전 8장에 등장하는 시몬 마구스가 가졌던 것 이상으로 교회의 한 부분을 구성하거나 교회의 규례와 예식에 대한 지분을 소유하지 못한다.

하나님께서 아브라함과 더불어 언약을 체결하시고(창 17장), 또한 동일한 언약을 갱신하셨을 때(신 29장), 하나님은 그 자리에 아직 존재하지 않는 자들과도 언약을 맺으셨다. "너희에게만 세우는 것이 아니라"(14-15절). 사실상, 또한 근원적 의미에서, 당시에는 아직 출생조차 하지 않았던 우리 이방인들과도 언약을 맺으신 것이었다. 언약의 핵심적인 요소들로는 제사장직, 율법의 봉사, 모형, 제사, 할례 물론 세례, 성만찬, 목회자, 교사, 치리장로, 집사 등이 있다. 이 모든 것들은 언약의 본질적인 것에 대해서는 우유적인 요소들이다. 언약의 본질은 곧 그리스도를 믿는 것이고 그리스도에 의해 의와 생명을 얻는 것이다.

비유컨대, 동일한 도시로 가는 동일한 길이라 할지라도 오늘의 울타리, 길, 표시, 다리 등은 오백년 전의 모습과는 사뭇 다르다. 어떤 아버지는 앞으로 그의 몸으로부터 수백 명의 자녀들이 대를 이어 태어날 것과 이들 모두 왕이 될 것이라는 사실을 알고 있다고 생각해 보자. 그들은 모두 동일한 왕가의 상속자가 될 것이다. 그래서 그 아버지는 하나의 권리헌장을 작성하여 그들 모두를, 아직 태어나기 전부터, 동일한 상속자로 세웠다. 따라서 그들은 이미 태어나기 전부터 첫 번째 상속자로서 모든 실질적이고 근원적인 권리를 소유했다고 말할 수 있다. 따라서 그들이 출생했을 때, 또 다른 언약을 체결할 필요가 없는 것이다.

바로 이러한 원리에서 신명기 29장 14-15절을 이해할 수 있다. 그는[모세] 여기서 앞으로 태어날 사람들과 또 다른 언약을 맺을 필요가 없음을 밝히고 있는 것이다. "내가 이 언약과 맹세를 너희에게만 세우는 것이 아니라 오늘 우리 하나님 여호와 앞에서 우리와 함께 여기 서 있는 자와 오늘 우리와 함께 여기 있지 아니한 자—곧 아직 출생하지 않은 자를 가리킨다—에게까지니라." 그리하여 매

제14장

우 탁월한 방식으로 이것을 가리켜 "언약," 곧 "하나님 여호와의 언약"이라고 부르는 것이다(렘 22:9; 신 4:23; 수 23:16). 하나님은 또한 "내 언약"이라고 말씀하신다(창 17:7,9-10; 출 19:5; 시 50:16). "그의 언약"이라고 불리기도 한다. "그는 그의 언약 곧 천 대에 걸쳐 명령하신 말씀을 영원히 기억하셨으니"(시 105:8). 또한 시편 111편 5절과 9절을 보라. "그의 언약을 영원히 기억하시리로다." 열왕기하 13장 23절을 보라. 시리아의 왕 하사엘이 이스라엘을 학대하여 그들이 가장 애통할 만한 고통 가운데 있을 때, 하나님께서는 "아브라함과 이삭과 야곱과 더불어 세우신 언약"을 기억하였다. 이는 레위기 26장 42-43절에서 하나님께서 말씀하신 바와 같다. 한편 성경은 "언약 책"이라고도 불린다(출 24:7; 왕하 23:4; 대하 34:30-31). 여기서 의문은 간단히 해결된다. 언약이 없는데도 언약 책이라고 불릴 수가 없고, 여기서의 언약은 바로 "아브라함과 맺으신 언약"이요 "야곱에게 하신 맹세"에 해당한다(왕상 16:16-17; 시 105:9; 렘 11:5; 단 9:11; 눅 1:73; 히 6:15,17). 또한 족장들에게 주신 "영원한 언약"이다(창 9:16, 17:9,13). 이것은 아담과도 연결된다(레 24:8). 또한 "다윗에게 맺으신" 언약이다(삼하 23:5; 대상 16:17; 시 105:10; 사 61:8; 히 13:20). 어떤 사람들이 주장하는 바대로 수많은 언약들이 존재하지만 이것들과 구별되는 "새 언약"과 "더 나은 언약"이 존재한다(히 8:8,13, 12:20; 렘 31:31; 히 7:21). 이 언약의 새로움과 탁월성은 중보자에 관한 주해에서 나타난다. 이제 하나님이신 말씀이 육신이 되었다. 히브리서 7-9장을 보라.

8. 뿌리가 거룩하다는 의미는 영광으로 예정된 자들에게만 국한
   되지 않고 가견적인 고백자들—부모들과 자녀들 모두—에게
   해당된다.

또한 로마서 11장에서 바울이 하나님께서 모든 유대인들을 다 버리신 것이 아니라는 것을 다음의 사실들로부터 입증한다는 것을 기억해야 할 것이다.

주장 1) 나 바울은 유대인이다. 그런데 하나님께서 나를 버리시지
      않으셨다. 그러므로 [적어도] 한 사람 안에서 그 언약은 세워
      진 것이다.
   2) 하나님의 불변성으로부터 하나님께서는 자기 백성을 예지하셨다.
   3) 엘리야 시대의 교회가 그러한 사실을 보여주는 실례가 된다. 일
      종의 선입관에 따르면 이스라엘의 다수가 떨어져 나간 것은 분
      명한 사실이었다. 그럼에도 바알에게 무릎 꿇지 않은 칠천 명이
      존재했다. 이제 바울의 시대에도 은혜의 선택은 여전히 실패하
      지 않는다. 즉 행위로 말미암지 않는 것이라고 바울은 말한다.
      이로써 바울은 그가 선입견으로 이전에 말했던 것과의 조화를
      시도한다. 과연 모든 유대인들이 의로움에 이르지 못하였는가?
      모든 유대인이 그런 것은 아니라고 대답한다. "택하심을 입은 자
      들," 곧 택자들은 의로우심을 얻었고 나머지는 그렇지 못했다.
      바울은 이방인들로 하여금 자신의 자리, 곧 유대인들이 차지하
      고 있었던 자리를 합당하게 지키라고 권면한다. 이를 위해 유기

에 관한 교의를 좀 더 진술한다. 로마서 9장에서 바울은 영원한 예정이라는 주제와 더불어 다음의 몇 가지 주제들에 관해 말한다. 첫째, 유대인들이 버림받은 것과 그들의 눈이 멀고 마음이 완악해진 것에 관하여 말한다. 그들의 떨어짐은 하나님의 작정 가운데서 일어난 일이요, 그들은 완전히 떨어져 나간 것이 아니다. 둘째, 유대인들의 넘어짐을 통해 이방인들도 경각심을 얻어야 한다.

이제 바울은 다음의 몇 가지 논증을 통해 유대인들도 결국은 그리스도에게로 돌아올 것을 주장한다.

주장 1) 로마서 11장 11절 이하에 나타난 유대인의 넘어짐이 가진 목적을 통해서 이 사실을 알 수 있다. 먼저 그들의 넘어짐으로 [이방인이 구원을 얻고] 결국 유대인들이 이를 시기하여 자기들도 들어오도록 함이다(11절). 둘째, 유대인들 중 얼마가 구원을 얻도록 하기 위함이다[14절]. 셋째, 세상의 풍성함, 곧 구원의 풍성함을 위함이다[12절]. 이로부터 바울의 사역은 크게 확대된다(13-14절).

2) 풍성한 열매를 통해 이 사실을 알 수 있다. 유대인들의 넘어짐이 곧 세상의 풍성함이 되었다면, 하물며 그들이 다시 돌아오는 것은 어떻겠는가? 이는 마치 죽은 자 가운데서, 곧 믿지 않는 세상으로부터 다시 살아나는 것과 같은 것이라고 바울은 말한다(15절).

3) 하나님이 들어오게 하는 자들은 거룩한 자들로서 세상으로부터 분리되어 하나님의 언약적 부르심에 응답한 자들이다. 이들은 반드시 돌아온다. 바로 이들이 이스라엘이다. 바울은 이러한 가정을 부분들로부터 [전체로 나아가는 방식으로] 다음과 같이 입증해 나간다.

#1. 이스라엘의 [떡]덩어리와 뿌리는 거룩하다. 즉 조상들, 곧 구약의 모든 이들은 가견적인 언약 관계 안에서 뿌리줄기와 줄기 그리고 뿌리가 다 거룩하다. 그렇다면 후손들, 곧 첫 열매와 일부 태어난 가지들과 일부 앞으로 태어날 가지들 역시 거룩해야만 한다. 이는 언약적으로 거룩하다는 의미이다. 나무와 뿌리와 가지들은 모두 거룩하며 동일한 본성을 가졌다. 따라서 가지들은 그리스도에 대한 권리를 소유한다. 언약에 대해서도, 세례와 표에 대해서도 그렇다. 한편 재세례파는 아무런 근거도 없이 언약적이고 외면적인 거룩함에 대해서는 침묵하면서 오로지 실제적이고 내면적이며 참된 거룩함, 곧 생명으로 예정된 비가견적인 몸에 관해서만 말을 한다. 물론 본문에서 비가견적인 거룩함이 배제되는 것은 아니다. 아브라함과 이삭과 야곱을 결코 배제할 수 없는 것과 같다. 분명 이들 역시 뿌리의 일부이다. 그럼에도 본문에서 바울이 말하고 있는 것은, 가견적으로 맺어지고 유대인의 가견적인 몸에 대한 언약적 거룩함이고 교회의 거룩함이다. 오로지 참되고 비가견적인 거룩함만을 말하는 것이 아니다.

왜냐하면, 만일 뿌리가 거룩하면 가지들도 거룩하다는 사실은 엘리야의 시대에도 진실이었기 때문이다. 또한 이것은 신약 시대에도 영속적으로 지속되는 사실이다. 조상이 거룩하면 자손 또한 그래야 만 하는 것이다. 조상들은 할례와 세례, 유월절과 성만찬에 대한 교회의 권리를 소유했다. 자녀들도 마찬가지다. 이에 대해 오로지 비가견적인 신비한 몸과 뿌리만이, 또한 실제적이고 내면적인 거룩함만이 상기한 권리들을 소유한다고 말하는 것은 가장 거짓된 진술이다. 왜냐하면 다음과 같이 말하는 것은 구약에서도 신약에서도 사실이 아니기 때문이다. 곧 만일 조상이 생명과 칭의와 성화와 구원으로 예정되어 있다면 그들의 자녀들 또한 반드시 그렇다고 말할 수 없기 때문이다. 마치 이스마엘, 에서, 압살롬, 그리고 소돔과 고모라의 불경함으로 명명된 위선자들의 모든 세계들(사 1:10)—이들은 마치 이집트, 모압, 암몬과 같이(렘 9:16), 또한 블레셋과 같이(암 9:7) 마음에 할례를 받지 못한 자들이다—을 가리켜 그렇게 말할 수 없듯이 말이다.

#2. [만일 재세례파의 주장대로라면] 마음 곧 내면적인 유대인과 육적인 유대인 사이의 구분(롬 2:28), 육적인 자손—이들은 영적인 자손이 아니다—과 약속의 자손의 구분(롬 9:7-8), 그리고 믿음으로 의롭다 함을 받지 못한 여종의 박해하는 자녀와 약속의 자녀 사이의 구분(갈 4:23-24이하) 등은 완전히 무너져버리고 만다.

#3. 만일 뿌리와 떡덩이가 오로지 신자들과 생명으로 선택된 자들만을 의미하는 것이라고 한다면, 온 이스라엘, 곧 바닷가의 모래와 같이 많은 수의 이스라엘 전체가 구원을 받아야 할 것이다. 이와 대조적으로 하나님의 말씀은 "오로지 남은 자—칠십인 경에 '남은

자($\upsilon\pi\acute{o}\lambda\epsilon\iota\mu\mu\alpha$)만 구원을 받으리니'로 기록되어 있다—가 구원을 얻을 것"이라고 말씀한다(롬 9:27; 사 10:22-23; 호 1:10).

#4. 가지들은 가시적인 유대인 집단을 의미함에 틀림없다. 만일 재세례파가 오로지 참 신자들만으로 구성된 유대인의 가견 교회, 즉 가지들과 유아들까지 실제로 믿는 신자인 가견 교회—이는 성경을 통해 입증되기 어렵다—를 제시한다면, 최소한 이들 유아들은 가견적인 신자들로서 정당하게 세례를 받아야 할 것이다. 그들은 내면적인 동시에 가견적인 신자로 태어났으며 또한 외면적으로도 언약 안에 머물기 때문이다. 재세례파는 이 성경 말씀이 오로지 참되고 내재적인 거룩함을 말한다고 명시적으로 주해한다. 이런 맥락에서 유아들은 언약 안에서 반드시 참된 신자가 되어야 한다. 그리하여 그들은 반드시 세례를 받는 것이다. 그러나 유아들은 실제적인 믿음을 소유하지 못하고 이러한 사실을 그리스도께서 아시지 못한다고 말하는 것은 상상하기 힘든 이야기이다. 그럼에도 성경은 가지들과 뿌리가 둘 다 거룩하다고 말한다.

오로지 자신들의 믿음을 실제로 행사하는 자들만이 세례를 받아야 한다고 주장하는 것은 새로운 신학이다. 성인들 안에서도 이러한 사실 여부를 교회가 구분하는 것은 불가능하기 때문이다. 같은 맥락에서 생명과 구원으로 예정된 자들이 마치 떡덩이에서부터 처음 익은 곡식가루로, 뿌리와 부모로부터 가지들과 자녀들에게로 퍼져나가고 파생되어야만 한다고 해석하는 것 또한 새로운 신학에 해당한다.

#5. 본문에서 바울이 참으로 거룩하게 된 비가견적인 몸에 대해

서만 추상적으로 말하는 것이지, 가견적인 몸에 대해서 말하는 것이 아니라고 주장하는 것은 텍스트의 전체 흐름과 맞지 않는다. 첫째, 왜냐하면 비가견적인 몸이란 택자에 해당하는 자손으로서 결코 떨어져 나갈 수 없기 때문이다. 그러나 바울이 본문에서 언급하는 대상의 일부는 완악해지고 눈이 어두워지고 혼미한 심령 아래에 있는 반면, 다른 부분은 선택받은 택자들이다. 7절을 보라. "오직 택하심을 입은 자가 얻었고 그 남은 자들은 우둔하여졌느니라."

[둘째] 계속하여 바울은 이런 식으로 구성된 집단을 엘리야 시대의 공동체와 비교한다. 이 당시 다수는 떨어져 나갔고, "주의 선지자들을 죽였으며 주의 제단들을 헐어 버렸다." 그런데 상당수의 신자들도 존재했다. 이들은 "바알에게 무릎을 꿇지 않은 자들"이다. 이제 바울은 "그런즉 이와 같이 지금도(οὕτως οὖν καὶ ἐν τῷ νῦν καιρῷ)"라고 말한다. 곧 현재의 공동체 역시 혼합된 공동체라는 사실이다(1-5절).

셋째, 바울은 떨어지고 넘어진 공동체에 대해 말한다(11절). 바울은 현재 그의 설교를 듣고 있는 대상으로 하여금 이방인들이 가입하는 것을 시기함을 통해, 그들을 거룩하게 모방하여, 그리스도에게로 오도록 하기를 원한다(13-14절). 이것은 분명 가견적인 몸으로서 다시 한 번 접붙임 될 가지에 해당한다(23절). 이로써 형성될 몸은 다양한 세대들로 구성될 가견적인 몸을 포함한다.

넷째, 참으로 바울은 국가적 선택과 외면적인 부르심에 대해 말하고 있음에 틀림없다. 이는 다음의 구절들에 상응하는 것이다. 신명기 7장 7-9절, 10장 15절, 시편 132장 13절, 이사야 41장 2절. 바울은 얼마간의 사람들에 해당하는 개인적인 선택에 대해 말하는 것이 아니다. 그렇다면 이들은 개인적으로 타락했고, 눈이 어두워졌으며, 완전히 그리고 전체적으로 버림받았다가, 다시 한 번 수용되고 접붙임을 받아 건강한 신자가 되었음을 의미한다. 그러나 성경은 이와 같이 배에 오르내리는 자들에 대해 말하는 것이 아니다. 그 대신 매우 큰 규모의 집단에 대해 말하고 있다. 이 안에서 얼마는 넘어지고, 얼마는 남아서 서 있으며, 다양한 세대들이 이 안에 포함되어 있는 것이다.

다섯째, 바울이 설교하고 있는 대상은 유대인과 이방인들로 함께 구성되어 있는 가견적인 집단이다(13-14절). 여기서 이방인들은 유대인의 자리로 접붙임을 받았다. 본문의 표현으로는 올리브 나무로 접붙임을 받아 가견적인 공동체를 이룬 것이다. 이들은 이제 예식들, 세례, 언약의 위로들, 약속 등이 주는 풍요함에 참여한다.

만일 본문이 유아들도 접붙임 되었다는 사실을 증명하는 것이 아니라고 누군가 주장한다면, 그들은 그리스도께서 오시기 전, 유대인들의 유아들 역시, 언약, 할례, 축복, 참여, 보호 등이 주는 풍요함에 참여할 수 없었다고 말해야만 할 것이다. 요컨대 [구약의] 유아들이 그들의 조상들로부터 떨어져 나가지 않은 것처럼, 지금의 유아들 역시 자기들의 자리를 지키고 있는 것이다. 또한 [유아들을 배제시킨다면] 유대인의 뿌리는 거룩하나 가지에 해당하는 유아들은 거룩하지 못하다는 의미가 된다(16절). 또한 오로지 부모들만이 접붙임을 받게 될 것이라고 해석해야 할 것이다. 같은 맥락에서 이방인의 경우도 유아들을 배제한 채 오로지 성인들만 즉 실제로 믿는 세례 받은 신자들만이 접붙임을 받아야 할 것이다. 요컨대 유아들은 잘려나간 유대인들과 같을 뿐만 아니라 모든 이교도와 동일한 존재가 될 것이다. 한편 다시 접붙임을 받을 유대인들의 경우도 굉장한 상처를 받을 것이다. 왜냐하면 그들에게 하나님은 오랜 세월 전의 하나님이었을 뿐, 그들이 다시 돌아올 때까지의 기간 동안에는 이교도의—혹은 최근에 잘려져 나간 자들에 대한— 하나님 이상이 아니었다는 사실 때문이다.

또 다른 측면에서 볼 때, 반대자들은 유대인의 유아들이 "불신앙으로 인해 잘려져 나갔다"고 말할 수 없을 것이다. 왜냐하면 유아들은 믿을 능력이 없는 만큼 불신앙의 문제를 그들에게 적용하는 것도 불가능하기 때문이다. 그렇다고 한다면, 그들은 올리브 나무, 곧 교회의 회원으로 그대로 남아 있었다는 뜻이 된다. 그렇다면 유아들의 부모들이 잘려나가는 때에도 하나님은 여전히 그들의 하나님이 되셨음에 틀림없다(17절). 한편 부모들이 다시 접붙임 되어 신자들이 되었을 때, 유아들은 그리스도에 대해 외인이 되고 더 이상 세례에 대해, 마치 이집트와 블레셋의 유아들이 할례를 받지 못했던 것처럼, 어떤 언약적 권리나 교회의 권리를 소유하지 못한다는 의미가 된다.

반론 그렇다면 이것은 모든 이방인들의 모든 유아들이 접붙임을 받고 세례를 받아야 한다는 사실을 의미하지 않는가?

답 성경 본문이 우리에게 보증하는 내용은, 오직 접붙임 받은 자들의 자녀와 부르심을 받은 이방인들의 자녀에 한하여 그들이 세례에 대한 권리를 소유하고 있음을 말하는 것이다.

9. 자녀들이 언약 안에 포함되는 것은 유전적인 출생에 의한 것이 아니라 언약적인 출생에 의한 것이다.

반론 이 본문 말씀은 자연적인 조상 아브라함으로부터 유전적으로 상속받은 언약의 권리에 대해 말씀한 것이다. 그런데 우리 이방인들은 아브라함과 자연적인 관련성을 맺은 것이 아니며, 그의 자연적인 후손도 [본문에서 말하는] "가지"도 아니지 않은가?

답 1) 다음 진술은 거짓이다. 즉 유대인은 출생 그 자체에 의해 교회의 특권에 대한 유전적인 권리를 소유하며, 그와 같은 출생에 의거하여, 자유로운 사랑에서 기원한 하나님과의 언약적 교제에 대한 권리를 아브라함으로부터 물려받는다. 아울러 아브라함의 자녀가 된 것은 자연적으로 된 것이다.

2) 우리 이방인들에 앞서 존재한 첫 번째 가지들과 잔가지들은 믿음을 행사하는 아브라함에 상응하는 가지들이다. 믿는 우리들 또한 그에 상응하여 아브라함에게 소속된다. 이를테면 이차적인 후손 혹은 야생의 가지들로서 아브라함에게 소속되는 것이다. 요컨대 아브라함은 육신적인 뿌리가 아니라 도덕적인 뿌리에 해당한다. 왜냐하면 아브라함과 더불어 언약이 체결될 때, 아브라

함은 믿음을 가진 육신의 아버지로서가 아니라 자녀들과 종들과 그에게 속한 나그네들을 대표하는 믿는 가장으로서 언약을 맺었기 때문이다. 마치 천국을 보증하는 것으로서의 언약이 삭개오에게 주어졌을 때, 그것은 삭개오의 직계 자녀들뿐만 아니라 삭개오의 집안 전체와 관련성을 맺은 사실과도 같다(눅 19장). 즉 삭개오가 아브라함의 자녀, 곧 구원받는 자녀가 되었을 때, 생명 언약은 그와 그의 집안에게 임한 것이었다. 사도행전 10장에 기록된 고넬료의 경우도 마찬가지이다. 또한 사도행전 16장에 기록된 간수 역시 마찬가지다. 생명 언약은 그들과 그들의 가족에게 임한 것이다. 같은 방식으로 필자는 [아브라함의] 후손을 구분 짓는 것이다.

질문 어떻게 현재 언약 안에 들어온 유대인들이 그 조상들로 인해 언약적으로 거룩하다고 말할 수 있는가? 그들의 조상들은 교회와 언약으로부터 잘라져 나갔고 그 후로 자그마치 천오백 년의 세월이 흐르지 않았는가? 오히려 유대인과 이방인을 포함하여 전 세계가 언약적으로 거룩한 가지들에 해당한다고 말하는 것이 맞지 않는가? 왜냐하면 지금까지의 논리대로라면, 언약은 아담이 낙원에 있을 때 그에게도 선포되고 그와 더불어 맺어진 것이기 때문이다. 과연 아담은 믿는 뿌리와 조상이 아닌가? 그렇다고 한다면 언약이 은혜 언약 안에서 한 번 등장한 이상 오늘날 믿는 자들뿐만 아니라 그리스도께서 도래하기까지 살았던 모든 아담의 자손들 역시 언약적으로 거룩한 것이 아닌가?

답 1) 다음의 사실은 우리뿐만 아니라 우리의 대적자들에게도 상당히 어려운 문제이다. (사실상 극복하기 어려운 난제이다.) 즉 유대인의 방식대로 아직 출생하지 않은 유대인 자손들은, 그들의 가지와 후손의 거룩함의 차원에서 말할 때, 그들이 성년이 되어 실제로 믿음을 갖기 전까지는 투르크인들이나 인디언들 및 그들의 자녀들과 아무런 차이가 없다는 사실이다. 같은 맥락에서 이들에게 귀속되는 거룩함이라는 것은 오늘날 미국의 원주민들의 유아들이나 태양이나 사탄을 숭배하는 자들이 거룩하게 되는 것과 별반 차별이 없다고 말하는 것이다. 그렇게 되면 유대인의 가지는 뿌리에서 기원하는 그 어떤 거룩함도 소유하지 못할 뿐만 아니라, 28절에서 말하는 "조상들로 말미암아 사랑을 입은 것"도 없게 된다.

2) 모든 유대인들이 다 비가견 교회의 회원이 되는 것은 아니다. 왜냐하면 로마서 11장 25절에서 바울은 유대인들의 일부 안에서 (ἀπὸ μέρους) 완악함이 발생한다고 말하기 때문이다. "이스라엘의 더러는 우둔하게 된 것이라." 비록 가견적인 유대인 공동체가 그리스도를 거절하여 "노하심이 끝까지 그들에게 임하였"음에도 (살전 2:16), 이것은 모든 유대인들에게 보편적으로 적용되는 것이 아니다. 바울은 데살로니가전서 2장 14절에서 "그들이 [유대에 있는 하나님의 교회들] 유대인들에게 고난을 받는 것 같이 (καθὼς καὶ αὐτοὶ ὑπὸ τῶν Ἰουδαίων)"라고 말한다. 참으로 그렇다. 바울은 히브리서를 유대인들에게 작성하여 보냈다. 야고보는 흩어

져 있는 열두 지파에게 서신을 작성했다(약 1:1). 베드로 역시 이들에게 서신을 보냈다(벧전 1:1), 요한도 역시 유대인들에게 서신을 기록했다. 필자가 판단하기로는 이들이 비록 가견적 공동체 안에 머물지는 않았으나, 그럼에도 이들은 올리브 나무로부터 잘라져 나간 자들이 아니다. 이들은 다시 접붙임을 받을 가지들에 대한—비록 가견 교회의 방식으로는 아니지만— 언약적 권리를 취한다고 생각한다. 한편 아담의 후손에 해당하는 수많은 나라들은 보편적으로 그리스도를 거절했다. 그리고 복된 자손이신 그리스도의 이름을 모른다.

10. 언약적 거룩함은 신자가 그리스도께 실제로 접붙임 되는 것의 완전하고 타당한 원인이 되지 못한다.

질문 뿌리는 신비한 [몸의] 머리가 되시는 그리스도라고 말해야 하지 않는가? 그리고 우리는 그리스도로부터 은혜와 생명과 풍성한 양분의 수액을 공급받는 일에 참여한다고 말할 수 있지 않은가?

답 본문에서 바울이 의도하는 바는 다음의 내용을 입증하는 것이다. 즉 유대인들은 그들의 불신앙으로 인해 잘려져 나갔다. 그러나 그리스도의 때에 다시 접붙임을 받을 것이다. 그 근거는 언약의 거룩함인데 그것은 뿌리에 있으며 첫 번째 익은 곡식인 아브라함, 이삭, 야곱 등 안에 있다. 물론 그들의 언약적 거룩함은 그들이 그리스도께 실제로 접붙임 되는 것의 타당한 원인이 되지 못한다. 모든 육적인 자손도 마찬가지이다. 이러한 상대적인 거룩함을 소유한 이들 역시 반드시 그리스도 안에서 실제적으로 접붙임을 받아야만 한다. 그런데 이를 가능케 하는 원인은 하나님의 자유로운 사랑이다. 이것이 그들 개인과 교회 모두가 접붙임을 받게 되는 원인이다. 또한 상대적인 거룩함이 지속되어 그 안에서 값없이 베푸시는 호의가 지속되는 것 역시 하나님의 자유로운 사랑으로부터 기원한다. 동일한 하나님의 사랑이 뿌리와 가지에 공급되는 것이다.

만일 이것이 사실이 아니라면 로마서 11장 28절의 말씀은 아무런 진실을 담아내지 못할 것이다. "그들은 조상들로 말미암아 사랑을 입은 자라." 이 말씀의 의미는, 아브라함이 선택된 이유로 인해 그들이 생명으로 예정되었음을 말하는 것이 아니다. 오히려 조상들의 언약적 거룩함을 말하는 것이다. 이 거룩함은 뿌리와 가지로서의 그리스도로부터, 구원하는 효력을 통해, 제공되는 거룩함이 아니다. 현재 우리가 사용하는 표현대로라면 소위 "정치적 수장"으로서의 그리스도로부터 유래하는 거룩함이다. 그리스도는 뿌리로서도, 수장으로서도, 또한 구원자로서도 거룩하시다. 한때 그의 가견 교회였다가 다시금 그의 교회를 이루게 될 유대인들은 믿음에 의해 실제적으로 거룩하게 된 가지들이라고 말할 수는 없다. 왜냐하면 모든 유대인들이 다 그리스도 안에 있는 것이 아니었기 때문이다. 한편, 모든 유대인들과 이방인들, 그리고 유아들—유대인과 이방인들 그리고 각 공동체의 일부를 구성하는 일원으로서—이 세례를 받아 가견적 몸을 이룬다고 할 때, 유아들 역시 그렇게 참여한다. 이 주제에 대한 보다 자세한 논의는 코튼(J. Cotton), 블랙(Black), 코벳,

리처드 백스터(Richard Baxter) 등을 참고하라. 이들은 박학하게 이 주제를 다루고 논쟁을 종결지었다.

생명 언약

15

◆ 1. 외면 언약과 내면 언약 사이의 또 다른 상이점들
◆ 2. 성경은 보편은총을 말하지 않는다. 로마서 10장 18절,
　시편 19장 3절.
◆ 3. 성경은 믿음을 가질 수 있는 능력은 그리스도에 의해 모든
　이들에게 주어진 것이라고 말하지 않는다.

1. 외면 언약과 내면 언약 사이의 또 다른 상이점들

구약 시대의 백성들이 이집트에서 탈출했을 때 하나님과 더불어 체결한 외면적이고 가견적인 국가언약과 내면적이고 개인적인 언약(이 역시 가견적일 수도 있다) 사이에는 분명한 차이점이 존재한다.

1) 신약 시대에 맺어진 후자는 새 언약이다. 이전의 그림자들은 모

두 폐지되었다. 전자는 옛 언약이다.

2) 후자는 "이스라엘과 유다의 집," 곧 선택받은 사람들로서 각 개인과 더불어 체결된다. 한편 국가, 왕국, 나라 등과 맺는 언약은 내면적으로 체결되는 언약이 아니다. 즉 모든 개별자와 더불어 예외 없이 체결되어 모든 개별자가 구원에 유효한 방식으로 "하나님을 알고" 모든 개별자가 다 구원을 얻는 것이 아니다. (만일 로마서 11장 26절의 표현처럼 전체 유대인 집단이 회심하여 모든 개인들이 가견적이고 실제적이며 개인적으로 언약 백성이 된다고 가정한다면 이 회심한 유대인들이 이 경우에 해당할 수 있을 것으로 보이나 필자는 확정하여 말할 수는 없다.) 만일 그렇다고 한다면, 이스라엘의 선택받은 자만이 아니라 모든 가견적인 집들이 구원을 얻는다고 말해야 할 것이기 때문이다.

3) 예레미야 31장 32절에 따르면, 가견적인 외면 언약은 깨졌다. 반면에 개인적이고 내면적인 언약은 결코 깨어지지 않는다.

4) 예레미야 31장 33-34절, 이사야 54장 13절, 요한복음 6장 45절 등에 따르면, 새 마음에 대한 약속이 실제로 성취되는 것은 유다 집안의 개인들과 개별적인 가지들 안에서다. 그리하여 모든 개별자들은 예외 없이 하나님에 대해 가르침을 받는다. 그러나 이 것은 가견적인 외면 언약에 해당되는 내용이 아니다. 여기에서는 모든 이들이 사람의 가르침을 받는다고는 말할 수 있지만 모

든 사람이 다 하나님에 대해 배우지는 않는다.

5) 예레미야 31장 35-37절에 등장하는 달과 별들과 맺으신 언약, 밤과 낮과 더불어 맺으신 언약, 바다의 움직임과 더불어 맺으신 언약 등과 같이 영원한 것은 실제적인 개인적 언약이다. 후자[새 언약]에는 절대적인 견인이 약속되었다. 예레미야 32장 40절을 보라. "내가 그들에게 복을 주기 위하여 그들을 떠나지 아니하리라 하는 영원한 언약을 그들에게 세우고"라고 기록되어 있다. 이는 분명 하나님 편에서 말씀하신 것이다. 하나님은 결코 변하시지 않기 때문이다. 그러나 우리는 그렇지 않다. 우리는 변하고 하나님으로부터 떠날 수 있다. 그런데 하나님께서 이것을 방지하시겠다는 것이다. "나를 경외함을 그들의 마음에 두어 나를 떠나지 않게 하리라." 이사야 54장 10절과 59장 21절 역시 같은 맥락에서 기록되어 있다. 이와 대조적으로 국가적으로 맺어진 언약 안에 있는 자들은 가견적이고 외면적 고백으로 언약 안에 머무는 것뿐이다. 그들은 얼마든지 떨어져 나갈 수도 있다.

6) 예레미야 31장 38절을 보라. "보라, 날이 이르리니 이 성은 여호와를 위하여 건축될 것이라…" 개인적으로 언약을 맺은 자들에게 주어지는 이생에서의 축복, 곧 그리스도 안에 있는 모든 영적 권리에 대한 약속이 존재한다. 다음 구절들을 보라. 예레미야 32장 41절, 에스겔 11장 17-19절, 36장 26-30절과 33절, 37장 24-26절, 34장 23-27절. 이러한 내용은 신약에서는 반복되지

않는다. 곧 히브리서 8장 8절과 10장 16-17절에서 이 언약에 관한 예언을 인용할 때 생략되었다. 이것이 누락된 이유는 오늘날 현세적인 복에 대한 약속이 그토록 두드러지게 표현되지 않기 때문이다. 그럼에도 신약의 다른 부분을 볼 때, 우리가 언약적인 약속에 의해 양식을 취하는 것은 분명한 사실이다. 다음 구절들을 보라. 마태복음 19장 29절, 디모데전서 4장 8절, 히브리서 13장 5-6절, 베드로전서 3장 10-12절 등이다. 이 약속들은 단지 외면 언약 안에 있는 자들에게만 주어진 것이 아니다.

상기한 여섯 가지의 차이점들은 예레미야 31장 33절 이하에서 분명히 드러난다. 따라서 가견 교회 안에 있는 모든 개인들이 전부 다 실제적이고 개인적으로 언약을 맺은 것은 아니라는 사실이 분명하게 입증된다. 요컨대 주님께서 "나는 그들의 하나님이 되고 그들은 나의 백성이 될지니라"고 말씀하시는 것은 두 그룹 모두에게 하시는 말씀이다. 그러나 그것이 하나의 동일한 방식으로 말씀하시는 의미는 아닌 것이다.

2. 만민에게 주어진 주관적 혹은 객관적인 보편은총이란 것은 존재하지 않는다. 로마서 10장 18절과 시편 19장 3절 주해

결국 마치 하나님께서 행위 언약을 인류의 모든 개별자들과 맺으신 것과 마찬가지로 은혜 언약도 모든 개별자들과 더불어 체결하셨다고 주장하는 아르미니우스주의자들을 지지하는 그 어떤 근거도

진리도 존재하지 않는다. 만일 그렇다고 한다면 낙원에 있었던 아담과 그의 모든 후손들에게 은혜 언약이 체결되고 언약을 맺은 만민에게 보편적인 언약이 선언되어야만 할 것이다. 그러나 이것은 사실이 아니었다. 주님께서는 은혜 언약을 아브라함과 그의 자손에게 반포하시고 그와 더불어 언약을 맺으셨다. 주님은 세상의 만민 가운데서 이스라엘을 선택하셨다(신 5:1-3, 7:6, 10:15). 또한 그의 율례와 규례를 어느 민족에게도 보이지 아니하시고 오직 이스라엘에게 보여주셨다(시 147:19-20). 따라서 이교도와 만민에게 주어진 소위 보편 은총에 의거한 그리스도에 대한 주관적인 계시는 존재하지 않는다. 또한 누군가 시편 19편 1-2절을 인용하며 주장하는 것처럼, 하나님의 창조 사역―곧 하늘과 땅, 그리고 밤과 낮― 안에서도 그리스도에 대한 객관적인 계시를 발견할 수는 없는 것이다.

1) 만일 그렇다고 한다면 이는 곧 하나님께서 유대인들뿐만 아니라 미국의 토착민들, 인디언들 그리고 세계의 모든 야만인들도 그의 백성을 삼으셨다는 의미가 된다. 그리고 저들이 시편 19장 3-4절과 로마서 10장 18절을 주해하듯이 본문이 "그의 복음의 말씀이 세상 끝까지 이르도다," 곧 세계의 모든 개개인에게 전파되었음을 뜻한다면, 이는 곧 다윗과 바울이 다음의 의도에서 이 말씀을 기록했다는 의미가 된다. 곧 은혜의 교리와 십자가에 달리신 그리스도―그의 이름 외에는 사람을 구원할 자가 없고 아버지께로 나올 자가 없다(행 4:12; 요 14:6)―에 관한 교리가 궁창에 기록이 되어 있다는 의미이다. 그리고 궁창은 육체로 현

현된 하나님의 영광을 선포하며, 이것을 낮은 낮에게 전한다. 궁창은 십자가에 달리신 그리스도를 모든 나라에 선포해야만 하고, 그리하여 우리는 마치 해가 뜨고 지는 것을 보듯이 그것을 볼 수 있어야 한다. 물론 시편 19장 4절이 말하는 "소리"는 온 지면 위에 통하는 것이 분명하지만, 로마서 10장에서 이 시편의 말씀을 인용하는 바울은 이를 지금까지 상상할 수 있는 한 확실히 어둡게 해석하고 있음에 틀림없다. 만일 로마서 10장 18절에 기록된 "들음"이 ("그러나 내가 말하노니 그들이 듣지 아니하였느냐"), 창조주 하나님에 관한 내용을—곧 시편 19장에 기록된 대로 궁창과 밤과 낮 그리고 태양 안에서 울려 퍼지는 영광의 소리를 마치 만인이 태양을 보는 것처럼— 듣는 것일 뿐만 아니라, 아미로 (Amyrald)와 그의 추종자들이 설명하는 바대로, 복음 안에 선포되었고, 또한 태양과 달 안에 객관적으로 기록되고 선언된 그리스도에 관한 기쁜 소식을 듣는 것이라고 한다면 어떻게 되겠는가? 그렇다고 한다면, 태양을 볼 수 있는 모든 사람들은 그리스도 안에 계시된 주님의 이름을 불러야 할 것이다. 또한 그리스도를 믿어야 할 것이다. (왜냐하면 신명기 30장 14절과 로마서 10장 9절과 14절에서 모세와 바울은 각각 이러한 믿음에 관해 말하고 있기 때문이다.) 또한 모든 사람들은 선포된 복음과 보내심을 받은 선지자들—곧 산 위에 서서 평화의 좋은 소식을 선포하는 자들의 발이 아름답다고 기록된 자들(15절과 나훔 1장 15절, 이사야 52장 7절을 보라)—로부터 혜택을 누려야만 할 것이다. 그리고 마치 모든 사람이 태양을 바라보듯이 복음을 듣는 유대인과 이방인의 모든 이들이 예수 그리스도에 의해 구원을 받아야 할 것이다.

그러나 이상하게도 바울은 이에 정반대되는 질문을 던진다. "그런즉 그들이 믿지 아니하는 이를 (그리스도 안에서 계시된 하나님) 어찌 부르리요? 더욱이 어찌(πῶς δὲ) 듣지도 못한 이를 믿으리요? 전파하는 자가 없이 어찌 들으리요? 보내심을 받지 아니하였으면 어찌 전파하리요?" 만일 우리가 선포된 복음의 소리를 궁창 안에서, 또한 떴다가 지는 태양 안에서 들을 수 있다면 (마치 오늘날 아미로와 자유파의 일부가 주장하듯이 말이다. 필자는 실제로 런던에서 이와 동일한 주장을 하는 설교를 들었다), 아마도 바울은 매우 쉽고 간단한 해답을 받았을 것이다. 궁창과 태양과 낮과 밤 안에 기록되어 있는 그리스도의 복음은 합법적인 [교회의] 예식이며, 미국 토착민들을 비롯하여 모든 이들이 동일하게 보고 읽을 수 있는 서적이다. 그것을 읽는 모든 이들은 구원의 좋은 소식을 동일하게 읽고, 하나님을 부르고 믿는다. 또한 자신들의 부지런함과 보냄 받은 설교자들의 말을 선포된 하나님의 말씀으로 듣는 것에 의거하여 [구원을] 얻을 것이다.

이로써 바울은 결국 믿음은 오로지 복음 설교자 혹은 보냄을 받은 설교자들이 전해 주는 말씀을 들음으로 난다는 사실을 부인할 수밖에 없게 된다. 왜냐하면 로마서 1장 16-19절에서의 바울과 시편 19장 1-3절과 7-9절에서의 다윗은 모두 각각 두 개의 책을 구별하고 있기 때문이다.

로마서 10장 18절 말씀을 보라. "그러나 내가 말하노니 그들이 듣지 아니하였느냐 그렇지 아니하니 그 소리가 온 땅에 퍼졌고 그 말씀이 땅 끝까지 이르렀도다 하였느니라." 이 구절 안에서 아미로가 상상했던 것과 같은 이의 제기는 사실상 존재하지 않는다. 그것은 아미로의 공상일 뿐이다. 그럼에도 상상된 이의 제기에 대해 아미로는 다음과 같이 대답한다.

물론 이전 시기에 하나님은 이방인들을 향한 그의 선의를 지속적으로 유지하지는 않으셨다. 그러나 그의 천상의 사역, 이를 테면 섭리의 음성(*voce providentiae*)에 의거하여, 마치 섭리의 말씀을 설교하듯이 하나님은 그들에게 말씀하셨다. 그 내용은 구원주가 아닌 단순히 창조주 하나님의 계시라고만 이해하기 힘들다. 그랬다면 굳이 바울이 아무 의도 없이 이 말씀을 꺼낼 이유가 없었을 것이다. 그렇다면 여기서 계시된 내용이 복음과는 어떤 관련성을 맺는가? 칼빈은 말하길(아미로의 주장이다), 이 계시는 피조물로 하여금 복음에 대한 준비를 하도록 했다고 한다.

물론 18절의 말씀 "그러나 내가 말하노니 그들이 듣지 아니하였느냐?" 안에 일종의 반론이 전제되어 있다는 것은 사실이다. 우리 나라의 학식 있는 찰스 페르민(Charles Fermin)은[23] "그러나 과연 이 스라엘 백성은 (그가 말하길) 복음을 듣지 못했는가?"라고 질문한다. 만일 믿음이 들음에서 나오고, 구원에 효력이 있도록 하나님을 부르는 것이 믿음으로부터 나온다면, 믿는 이스라엘 사람들은 주의

---

23) Carol. Fermaeus *Analys ad Romanos, c. 10*. 205.

이름을 부르는 자들의 수효에 속했을 것이고 따라서 구원받았을 것이다. 바울은 이스라엘 사람들이 [복음을] 들었다는 사실을 인정하는 데 그치지 않고, 한 걸음 더 나아가 그것을 시편 19편의 말씀—"그들의 소리" 등—을 가지고 확증한다. 그의 논증은 작은 것으로부터(ā minore) 더욱 큰 것으로 나아간다. 전 세계는 하나님에 관해 들어왔다. 그것은 태초부터 피조물의 설교를 통해서든지 혹은 계시된 복음 안에서 사도들을 통해서이다. 이해 비하면 유대인들은 더욱 많은 것을 들어왔다. 더욱 많은 하나님의 신탁이 그들에게 맡겨졌다. 복음 역시 그들에게 제일 먼저 전파되었다. 이로 보건대 (비록 믿음은 들음에서 나지만) 복음을 듣는 모든 자들이 다 믿는 것은 아니다. 또한 하나님을 부르는 모든 자들이 다 구원을 얻는 것은 아닌 것이다. 같은 맥락에서 피터 마터 버미글리, 칼빈, 히페리우스(Hyperius), 파이우스(Faius) 등도 본문을 주해하였다.[24] 복음이 이방인들에게 선포되는 것은 이상한 일이 아니다. 하나님은 이미 피조물의 지식에 의거하여 그들에게 말씀하셨기 때문이다. 파레우스가 관찰한 바

---

24) [루더포드는 레이든 대학의 개혁주의 신학자로서 아미로의 논적이었던 프리드리히 스팬하임 Friedrich Spanhemius:의 글을 측주(側註)에서 다음과 같이 소개한다. 그 내용은 본문의 흐름과 일치한다] *Deus, ut inquit Psalmus, voluit noti-tam suam naturalem per creaturas coelestes publicari in universum orbem: Ergo & Euangelium curavit identidem evulgari. Quomodo igitur potestis dicere, vos Judaei, non audivisse? Ratio a pari, vel ā minore. Si haec minus digna, a altera longe salubrior & utilior non publicatur?* (하나님은, 시편이 잘 말해주듯이, 천상의 피조물들을 통해 자신의 본성적인 것들을 전 세계 안에서 공적으로 계시하시길 원하셨다. 따라서 하나님은 복음 역시 반복적으로 드러내셨다. 그렇다고 한다면 어떻게 유대인들은 우리가 듣지 못하였다고 말할 수 있겠는가? ... [저자는] 동등한 것으로부터 혹은 작은 것으로부터 [보다 큰 것으로] 논증해 가는 것이다. 만일 이처럼 덜 가치 있는 편이 이 정도라면 하물며 또 다른 것[복음]은 더욱 많은 혜택과 유용한 것을 드러내지 않았겠는가?) Spanhemius, in Sectio.35

에 따르면, 여기서 바울은 시편 19편의 말씀을 그대로—그랬더라면 "기록하였으되"라는 식의 인용 방법을 취했을 것이다— 인용하는 것은 아니다. 다만 그 구절을 암시했을 뿐이다.

만일 하늘의 소리가 땅 끝까지 이르렀다면, 참으로 복음을 선포하는 것 역시 땅 끝까지 이른다고 말해야 할 것이다. 프랜시스 유니우스(F. Junius)가 그 의미를 잘 지적하였다. 그러나 하나님께서 이방인을 구원하는 의지를 가지고 부르셨다는 것을 본문이 말하지는 않는다. 성경(사도행전 14장 16절과 17장 30절)의 표현을 빌리자면, 하나님은 "그들을 간과하시고 부르시지 않았다." 그러나 "이제는 어디든지 사람에게 다 명하사 회개하라"고 말씀하신다 (행 17:30). 과거에 하나님은 이방인들에 그의 언약(유언)을 계시하지 않으셨다. 그리스도께서 육체로 오신 후에도 이방인들은 과거 창조 사역의 한 페이지 안에 있었던 복음의 책을 읽을 수 없었던 것처럼 여전히 동일한 책을 읽지 못하지 않는가? 또한 복음은 수많은 인디언들과 수백만의 사람들의 귀에 들려진 일이 없었다. 그들에게 복음은 단순히 "존재하지 않는 것(non ens)"이었고 들려지지 않은 교리였다. 그런데 여전히 복음은 창조의 책을—마치 신약이 구약의 모형들을 명백하게 밝히듯이— 그리스도를 예시하는 것들로서 설명할 수는 없지 않은가? 창조나 섭리의 사역에 대해 말하는 성경의 부분들은 우리의 죄를 위하여 죽으시고 우리의 의로움을 위하여 부활하신 그리스도를 설명하지는 않는다. 또한 본성상 성육하신 하나님에 대해 말해 주는 상징이나, 또한 영광 속에서 하나님의 우편에 앉아 우리를 위해 중보하시는 사람이신 그리스도를 말해 주는 상징에 대해 말해 주지 않는다.

한편 하나님의 본성적인 원하심은 바다나 달의 운동처럼 늘어나거나 줄어들거나 하는 것이 아니다. 곧 모든 사람을 구원하고, 모든 사람들을 불러 회개로 초청하시며, 그리스도가 모든 사람을 위해 죽으시는 것 등을 본성적으로 원하시는 것이 [만일 이것이 사실이라면] 그렇다. 또한 세상의 모든 개별자들이 순종해야 한다는 사실을 본성적 의지로 원하신다는 사실도 그러하다. 이러한 맥락에서, 이방인들의 귀에 언약의 말씀을 들려주시지 않기로 한 것은 주님께서 친히 택하신 길이라는 사실에 주목해야 한다. 에베소서 2장 12절을 보라. "그 때에 너희는 그리스도 밖에 있었고 이스라엘 나라 밖의 사람이라 약속의 언약들에 대하여는 외인이요 세상에서 소망이 없고 하나님도 없는 자이더니." 베드로전서 2장 9-10절에 따르면, 이방인들은 "전에는 백성이 아니었고 (언약 안에서) 긍휼을 얻지 못하였다." 사도행전 2장 39절은 그들이 "먼 데 사람"이라고 말한다. 이러한 사실은 다음의 사실을 분명히 보여준다. 즉 태양과 달에는 복음의 의미가 새겨져 있지 않았다. 또한 창조의 책은 복음이 아니다. 따라서 이방인은, 성육신 이전에, 언약 안에 머물지 않았다는 사실을 바울은 보여준 것이다. 오늘날 여전히 복음의 한 말씀도 도달하지 않은 수백만의 사람들이 있다. 그들은 아직 언약 안에 있는 것이 아니다.

요컨대 로마서 9장 18절의 말씀은 성육신 이후의 시대에도 여전히 유효한 복음의 진리인 것이다. "그런즉 하나님께서 하고자 하시는 자를 긍휼히 여기시고 하고자 하시는 자를 완악하게 하시느니라."(ἄρα οὖν ὃν θέλει ἐλεεῖ, ὃν δὲ θέλει σκληρύνει) 또한 주님은 구약에서도 동일한 말씀을 하셨다. 출애굽기 33장 19절을 보라. "나는 은혜 베풀 자에게 은혜를 베풀고 긍휼히 여길 자에게 긍휼을 베푸느니라."(וְחַנֹּתִי אֶת־אֲשֶׁר אָחֹן וְרִחַמְתִּי אֶת־אֲשֶׁר אֲרַחֵם׃). 하나님은 이와 동일한 말씀을 로마서 9장 15절에서 반복하신다. "내가 긍휼히 여길 자를 긍휼히 여기고 불쌍히 여길 자를 불쌍히 여기리라 하셨으니."

이제 만일 누군가가 다음과 같은 진술들을 한 번에 담아내는 내용을 주장한다면 이는 결국 하나님의 지혜와 자유가 모두 결여된 것을 말하는 셈이 된다. [첫째] 먼저 하나님은, 앞서 언급한 바대로, 그가 부르시고 결국 순종하도록 이끄시는 모든 자들을 영원히 구원하시고자 원하시는 본성적 선한 의지를 가지셨다. [둘째] 그런데 하나님은 그가 기동하게 하시고 부르시는 인류의 가장 많은 부분이 결코 순종하지 않으리라는 사실을 알고 계신다. [셋째] 한편 하나님은 그들의 본성적인 자유를 제압하지 않고서도 그들을 자극하여 최종적으로 순종하게끔 하실 수 있으시다.

언약의 말씀이 임한 사람들 가운데에도 어떤 이들은 외면적으로만 언약 안에 머무르고 구원을 받지 못한다(마 22:14; 롬 9:6-7). 또 다른 이들은 언약 안에 내면적이고 개인적이며 또한 참으로 포함되어 구원을 얻는다. 이것이 사실이라면, 언약의 말씀을 단 한 번도 들어보지 못한 자들의 경우, 이들은 언약 안에 내면적으로든 외면적으로든 거하지 않는다는 것을 왜 말할 수 없겠는가? 만일 [시편 19편이 말하는] 땅 끝까지 이른 소리에 의거해서 이교도와 미국 원주민들이 선포된 은혜 언약 아래에 있었다는 논리를 내세운다면, 도대체 모압, 암몬, 아시리아, 블레셋, 갈대아, 페르시아 인들은 왜 하나님의 택한 백성 곧 하나님의 이스라엘과 하나님의 시온이 될 수 없겠는가? 또한 그들에게도 언약의 가장 중요한 약속이 주어져야만 하지 않았겠는가? 또한 하나님께서는 가인, 바로, 사울, 도엑, 아합, 가룟 유다, 마구스, 모압인, 암몬인, 이집트인 등을 비롯하여 인류의 모든 사람들의 마음 판에 그의 율법을 새겨 넣으셨고, 이 모든 사람들은 다 하나님과의 언약 관계에 있다고 말해야 하지 않겠는가? 그러나 이것은 다음의 구절들에 위배된다. 시편 147편 19-20절, 호세아 8장 12절, 출애굽기 20장 1절 등이다.

3. 믿음을 소유할 능력은 모든 이들에게 주어진 것이 아니다.

1) 모든 인류가 복음 안에서 우리에게 제시된 그리스도를 믿고 수용할 수 있는 주관적인 능력을 소유했다고 말할 수 없다. 애초에 아담이 첫 번째 언약을 성취할 능력을 소유했을 때에는, 소위 "객관적인 복음"이 창조의 책 안에 인쇄되어 읽을 수 있었고, 들을 수 있었다고 말할 수 있다. 아담은 그의 영혼 속에 구체화된 하나님 형상을 소유하고 있었기 때문에 율법을 성취할 수 있었던 것이다. 그렇다면 앞선 진술을 주장하는 사람들은 현재 아담의 모든 자손들이 회심하고, 하나님 형상을 회복했으며, 거듭났다는 성경적인 증거를 제시해야 할 것이다. 왜냐하면 오늘날 우리가 객관적인 복음을 믿을 수 있고, 그리스도에게로 나올 수 있고, 또한 복음적인 행위—그에 의해 의롭게 되는 행위—를 할 수

있는 것은 오로지 새 마음과 하나님의 사역의 능력에 의거하지 않고는 불가능하기 때문이다. 또한 외부로부터 임한 능력이 [내 안에서] 자라난다고 하더라도 이것은 일찍이 아담이 소유했던 능력, 곧 그로 하여금 율법을 지킬 수도 있게 했던 능력과는 다른 종류의 것이다.

2) 이 능력은 자연적이거나 혹은 초자연적인 것이어야 할 것이다. 그런데 자연적 능력은 아니다. 왜냐하면 혈과 육으로 믿는 것이 아니기 때문이다. 또한 육의 지혜는 하나님의 법에 굴복하지 않기 때문이다. 마태복음 16장 16-17절과 로마서 8장 7절의 말씀이 이를 증언한다. 만일 우리가 율법을 범한 것에 대한 만족을 그리스도께서 행하실 필요가 없고, 그의 공로에 의해 우리에게 주실 새로운 은혜를 값을 치르고 사실 필요가 없었다면, 그리스도께서는 도무지 죽으실 이유가 없었을 것이다. 그렇다면 그와 같은 [믿는] 능력도 그리스도의 은혜가 아닐 것이다.

한편 그 능력이 그리스도의 공로에 의해 주어지는 초자연적 은혜라고 가정하자. 만일 모든 이교도가 하나님의 아들을 믿을 수 있는 초자연적이고 내재적인 은혜를 소유했음에도 그것의 객체에 해당하는 복음이 그들에게 계시되지 않았다고 하는 것은 성경이 보증할 수 있는 하나님의 경륜과 부합하지 않는다. 이는 곧 하나님께서는 그들이 무엇인지 알지도 못하는 것을 믿을 수 있는 초자연적인 능력을 그들에게 수여하셨다고 말하는 셈이 된다. 믿을 수 있도록 하는 초자연적인 능력은 구원의 은혜이며 그리스도를 사랑하는 능력이다. 이러한 구원의 은혜가 과연, 이것을 인식조차 못하는 가운데, 이교도 혹은 그 누구 안에 존재할 수 있겠는가? 한편 [이것이 사실이라면] 이교도로 하여금 정죄 받도록 만드는 그들의 죄는 반드시 복음적인 죄가 되어야 한다. 왜냐하면 모든 인류가 은혜 언약 아래에 있는 이상, 아무도 율법 아래에 있지 않다는 것이고, 따라서 그들은 율법적인 죄를 범할 수 없기 때문이다. 그 어느 누구도 행위 언약과 은혜 언약 안에 동시에 머무는 것은 불가능하다. 이 두 가지는 완전히 다른 경륜이기 때문이다. 또한 완전히 다른 구원의 길을 제시하기 때문이다. 율법 아래에 있는 자는 은혜 아래에 있지 않다. 은혜 아래에 있는 자는 그리스도와 혼인한 것이기 때문에 마치 다른 남편에게 혼인할 수 없듯이(롬 7:4) 율법 아래에 있을 수 없는 것이다.

3) 구원의 은혜는 헛되지 않고 유효하다(고전 15:10; 딤전 1:14). 우리는 우리 주님 예수 그리스도의 은혜에 의해 구원받았다(행 15:11). 그 누구에게 베풀어지는 자비 가운데 우리 주님 예수의 은혜보다 큰 것은 존재하지 않는다(롬 16:20; 고후 13:14; 계 22:21). 이 은혜에 의해 우리는 부르심을 받고, 의롭게 되었으며, 또한 영화롭게 된다. 그런데 이러한 은혜가 다음과 같은 정도로만 구원에 있어 유효한 은혜라고 가정해보자. 즉 택자에게 수여되는 이 은혜는 일종의 보편적이고 멀리서만 역사하는 은혜로운 능력으로서, 이것에 의거하여 우리는 택자에게 고유한 구원의 은혜를 획득한다. 그런데 이 은혜—곧 택자에게 고유하게 귀속되는

구원의 수단이 되는 은혜—가 모든 이교도의 능력 안에서도 발견된다. 즉 모든 사람은 택자들에게만 고유하게 귀속되는 이 은혜를 살 수 있는 능력을 부여받았다는 가정이다. 만일 이것이 사실이라면, 우리가 우리 자신을 구원하는 유효적인 구세주가 되도록 지음 받은 한편, 이와 동시에 그리스도께서는 유효적이지 않은 공로에 의해 구원자가 되시는 매우 이상한 승리를 성취하셨다는 말이 된다. 이러한 구원의 은혜가 주입된다고 가정해 보자. 두 가지 가능성이 있을 것이다. 하나는 은혜가 주입되어도 우리가 할 수 없는 것은 아무것도 하지 않는 방식으로 은혜가 주입되는 경우이다. 또 다른 하나는 구원의 은혜를 획득하는 방식이다. 곧 택자에게 고유하면서도 보편적인 구원의 은혜를 우리가 만들어 내는 것이다. 그런데 이것은 구원하는 은혜의 성격을 뒤집어 버리는 것이요, 은혜를 값을 주고 사는 행위로 바꾸어 버리는 것이다. 그리하여 그리스도는 한편으로, 일반적이고 유효하지 않은 능력을 공로로 획득하여 일부에게 수여하셨고, 다른 한편으로는 다른 일부에게 수여할 특별한 구원의 은혜를 공로로 얻기 위해 죽으셨다고 그들은 말해야 할 것이다.

그러나 다음의 두 가지 진술을 동시에 보증할 수 있는 근거를 제시해 보라. 곧 [첫째] 그리스도께서는 만인을 구원하기 위해 죽으셨다. 그러나 [둘째] 이와 동시에 그리스도는 서로 충돌하는 두 개의 의도를 가지고 계셨다. 즉 일부를 위해서는 구원할 수 있는 유효한 능력, 곧 믿게 하는 능력을 값을 지불하고 획득하셨고, 다른 일부를 위해서는 비유효적인 능력을 위해 값을 지불하셨다.

같은 맥락에서 그리스도께서는 모든 사람에게 동일하게 적용되는 일반적인 능력을 공로로서 획득하기 위해 돌아가셨고, 어떤 이들은 그 능력을 유효하게 만들지만 다른 이들은 그렇지 못하다고 가정해보자. 그렇다면 이것은 다음과 같이 말하는 것이나 마찬가지일 것이다. 첫째, 비록 모든 사람이 다 멸망한다고 할지라도, 그리스도의 죽음은 여전히 그것의 열매와 효과를 가지는 것이다. 둘째, 그리스도께서 죽으심으로 획득하신 것은 아득히 멀리 떨어져 있고, 확실하지 않으며, 단지 가능성으로만 얻게 되는 천국이다. 첫째 아담의 경우가 이에 해당할 것이다. 셋째, 그리스도께서는 사람들 사이에서 그 어떤 차별화가 될 만한 의미에서의 새 마음을 사기 위해 죽으신 것이 아니다. 그러나 베드로전서 1장 18-19절을 보라. 주님께서 흘리신 보혈은 "헛된 행실에서 우리를 대속"하시기 위함이다. 이는 앞으로 도래할 진노로부터 우리를 구원할 뿐만 아니라 자연적 상태로부터의 대속도 말하는 것이다.

과연 이교주의와 우상숭배로부터 이교도를 구매하기 위해 그리스도께서 죽으셨겠는가? 그리스도의 죽음이 절대적이라고 한다면 왜 그토록 많은 수가 그들의 죄악 가운데 죽어야겠는가? 혹은 그리스도의 죽음이 조건적이라고 한다면, 회심 이전에 요구되는 조건, 곧 우리가 "헛된 행실"로부터 해방되기 위해 우리 자신이 의지를 발휘해야 할 조건은 무엇이겠는가?

---

25) Remonstr. *Decla*. c.17. thes.1. *"Deus statuit huiusmodi potentiam conferre homini peccatori per quam idoneus & aptus redderetur ad id omne præstandum quod ab eo in Euangelio postulatur."* (하나님은 죄인에게 그와 같은 능력을 부여하셔서 그것으로 하여금 복음 안에서 요구되는 모든 탁월한 것을 수행할 수 있기에 적합한 상태로 만들

결국은 이 조건과 관련한 질문이 계속 반복되지 않겠는가? 다시 말해, 만일 그들이 천국을 매입하기 위해 그리스도의 죽음을 얻으면서도, 천국에 필수불가결한 믿음을 구매하지 않는다면 어떻게 되겠는가? 만일 하나님께서 우리의 의지에 달콤하면서도 강하게 역사하여 우리로 하여금 믿도록 만드는 은혜를 구매하여 우리에게 주신 것이 아니라고 한다면, 그분은 심지어 저주받은 마귀에게도 이런 종류의 은혜를 사줄 수 있었을 것이다. 또한 복음이 요구하는 모든 것을 수행하기에 적합하도록 만들어주는 능력을 이교도에게도 수여하시길 의도하셨다고 말해야 할 것이다.[25] 그리하여 그들 역시 성도의 기업에 참여하는 자(골 1장)가 되도록 하셨을 것이다. 그러나 바울은 주님께서 이것을 골로새 교인들에게 부어주셨음을 인하여 하나님께 감사를 드린다. 그럼에도 [이들의 논리대로라면] 하나님은 반드시 모든 사람을 직접적으로든 간접적으로든 그리스도에게 오도록 부르셔야만 한다.[26]

또한 우리가 이 능력을 잘 활용함에 따라 하나님은 언제고 더욱 많은 것을 제공할 준비를 하셔야만 한다고 말해야 한다.[27] 그리하여 모든 사람은 충분한 은혜에 의해 (코르비누스 Corvinus의 말이다) 회심으로 경도된다. 그 충분성이 곧 습성적 은혜는 아니다. 그럼에도

<hr />

기로 정하셨다).

26) *"Mediate vel immediate Deum omnes vocare"*(모든 사람은 간접적으로 혹은 직접적으로 하나님을 부른다). Remonstr. *in Synod. Dordra.* Art.2. p.327

27) Corvinus, *contra Molin.* cap.32.sec.15. "*Deum semper secundum se paratum esse ad eandem uberiorem gratiam promovendam in iis qui parciore recte utuntur.*" [요하네스 A. 코르비누스는 아르미니우스주의 신학자이다. 인용문에 대한 해석은 본문을 보라]

선포된 설교의 말씀을 모든 사람 안에 있는 자유의지의 능력으로 전달하는 일을 실제적으로 돕는 은혜이다. 자유의지의 능력은 주입된 능력을 거절하면서, 은혜를 유효하게 만들기도 한다. 이 은혜를 사용할지 안할지의 여부를 결정하는 것은 자유의지의 능력 안에 있다. 특히 다음의 두 가지에서다. 첫째, 천상의 교리에 대해서, 둘째, 마음을 자극하는 데 있어서이다.

#1. 이로써 습성적 은혜는 부정된다. 이는 곧 우리의 의지는 치료받을 필요가 없음을 의미한다.

#2. 보편적 은혜는 선포된 말씀으로 제한된다. 그렇다면 더 이상 보편적이지 않다. 왜냐하면 이교도는 선포된 설교 말씀을 듣지 않고 있기 때문이다.

#3. 개별 행위에 있어서 다음의 내용을 제외한 그 어떤 도움도 주어지지 않는다. 첫째, 말씀에 의한 정보의 제공이다. 펠라기우스가 말하는 은혜는 이것이 전부이다. 둘째, 개별 행동 안에 하나님께서 행사하는 다소의 영향력이 존재한다. 그러나 이것은 우리의 의지에 그 어떤 새로운 힘을 더해 주지 않는다.[28] 급기야 이들은 다음과 같

---

28) Corv. contra Moli. cap.31. sect.2. *"Quicquid de sufficientia(gratiae) dicimus, monemus assistentia spiritus nobis tribui: minime vero habitualem gratiam quae omnibus communis sit à nobis statui.* (우리가 은혜의 충분성에 관해 무엇을 말하든지, 우리는 성령의 도우심을 우리 자신에게로 귀속시키지 않도록 경고한다. 그것은 진실로 우리 모두의 상태에 공통적인 성향적 은혜가 아니다. Sect. 29. *"Non est potentia infusa"*(그것은 주입된 능력이 아니다).

Cap.32. *"Secundum Concilia & Patres intelligimus tale gratia adjutorium, quod ad singulos actus detur, cujus auxilio nititur, & ad singula adjuventur liberem arbitrium."*(공의회와 교부들의 견해에 따라 우리는 그와 같은 돕는 은혜가 각 개별적인 행위에 주어지며, 그 행위를 돕되 자유로운 선택을 도와 개별적인 행위가 일어나게 하는 그런 은혜로 이해한다)

이 말한다. 만일 대상이 충분히 제시되고 계시된다고 한다면, 그 누구라도 복음을 알고, 이해하고 믿게 된다는 것이다. 따라서 자연인이 복음의 내용들을 이해하고 수용하는 데 있어 어려움을 느끼는 것은 그들이 형이상학과 아리스토텔레스의 심오한 견해를 이해하는 데 어려움을 겪는 것과 별반 다르지 않다고 주장한다. 즉 사람들은 이러한 [난해한] 학문을 제대로 받을 수 없고, 어리석게 판단한다. 이와 마찬가지로 복음에 대해 우리는 보지 못하고, 죽었고, 돌같은 마음을 가졌기 때문에 복음을 믿지 못한다는 것이다. 이는 마치 우리가 아리스토텔레스 철학의 신비를 알 수도 믿을 수도 없는 것과 마찬가지이다.

끝으로, 믿음을 갖고 그리스도에게로 나아오는 이러한 능력이 모든 사람들 안에 존재하지 않는 이유는 성경이 다음과 같이 말하기 때문이다. 즉 복음의 빛이 구원에 유효하도록 사람들에게 비춰기 전까지는 모든 인간은 "흑암과 사망의 그늘진 땅"에 거한다고 이사야 9장 1절과 마태복음 4장 15-16절은 말씀한다. 또한 요한복음 6장 44-45절을 보라. "아버지께서 이끌지 아니하시면 아무도 내게 올 수 없으니"라고 말씀하신다. "아무도 할 수 없다"(οὐδεὶς δύναται)는 것이다. 또한 하나님께서 마음을 가르치신다고 기록되어 있다. 고린도전서 2장 14절을 보라. "자연인[육에 속한 사람]은 하나님의 성령의 일들을 알 수도 없나니(δύναται γνῶναι) 그러한 일은 영적으로 분별되기 때문이라," 또한 로마서 8장 7절을 보라. "그의 지혜는 하나님의 법에 굴복할 수도 없음이라." 고린도전서 12장 3절을 보

라. "성령으로 아니하고는 누구든지 예수를 주시라 할 수 없느니라 (δύναται)." 그는 그리스도로부터 분리되어 시들어 버린 가지로서 할 수 있는 것이 아무것도 없다(요 15:3-4).

결국 성령께서는 그들이 확언한 것과 같은 능력을 철저하게 부정하신다는 사실은 누구에게나 분명해졌다. 또한 예수회의 사람들이 다음과 같이 가르치는 것에 대해서는 말할 필요조차 없다. 예수회 인물들은 다음과 같다. 마르트메즈(Martmez de Ripul), 수와레즈(Suarez), 알폰스 쿠리엘(Alphonsus Curiel), 두발리우스(Duvallius), 로트(Lod), 몰리나(Molina), 디드 루이스(Did. Ruiz), 바스케즈(Vasquez), 벨라르민(Bellarmine), 필리(Phili), 사가마캐우스(Gamachaeus), 소르보니쿠스(Sorbonicus), 굴리에(Guile), 에스티우스(Estius), 도미니카(Dominica), 추기경 톨리투스(Toletus), 피에레리우스(Pirerius), 살메론(Salmeron) 등이다.[29] 첫째, 그들에 따르면, 사람은, 구원하는 은혜가 없이도, 우선 도덕적 진리와 훌륭한 미덕들—이교도의 것도 해당한다—을 알 수 있다. 또한 적절한 여건 안에서는 이러한 미덕으로 인해 그들은 죄로부터 자유로울 수도 있다. 둘째, 그들은 계명들과 자연법을 지키라고 가르친다. 셋째, 스스로를 회심의 은혜를 향하도록 하여 그들 자신의 부지런함으로 회심의 은혜를 획득하라고 가르

---

[29] Martmez de Ripul. *de Ente Supernat.* Lib.1.Dis.20.N.57; Suarez, lib.1.*de necessi. gratiae.* c.4. per totum; Curiel, in 12.1.109.Art.2.N.1; Duvallius, *Tract de necess. gratiae,* Q.1.Art.2.; Molina, *de Concor.* Q.14.Art.13.Disp.9. per totum; Did. Ruiz, Tom. *de volinider,* Tom. *de praedesini.*; Vasquez, 12. Disp.138; Bellarmine, *De grat. & libe.arbit.* Lib.6.c.13. & per totum; Gamachaeus, in 12.Q.85.Cap.1. & Seq.; Estius, Lib.2.Dist.41. Sect.1., Sect.2. & seq.; Toletus, *Com. in Joan.6. in Rom.14;* Piereius, in *Rom.14;* Remonst. *in Scriptis Synod.* Art.4.p.158,159.

제15장

친다. 넷째, 이러저러한 무거운 유혹들 하나하나에 대해 승리하라고 가르친다. 다섯째, 사람의 자유의지는 내적으로 전혀 손상을 입지 않고 약간의 상처만을 입은 것이라고 가르친다. 또한 인간의 지성은 어두워졌고, 본성은 약화되었으나 초자연적인 행동을 하는 데 완전히 사망한 것이 아니라고 가르친다. 여섯째, 우리는 하나님을 자연계의 주인이시고 창조주로서 신실하게 사랑할 수 있다고 가르친다.

또한 아르미니우스주의자들의 가르침에 따르면, 우리는 하나님의 성령 없이도 구원에 이르기에 충분한 지식을 알 수 있고(*quantum suffict ad salutem*), 초자연적인 습성, 혹은 은혜의 주입 없이도 우리는 의지를 발휘할 수 있고, 사랑하고, 믿을 수 있다는 것이다. 그들의 『변증 *Apology*』을 보라. 또한 소키누스주의자들의 교리서 제3장 212쪽을 보라. 또한 소키누스의 『신학강의』*Praelectiones Theologicae* 제4장 폴리오 15-16쪽 "사람이신 그리스도의 직분에 대하여(*Et de officio hominis Christi*)"와 제5장을 보라. 그리고 욥기 1장에 대한 스말키우스(Smalcius)의 세 번째 설교를 참고하라.

[그러나] 첫째, 과연 첫 번째 아담으로부터 나온 인간들 중에 전인적으로 온전하고 죄가 없는 자가 있다면 우리에게 제시해 보라. 둘째, 과연 인간은 하나님의 도움 없이도 하나님께서 명령하신 모든 것을 행할 수 있는가? 셋째, 스말키우스는 말하기를 사람 안에 영적인 일들을 행할 힘이 없다는 것은 오류이다. 또한 [소키누스주의자들의] 라코비안 교리서에 따르면 사람이 믿기 위해서 성령의 내적인 은사를 별도로 필요로 하지 않는다. 왜냐하면 우리는 성

경에서 그와 같은 은사가 오로지 신자들에게만 수여되었다고 말하는 부분을 찾아 읽을 수 없기 때문이다.[30] 소키누스는 말하기를, 아담에게서 난 자들은 모두 동일한 조건에서 태어나며, 그가 현재나 과거에 자연적으로 소유했던 것들 가운데 아무것도 빼앗기지 않는다.[31] 같은 맥락에서 오스토로디우스(Ostorodius)는 그의 『기독교 변증』 *Justi. Relig. Christ.* 제21장에서 다음과 같이 말하였다. "성령의 내적인 조명과 사역 없이도 오로지 복음 설교만으로 죄인을 죄로부터 회심시킬 수 있다(*Praedicatio sola Evangelis potest hominem absque interni Spiritus illuminatione & operatione á peccatis convertere.*)" 그들은 이 모든 내용을 글로 출판하고 가르친다. 또한 우리가 보기에 다른 불경한 오류들도 수없이 많다.

보편은총에 대한 이러한 반론에 대해 [아르미니우스주의 신학자] 코르비누스는 (비록 나는 응답할 수 없다고 생각하지만) 다음과 같이 응답하였다. 성경은 모든 곳에서 그리스도를 믿는 것과 예배하

30] Smalcius con. Frantz, Disp.8 "*Graviter halucinatur Frantzius, dum ait, Hominem non renatum nihil posse in spiritualibus, nempe in sensu interno, in verbum divinum, in conversione ad Deum, in fide in illum.*"(프란치우스가 다음과 같이 말한 것은 매우 심각한 공상이다. 즉 거듭나지 않은 자의 경우는 영적인 일들, 이를테면 참으로 내적인 의미에서, 하나님의 말씀과 하나님을 향한 회심, 그리고 하나님을 믿는 일 등을 전혀 행할 수 없다는 진술이다) *Catech. Raccov.* c.6. "*Nonne ad credendum Evangelio Spiritus Sancti interiore dono opus est? Nullo modo : neque enim in Scripturis legimus cuiquam id conferri donum, nisi credenti Evangelio*"(과연 복음을 믿기 위해서는 성령의 내적인 은사가 필요하지 않은가? 결코 그렇지 않다. 복음에 대한 믿음이 없이도 그런 은사가 수여된다는 것을 우리는 성경에서 읽을 수 없기 때문이다)

31] Socinus, *Praelectiones Theologicae,* c.4.fol.14 "*Qui ex Adamo nascuntur eadem conditione omnes nascuntur, nihilque ei ademptum, quod naturaliter haberet vel habiturus esset.*" [해석은 본문을 보라]

는 일에 있어 인간의 무능력을 증거한다. 그리스도와 은혜 없이는 인간 자신 안에 어떤 능력도 존재하지 않는다고 일단 그는 제대로 결론을 지었다. 그러나 그의 이러한 결론은 진실을 교묘하게 위장하고 독자들을 조롱하는 것이다. 왜냐하면 [그는 다음과 같이 주장하기 때문이다.] 만일 세상의 모든 사람들, 곧 모든 개인들이 (심지어 이교도의 유아들까지 포함하여) 그리스도를 통해 언약 안에 있고, 모든 이들에게 공통적으로 주어지는 은혜에—그들이 교회 안에 있든지 교회 밖에 있든지 상관없이 받는 은혜이다—의해 능력을 갖추게 되었다면, 또한 이 능력에 의해 복음이 요구하는 모든 것들을, 정도의 차이를 가지고, 수행할 수 있다고 한다면, 도대체 그들에게 다음과 같이 말하는 것이 무슨 의미가 있겠는가? 곧 그들은 은혜 없이는 스스로 자신의 주인이 되어 선한 생각을 할 수 없는 존재라는 사실을 전하며 자신에 대해 낙담하도록 하는 것이 무슨 소용이 있느냐는 말이다. 사실 그들은 선한 생각과 선행에 대한 재량권을 행사하는 존재의 측면에 있어 과거 아담의 상태와 별반 다르지 않다. 물론 그들은 본성에 의해 복음을 듣는 자가 된다고 주장하지 않는다. 그러나 보편 은총을 선물로 받은 자로서 그렇게 할 수 있다고 말한다. 더구나 이것은 그들의 회심 이전에 가능한 일이고, 중생의 영을 받기 이전에 가능하다고 주장한다. 요컨대 회심과 중생 이전에 하나님을 기쁘시게 하고 중생을 위해 스스로를 준비시킬 수 있다고 주장하는 것이다. 결국 그들의 방식대로 설명하자면 이 세상에는 동물적이고 자연적 상태의 이교도—곧 하나님에 관한 내용들을 수용할 수 없고, "이끄심을 받지 않고서는" 그리스도께로 나아올 수도 없는 자들—는 사실상 존재하지 않는 것이다. 왜냐하면 모든 이교도와 다른 모든 사람들은 이미 이끄심을 받았기 때문이다.

그러나 만일 이런 논리대로라면 우리는 다음과 같이 말할 수도 있었을 것이다. 즉 초자연적인 은혜를 결여한 채 자연인의 상태에 있었던 아담은—물론 아르미니우스와 코르비누스는 아담에게 하나님 형상은 초자연적 은총이었다고 가르친다— 자연인으로서는 고린도후서 3장 5절에서 말하는 것과 같은 선한 생각을 할 수 없었을 뿐만 아니라, 고린도전서 2장 14절에서 말하는 것 같이 "하나님의 일들을 받을 수" 없다. 또한 우리 타락한 죄인들처럼, 아담 역시 범법과 죄악 속에서 사망한 상태와 마찬가지이기 때문에, 자연에 덧붙여진 은혜에 의해 이끌리심을 받는 것과 동일한 방식으로 그리스도에게로 나아와야만 했다고 말할 수 있을 것이다.

생명 언약
·
16

앞의 교리에 대한 사례들

◆ 1. 하나님과 맺은 언약 안에 외면적, 가견적, 조건적으로 머무는 사람들과 내면적이고 개인적으로 거하는 사람들 사이의 차이점들
◆ 2. 사람이 아닌 하나님의 호의가 가견적 국가 교회를 만들어 낸 것이다.
◆ 3. 특별한 교회의 특권을 받는 제 일의 그리고 가장 중요한 주체
◆ 4. 언약의 표지를 받으라는 하나님의 명령은 모든 구성원에게 다 이것을 요구할 수 있는 보증을 허락하는 것은 아니다.

1. 가견 언약을 맺은 사람들이 [교회 회원으로] 입회할 수 있기 전에, 그들을 실제 회심자들로 간주하는 인간의 판단은 결국 모든 이집트인과 아시리아인 그리고 세상 왕국의 모든 구성원들과 유대 땅에서 세례 받았던 모든 이들을 참 회심자—곧 세례 요한과 바울, 그리고 사도들의 판단 기준에 따른 참 회심자

―들로 만들어 버리는 결과를 초래한다.

질문 #1 만일 하나님과 더불어 외면적인 언약을 맺은 다수의 군중과 국민―하나님은 이들을 "자기 백성," "자기의 택한 백성"이라 부르셨다(신 7:6, 10:15)―이, 토마스 후커 씨가 인정하듯이, 정당하게 가견 교회를 구성한다면, 세상의 왕국들 역시 하나님의 가견 교회임에 틀림없다.

답 1) 의심의 여지없이 이집트, 아시리아, 모든 나라들, 모든 땅 끝, 그리고 세상의 모든 왕국들은 하나님의 왕국과 하나님의 언약 백성이 될 것이라고 예언되어 있다. 주님께서 친히 그들을 가리켜 자신의 것이라고 소유권을 주장하셨다. 다음 구절들을 보라. 이사야 19장 25절 ("내 백성 애굽이여"), 2장 1-3절, 시편 22장 27절, 요한계시록 11장 15절, 시편 96장, 97장, 98장, 이사야 42장 10절, 49장 7-8절, 20-21절, 아가서 8장 8절, 사도행전 13장 46-47절, 로마서 15장 8-12절. 이 구절들은 모두 하나님과 더불어 가견적으로 언약을 맺은 교회들을 가리킴에 틀림없다. 이들에게는 언약의 표지가 정당하게 주어진다. 비록 이들이 가견적이고 고백적으로 언약 안에 있고, 친히 주님의 입으로 그의 백성임과 유대인 교회의 자매 교회이며, 그의 왕국임을 확인하셨음에도, 이집트와 아시리아, 그리고 소위 이방인들 가운데 사람의 판단에 따라 참 회심자들과 온전한 신자들, 곧 내적으로 부르심을 받고 택함을 받은 자로 평가받은 자들 이외에는 가견 교회의 구성원이 될 수 없고 회원들의 권리와 언약의 표지에 대한 권리를 소유할 수 없다고 주장한다면, 이는 하나님의 말씀보다 사람의 판단을 더욱 선호하는 것이다. 무엇보다 하나님께서 말씀하시길, 왕국들과 조상들과 자녀들은 모두 언약 안에 있는 그의 소유이고 그의 백성이 되기로 선택되었다. 마치 이스라엘을 선택하셨던 것처럼(신 7:6, 10:15, 시 147: 19-20), 하나님께서는 그의 말씀으로 친히 그들을 부르셨다는 면에서 그들 모두는 하나님이 보시기에 가견 교회들이다. 따라서 하나님께서 친히 이들은 가견 교회가 아니라고 말씀하시기 전에는 우리 인간들 역시 그들을 볼 때 단지 외면적일 뿐만 아니라 참되고 내면적으로 의롭게 된 자들로, 또한 효과적인 부르심을 받은 자들로 생각해야 하는 것이다.

2) 비록 우리가 이들의 내면적인 회심에 대한 기표를 보지 못한다고 할지라도 우리는 주님께서 부르신 이들이 가견적인 언약 안에 있는 자들이라는 것과 또한 언약의 표지는 교회론적으로 이들에게 귀속되는 것이라고 판단해야 한다. 우리의 판단이 주님의 판단보다 더욱 확실한 것이 아닌 이상은 그렇게 생각해야 한다. 왜냐하면 하나님께서 나라들과 이방인들을 그렇게 부르고 계시기 때문이다. 하나님께서 그렇게 부르신다면 바울과 교회의 구성원들 역시 모든 왕국들과 모든 이방인들을 참 회심자들이라고 판단해야만 한다. 그렇지 않다면 언약의 표지들이 그들에게 귀속되지 않을 것이다.

3) 후커 씨는 사도행전 20장 28절에 기록된 "온 양 떼"를 주해하면서, 목회자들에 의해 목양을 받은 이들은 모두 실제로 구원을 받고 거룩하게 된 자들이라고 가르친다.[32] 그러나 후커 씨의 말대로 우리가 그렇게 모든 이들을 그렇게 판단해야 한다면, 우리는 고린도전서 10장 1-4절에 기록된 모든 조상들—이들은 "다 구름 아래에 있고 바다 가운데로 지나며 모세에게 속하여 다 구름과 바다에서 세례를 받고 다 같은 신령한 음식을 먹으며 다 같은 신령한 음료를 마셨으니 이는 그들을 따르는 신령한 반석으로부터 마셨으매 그 반석은 곧 그리스도시라"—도 실제로 구원을 받은 자들이고 실제 신자들이며 전 세계가 다 실제로 구원을 받았다고 판단해야만 할 것이다.

---

32) Thomas Hooker, *Survey of the Summe of Church Discipline*, Part.I. Cap.3. 39-40.
   [역자 주: 루더포드가 인용한 부분에서 후커는 루더포드가 요약한대로 주해하지 않았다. 후커가 실제로 주해한 내용을 참고하라.

   행 20:28 온 양떼를 보살피며 נשמות ית כמשא 하나님이 자기 피로 사신 교회를 먹이라. 여기서 교회는 우리에게는 회중교회를, 루더포드씨에게는 장로교회를 의미한다. 둘 중 어느 쪽에 해당하든지 분명한 것은 이것이 틀림없이 보이는 교회를 의미한다는 것이다. 이 교회를 교의와 치리를 통해 보살피고 먹이기 위해 장로들과 직원들이 세움을 입었다. 이 교회가 보이는 교회임에 틀림없는 것은 만일 그렇지 않다면 눈으로 보고 아는 교회가 아닌 담에야 어찌 그들[장로와 직원들]이 치리를 행하는 것이 가능하겠는가? 그러나 이러한 사실에도 불구하고 [성경은] 이 교회를 가리켜 하나님의 피로 사신 교회라고 부른다. 이것 이상으로 영광스러운 일은 없는 것이다. 만일 누군가가 말하길 오직 눈에 보이지 않는 택자들만이 그와 같은 이름으로 불려야 하는 것이라 말한다면 나는 이렇게 응답할 것이다. 그와 같은 생각은 말씀의 핵심과 텍스트의 의도에 위배되는 것이다. 그들은 분명 온 ܟܠܗ 양떼를 보살펴야만 했기 때문이다... 성경 본문의 [자연스런] 흐름과 통상적인 의미에서 보았을 때, 여기서 구속받고 거룩함을 입은 자들은 눈에 보이는 자들을 가리키는 것이지 그들이 반드시 실제로 그렇다는 의미가 아니다. 조금의 의심할 여지도 없이 이러한 해석이 본문의 흐름과 잘 부합한다.

그러나 세상은 교회가 아니다. 가견적으로 볼 때, 그들은 우상숭배자들이고, 불평하는 자들이었다. 또한 같은 논리대로라면 다수의 군중과 "온 유대"에 세례를 베푼(막 1:5; 눅 3:7; 마 3:2-4) 세례 요한은 그에게 세례를 받은 모든 이들이 실제로 거룩하고 구원을 받은 자들이라고 간주해야 한다. 실제로 메시아 시대에 관한 예언들에 따르면 세상의 모든 왕국들(계 11:15), 이집트와 아시리아(사 19:25), 모든 나라들(사 2:2), 모든 이방인들(사 60장) 등은 하나님의 언약백성이 될 것이다. 만일 앞의 논리대로라면 우리는 이 모든 왕국들의 모든 사람들이 고린도교회와 에베소교회의 교인들의 경우(고전 1:1; 엡 1:4)와 같은 가견적 성도요, 생명으로 선택된 자들이라고 말해야만 한다. 이것이 바로 토마스 후커 씨가 언약으로부터 논증하는 내용이다.

4) 구약과 신약을 통틀어 다음의 내용을 판사의 법정에서 법적으로 판단하는 내용이 과연 한 단어라도 있다면 제시해 보라. 첫째, 청중 가운데 외면적으로 신앙고백 한 자들의 수효가 얼마인지, 얼마의 인원은 그들이 중생한 것으로 간주되기 때문에 교회의 정회원으로 가입되어야 하고, 얼마의 인원은 그들이 회심하지 않은 자들이기 때문에 거절되어야 하는지에 관한 내용이다. 또한 도대체 그리스도의 어떤 말씀에 근거해서 교회 회원권을 유지하는 기간에 대한 법적인 판결을 규율할 수 있는가?

둘째, 과연 무슨 동기로, 혹은 어떤 유인책이 시몬 마구스와 독사의 세대들 그리고 다수의 군중과 모든 이들로 하여금 세례를 받도록 했는지 알 수 있는가? 누가복음 3장 7절과 3장 2절, 마태복음 3장 5-6절, 마가복음 1장 5절 등을 비교하여 살펴보라. (세례를 받으러 나아간 수만큼 모두 세례를 받았다. 마태복음 3장 5-6절과 마가복음 1장 1장 5절은 "온 예루살렘과 온 유대가 다 나아와," 그에게 "세례를 받더라" 라고 기록한다.) 과연 무엇이 그들로 하여금 세례를 받는 일에 참여하도록 이끌고 유도한 동기인지를 묻는 것이다. 아무런 이유 없이 참여하지는 않았을 것이기 때문이다(요 5:35; 마 21:32). 그렇다면 우리로 하여금 이러한 동기들을 판단할 수 있도록 우리를 규율하는 말씀의 규칙은 과연 무엇인가?

셋째, 과연 어떤 말씀이 외면적으로 드러나는 중생에 관한 외면적인 표지가 무엇인지 제시하는가? 또한 결과적으로 영광으로 예정된 사실과 칭의, 유효적인 부르심을 눈에 보이게 드러내어 우리로 하여금 다른 사람들 안에서 반드시 발견한 후에야 비로소 목사들은 목사로서 그들을 먹일 수 있도록 하는가? 모든 사람 안에서 온전한 규칙으로 적용될 말씀이 있어야 하지 않는가?

2. 약속을 받는 제 일 주체는 비가견적 교회이다.

질문 #2 중보자 안에서 주어진 특권에 대한 약속, 곧 새 마음에 대한 약속과 "그리스도의 몸"과 "기름 부으심을 받은 자들"로 명명될 자들—이들은 결코 하나님 앞에서 끊어지지 않을 자들이다(렘 32:39-40, 31:35-36)—에게 귀속되는 양식과 속성과 특권 등에 관한 약속 등이 존재한다. 과연 이러한 약속들을 수여받는 제 일의 주요한 주체 혹은 유일하고 고유한 주체는 누구인가?

답 그것은 오로지 비가견적이고 신비한 그리스도의 몸이다. 왜냐하면 새 마음에 대한 약속, 우리의 속에 율법을 새겨주실 것에 대한 약속, 기름 부음에 관한 약속과(렘 31:33; 사 54:13; 히 8:10) 견인에 대한 약속(렘 31:35-36; 사 54:10, 59:20-21, 렘 32:39-40; 요 10:27-29) 등은 중보자 안에서 발견되는 혜택들에 관한 약속들이다. 만일 가견 교회가 가견 교회로서, 곧 시몬 마구스를 구성원으로 포함하는 교회가 중보자 안에 있는 특별한 혜택에 대한 약속을 수여받는 제 일 주체라고 주장한다면, 그들은 틀림없이 (실수일 수도 있겠지만) 아르미니우스주의자들과 의견을 함께해야만 할 것이다. 토마스 후커 씨는 나의 이러한 테제를 그토록 (필요에 따라 마땅히 그랬어야 할 만큼) 직선적으로는 반박하지는 않았다. 그럼에도 그는 내 말이 아니라 자신의 틀로 내 주장을 만들어 놓은 후에 그것을 반박하는 우를 범했다. [그는 주장하기를] "비가견 교회는 언약의 표지를 받는 주요하고 유일한 주체가 아니다."[33] 이것은 어디까지나 외면적인 언약의 표지에 대해서 그렇다. 나 역시 모든 외면적인 표들이 중보자 안에 있는 특별한 혜택에 대한 특권은 아니라고 인정한다. 왜냐하면, 외면적인 표들은 이스마엘, 마구스, 그리고 모든 불경한 위선자들의 특권이기도 하기 때문이다. 위선자들이나 은혜를 받지 못한 자들, 일례로 이스마엘과 에서와 같은 자들도 언약의 표지를 받으라

---

33) Mr. Hooker, *Survey of the Summe of Church Discipline*, Part I.C.3.35-37.

는 하나님의 명령을 소유하지 못했다거나 하나님의 말씀이 그들에게 요구하신 것이 보증하는 권리를 소유하지 못했다고 말해서는 안 될 것이다. 이는 토마스 후커 씨가 그의 『교회 치리 강요綱要 고찰 A Survey of the Sum of Church Discipline』 제1부 제3장 41-42쪽에서 진술한 바와 같다. 그는 다음과 같이 말했다. "왜냐하면 참여를 명하시는 하나님의 명령보다 더 나은 권리는 존재하지 않으며, 그 어떠한 특권을 우리가 요구함에 있어 하나님의 말씀보다 더 나은 보증은 없기 때문이다."[34] 하나님의 명령은 교회와 사역자들로 하여금 언약의 표지들을 이스마엘, 시몬 마구스, 가룟 유다 등에게 베풀도록 하는 유효한 보증이 된다.

3. 위선자들은 그 어떠한 하나님의 계명에서도 언약의 표지들을 요구할 수 있도록 하는 보증—토마스 후커가 말한 것과 같은—을 발견하지 못한다.

그러나 사역자들이 언약의 표지를 수여하기 이전에 그들을 가리켜 중생한 자들이라는 법적 선언을 할 수 있도록 보증하는 하나님의 말씀은—후커 씨가 가르치는 대로— 존재하지 않는다. 또한 하나님의 명령이 에서와 시몬 마구스와 같은 자들로 하여금 언약의 표지를 요청하거나 권리를 주장하도록 정당성을 부여하거나 보증

---

34) Mr. Rutherford, *Due Right of Presbyteries*, P.I. C.9. Sect.9, 35-37. "은혜를 결여한 자들이 언약의 표지들을 요구하는 근거에 대해서 하나님의 명령을 제시하는 것—후커 씨가 말하듯이—은 최선[의 대답]이 아닐 뿐만 아니라, 그 어떤 보증도 없는 것이다."

이 된다는 사실은 성경에 기록되어 있지 않다. 그 경건한 후커의 말을 따르는 것은 곧 강탈자들로 하여금 자기들이 소유할 권리가 없는 것을 당당하게 요구할 수 있는 보증을 허락하는 것이요, 강도로 하여금 무죄한 여행객에게 자금을 요구할 권리를 보증해 주는 것과 다름없다. 과연 마술사 시몬이 다음과 같이 말할 수 있을까? "나는 세례와 성만찬을 요구할 수 있는 최고의 권리를 소유하고 있다." 왜 그런가? "왜냐하면 나는 하나님의 명령을 가지고 있기 때문이다."

결코 그렇지 않다. 결국 문제의 해답은 다시 마술사에게로 돌아간다. 이렇게 생각해 보자. 사마리아 교회는 이 마술사가 실제 고백자인 것처럼 연기를 성공적으로 수행하는 한, 그에게 언약의 표지를 수여할 수 있는 하나님께서 주신 보증을 가지고 있다고 말할 수 있다. 그러나 외면적으로 선포된 언약의 조건적인 명령은 [시몬이 가진] 최상의 권리가 아니다. 그가 믿음을 갖게 되고, 주의 몸을 분별하며, 자기의 죄를 애통해하며 조건을 이해하는 것 이외에는 그로 하여금 언약의 표지를 요구할 수 있도록 허락하는 권리는 존재하지 않는다.

만일 하나님께서 마구스와 모든 가견 회원들을 향해 다음과 같은 절대적인 명령을 하셨다고 가정해 보자. "너희들이 그리스도를 안다고 고백하든지 않든지의 여부에 상관없이, 혹은 그리스도를 믿고 회개하든지 않든지의 여부에 상관없이 무조건 나와서 언약의 표지를 받아라." 만일 이러한 명령이 존재한다면 이는 모든 이들에게 언약의 표지를 요구할 수 있도록 하는 분명한 보증이 될 것이다. 물론 나는 후커 씨가 이러한 명령을 고수한다고 믿지 않는다. 따라서 그는 교회 안에서 언약의 표지를 수여할 수 있는 "능동적 권리"(*jus ac-tivum*)와 마구스가 행사할 수도 있었던 "수동적 권리"(*jus passivum*) 사이를 구분할 것이다. 이 후자의 요구에 의해 마구스는 신자로서, 또한 하나님의 법정(*in foro Dei*)에서, 언약의 표지와 그리스도 안에 있는 지분에 대한 권리를 주장한다. 이것은 대적자들에게까지 허락되는 권리이다. 이것 이외에 언약의 표지에 대해 그가 요구할 수 있는 권리나 하나님의 명령은 존재하지 않는다. 따라서 우리는 다음의 두 가지를 구분해야만 한다. "사실과 시작된 것"(*qua factum & initum*)으로서의 은혜 언약과 "선포된 것"(*qua annunciatum*)으로서의 은혜 언약 사이의 구분이다. 필자는 이것을 일부와 맺어진 언약과 만인에게 선포된 언약 사이의 구분으로 말하기도 한다. 후커 씨는 그의 책 38쪽과 39쪽에서 이렇게 말한다. 곧 [하나님의] "의도된 의지"와 "계시되고 명령된 의지" 사이에[35] 어떻게 겉으로 보이는 모순관계가 존재하지 않을 수 있는지 그는 알 수 없다고 말한다. 이 경건한 사람[후커]은 대낮의 빛에서 분간할 수 있을 때에는 분명 아르미니우스주의자들을 미워한 것으로 알고 있다. 그러나 이제 그는 교황주의자들과 아르미니우스주의자들이 반대하는 것과 동일한 것을 반대하고 있다. 이에 대해 나는 더 이상 답변을 고집할 수는 없다. 상기한 두 종류의 의지 사이에 구분점이 존재한다는 것은 명확하다. 그럼에도 두 가지는 서로 모순되지 않는다. 이는 마치 하나님의 작정과 인간의 도덕적 의무 사이에 서로 모순이 존재하지 않는

---

35) 후커는 이것을 "*voluntas beneplaciti*"와 "*voluntas signi & revelata*"의 구분으로 표기한다. [역자 주]

것과 다름이 없다. 위선자들은 단지 가견적인 회원일 뿐 그 이상 아무것도 아니다. 내적인 기의에 해당하는 은혜와 혹은 새 마음에 대한 약속에 따라 주어지는 언약의 표지에 대해 그들은 그 어떠한 참되고 내적인 권리나 지분을 소유하지 않는다. 이것은 오로지 택자와 신자들에게만 절대적으로 주어지는 것이다. 오로지 이들만이 중보자 안에 있는 특별한 혜택에 대한 약속을 받는 제 일 주체와 정당한 주체인 것이다.

질문 #3 새 마음의 절대적 약속을 유일하게 받는 가장 주요하고 참된 언약 백성은 과연 누구이고 이들은 어떤 방식으로 알려지는가?

생명 언약

17

- ◆ 1. 위선자들과 형식적 언약 백성에 관하여
- ◆ 2. 자기 기만
- ◆ 3. 새 영
- ◆ 4. 계시와 예언
- ◆ 5. 영적 성향에 대한 표지들

답 앞의 질문은 다음 두 가지 사이의 차이점과 연결되어 있다. 한편으로는 하나님과 더불어 맺은 언약 안에 단지 외면적으로 머무는 사람들의 옛 마음과 돌같이 굳은 마음, 그리고 위선자들이 존재한다. 다른 한편으로는 언약 안에 내면적이고 참되고 절대적으로 거하는 사람들의 새 마음과 부드러운 마음이 존재한다. 이들 사이의 차이점들은 아래와 같다.

1. 위선자들은 누구인가?

위선자들이란 실제 자기는 아무것도 아니지만 무대 위에서 왕을 연기하는 사람이다. 실제 자기는 그 모습이 아니지만 거지 역할도 하고, 늙은이 혹은 남편 역할을 하는 자들이다. 누가복음 20장 20절을 보라. "이에 그들이 정탐들을 보내어 그들로 스스로 의인인 체하며"라고 기록되어 있다. 히브리어로는 "얼굴(פָּנִים)," "얼굴마담"과 "가면 쓴 사람," 그리고 "색칠한 사람(צְבוּעִים)," "염색한 사람," "중독된 사람," "취한 사람," "세례 받은 사람" 등의 의미를 갖는다. 그 어원은 "짜바(צָבַע)"로서 "염색하다," "담그다" "씻기다," "세례 주다" 등의 의미를 갖는다. 예레미야 12장 구절을 보라. "내 소유가 내게 대하여는 점박이 혹은 무늬 있는 매가 아니냐." 즉 단순한 겉 색깔을 벗어 버리고 많은 잡다한 색깔을 가진 새가 되었다는 의미이다. 이와 같이 위선자는 색을 위장하여 경건의 모양과 색깔을 입는다. 이사야 32장 6절은 위선을 "간사함(חֹנֶף)"으로 표현했다. 어원은 "하네프(חָנֵף)"이고 라틴어로 "흉내내다(simulavit)," "부정하게 행동하다 (fraudulenter egit)"의 의미를 갖는다. 명사형 "호네프(חֹנֶף)"는 갈대아인의 얼굴(פָּנִים), 곧 "가식적으로 얼굴을 속이는 자," "위선자"를 의미한다. 위선자는 때때로 의롭게 보이고, 악하게도 보인다. 어원을 따라 은유적으로는 "오염시키다," "더럽히다"를 의미한다. 시편 106편 [38절]을 보라. 그 땅이 피로 말미암아 더럽혀졌다는 표현이 등장한다. 결국 위선자는 모든 사물들과 모든 사람의 모습을 하지만 그 자신은 아무것도 아니고 결국 자기 자신일 뿐이다.

2. 위선은 무엇인가?

위선 그 자체는 신실함의 반대어이다. 위선이 가식적으로 드러내는 은혜들 및 의무들과 관련하여, 위선은 모든 진실한 미덕에 반대한다. 위선은 이러한 미덕을 거짓으로 꾸며서 보여주는데 이는 마치 자연의 실재와 그것을 그린 그림, 곧 자연의 모조품이 서로 대조되는 것과 유사하다. 살아 있는 사람이나 자라나고 있는 장미와 이들을 그린 그림들이 서로 반대되는 것과 같은 이치인 것이다. 눈의 감각에 확연하게 드러나는 사물들은 가장 쉽게 그림의 채색과 윤곽으로 표현된다. 그러나 오로지 지성적 이해로만 파악되는 사물들―일례로 "영혼"―과 후각이나 촉각으로 감지되는 사물들은 그림으로 표현될 수가 없다. 당신들은 사람과 장미와 색깔과 모양과 빨갛게 이글거리는 불을 그릴 수는 있지만, 인간의 영혼과 장미의 향기와 불의 열기를 그릴 수는 없다.

영적인 은혜들, 일례로 그리스도의 사랑, 신실한 믿음, 하나님의 영광을 의도하는 것 등을 모조하는 것은 거의 불가능하다. 영적인 은혜들에 겉옷을 입히거나, 덧칠을 하는 것은 결코 쉽지 않다. 만일 당신이 성령을 모방하면 할수록, 그것은 더욱 마귀를 닮아가는 위조품이 될 것이다. 마귀는 자신을 광명의 천사의 모습으로 바꿀 수도 있다.

물론 사람을 그린 초상화가 가진 유용성이 존재한다. 그것은 장식품으로 사용될 수 있다. 그러나 믿음과 관련해서 그 장식품은 아무 소용이 없다. 믿음은 오로지 그리스도에 의존한다. 또한 그것은 사랑에도 아무 소용이 없다. 사랑은 오로지 하나님께 밀착하여 그분을 기쁘시게 하고 우리의 이웃을 기쁘게 하는 것에 있다. 우리가 모조품으로 흉내내는 모든 의무들은 오로지 은혜와 행위의 외면적인 덩어리일 뿐이다. 우리가 실제로 행하지 않는 것을 겉으로 행하는 것처럼 보이는 것뿐이다. 만일 은혜와 경건의 겉 색깔이 가치 있게 보인다면, 그 내용 자체가 더욱 가치 있는 것이다. 만일 교회 안에 머물기 위해 단지 은혜 언약의 껍데기만을 모방한다면, 이것은 주님께 거짓과 조롱을 드리는 행위이다. 또한 주님의 빛을 어둡게 하여 그분께 불명예를 드리는 것이다. 이런 자들은 그리스도와 경건한 신자들을 그들의 마음속으로 미워한다. 그들은 위선과 거짓과 사마리아인들과, 선동하는 자들의 옷을 입고 경건한 자들을 더욱 더 증오한다. 마음속으로부터 한 사람을 칼로 찌르고 목을 매달아 죽이는 그림을 그리는 자는 현실 속에서 살아 있는 그 사람을 몸소 찌르고 목매다는 일을 실천할 확률이 더욱 높을 것이다.

위선은 헛된 영광을 구하기 위해 도덕적 선을 모방하는 행위이다. 기도할 때 눈물이 흐르는 것을 억제하는 것은 위선이 아니다. 또한 아버지가 실제로 노하지 않았음에도 그의 자녀와 종에게 노한 것처럼 행동하는 것 역시 위선이 아니다. 자신을 해하려는 말에 귀를 닫는 행위 역시 위선이 아니다. 시편 38장 12-13절을 보라. "나를 해하려는 자가 괴악한 일을 말하여 종일토록 음모를 꾸미오나 나는 못 듣는 자 같이 듣지 아니하고"라고 기록되어 있다. 사무엘상 10장 27절에서 등장하는 사울이 그의 통치 초기에 벨리알의 자녀들이 자신을 모욕할 때 마음에 평화를 유지하고 잠잠했던 것은 위선이 아니라 지혜에 해당했다. 통치자들, 일례로 요셉의 경우 그가 자신의 형제들 앞에서 다른 사람인 척 행동한 것도 위선이 아니다. 단 이러한 행동이 불신앙의 기초에서 나온 것이면 합당한 행동이 아니다. 예를 들어 다윗이 미친 척 행동했던 예를 들 수 있다. 정당하지 않은 또 다른 예로 암논이 병든 척한 행동이나, 하나님의 섭리에 거짓을 더한 행동을 들 수 있다. 한편 솔로몬이 칼로 살아있는 아기를 둘로 쪼개려는 듯 행동한 것은 위선이 아니다. 또한 아이성 전투에서 이스라엘의 군사들이 거짓으로 패하는 척 도망간 것 역시 위선이 아니다. 목표가 정당한 것, 올바른 목적과 수단 등은 본질적으로 악하지 않은 행위들을 오히려 선하게 만드는 데 기여한다.

모든 사람들 안에는 선천적인 위선이 존재한다. 태양의 이편과 저편에 사는 각 사람들은 모두 거짓말쟁이이다. 저 멀리 동트는 땅 너머에 오로지 신실한 자들만이 살고 있는 나라에서 살고 싶다고 말하는 사람이 있다면, 실상 그는 아무도 살지 않는 곳에서 거주하기를 원한다고 말하는 것과 똑같다. 왜냐하면 사람이 사는 곳에는 언제나 위선자들과 위선이 공존하기 때문이다. 또한 모든 사람 안에는 후천적으로 습득된 위선도 존재한다. 물론 정도의 차이가 있지만, 적지 않은 수의 사람들이 습성적인 위선을 소유한다.

인간의 방식을 따라 사람들은 위선을 하얗게 칠하고 채색한다. 헤롯은 그리스도를 경배하겠다고 말했지만 속으로는 그를 죽이고자 했다(마 2장). 압살롬은 아버지와 왕자들에 대한 반역과 반란을 감추고자 소위 헤브론에 있을 때 하나님 앞에 서원했다는 새하얀 위선을 떨었다. 이는 잠언 7장 14절에 등장하는 창기 입에서 나온 경건을 가장한 말—"내가 화목제를 드려 서원한 것을 오늘 갚았노라"—보다 전혀 나을 것이 없는 위선이었다. 또한 요한복음 16장 [2절]에서 제자들을 죽이는 자가 생각하기를 이것이 하나님을 섬기는 일이라 말하는 것과도 일맥상통한다.

그러나 최악의 위선은, 하나님과 사람 앞에서 자신을 위선자로 만들뿐만 아니라 자기 자신 앞에서도 스스로를 새하얗게 만들고 채색하여 위선자로 만드는 것, 곧 자신을 스스로 속이는 것이 가장 나쁜 위선이다(요일 1:8). 인간이 스스로에게 이러한 능력을 행할 수 있다는 사실이 참으로 기이하다. 한편으로 인간은 믿음의 순간에서조차 자신을 설득해서 자신은 죄가 없다고 믿게 만들 수 있다. 이러한 사람은 자기 자신과 다른 사람들 안에 그 어떠한 원죄가 있다는 사실을 부정한다. 오늘날 이렇게 유혹하는 자들이 많이 있다. 예를 들어, 소키누스주의자들, 아르미니우스주의자들, 그리고 다양한 재세례파들이 그렇다. 또한 은혜에 의해 율법이 성취될 수 있기 때문에 우리는 행위에 의해 의롭게 될 수 있다고 주장하는 자들도 있다. 이들에 따르면, 현세에서 우리는 죄로부터 완전히 자유로울 수 있고, 또한 더 이상 죄를 짓지 않을 수 있기 때문에 온전해지는 것이 가능하다고 한다.

또한 다른 한편으로 인간의 마음은 그 자신의 마음을 실제로 속일 수 있다. 그리하여 자신이 경건하고 종교적인 사람이라고 스스로를 설득한다(약 1:26). 잠언 14장 12절을 보라. 이 사람은 자신의 마음속에서 "나의 길이 옳다"고 스스로에게 말할지도 모른다. 그리고 이사야 65장 4-5절의 말씀대로 "나는 너보다 거룩함이라"고 생각할 수도 있다. 이 사람은 혹시 종교적 의식을 따라서는 거룩할지 모르나, "무덤 사이에 앉으며 은밀한 처소에서 밤을 지내며 돼지고기를" 먹는 자이다. 또한 요한계시록 3장 17절의 말씀대로 "나는 부자라 (감탄에서 한 걸음 더 나아가) 부요하여 부족한 것이 없다"라고 말하는 사람이다. 곧 나는 죄사함, 구원의 은혜, 구원자 그리스도, 그리고 구원마저도 필요가 없다고 말한다. 또한 더욱 위험한 것은 이것이다. 곧 자기애(自己愛)의 눈멂과 선입관이 스스로를 강력하게 설득하여 자신은 이 세상 그 무엇보다 경건하다고 믿는 것이다. 이는 그 누구보다—가장 경건한 사역자들과 고백자들 그리고 천사들보다도 더욱— 자신의 경건함에 대한 더욱 고정적이고 습관적인 확신을 생산해 낸다.

이들을 상대로 하나님께서는 직접 말씀하심을 통해 (일례로, 성경의 문자적 계시에 따르면, 민 22:12, 24, 28), 그리스도께서는 몸소 설교하심을 통해(마 8, 9, 14장, 21:43-45; 눅 16:13-14; 요 10:24-31), 그리고 사도들 역시(행 25:25-26, 26:2-6, 24절 등) 이들 위선자들의 뿌리를 찾아 뽑아내실 수 있었고 (왜냐하면 이들은 울타리를 치고 스스로를 방어할 수 있기 때문이다) 위선자들에게 큰 타격을 가하실 수 있었다.

위선자들은 이와 같이 스스로를 거룩하다고 생각하는 습성을 영원의 시점까지 가지고 갈 수 있으리라 생각한다. 그리하여 현세에서 밝게 빛났던 교만의 등불을 끝까지 고수하며 하나님의 면전에서도 자신들을 정죄하는 하나님의 판결에 대해 항변할 수 있다고 말한다(마 25:44). 즉 그들은 그들의 외면적 신앙고백에 근거하여 신랑의 내실에 들어가도록 허락받을 만한 가치가 있다고 주장한다(마

7:22, 25:11, 눅 13:25).

결국 이러한 위선적인 고백자들은 하나님과 맺은 언약 안에 외면적으로만 머무는 자들이다. 이런 맥락에서 볼 때, 다음의 표지들은 통탄할 만한 표지에 해당한다고 말할 수 있다. 첫째, 애초부터 당신들이 자신의 정욕을 숨기고 그것에 양분을 공급하며, 하나님이 아닌 어떤 피조물을 당신들의 궁극적인 목적으로 삼고 그것으로부터 부는 동풍을 먹고 자라나게 할 때 이것은 통탄할 만한 표지에 해당한다(눅 12:19; 시 49:11, 4:6, 렘 22:17). 둘째, 당신들이 스스로 "가난한 것과 가련한 것과 눈먼 것과 벌거벗은 것을" 알지 못할 때(계 3:17; 마 9:11-13; 눅 15:2, 19:7)와 자신은 한 번도 그리스도의 병원에 거한 적이 없다는 사실을 모를 때, 그리고 당신 자신은 온전하기 때문에 아무 의사도 필요 없다고 생각할 때 그렇다. 셋째, 당신들은 그리스도를 싫어하면서도 그 사실을 알지 못한다(눅 7:44-45). 당신들은 그리스도를 예언자로서는 사랑하지만 구원자로서는 미워한다. 그리스도를 매우 증오하면서도 그 사실을 알지 못한다. 넷째, 당신들은 [바울이] 디모데전서 1장 13절에서 말하는 것처럼, 자연의 상태와 은혜의 상태, 이 두 가지를 함께 대조시켜 말할 수 없다. 당신들은 당신 자신의 선택을 우상화한다. 그리하여 비록 아합의 우상을 파괴하기 위해서는 전력을 다하지만, 여로보암의 우상을 반대하시는 하나님의 의지를 선택하지는 않는다. 다섯째, 당신들은 그리스도를 원하지만 마음속에서 그리스도와 더불어 거듭나지 않았다. 또한 참으로 당신들은 그리스도 밖에서 영원히 상실된 상태이지만 당신들은 이 사실도 앞의 사실도 알지 못한다.

3. 마음에 작용하는 은혜 언약 안에 거하는 언약 당사자들

질문 #4 신자들은 과연 은혜 언약을 맺은 당사자들인가?

답 언약의 말씀들을 수여받는 당사자들은 이들이다. 즉 이미 언약 안에 거하면서 약속된 혜택을 소유한 자들이 아니라 오직 신자들만 이 새 마음과 믿음—새 마음의 결과로 이미 주어진 것이다—을 소유한다. 따라서 이들은 [새롭게] 언약을 체결하는 당사자들이 될 수 없다. 이는 마치 행위 언약 안에서 아담에게 하나님의 형상이 약속되지 않은 것과 같은 이치다. 자연적 순서상 그의 안에 존재했던 하나님의 형상은 행위 언약이 체결되기 전에 이미 전제되어 있었던 것이다. 만일 그렇지 않았다면, 아담은 언약을 지킬 수조차 없었을 것이다. 그런데 우리는 이렇게 말할 수 없다. 왜냐하면 하나님은 아담을 정직하고 거룩하게 창조하셨기 때문이다(창 1:26-27; 전 7:29; 엡 4:24; 골 3:10). 아담은 순수한 자연의 상태에 있을 때, 아직 하나님의 형상을 부여받지 못한 상태로는 하나님과 더불어 행위 언약을 맺은 당사자가 될 수 없었다. 만일 그랬더라면 다음의 두 가지 경우 중 하나에 해당할 것이다. 첫째, 하나님의 형상은 아담이 그 자신의 자연적 능력으로 얻는 일종의 보상이다. 이는 사실상 아담이 자신의 공로에 의해 값을 주고 사는 것에 해당한다. 그런데 이것은 성경과 언약의 본질적 성격이 허락하지 않는 내용이다. 둘째 가능성으로는 하나님의 형상이 행위 언약 안에서 아담에게 약속된 것이라고 말하는 경우다. 그런데 이 역시 앞의 경우 못지않게 말이 되지 않는다.

만일 복음 안에서 믿음이 약속되었다고 한다면, 은혜 언약은 영생으로 예정되었으나 아직 새 마음을 소유하지 못한 일부 이스라엘 및 유다와 더불어 체결되었음이 분명하다. 왜냐하면 에스겔 36장 26절과 신명기 30장 6절 그리고 에스겔 11장 19절에 따르면, 하나님께서는 이미 돌같이 굳은 마음을 소유하고 아직 믿지 않는 자들에게 언약의 방식을 따라 새 마음을 약속하셨기 때문이다. 믿음의 경우도 마찬가지이다. 즉 이러한 방식을 따라 [이미 외면적] 믿음을 가진 자들에게 [참]믿음을 약속하신 것이다.

질문 #5 새 마음을 소유한 자들, 곧 은혜 언약 안에 개인으로서 참으로 거하는 자들은 누구인가?

답 에스겔 36장 27절과 18장 31절—"마음과 영을 새롭게 할지어다"—에 따르면 새 마음이 주어질 때 새 영이 함께 주어진다. 오늘날 많은 사람들이 영을 자랑하고 있다. 이러한 상황을 고려할 때, "새 영"이라는 의미에서 영적인 사람들이라고 말하는 것이 적합할 것이다. 이런 맥락에서 볼 때, 새 영과 관련하여 다음의 질문들을 제기해 볼 수 있다.

4. 말씀과 성령

질문 #1 새로운 영의 근원이 된 씨는 무엇인가?

답 복음의 말씀이다. 따라서 아담이 아직 복음의 영을 소유하기 전에 하나님께서는 복음의 교리를 계시하셨음에 틀림없다. 창세기 3장 [15절]을 보라. "여자의 후손은 네 머리를 상하게 할 것이요." 하나님은 말씀과 성령을 함께 약속하셨다. 이사야 59장 21절과 30장 21절을 보라. "네 스승은 다시 숨기지 아니하시리니... 네 뒤에서 말소리가 (이것은 내적인 가르침이다) 네 귀에 들려 이르기를 이것이 바른길이니 너희는 이리로 가라 할 것이며." 또한 이사야 51장 16-17절과 마태복음 28장 20절 "가서 가르치라"를 보라. 이것은 말씀에 해당한다. "볼지어다. 내가 세상 끝 날까지 너희와 항상 함께 있으리라." 이는 성령으로 말씀을 유효하게 만드신다. 주님의 성령에 의한 사역인 것이다(요 14:16-17).

5. 하나님의 자기 계시에 관하여

반론 그렇지만 아담은 복된 자손에 관한 교리를 처음 들었을 때, 그 교리나 혹은 말씀하신 분을 또 다른 교리에 의해 검증할 수는 없지 않았는가?

답 첫 번째 교리는 다른 규칙에 의해 검증될 수 없다. 왜냐하면 그것 자체가 첫 번째 규칙이기 때문이다. 또한 사람의 마음 안에 자연적으로 기록된 원리들—일례로, "하나님은 존재하신다." "하나님은 공의로우시고 거룩하시다." 등과 같은 원리들—은 다른 진리들에 의해 검증될 수 없다. 왜냐하면 이것들은 제 일 진리에 해당하기 때문이다. 이는 마치 우리의 보는 감각이 태양이 태양인지의 여부를 태양 아닌 것—곧 태양 이전에 존재하며, 태양보다 더욱 밝은 빛—에 의해 검증할 수 없는 것과 같은 이치이다. 복음은 그 자체로 하나님께서 비추시는 빛이다. 그 빛이 비추는 사람들은 그 빛에 의해 계몽된다. 마치 아담이 그러했듯이 말이다. 보석 루비는 자신이 루비임을 스스로 말하는 것이다.

반론 그렇다면 아담은 하나님께서 다른 사람이 아닌 자기에게 무엇을 말씀하셨는지를 어떻게 알 수 있었는가? 우리는 우리에게 말하는 모든 영들을 마땅히 시험해 보아야 하지 않는가?

답 하나님의 말씀 가운데 선지자들과 사도들을 통해 직접적으로 전달되는 말씀이 존재한다. 이 말씀은 다음의 내용들에 의해 검증되어야 한다. 즉 부분적으로는 주님께서 낙원에서 제일 처음 설교한 것에 의해 검증받아야 한다. 또한 부분적으로 그것의 효과, 곧 사람의 영혼을 소성시키는 효과에 의해 검증받아야 한다(시 19:7). 또한 동일한 주권자의 향기에 의해서, 그리고 또 다른 생명의 신적 능력—이는 창세기 3장 15절에 기록된 첫 번째 설교 안에서 발견된다—에 의해서 검증되어야 할 것이다. 이것이 바로 직접적인 하나님의 말씀(*Verbum Dei immediatum*)이다.

한편 하나님 자신이 몸소 아담과 아브라함(창 22장), 모세, 이사야, 그리고 사도들에게 말씀하실 때가 있다. 이것을 가리켜 가장 직접적인 하나님의 말씀(*Verbum Dei immediatissimum*)이라고 부른다. 이 경우, 말씀하시는 자나 그의 말씀은 검증받지 않는다. 족장들과 예언자들은 하나님께서 그들에게 주신 환상을 검증하도록 명령을 받지 않았다. 왜냐하면 하나님께서 그들에게 몸소 말씀하실 때, 하나님은 말씀하시는 이가 하나님이심을 자명하게 하셨기 때문이다. 오직 말씀하시는 이가 하나님 자신이실 때, 우리는 이 안에서 결코 속임당하지 않는다. 천사들도 그 어떤 인간도 하나님을 거짓으로 모방할 수 없다.

6. 오늘날의 예언은 성경의 예언들과 어떻게 다른가?

반론 성경의 정경이 완성된 이후로 앞으로 도래할 일에 대해 예언한 사람들이 존재했고 그 일들은 예언대로 성취되었다. 마치 이사야, 엘리야, 그리고 다른 예언자들의 예언이 성취되었듯이 말이다. 그렇다면 비록 성경에 기록되지는 않았으나 이들이 성령을 소유한 상태에서 말한 무엇인가는 믿음의 대상이 아닌가? 비록 성경의 한 말씀도 그것에 동조하지 않는다 하더라도 말이다.

답 1) (내가 고백하는 바로는) 그들은 일종의 예언의 영을 소유할 수 있었다고 믿는다. 그러나 우선적으로 그들은 거룩하고 온전한 믿음 안에 있었다. 그들은 다음과 같이 가르쳤다. 즉 공교회는 말씀에 의해 보증되지 않는 그 어떤 것도 믿어서도, 실천해서도 안 된다. 따라서 우리는 영이나 예언을 자랑하고 말씀을 거절하는 자들을 믿어서는 안 되는 것이다.

2) 상기한 하나님의 사람들이 예언한 것이 한 사람의 특정한 사실에 관한 것인 경우가 있다. 일례로 그가 어떠한 죽음을 죽을 것인가에 관하여, 혹은 한 국가나 한 특정인이 영원히 구원받을 것 등에 관한 예언이다. 반면 어떤 체계화된 믿음의 교리(*dogma fidei*)에 관한 것이나 혹은 공교회가 세상 끝 날까지 믿도록―마치 모든 성경의 진리들이 그런 것처럼― 의무를 지우는 진리들에 관한 예언이 아닌 경우에, 우리는 이처럼 각 개별적인 정황 안에서 주어지는 예언들을 [공교회의] 신앙의 대상으로 삼아야 하고 그렇지 않을 경우 하나님께 죄를 범하는 위험을(*sub periculo peccati*) 감수해야 하는 것이라는 생각에 대해서는 의심해 보아야 한다. 필자의 판단으로는 이러한 경우, 우리는 [체계적 교리를 믿는 것과 같은 종류의] 믿음을 유보하는 것도 죄를 짓는 것이 아니며, 여전히 예언하는 자들을 얼마든지 사랑할 수 있다고 판단한다.

3) 만일 특정인과 관련한 특정한 사실들에 관한 예언이라 할지라도 ―일례로 아합의 죽음이나 요시아의 탄생에 관한 예언― 그것들이 사실에 관한 것일 뿐만 아니라 (마치 그리스도를 십자가에 못 박는 것이 기정의 사실이듯이) 이 사건들이 역사적, 도덕적, 그리고 하나님의 교의적 교훈을 포함하도록 성령님께서 의도하신 경우라면, 전체 공교회는 그 내용을 반드시 믿어야만 한다. 우리를 교훈하기 위해 하나님에 의해 기록되었거나 말씀으로 주어진 것들

에 대해서는 하나님께서 주시는 믿음의 확실성을 가지고 그렇게 해야 한다. 만일 믿지 않는다면 그것은 죄이다.

7. 경건한 자들이 하나님과 가까이 있을 때 그들에게 주어지는 계시들(140,141)

질문 #2 고백자들이 하나님과 매우 가까이 있을 때 그들에게 계시된 진리들에 대해 우리는 무엇을 평가해야 하는가? 또한 주님께서 그들의 영혼에게 주님 자신을 충만한 현현하심 가운데 밝히 비추셨을 때—특히 특정한 사실들 안에서— 우리가 분별하여 판단할 것은 무엇인가?

답 계시들 사이에는 매우 폭넓은 차이가 존재한다. 즉 무엇이 정당한 계시이고 무엇이 정당하지 않은 계시인가 사이에 차이가 존재하고, 무엇이 말씀에 부합하며 무엇이 말씀에 부합하지 않는가, 사이에 큰 차이가 존재한다. 또한 법적으로(in jure) 선한 것이 무엇이냐는 것과 실제로(in facto) 발생하는 것과 발생하지 않는 것이 무엇인가의 사이에 존재하는 차이점이 있다. 전자에 해당하는 계시의 경우, 성경으로부터 무엇을 취하든지, 그것의 고유한 완전성은 과연 무엇이 선하고 정의로운 것이고 무엇이 그렇지 않은 것인지를 보여주는 데 있다. 따라서 이제 어떤 계시가 우리로 하여금 높은 권세에 대하여 불순종하도록 하고 살인하도록 이끈다고 말하는 것은 말씀에 대해—특히 제1계명과 제2계명 그리고 제6계명에 대해— 부당한 잘못을 범하는 것이다. 한편, 후자의 경우 하나님께서는 시간과 영원과 관련하여 아무런 편견이 없는 상태에서 무엇이든 하나님의 영광에 가까이 근접한 때, 그분 자신의 사람들을 인도하여 그들로 하여금 미래의 일에 대해 말하게 하신다. 그러나 이것은 우리의 일반적 규칙에 속한 것이 아니다. 결국 이러한 맥락에서 볼 때, 다음과 같은 주장은 무효화된다. "내가 하나님께 가장 가까이 있고, 하나님은 그분 자신을 충만하게 현현하셨을 때, 내 영혼 안에서 강력하게 탄생한 것[계시]은 정당하고도 확실하게 일어날 일이다. 따라서 이러한 방식은 그 자체로 옳은 것이거나, 혹은 앞으로 확실히 도래할 일을 말해주는 것이다."

이렇게 말할 수 없는 이유는 다음과 같다. 첫째, 이것은 성경의 완전성에 부당한 잘못을 범하는 것이다. 둘째, 우리의 정서 안에는 정당하지 못한 논리가 자리 잡고 있다. 이곳에서 하나님과 자연은 일종의 원칙 없는 능력에 자리를 내주는 셈이 된다. 우리는 종종 우리가 실제로 하나님의 환상을 보았기 때문이 아니라 우리가 무엇인가를 사랑하는 것 때문에 예언을 행한다. 셋째, 만일 앞에서 소개한 원칙대로라면 베드로는 다음과 같이 추론할 수 있었을 것이다. "나는 [변화산에서 주님께서] 변형되셨을 때, 천국의 영광을 보았다. 또한 높은 집에서 주님과 함께 있었던 모세와 엘리아를 보았다. 이것은 나의 영혼 안에서 강력하게 생겨난 것[계시]이었다. 우리가 이곳에 머무는 것이 좋으니 세 개의 장막을 짓도록 하자. 결국 이것은 사실인 이상, 우리가 이곳에 머무는 것은 우리에게 선한 일인 것이다."

그러나 이러한 결론은 하나의 몽상이다. 만일 이들 제자들이 이곳에서 영원히 머물렀다면, 누가 복음의 증거자로서 복음을 설교하고 복음을 위해 고통을 받았겠는가? 또한 누가 정경을 기록할 수 있었겠는가? 또한 그들이 영광을 입은 전체 몸으로부터 분리되어 나와 그 산꼭대기에서 단지 여섯 명만으로 구성된 교회, 곧 영원한 영광 속에 거하는 교회를 따로 세웠다면 일이 어떻게 되었겠는가? 게다가 마가복음 9장 6절을 보라. 베드로는 자신이 무슨 말을 하는지 참으로 알지 못했다(οὐ γὰρ ᾔδει). 그는 영광에 취해 있었던 것이다. 그리고 제자들은 예언을 한 것이 아니라 잠을 자고 있었다 (눅 9:32). 요컨대 그들은 천국에 있었지만, 여전히 죄의 몸을 입고 있었고, 성경의 빛에 의해 인도함을 받은 것이 아니었다. (마치 마태복음 16장 21-22절에서 베드로가 좋은 말로 예언한 것—곧 그리스도께서 [고난과 죽음을 당하지 않고] 베드로 자신과 모든 제자들과 함께 머물 것이라는 예언—이 고난과 죽음의 복음과 대조를 이루었던 실례와 유사한 경우이다).

우리는 비틀거리고 죄를 범한다. 왜냐하면 현재 하나님과 가까이 있다는 사실과 영혼 안에서 떠오르는 사물들 사이에는 그 어떠한 연관 관계가 존재하지 않을 수 있기 때문이다. 혹시 연관된 경우라도 그것은 단지 우연적으로 부합하는 것일 수도 있다. 따라서 누군가 기도하는 중에 하나님과 달콤하게 접촉한다는 면에서 하나님께 가까이 근접했다고 말할 수 있다. 그럼에도 그가 조건적으로 간구하는 개인적인 기도의 제목이 결코 허락되지 않을 수도 있다. 하나님께서는 당신의 청을 거절하시지만, 당신은 분명 구원을 받고, 하나님은 그분의 충족한 은혜 속에서 더욱 영광을 받으실 수도 있는 것이다. 고린도후서 12장 9절의 실례가 이 사실을 분명히 보여 준다. [사사기 20장에서 이스라엘 사람들이 보여준] 슬픔과 간절한 열망은 이스라엘로 하여금 그들이 금식한 것에 대한 기도 응답으로 인해, 이제 그들은 베냐민 자손들에 대해 승리를 얻게 될 것이라고 말하고 생각했음을 암시해 준다. 그러나 그들은 스스로 속은 것이었다.

이제 인간의 마음은 침묵하고 하나님께서 말씀하시도록 하라. 하나님께 가까이 나갈 때 우리의 시각은 눈부심으로 인해 보지 못하고 오히려 달빛으로 우리의 표를 삼을 수 있다. 이제 기도하는 자유는 신실한 행위를 실천함으로 종결되고 우리는 이제 우리가 구하는 특정한 것을 얻게 되었다고 생각한다. 비록 앞서는 것은 천국과도 같은 사실이나 뒤따르는 결론은 어리석고 어둠에 해당하는 경우가 있다. 일례로 요한계시록 19장과 22장에 기록된 사도 요한의 경우를 보라. 그는 하늘이 열리는 것을 보았고, 흰 말과 그 위에 탄 자를 주목하여 보았다. 또한 허다한 무리의 음성으로 "할렐루야"라고 외치는 소리를 들었다. 또한 생명수의 깨끗한 강물과 생명나무와 보좌와 그 위에 앉으신 이, 등을 보았다. 그러나 요한은 이로부터 자기가 무엇을 해야 할지 잘못 추론하였다. 그 결과 한낱 피조물에 불과한 천사 앞에 엎드려 그를 경배하였던 것이다.

우리를 인도함에 있어 영광의 빛보다도 더욱 확실한 샛별, 곧 성경의 빛을 거절하며 말하는 모든 자들은 성령을 헛되이 자랑하는 자들이다. 영광의 빛은 우리로 하여금 최종 목표를 보고 향유하게 함으로써 우리의 행복을 온전하게 만든다. 그러나 우리를 그 최종적인 목표로 이끄는 교훈과 수단이 되지는 못한다. 도성 안에 있는 촛불과 햇빛은 그 성의 밖으로 나와 우리의 길을 인도하지 않는다. 곧 예루살렘과 새 도성 안에 있는 빛들과 횃불은 우리를 이 도성으로 향해 가는 길로 안내해 주지는 않는다.

8. 영적인 성질의 표지들(142-145)

1) 영적인 사람은 모든 것을 말씀에 의해 판단한다. 이 면에서 사무엘은 단 한 번의 오점을 남겼고, 터툴리안(Tertullian) 역시 몬타누스(Montanus)와 관련하여 오점을 남겼다. 뛰어난 교부들 가운데에도 몇몇은 그들의 경건에도 불구하고 플라톤의 연옥에 의해 판단력이 어두워졌고, 그들 중 일부는 성인들에게 기도를 드렸으나 그들에게 응답한 존재가 비록 영일지라도 몇 가지 특정한 오류들이 존재한다는 지점에서는 그들이 과연 누구인지 의심스럽다. 특히 하나님에 관한 문제에서 우리의 판단이 부패하고 건전하지 못한 경우, 마치 사과의 일부가 썩었을 때, 그것이 전체를 썩게 만드는 것처럼, 지성에서 시작된 부패는 곧이어 마음으로 내려가게 된다. 과연 경건한 이단이라는 것이 존재하는지에 관해서는 필자는 알 수 없다.

2) 고통 받고 상처 입은 [교회의] 구성원들 가운데는 신앙생활의 길을 걷는 동안 양심을 찌르고 깊이 파내는 가책으로 인해 실제적인 고통과 피 흘리는 아픔을 누구나 경험할 수 있다. 이것은

신자들 안에서 일어나는 일이다. 한편으로는 육신으로부터의 반대와 저항을 받고, 다른 한편으로는 성령님께서 일으키시는 저항으로 인해, 영적이고 새로운 [속]사람은 고통을 느낀다. 이는 성령께서 그의 안에 계시다는 사실을 말해준다. 로마서 7장 15-16절, 23-24절을 보라. 마치 타는 불에 물을 부었을 때, 물이 말하기를 "여기에 불이 있다" 외치는 것과 같은 이치다. 이런 맥락에서 볼 때, 과연 우리 안에 영적인 의무들에 대한 저항감이 있지는 않은지 점검해 보는 것이 좋을 것이다. 또한 우리 안에 있는 여러 종류의 기쁨들이 과연 어떤 것인지 점검해야 할 것이다. 한편으로는 말 그대로 은사의 용이함이 주는 기쁨이 존재한다. 또한 구체적인 이윤과 영광이 주는 기쁨이 있다. 또한 직임과 소명 자체에서 비롯된 기쁨이 존재한다. 이는 다 외적인 요소로부터 차용된 기쁨이다. 다른 한편으로는 하나님을 공경하는 내적인 달콤함으로부터 기원하는 기쁨이 존재한다. 신앙의 길에서 고통을 당하고 아픔을 느끼며 걷는 것은 이미 그 자체로 생명이 있는 걸음을 걷고 있음을 보여주는 일종의 표지이다.

3) 아가서 2장에서 개별 영혼이 그리스도께서 출입하시는 것을 비롯하여 그의 모든 움직임을 정확하게 알고 진술할 수 있는 것은 곧 교회 안에 있는 영적 성향에 해당한다. 그리스도께서는 마치 우리 영혼의 품 가운데 "몰약 향주머니"와 같은 존재로 밤새 누워 계신다(아 1:13). 아가서 1장 4절과 2장 4절을 보라. 왕이 당신을 그의 집, 곧 새 포도주의 집으로 이끌어 들이신다. 이때 그분

은 이렇게 말씀한다. "나의 사랑하는 자가 내게 말하여 이르기를 나의 사랑, 내 어여쁜 자야 일어나서 함께 가자"(아 2:8, 10). 그가 문을 두드리실 때 여러분은 그가 문을 두드리고 계심을 알아차리는가? 또한 "나의 누이여, 나에게 문을 열어다오"라고 말씀하는 그의 목소리를 구분하는가? 그리고 그가 어디에 있는지 알고 있는가? 아가서 2장 8절을 보라. "보라 그가 산에서 달리고 작은 산을 빨리 넘어오는구나." 여러분은 옛 교회를 향한 그의 경륜 속에서 지금 그가 어디에 계시는지 아는가? 아가서 2장 9절을 보라. "보라 그는 우리 벽 뒤에 서서 창으로 들여다보며 창살 틈으로 엿보는구나." 또한 16절을 보라. "그가 백합화 가운데에서 양 떼를 먹이는구나." 그가 언제 그리고 어떤 방식으로 그의 교회를 안으시는가를 보라. 아가서 2장 6절 "그가 왼팔로 내 머리를 고이고 오른팔로 나를 안는구나." 한편 그가 물러나실 때가 있다(아 5:6). 이때에는 그를 찾을 수가 없다. "내가 그를 찾아도 못 만났고 불러도 응답이 없었노라"(아 5:6, 3:1-2). 그를 찾는 것이 얼마나 어렵고 동시에 그를 발견하는 것이 얼마나 쉬운가?(아 3:1-4). 그분께서 우리 마음 안에서 일으키는 자극은 얼마나 영적인 감동인가? 아가서 5장 4절은 "사랑하는 자가 문틈으로 손을 들이밀매 내 마음이 움직여서"라고 기록한다. 첫째, 이 말씀은 그분께서 계신 곳에는 커다란 영혼의 사랑이 존재한다는 사실을 말한다(아 1:7). 둘째, 만일 그리스도께서 당신의 영혼을 향해 일으키신 마음의 감동을 전부 기술하는 영적인 연대기와 역사를 쓴다면, 이를 위해 당신은 매일 서신들을 작성하여 가지고 있어야 하고, 성령의 일들과 왕의 궁정과 그분께서 당신에게 작성한 것들을 파악하는 훌륭한 지성을 소유해야만 한다. 아가서 5장 1절을 보라. "내 누이, 내 신부야 내가 내 동산에 들어와서 나의 몰약과 향 재료를 거두고 나의 꿀송이와 꿀을 먹고 내 포도주와 내 우유를 마셨으니 나의 친구들아 먹으라 나의 사랑하는 사람들아 많이 마시라." 그런 후에 그리스도께서는 영적인 신자에게 그의 서신을 보내주실 것이다. 그리하여 신자는 (그의 거룩하심에 대한 공경심과 더불어) 그분께서 현재 어디에 계시고, 무엇을 하시며, 우리를 향해 무슨 생각을 하고 계시는지에 관해 설명할 수 있게 되는 것이다. 아, 이러한 사실 알고 있는 자가 얼마나 적은가?

4) 그리스도를 향한 경건한 그리움은 은혜로운 성향임에 틀림없다. 아가서 5장 6절을 보라. "내가 내 사랑하는 자를 위하여 문을 열었으나 그는 벌써 물러갔네." 또한 아가서 3장 1절을 보라. "내가 그를 찾았노라 찾아도 찾아내지 못하였노라." 2절을 보라. "내가 그를 찾으나 만나지 못하였노라." 이들은 단순히 거룩한 방식으로 갈망하는 것에 만족하는 자들이 아니다. 이들은 정말 문자 그대로 그리스도를 향한 그리움에 사무친 자들이다.

5) 이들은 마음에서 안식을 누리지 못하고 침상에서 일어나서 성안을 돌아다니며 마음에 사랑하는 자를 거리에서나 큰 길에서나 찾으리라 하고 사람들에게 이렇게 묻는다. "내 마음으로 사랑하는 자를 너희가 보았느냐?"(아 3:1-3) 이러한 모습은, 우리에

게 요구되는 바, 그토록 영적인 것만으로 보이지 않는다. 아가서 5장 6절을 보라. "내가 내 사랑하는 자를 위하여 문을 열었으나 그는 벌써 물러갔네 그가 말할 때에 내 혼이 나갔구나." 여기서 주인공은 그분께서 문을 두드릴 때 그의 말을 기억한다(2절).

젊은 청년들의 경우 주님을 그리워하며 신속하게 찾지 않을 때, 길고 느슨한 안정감에 빠져버릴 수 있다(삼하 11:1-3; 시 26:1-5). 정말 그렇다. 한편 영적인 사람은 그가 먹든지 무엇을 하든지 모든 계명들에 대하여 성령께서 그의 범사에 역사해 주시기를 간절히 소원한다(잠 3:6; 행 27:35; 고전 10:31; 욥 1:5).

6) 자주 양심의 가책을 느끼는 것(이것은 성령의 사역과 잘 부합하는 것이다. 요 16:9), 특히 가장 영적인 죄들—이를테면 불신앙과 복음에 대한 무지(요 16:9)—에 대한 가책은 일종의 영적인 상태를 증거해 준다. 마치 불이 타오르는 상태가 불의 불됨을 증거하는 것과 같은 이치이다. 불신앙은 다른 육적인 죄들에 비해 더욱 성령에 대해 반하는 죄이다. 곧 성령께서 가장 달콤하게 사역하시는 바, 성령께서 꽃 피우시는 사역의 대척점에 있는 죄인 것이다. 또한 이것은 중보자 그리스도의 사랑을 가장 반대하는 죄이기도 하다. 인류의 타락으로 말미암아 그리스도께서는 우리를 구속하시기 위해 새로운 직분을 소유하시게 되었다(마 1:21; 딤전 1:15; 눅 19:10; 사 61:1-2, 44:6,9).

마찬가지로 성령 또한 새로운 직임을 소유하셨다. 이 직분은 만일 사람이 범죄하지 않았다면 감당하실 필요가 없는 것이었다.

제17장

357

이것은 일종의 중보자의 중보 행위로서 피 뿌림을 적용하는 사역이고, 우리를 그리스도의 보혈의 원천에 담그는 사역이다. 요한복음 16장 14절을 보라. "그가 내 영광을 나타내리니 내 것을 가지고 너희에게 알리시겠음이라." 성령은 보혜사이시고(요 14: 16), 인도자이시며(요 1:13), 증인이시다(요 15:26; 롬 8:15-16). 성령께서는 그의 직임의 성격상 불신자 안에 단지 한 쪽 발만 옮겨 넣으실 수 없다. 성령이 계신 곳에는 부드러운 마음과 책망 받는 마음이 있기 때문이다(삼상 24:5). 정말 그렇다. [성령께서 계시는 곳에서] 양심은 그의 원수를 위해서도 마치 모친의 무덤에서 통곡하듯이 애통할 수 있다(시 35:13-14). 또한 가장 깊은 심연 속에서도 믿음은 더욱 배가된다. 바로 여기서 그리스도께서는 그분 자신이 일반 신자보다 더욱 크신 분임을 증명하셨다(마 26:39; 눅 22:42, 44). 사실 그 어떤 인간도 단지 인간으로서 지옥의 잔을 마시는 것과 천국을 믿는 것 두 가지를 동시에 수행할 수는 없기 때문이다.

7) 의무들은 다음의 요소들을 포함한다. 첫째, 목적이다. 둘째, 의무들 안에서 기뻐하는 것이다. 셋째, 의무를 성공적으로 수행하는 것이다. 첫 번째 요소와 관련하여 되도록 피조물과 자아의 요소가 감소하고 최종적인 목표에 있어 하나님과 관련된 요소가 더욱 증가할수록 의무를 행하는 자는 더욱 자기 부정을 실천하고 더욱 영적인 사람이 된다. 고린도전서 10장 13절과 골로새서 3장 23절에 기록된 바와 같이 더욱 순수하게 주님께 하듯(ὡς τῷ

Κυρίῳ) 실천하는 것이다. 우리가 병들어도 하나님을 위한 것이고, 건강한 것도 하나님을 위한 것이다. 또한 깨어 있으나(시 119: 62, 147, 148) 잠을 잘 때나 우리는 주님을 위한다(시 16:7, 139:18). 그리고 주님에 대해서 살고(벧전 2:23), 살든지 죽든지 다 하나님과 그리스도를 위한 것이다(롬 14:7-8). 심지어 우리가 하나님께 우리의 입을 열어 말씀드릴 때에도(전 5:1-2) 주님께 기도하는 것이고, 설교를 하는 것도 주님을 위해 신부를 준비시키는 것이다(고후 1:14, 4:25). 우리가 하나님을 향해 입을 열 때는 오로지 하나님을 위해서 또한 그의 영광만을 위한다(고전 11:2; 살전 2:19-20).

모든 것을 오직 피조물, 곧 육체를 위해 행하는 자들은 얼마나 비참하며 육적인가?(롬 13:14; 렘 22:15; 사 5:8) 또한 자신을 위해 행하는 자도 마찬가지이다(단 4:30; 히 2:5-6). 사람은 병들고 헐벗을 때, 성령님에 관하여, 또한 하나님을 높이는 말을 많이 한다. 이에 따라 그 사람은 자신의 의지를 넓게 확장시켜 하나님의 영원한 영광을 의지하게 된다. 그리고 자신은 주님의 영광을 부각시키기 위한 발판이 되기를 기꺼이 원한다(출 32:31; 롬 9:3). 의지는 가장 영적이고 능력 있는 기관이다.

아, 사람의 의지가 무한하신 주관자를, 마치 목마름으로 헐떡이며 찾는 것과 같이, 똑바로 바라볼 때, 과연 이것은 주님께서 받으실 만한 예배가 되지 않겠는가? 아, 모든 존재하는 것들, 곧 수없이 많은 세계들과 천사들과 사람들, 그리고 모든 피조물들, 하늘, 땅, 태양, 달, 별, 구름, 공기, 바다, 홍수, 들짐승, 새, 물고기, 빗방울, 우박, 눈, 이슬, 그리고 천사들의 많은 세계들이 모두 그분을 찬양한다면 얼마나 좋겠는가? 그리하여 하나님께서 이러한 행위를 하는 우리의 의지를 수용해 주신다면 얼마나 멋지겠는가? 반면에 우리 의지의 생각이 하나님을 반대하여 멀어지고, 그분을 싫어하며 차라리 하나님이 계시지 않기를 소원한다면 어떻게 되겠는가? 이것이 야말로 영적 성향에 정반대되는 것이 아니고 무엇이겠는가?

9. 의무를 의무로서 행하는 것―자신을 기쁘게 하기 위함이 아니라―은 영적인 성질의 것이다.

1) 두 번째 [의무들 안에서의] 기쁨과 관련하여, 의무를 의무로서, 곧 의무 그 자체를 가치 있는 선으로서(*ut bonum honestum*) 행하는 것-그것이 우리 자신을 기쁘게 하기 때문이라는 공식적 설명에 근거하는 것이 아니라-은 바로 영적 성향에 해당한다. 주야로 하나님의 율법을 기뻐하는 것이 아니라면, 그것은 하나님께 영광을 돌리는 것이 아니다.

2) 우리가 의무를 행할 때, 개인적인 위로를 얻는 것과는 완전히 분리하여 정말 하나님을 위한 의무로서 행한다면 이것은 영적인 것이다. 이럴 때 우리는 고통과 불길 안에서조차 마치 그것이 의무인 것처럼 안식을 누릴 수 있다. 심지어 고통을 감수하는 당사자가 종국에 버림을 받는 경우에도 그렇다. 우리는 너무나 자주 의무에 수반되는 부차적인 선(*bonum secundum*), 곧 "즐거움"으로

우리 자신의 욕구를 충족시킨다. 만일 의무의 거룩함이 주는 달콤함으로 우리의 기쁨을 삼지 않는다면, 또한 하나님을 기쁘시게 하는 것이 주는 아름다움이 우리를 매혹시키지 않는다면, 나머지 모든 즐거움은 우리의 죄이다. 그러나 오직 주님 안에서 우리 자신을 기뻐한다는 것에 대해 우리는 스스로 소외감을 느끼며 이것이 얼마나 힘든 일인지를 발견한다.

10. 성공을 위한 것이 아니라 의무로서 행하는 것이다.

3) 세 번째, 우리는 너무도 자주 의무를 의무로서 행하는 것이 아니라 성공을 목표로 의무를 행한다. 이 경우 우리는 기도하지만 주님은 듣지 않으신다. 우리는 지치고 사람을 책망하지만 그들은 별 신경도 쓰지 않는다. 우리는 다시 지친다. 의무를 행하는 동기는 의무가 아닌 성공 때문이다. 또한 하나님을 높이기 위함이 아니라 자기만족의 기쁨 때문이다. 이것이 우리에게 기쁨을 주는 전부인 것이다.

그러나 시편 35편 13절에서 다윗은 이렇게 말한다. "나는 내 원수들을 위해 기도하고 애통한다(오, 우리도 이렇게 할 수 있으면 얼마나 좋겠는가!)" 그러나 그들은 더욱 악해졌다. 그 결과 "내 기도가 내 품으로 돌아왔도다"라고 말한다. 곧 달콤한 하나님의 평화가 기도의 의무를 행한 열매로서 나의 영혼에 돌아왔고, 이것이 나를 기쁘게 했다는 의미이다. 여기서 우리는 약속된 평화를 고려하는 것이 아니라 의무 그 자체에 주어진 위로를 생각해야만 한다. 시편 119편 165절, 19편 11절, 잠언 3장 21-25절 등을 보라. 의무의 성공에 위로가 주어지는 것이 아니다.

그런데 [한 걸음 더 나아가] 우리는 의무 안에서 우리 자신이 반드시 고요한 평안함을 얻어야만 한다고도 생각하지 않는다. 또한 의무를 둘러싼 유혹에 대해서 싸울 수 있도록 언제나 인내로 무장하고 있어야만 한다고도 생각하지 않는다. 성령께서는 바리새인들을 격노케 할 것을 알면서도, 자주 그리스도와 사도들로 하여금 그들을 향해 설교하도록 하셨다.

따라서 기도의 의무를 행함에 있어서는 "성공"의 유무를 따지지 말아야 한다. 또한 우리는 의무들 안에 과연 "기쁨"의 설탕이 있는지의 여부도 따지지 말아야 한다. 우리는 다음의 사실을 잘 숙지해야 한다. 곧 아브라함이 이삭을 하나님께 바칠 때, 그는 상기한 두 가지 요소들-[곧 성공과 기쁨]-을 모두 가지지 못했다. 세상의 죄를 위해 자신을 하나님께 드리신 우리 주님의 경우도 마찬가지이다. 우리의 이성으로 두 사람 사이의 경중의 차이를 논할 수도 있겠지만, 중요한 것은 양쪽 모두 하나님을 사랑하라는 계명이 동기가 되어 의무를 수행했다는 사실이다.

두 경우 모두 가장 영적인 순종이었다. 특히 여기에서의 의무는 행위와 보상 모두에 해당했기 때문에 이들의 순종 안에는 하나님의 말씀이 더욱 크게 자리 잡고 있었다. 필자가 말하고자 하는 것은 단순한 문자로서의 말씀이 아니라 사랑을 포함하는 말씀이었다는 사실이다. 또한 여기에는 명령하시는 분의 권위가 포함되어 있었다. 앞으로 파악하게 될 아름다움과 순종 안에 존재하는 평화가 포함되어 있었다. 이러한 요소들을 가진 하나님의 말씀이 더욱 풍성할수록 순종은 더욱 영적인 순종이 되는 것이다. 단순한 문자는 당신에게 의무적으로 할 일과 책무가 무엇인지를 보여주고 불순종에 따른 형벌이 무엇인지를 보여준다. 이 모든 것은 문자적인 방식에 해당한다. 이런 측면만을 고려한다면 순종은 영적인 것이 아니다. 그러나 복음적 사랑이 율법의 문자에 첨가될 때, 이것은 영적인 순종을 만들어 낸다.

생명 언약
·
18

1. 새 마음의 본성과 특징 그리고 속성들에 대해서. 또한 언약 백
성에게 주어진 새 영의 본성과 특징, 그리고 속성들에 대하여

질문 우리가 새 마음을 소유했다고 판단해야 할 때는 언제인가? 또
한 그것이 옛 마음이 아니라는 사실을 우리는 언제 아는가?

2. 마음이 곧 인간이다.

답 논제 #1 물리적으로나 도덕적으로 마음은 곧 인간이다. 선한 마
음은 곧 선한 사람이고, 악한 마음은 곧 악한 사람이다. 하나님께서
사람의 무게를 재실 때, 혀의 무게나 양손의 무게, 혹은 겉 사람의
무게를 재시지 않고 마음의 무게를 재신다. 일례로 아사왕의 마음
은 온전했다(대하 15:17). 여호사밧의 마음 또한 온전했다(대하 17:3).

시편 78편 37절에 기록된 자들의 마음은 옳지 않았다. 패역한 마음은 곧 패역한 사람이다(잠 3:32). 사람 안에서 말하는 또 다른 사람이 존재한다. 따라서 마음 안에도 행동하는 또 다른 마음이 존재한다. 이는 마치 인간이 영혼과 몸으로 구성되어 있는 것과도 같다. 이사야 14장 13절에서 바벨론 왕은 이렇게 말하였다. "네가 네 마음에 이르기를 내가 하늘에 올라 내 자리를 높이리라." 이처럼 마음은 사람 안에서 천국으로 행하기도 하고 지옥으로 행하기도 한다(시 14:1; 눅 12:19). 또한 베드로후서 2장 14절을 보라. 그들은 연단된(γεγυμνασμένην) 마음을 가지고 학교에서 부지런히 "탐욕"을 연구하고 독서하느라 바쁘다.

논제 #2 하나님께서 사람을 시험하실 때 주님은 사람의 마음과 양심을 시험하신다. 잠언 15장 11절을 보라. 지옥과 사람의 마음은 하나님 앞에서 밝히 드러난다. 또한 잠언 17장 3절에 대한 테오도레투스(Theodoret)의 주해를 보라. 하나님은 각 사람의 마음속에서 정오의 태양으로 행하신다. 사람은 자신의 외부에 있지만 하나님은 사람의 내부에 계신다(렘 17:9).[36] 사람은 자신의 마음과 양심을 탐색하지 않는다. 왜냐하면 사람의 마음속에는 악을 도모하고 악으로 기우는 성향이 있으나 마음은 이것을 알지 못하기 때문이다(왕상 8:12-13). 마태복음 26장 33절을 보라. 베드로는 그 자신의 마음의 책 안에서는 다른 모든 이들보다 더 훌륭한 마음을 가졌다고 생

36] Augustine, *Confession*, 10. cap.27. "*intus tu eras et ego foris*" (당신은 [내] 안에 계셨고 저는 밖에 있었나이다)

각했다. 그러나 이것은 사실이 아니었다.

3. 선한 마음

논제 #3 그리스도의 보혈(곧 모든 황소와 염소의 피보다 뛰어난 보혈)에 의해 죽은 행실로부터 깨끗함을 받은(히 9:14) 깨끗한 마음은 헛된 생각을 하지 않는다(렘 4:14). 또한 믿음에 의해 정결하게 되었다(행 15:14). 이러한 마음이 곧 선한 마음이다. 이것은 하나님이 첫 번째로 창조하신 마음(엡 4:24; 골 3:10)보다 하나님의 마음에 부합하는 더 나은 마음이며(왕상 15:5), 하나님으로부터 벗어나지 않고, 주님께서 찾고 구하시는 마음이다(삼상 13:14). 아, 참으로 안타깝게도 우리는 좋은 지도자를 찾고, 우리가 아플 때는 좋은 의사를 구하며, 우리가 거주할 좋은 집과 (이상한 일이지만) 좋은 말을 구하기 위해 열심을 내지만 좋은 마음을 갖기 위해서는 애쓰지 않는다.

4. 새 마음이 얼마나 값진 하나님의 사역인가?(147)

논제 #4 하나님께서 애초에 창조하신 마음보다 더 나은 마음을 창조하시는 하나님의 탁월한 행위는, 그의 첫 번째 작품을 돌보시는 차원에서 다음과 같이 말씀하신다. 곧 이제는 [새로운] 선한 마음(시 51:10)과 새 마음(겔 36:26)이 매우 필요하게 되었다는 사실이다. 하나님께서는 마치 무로부터 태양을, 진흙과 먼지로부터 아름다운 백합을, 그리고 평범한 찰흙으로부터 사파이어와 홍옥을 창조해 내신 것처럼 매우 놀라운 방식으로 돌 같은 마음으로부터 (은혜는 피조물의 잠재력으로부터 유래되는 것이 아니다) 매우 값진 새 마음을 창조해 내신다. 하나님께서는 하늘의 높고 거룩한 보좌보다(사 57:15) 그가 창조하신 새 마음 안에 거하시길 기뻐하신다. 새 마음은 그리스도의 마음을 사로잡는다(아 4:7,9). 하나님은 이를 얻기 위해 금보다도, 혹은 결국 썩어져 사라질 어떤 것보다도—심지어 "온유하고 안정된 영"(벧전 3:3-4)— 더욱 비싼 값을 지불하신다. 요컨대 새 마음은 하나님의 가장 값진 사역이다.

마치 역대상 29장 18절에서 다윗이 기도한 바와 같이 하나님께서 그의 백성들을 영적인 절기를 따라 보존하시는 것은 그의 탁월한 사역이다. 주님은 그의 백성들의 마음에 믿음으로 말미암아 그리스도께서 거주하실 공간을 마련하시며 사랑의 자리를 마련하여 사랑을 파악할 수 있게 하신다(엡 3:17-18). 사람의 마음에 이러한 것들을 집어넣으시는 분이 바로 하나님이다(스 7:27). 부싯돌로부터 나온 하나의 불꽃이 물에 떨어지거나 젖어있는 나무에 떨어질 때에는 불이 붙지 않는다. 그러나 우리의 천국에 속한 습성 위에 실제적으로 유효한 영향력이 행사될 때-이는 마치 하나님께서 숯불을 던져 넣는 것과 같고, 매우 크고 홍수와 같이 넘쳐나는 사랑을 우리에게 부어 주시는 것과 같다(아 2:5-6; 눅 24:32; 아 6:12)- 영혼 안에서는 가장 강력한 천상의 행위가 일어나게 된다.

한편 하나님께서는 우리의 마음을 주님의 언약을 향해 굽히고 기울게 하신다. 그리하여 우리로 하여금 주님을 거절하지 않고 그에게로 연합케 하신다(렘 32:39-40; 시 119:39; 아 1:4; 시 141:4).

5. 마음을 지배하는 악에 관하여

우리는 다음을 주의해야 한다. 첫째, 마음을 지배하는 악과 부패하고 온전하지 못한 마음을 주의해야 한다(딤전 6:5; 시 119:32). 둘째, 악취를 풍기는 마음을 주의해야 한다. 마치 열린 무덤과 같이 모든 종류의 불의와 악으로부터 뿜어져 나오는 지옥과 둘째 사망의 냄새를 풍기는 마음을 주의해야 한다(시 5:9) 셋째, 치료받지 못한 마음을 주의해야 한다.[37] 이 마음은 결코 의사의 손길을 거치지 못한 마음이다(잠 14:30 "평온한 마음은 육신의 생명이나"). 또한 온전하지 못하고 악취가 나며 부패한 마음이다. (에베소서 4장 29절의 마음을 23절의 말씀과 비교해 보라.) 이러한 마음으로부터 부패한 말이 흘러나온다. 썩고 벌레 먹은 나무가 치료받지 못한 마음을 말해 준다.

한편 우리는 마음의 죽은 상태를 유의해야 한다. 이는 마음의 모든 곁가지들에서 나타날 수 있다.

1) 마음은 마땅히 늘 기뻐해야(시 119:52; 빌 4:40) 함에도, 죽은 마음은 슬픔으로 가득하고 슬픔 안에 완전히 매몰되어 위로를 거절한다. 또한 시편 69편 20절과 시편 42편 11절에서 다윗이 말한 것처럼 불신앙의 중압감으로 가득 찬 상태이다.

2) 매우 큰 고통으로 인해 마음은 심하게 낙심할 수 있다(사 20:3; 요

---

37) "치료하다"는 히브리어로 "라파(רָפָא)"이다. 라틴어로는 "치료하다, 낫게 하다, 고통을 완화시키다"(mederi, curare, mitigare dolorem)등을 의미한다.

14:1). 이로부터 마음은 시들어버린다(시 102:4; 시 27:13, 17:13).

3) 완전히 압도되어 불신앙으로 정신을 잃은 마음이다(시 61:2, 142:3, 143:3-4).

4) 하나님을 섬기는 일에 있어 죽은 상태이다. 그래서 시 119절 37절은 "주의 길에서 나를 살아나게 하소서"라고 말한다. 곧 죽은 상태로부터 살아나게 해 달라는 의미이다.

5) 시편 119편 32절과 81편 10절에 기록된 커지고 넓혀진 마음과 반대되는 마음으로서 하나님께 대해 좁은 마음이다. 영혼이 장애를 만날 때, 마음을 지나치게 좁혀서 괴로움으로 인해 말을 할 수 없는 상태가 된다(시 77:4). 또한 불신앙으로 영혼의 날개는 꺾이고 족쇄에 묶이게 된다. 이는 악한 동료들에 의한 것일 수도 있고 자기가 스스로를 속박한 것일 수도 있다(시 39:1-2).

6) 무신론자의 마음이 존재한다. 이것은 하나님의 본질과 그리스도의 본질과, 복음의 본질을 증오한다. 야고보서 2장 19절과 마태복음 8장 29절을 시편 14편 1절, 에베소서 2장 12절과 비교해 보라. 물론 몇몇 신자의 경우 "나는 그리스도를 떠날 것이다," 혹은 "나는 더 이상 기도하지 않겠다. 왜냐하면 그것은 헛된 일이기 때문이다"라고 말할 수 있다(렘 20:9; 시 73:13-14). 비록 이러한 진술이 무신론자들의 말과 가깝게 들리지만, 그럼에도 이것

은 확고한 결의에 해당하는 것이 아니다. 이런 면에서 다른 종류라고 말할 수 있다.

7) 살아계신 하나님으로부터 떠나 버리는 불신앙의 악한 마음이 존재한다(히 3:12).

8) 악한 계교를 고안하고 밭 갈아 꾀하고 상상하는 마음이 존재한다(잠 6:18).[38] 잠언 3장 29절을 보라. "네 이웃을 해하려고 꾀하지 말라." 또한 호세아 10장 13절을 보라. "너희는 악을 밭 갈아 죄를 거두고"라고 말씀한다. 이러한 계교는 하나님의 백성을 대적하는 것이다(마 27:1; 느 1:11).

9) 교만한 마음이다. 교만한 마음은 하나님을 저항하고, 그리스도가 가지신 낮은 마음, 온유한 마음과 가장 거리가 멀다(마 11:29; 빌 2:5-7). 이 마음은 사탄의 마음과 가장 가깝다(딤전 3:6).

6. 왜 우리는 교만보다 거짓말을 더욱 수치스럽게 생각하는가?

질문 왜 우리는 교만한 마음보다는 정결하지 못한 육욕의 마음을 더욱 수치스럽게 생각하는가?

---

38) 히브리어 "하라쉬(חָרַשׁ)"는 "캐다," "쟁기질하다"의 의미이다.
명사형 "하라쉬(חָרָשׁ)"는 나무나 철을 가지고 일하는 장인을 의미한다.

답 교만한 마음은 더욱 깊은 죄책이다. 또한 사탄의 본성에 좀 더 근접해 있다. 사실상 교만과 불신앙은 하나님을 더욱 비난하고, 그의 보좌를 더욱 침해하는 죄에 해당한다. 그러나 우리 안에는 영보다는 더욱 육의 요소가 많다. 이 때문에 우리는 육적인 더러움이 더욱 짐승적인 요소가 있다고 생각한다.

질문 그러나 우리는 교만보다는 거짓말과 허위와 도적질을 더욱 수치스럽게 여기지 않는가?

답 우리는 하나님 앞에서보다 사람 앞에서 좀 더 수치스러움을 느낀다. 이것은 일종의 육적인 욕구로부터 나오는 것이다. 사람에게 대한 허위와 거짓말은 일반적인 정직함을 범하는 육적인 악에 해당한다. 한편 교만은 좀 더 천사의 죄에 가깝고, 하나님께 더욱 가까운 존재의 죄, 곧 영적인 죄이다. 교만은 일종의 마음과 관련된 이단이다. 이 마음에 의해 우리는 어두워진 눈으로 판단을 한다. 우리가 가진 이성은, 그 지식과 지성적 능력과 권세로, 하늘로 올라 하나님이 계신 방으로까지 도달할 수 있다(창 3:5-6; 사 14:13).

10) 인간의 마음 안에 기만과 스스로를 속이는 것이 존재한다. 이사야 44장 20절을 보라. 이것은 재 위에 뿌려진 우상숭배의 씨앗이다. "허탄한 마음에 미혹되어 자기의 영혼을 구원하지 못하며 나의 오른손에 거짓 것이 있지 아니하냐 하지도 못하느니라." 또한 오바댜서 3절을 보라. 마음은 이 세상에서 가장 큰 거짓말

쟁이로서 이 말을 하기도 하고 반대하는 말을 하기도 한다.

11) 악을 행하는 마음속에는 악한 두려움이 존재한다. 유다서 12절을 보라 "그들은 두려움 없이 스스로 먹으니"라고 기록되어 있다. 또한 사무엘하 1장 14절을 보라. (다윗은 아말렉 인에게 말하였다) "네가 어찌하여 손을 들어 여호와의 기름 부음 받은 자 죽이기를 두려워하지 아니하였느냐?" 반면 경건한 두려움 역시 존재한다. 절기를 지키며, 말을 하면서, 말씀을 들으며, 잠을 잘 때도, 동료들과 더불어 있을 때에도 우리는 항상 [하나님을] 경외함으로 떤다(잠 28:14; 벧전 1:17; 빌 2:12; 요 1:5). 물론 이 모든 것 안에도, 곧 집 안과 집 밖에도 덫이 존재한다.

12) 악하게 돌같이 단단해진 마음이 존재한다. 저주의 말을 듣고도 느슨하게 행하면서 심중에 이르기를 "내게는 평안이 있느니라"고 말한다(신 29:19). 우리는 타락했으나 에브라임의 교만한 마음(사 9:9)은 하나님의 뜻을 무시하며 일어난다. 아시리아의 교만한 마음은 하나님과 같이 강해진다(사 10:12-13). 그 악한 교만함은 주님 앞에서 경건한 슬픔의 말을 헛되이 진술한다(말 3:13-14). 그들의 악한 교만은 그들 자신의 의로움을 의지하며 하나님과 함께 하기를 거절한다(사 46:12-13). 이 헛된 교만함은 자신의 처소에서 감히 하나님을 대항하여 싸운다(출 14:8, 23, 23: 8-13; 사 36:10-11, 36-37). 이들은 마치 바로와 이집트인들이 그랬던 것처럼, 바다가 그들의 것인 양 행동한다.

13) 사람이 하나님과 하나님의 말씀 그리고 그의 능력 있는 행사를 반대편으로 만들 때 그의 마음에는 악한 완악함이 존재한다(출 5:1-3, 7:10,13,16,20,23, 8:5-7,15,17-19; 사 6:9-10; 슥 7:8-9, 11-12; 겔 2:3-4, 3:7-8; 마 13:13-15; 행 13:44-46). 또한 그의 말과 행사로 하나님을 대적한다.

7. 새 마음을 주입하는 행위에서 말씀이 동사(concurrence)하는 것은 신비이다.

14) 마음에 작용하는 죄악된 둔감함이 존재한다. 이로 인해 사람들은 마치 젖 뗀 아이처럼 마음이 둔감하게 되어 계시의 말씀을 아무리 많이 읽혀도 그들에게는 아무 소용이 없게 된다(사 29:9-11). 여기서 우리가 주목해야 할 사실이 있다. 우리는 전능자에게 설교할 수 없고, 그분을 설득하여 세상을 창조하도록 할 수 없다. 또한 우리는 그분을 설득하여 새 마음을 우리 안에 주입시키도록 할 수도 없다. 우리는 늑대에게 설교하여 그를 온유한 양으로 만들 수 없다. 또한 태양을 위협하여 한밤중에 떠오르도록 할 수 없다. 우리는 단지 중생에 관한 말씀을 대언할 수 있을 뿐이다. 농사꾼은 그의 쟁기로 밭을 일굴 뿐, 곡식을 자라나게 하시는 분은 하나님이시다. 사람을 회심시키는 분은 하나님 자신이고 말씀은 도구로 사용될 뿐이다(롬 1:16, 10:14). 그런데 과연 어떤 방식으로 새 마음을 주입하시는 [하나님의] 행위와 말씀이—도덕적이고 설득하는 도구로서— 함께 역사하

제18장

는지를 설명하는 것은 나의 능력을 초월하는 일이다.

15) 잠언 17장 20절에 기록된 굽은(עקש)마음이 존재한다. 이 마음은 사물을 왜곡시키며 이 일을 행하는 데 간교하다.

16) 잠언 26장 23절이 말하는 사악한 마음이 존재한다. 악을 행하는 데 담대한 마음(전 8:11, 17)이며 미련함이 결합된 마음(잠 22:15)이다. 또한 잠언 26장 25절에 기록된 일곱 가지 가증한 것이 포함된 가식하는 마음이다.

8. 마음 안에 존재하는 무신론과 불가능한 것들에 대한 상상들

1) 우리는 마음이 상상하는 것들에 주의를 기울이지 않고, 마음을 구성하고 있는 요소들로 인해 비통해하지 않는다. 우리가 범하는 자범죄는 원죄를 더욱 크게 부풀린다. 마치 두 개의 넘쳐흐르는 물줄기가 서로 만나서 하나의 거대한 강물을 이루는 것과 같은 이치이다.

2) 우리는 마음속에서 새롭게 탄생시키는 것들에 주의를 기울이지 않는다. 여기에는 지성과 공상, 그리고 상상이 함께 일한다. 그 결과 수없이 많은 위조품들과 질그릇들이 생산된다. 마치 토기장이가 진흙을 가지고 다양한 그릇들—많은 종류의 질량, 수효, 모양, 크고 작은 크기, 좁거나 넓고 둥글거나 각진 모양 등—

을 만들고자 고안하는 것처럼, 사람의 마음은 수많은 상상을 만들어내는 틀을 가지고 있다. 창세기 6장 5절과 역대상 28장 9절, 그리고 잠언 28장 9절—"모든 지킬 만한 것 중에 더욱 네 마음을 지키라"—의 말씀들은 모두 상기한 토기장이의 단어들이다. 이 말씀은 성문을 지키는 자들이 성문을 지키듯이(아 3:5), 또한 목자들이 자신의 것들을 도둑맞을 위기로부터 지켜내듯이 지켜야 한다(호 4:11; 삼하 17:6). 에브라임은 어리석은 비둘기 같이 마음을 상실했다(호 7:11). 그러나 우리는 출입구를 잘 지켜서 과연 무엇이 들어오고 무엇이 나가는지를 잘 살펴야 한다. [일례로 다음의 사항들이다.]

무신론적인 생각들

1) 만일 하나님이 존재하지 않으신다면 어떻게 되겠는가?(시 14:1)

2) 만일 하나님께서 보고 계시지 않는다면?(겔 9:9)

3) 만일 사람도 짐승들과 마찬가지로 죽어서 소멸되는 것이라면?(전 3:19)

4) 만일 그리스도와 복음은 없는 것이며 다만-사도행전 18장 14-15절과 25장 11절과 19절에서 갈리오와 베스도가 만들어 낸 질그릇과 같은 사고의 틀과 같이- 모든 것이 결국 말에 관한 문제일 뿐이라면 어떻게 되겠는가?

불가능한 것들에 대한 상상들

한편 불가능한 것들에 대한 상상도 존재한다. 일례로 이사야 14

제18장

375

장 13절을 보라. 바벨론은 다음과 같이 말한다. "내가 하늘에 올라 하나님의 뭇별 위에 내 자리를 높이리라." 또한 오바댜서 4절을 보라. 한편 두로는 이렇게 말한다. "나는 신이라 내가 하나님의 자리에 앉아 있도다."[겔 28:2] 오늘날 새로운 들불처럼 확산되고 있는 것들은 사실상 오래된 이단들이고 바로 이러한 종류의 사상들이다. 이들은 헛된 꿈을 꾸는 자들이고 일곱 마리의 파리한 소들이 일곱 마리의 살진 소들을 잡아먹는 것을 보는 자들이다. 이는 사실상 거짓에 관한 것이다.

9. 새 마음의 표지들

1) 새 마음은 그리스도의 집무실이다. 하나님의 도를 기뻐하는 마음은 새 마음이며 여기에서 율법은 마음속에 각인되고 깊이 새겨진다. 이사야 51장 7절을 보라. "마음에 내 율법이 있는 백성들아, 너희는 내게 들을 지어다"라고 말씀하신다. 또한 시편 40편 8절을 보라. "오 하나님이여 내가 주의 뜻 행하기를 즐기오니 주의 법이 나의 심중에 있나이다"라고 말한다. 물론 마음에서 느끼는 새로운 기쁨들 가운데 새 마음에 속하는 기쁨이 아닌 것들이 존재한다(사 58:2; 요 5:35). 일례로 복음을 복음으로서가 아니라 단순히 좋은 것으로서 기뻐할 수 있다. 또한 그리스도를 자신을 구원할 구세주로서가 아니라 자신에게 양식을 공급하는 선지자로 알고 기뻐할 수도 있다(요 6:26). 이러한 것은 새 마음이 아니다.

2) 새 마음은 온전하게 하나님을 하나님으로서 위하는 일종의 보편적 마음이다. 데살로니가전서 5장 23절과 베드로전서 1장 18[19]절에 기록된 대로 "온 영과 혼과 몸이 흠 없이 보존"되고 "거룩한 행실(ἀναστροφαῖς)과 경건한"(벧후 3:11) 사람이 될 때에 새 마음과 하나님 사이에 온전한 교제가 이루어진다. 아무리 분명하고 아름답게 보여도 반쪽짜리 원이나 반쪽짜리 마차 바퀴는 온전한 원이나 마차 바퀴가 될 수 없다. 외면적인 것들은 다음 몇 가지로 분리될 수 있다. 예배만 드리는 고백자, 술 취한 고백자, 공예배에서 찬양하는 고백자 등이 있을 수 있다. 그러나 개인적으로도 기도하고 믿음을 고백하고 영적 의무를 행하는 신자는 결코 상기한 것처럼 분리될 수 없다. 반쪽짜리 믿음은 믿음이 아니고, 반쪽짜리 사랑은 사랑이 아니다. 구원하는 은혜는 그 본질에서 결코 나눠질 수 없고 분리될 수 없는 것으로 구성되어 있다.

3) 새 마음은 은혜에 의해 확고히 고정되고 확실하게 자리 잡은 마음이다. 그것은 단순히 새롭게 잠깐 반짝이고 지나가는 것이 아니라 완전히 새로운 상태이고 새로운 마음이다. 신명기 5장 27절을 보라. [이스라엘 백성은 모세에게 이렇게 말한다] "우리 하나님 여호와께서 당신에게 이르시는 것을 다 우리에게 전하소서 우리가 듣겠나이다." 그러나 주님은 [28]29절에서 "정말 그들 안에 그와 같은 청종함이 있다면"이라고 말씀하신다. 그러나 그들 안에 이러한 순종은 존재하지 않았다.[39]

4) 사무엘상 10장 9절에 따르면 하나님은 사울에게 또 다른 마음을 주셨다. 이로 볼 때, 변화된 마음은 새 마음이 아니다. 한편 예후에게 주어진 새 영과 새 은사 역시 새 마음이 아니다. "새로움"이 새 마음을 만드는 것이 아니라 하나님께서 새롭게 새겨 넣으시는 것이 새 마음을 만드는 것이다(렘 31:33)

5) 잠언 4장 23절의 표현대로 새 마음은 모든 지킬 만한 것을 전부 지킨다. 마치 파수꾼이 성실함으로 말씀을 정확하게 지키듯이, 또한 목자들이 모든 가축을 항상 지키는 것처럼 새 마음은 주의 말씀을 지킨다(시 119:129). 어떤 이들은 마음을 드려 기도하고 말씀을 듣지만 막상 안식일에는 그렇게 하지 않는다. 또한 양심 안에 폭풍이 몰아치고 있을 때에도 그렇게 하지 않는다. 어떤 친구들과 함께 있을 때에는 말씀이 마음 안에 머물지만, 다른 시간에 다른 친구들과 어울릴 때는 그렇지 못하다.

6) 다음의 변화들이 일어나는 것이 새 마음이다. 곧 모든 정서가 믿음으로 변화되고, 모든 것이 거룩하게 되며, 이성과 열정이 분노와 두려움에서 변화되어 그 전체가 [하나님을] 경외하는 빛을 밝게 비추게 된다. 또한 영혼은 오직 사랑 때문에 병들게 되고, 순수한 마음으로 하나님과 연합한다. 믿음의 본능은 하나님을 최종적이고 유일한 목표로 삼고 온전하게 의지한다.

---

39) 프레스톤 박사(Dr. Preston)의 주해를 보라.

또한 새 마음 안에서 정서들은 더 이상 피조물에 의해 분명하거나 직접적인 영향을 받지 않는다. 마치 아무것도 보이지 않는 듯, 비록 색이 보이나 그 색깔에 의해 영향을 받지 않는다. 오로지 하나님 외에는 어떤 것도 마음을 정하여 추구하지 않는다. 하나님만을 경외하여 섬긴다(마 4:10; 신 10:20). 하나님만을 사모하고(시 73:25), 사랑한다(신 10:12; 아 3:2-3). 영혼은 오로지 그리스도만을 연모함으로 사랑 병을 앓게 된다(아 2:5, 5:8). 또한 오로지 주님만을 신뢰한다(렘 17:5, 7; 시 62:5).

요컨대 하나님 이외에, 오직 그리스도 안에 계신 하나님 이외에는 어떤 것도 선하거나 소망의 대상이 되지 못한다(마 19:17; 아 5:16). 연못에 비췬 태양의 그림자는 진짜 태양이 아니다. 그림자와 같은 피조물의 선을 향해 우리 정서의 맥박이 뛰도록 자극하는 것들은 일시적인 것에 불과하고, 마치 죽어가는 사람의 맥박이 뛰는 것과도 같은 것이다. 고린도전서 7장 29-30절의 말씀대로 일종의 경건한 모순이 존재한다. 곧 사랑하나 사랑하지 않고, 향유하나 향유하지 않으며, 슬퍼하나 슬퍼하지 않는 것이다.

생명 언약

· 19

◆ 1. 복음적 행위가 새 언약 안에서 차지하는 자리
◆ 2. 영광을 소유하는 것과 영광에 대한 권리 사이에는 중요한 차이점이
　　존재한다.
◆ 3. 영광에 대한 이중의 권리
◆ 4. 우리는 행위에 의해 의롭게 되지 않는다.
◆ 5. 행위에 의한 선언적 칭의에 대한 논의(야고보서 2장)
◆ 6. 믿음과 행위는 다르다.
◆ 7. 생명을 소유하는 것과 생명에 대한 권리를 설명함
◆ 8. 율법 안에는 믿음과 최종적 믿음 양자 모두가 명령되었다.
　　복음 안에서는 죄가 아니라 최종적 불신앙만이 차단된다.
◆ 9. 우리의 복음적 행위에 대해 생명은 어떤 방식으로 약속되었는가?

1. 우리가 하나님에 대하여 범하는 오류들

　두 개의 언약들이 가진 조건들, 곧 순종의 행위[행위 언약]와 믿

음[은혜 언약] 사이의 경계를 제거하는 것은 매우 중차대한 문제이다. 지난 천오백 년 동안 선행의 필요성을 말하지 않은 사람은 아무도 없었다. 사도 바울은 로마서 6장 1절에서 율법폐기론자들의 반론을 논박하며 다음과 같은 질문을 제기한다. "그런즉 우리가 무슨 말을 하리요 은혜를 더하게 하려고 죄에 거하겠느냐?" 그들 가운데 일부는 바울이 다음과 같이 가르쳤다고 때때로 주장했다. 곧 우리가 선행을 잘못 사용하기 때문에 선행은 "해롭다"고 바울이 가르쳤다는 것이다(롬 5장). 또한 선행은 칭의에 불필요하기 때문에 바울은 선행에 대해 임의적이고 무관심한 태도를 취했다고 했다. 아, 값없이 베푸시는 은혜에 관한 교리로부터 일종의 독을 추출해 내는 경향성이 우리 안에 있다는 것이 얼마나 개탄할 만한 것인가! 이는 마치 국왕이 용서를 베풀었기 때문에 이에 근거해서 반역을 금하는 법은 아예 존재하지 않는다고 말하기를 원하는 것과 무엇이 다르겠는가?

모든 죄는 사실상 무신론이다. 왜냐하면 율법이 존재하지 않기를 바라는 것은 곧 공의로우시고 거룩하며 변하지 않는 하나님이 존재하시지 않기를 바라는 것이기 때문이다. 또한 우리는 다음 사실을 믿기 힘들어 한다. 우리의 마음속에서부터 일어나는 육적인 이성은 하나님의 첫 번째 섭리에 대해 이의를 제기한다. 도대체 하나님은 왜, 그리고 무슨 필요성 때문에 금단의 열매를 먹지 못하도록 하는 법을 만드셨어야만 했는가? 이로부터 모든 사람의 몰락과 영원한 정죄가 도래할 것이라는 사실을 하나님께서 예지하셨음에도 말이다. 첫째, 하나님이 그와 같은 나무를 창조하지 않으셨다면 더욱 좋았을 것이다. 둘째, 그 나무의 열매를 먹는 것을 애초부터 금지하지 않았더라면 더욱 좋았을 것이다. 셋째, 그 나무의 이름이 "선악을 알게 하는 나무"가 아니었더라면 좋았을 것이다. 왜냐하면 그것 때문에 하와가 속지 않았을 것이기 때문이다. 넷째, 하나님께서 아담에게 자유의지를 주시지 않았더라면 좋았을 것이다. 다섯째, 첫 창조 때부터 하나님께서 아담에게 확정적 [견인의] 은혜를 주셨더라면 좋았을 것이다. 그러나 다음을 보라.

관찰 1) 사탄이 제일 먼저 논쟁거리로 삼은 것은 율법의 형평성에 관한 것이다. 육에 속한 논리를 가지고 창세기 3장 2절에 계시된 거룩한 하나님의 법에 대항하는 논의를 우리의 마음속에서 활성화할 때, 우리는 사탄의 제자들과 도제(徒弟)들이 되어버린다. 이 때 우리는 우리의 마음을 악마적인 생각들과 메시지를 여기저기로 실어 나르는 연락선으로 만든다. 이러한 생각들은 율법의 선함과 섭리의 행위들에 대해 이의를 제기한다.

결국 은혜를 말한다는 것은 마음속에 새겨진 율법, 그리고 정직과 진리의 내재적 원리들, 곧 누구에게도 해를 입히지 않고 하나님께 순종하는 원리 등이 가진 달콤함과 부합하는 것일 뿐만 아니라 (사탄은 처음부터 이러한 내용과 관련하여 논쟁을 일으킨 것에 그치지 않고) 한 걸음 더 나아가 하나님의 모든 심판과 모든 언약들이 가지고 있는 달콤함과도 밀접하게 부합한다. 다윗이 시편 119편 127-28절과 86절에서 "주의 모든 계명들은 신실하니이다"라고 고백한 것을 보라. 또한 사무엘상 12장 7절을 보라. "그런즉 가만히 서 있으라 여호와께서 너희와 너희 조상들에게 행하신 모든 공의로운 일에 대하여 내가 여호와 앞에서 너희와 담론하리라." 이는 그리스도가 보여주신 마음의 태도와도 일치한다. 그리스도는 편견 없이 어느 한 계명뿐만 아니라 하나님께서 명하신 모든 계명들과 친구가 되어 달콤한 교제를 나누시는 마음을 소유하셨다. 마태복음 3장 15절을 보라. "우리가 이와 같이 하여 모든 의를 이루는 것이 합당하니라." 아, 우리의 마음속에서 아무런 다툼이 없이 오직 영혼의 머리를 숙여 하나님을—시간 안에서든지 혹 영원에서든지 그가 행하시고 결정하시는 모든 섭리와 행위들, 혹은 작정들 안에서— 경배한다면 이 얼마나 달콤한 일이겠는가? 그러나 상기한 악한 생각들은 유기작정의 깊은 곳으로부터 다음과 같은 결론을 도출한다. 즉 하나님은 나를 적대하는 증오의 계획을 세우셨다는 생각이다.

2. 복음적 행위가 언약 안에서 차지하는 자리

2) 복음은 사실도 아니고 거짓된 우화와 같은 경륜이라는 주장이 존재한다. 이는 바로 갈레누스(Galaenus)의 정신이 아니겠는가? 일찍이 갈레누스는 하나님께서 본성의 필연성에 따라 피조물을 위한 최선의 것을 위해 일하신다는 사실을 모세가 가르치지 않았다며 모세를 비난했다.[40] 카스티야의 국왕 알폰소(Alphonsus) 10세는 이렇게 말했다. 만일 자신이 창조 때에 하나님의 조언자

---

[40] Galenus, *de usu partium* [인간 신체의 유용성에 관하여, c.165-175]

가 되었다면, 많은 것들이 현재보다 훨씬 더 낮게 정돈되고 더 나은 상태로(*ordinatius & melius*) 창조되었을 것이라고 말이다.[41] 복음을 가리켜 하나의 우화라고 부르는 사람과 성경을 가리켜 어두운 지혜라고 비난하는 자로 하여금 다음 사실을 상기시키도 록 하자.

첫째, 죽은 자는 그저 살덩어리일 뿐이다. 믿음에서 떨어져 나간 연약한 자들은 사탄이 제공해주는 정도와 거짓된 소식들을 먹고 산다. 그 결과 하나님은 시간이 존재하기 이전부터 나를 미워하 셨다고 생각한다. 또한 나를 영원한 파멸로 이끄는 계획을 수행 하고 계시다고 믿는다. 따라서 하나님으로 하여금 내 말이나 기 도를 듣도록 할 권리를 나는 소유하지 못했다고 생각한다. 또한 나는 먹고 잠을 잘 권리도 없다고 생각한다.

둘째, 선행의 필요성은 이미 루터와 아우구스부르크 신앙고백서 제20장에서 확언되었다.[42] 복음적 행위는 반드시 필요하다. 이 필연성은 공로로서가 아니라 하나님의 의지와 명령에 의한 것이 다. 칼빈은 이를 가리켜 우리의 구원을 소유하는 데 열등한 원인

---

41) Alphonsus decimus rex Castellae, "*Melius ordinatiusque singula conderentur,*" Pamphlet printed an. 1647. p.31.[해석은 본문을 참조하라]

42) 루터의 갈라디아서 5장 강해와 그의 저작 "수도원 서약에 관하여 *De Votis Monasticis [1522]*"를 참고하라. 『신학통론 *Loci Communes*』 cap.1.q.3. "선행에 관하여 *de bonis operibus,*" pp.21-22; *Apologia Confessionis Augustanae* [아우구스부르크 신앙고백서 해설(변증), 1530] Art.20: "*docent nostri, quod necesse sit bona opera facere, non ut confidamus per ea gratiam mereri, sed propter voluntatem Dei.*" (우리의 [신앙고백은] 선행을 행해야할 필요성을 가르친다. 이는 그렇게 함으로써 우리가 은혜를 받을만한 가치가 있다는 사실을 신뢰하기 위함이 아니라 우리가 선행을 마땅히 행하는 것은 바 로 하나님의 뜻이기 때문이다), 『일치신조 *Book of Concord*』 lib.6. 666.

에 해당한다고 불렀다. [루터파의 경우] 1568년에 출판된『잠정 협정 *Interim*』을 둘러싼 논쟁이 있었다. 여기서 멜란히톤과 알텐 부르크 회의(Altenburg Colloquy)[43]에 참여했던 비텐베르크의 신학 자들 역시 선행의 필요성에 대해 동의하였다. 반면 플라키우스 일리리쿠스(Matthias Flacius Illyricus)의 추종자들은 이에 동의하지 않았다. 결국『일치신조 *Book of Concord*』의 저자들은 플라키우스 의 입장을 정죄하였다. 물론 구원을 얻는 데 행위의 유효한 필연 성 또한 거절하였다. 그럼에도 행위가 현존해야 할 필연성에 대 해서는 인정하여 결국 구원의 사역이 방해받지 않도록 하였다.

3. 영광을 소유하는 것과 영광에 대한 권리 사이에는 중요한 차이점이 존재한다.

다음의 구분들이 필요하다. 첫 번째 구분으로, 한편으로는 복음 적 영생에 대한 법적인 권한과 권리가 존재한다. 다른 한편으로는 영생을 실제로 소유하는 것이 존재한다.

4. 영광에 대한 이중의 권리

둘째, 이중적인 법적 권한이 존재한다. 하나는 공로에 의해 구입

43] [역자 주] 알텐부르크 회담은 1568년 10월부터 1569년 3월까지 개최된 루터파 내부 의 회담이다. 멜란히톤을 따르는 비텐베르크의 신학자들은 1540년판 "아우구스부르 크 신앙고백서"를 지지했고 예나(Jena)의 신학자들은 이를 반대하였다.

된 권한으로서 대속의 피를 값으로 지불하고 얻은 권리이다. 다른 한편으로는 약속에 의해 주어지는 이차적인 권리가 존재한다. 각각의 약속은 그 자체의 고유한 속성이 아닌 행위의 방식에 따른 권리를 부여한다.

셋째, 생명에 관한 약속은 다음의 두 가지로 구분될 수 있다. 한편으로는 형상적으로 언약적인 생명의 약속이 존재하고, 언약의 결과로서 주어지는 생명의 약속이 존재한다.

넷째, 사물의 선후 관계에 따른 구분이 존재한다. 하나가 다른 하나에 선행하는(antecedent) 것이 있고, 결과로서 후행하는(consequent) 것이 존재한다. 이것은 원인과 결과의 순서에서도 마찬가지이다.

다섯째, 율법적 순종은 복음적 순종과 매우 다르다. 이는 마치 율법적 명령이 복음적 명령과 다른 것과 같은 이치이다.

여섯째, 하나님께서 그의 아들을 보내신 것은 사람을 의롭게 하기 위한 것이지 행위를 의롭게 만들기 위한 것이 아니다. 즉 내재적인 순종을 완벽하게 하거나 하나님 앞에서 그것을 우리의 의로 만들기 위한 것이 아니었다.

5. 우리는 행위에 의해 의롭게 되지 않는다.

주장 #1 새 언약을 그 본질에 따라 엄밀하고 형상적으로 고려할 때, 믿는 신자는 그의 믿음이 약하거나 강하거나의 여부와 무관하게 의롭게 되고 구원을 받는다(요 3:18, 36, 5:24; 행 15:9-11; 롬 3:16, 4:1-5, 5:1). 왜냐하면 믿음은 살아 있는 믿음으로서 의롭게 하는 것이지 그 크기의 대소 여부에 따른 것이 아니기 때문이다. 만일 이것이 사실이 아니라면 오로지 강한 믿음을 소유한 신자만이 의롭게 되고 구원을 받을 것이다. 반면에 그리스도께서는 믿음에 있어 연약한 자들을 위해서 돌아가셨다(롬 14장).

이 주제에 대해서는 [리처드] 십스가 매우 탁월하게 설명하였다.

> 다음의 사실을 알아야 한다. 은혜 언약 안에서 하나님께서 요구하시는 은혜의 진리는 일정한 분량에 해당하는 것이 아니다. 사실 작은 불씨 또한 불이 가지고 있는 온전한 구성요소들을 모두 갖춘 불이다. 우리가 은혜를 바라볼 때, 타오르는 불길 전체로서만 아니라 아주 작은 불씨로서도 볼 줄 알아야만 한다. 모든 사람들이 한결같이 강한 믿음을 소유한 것은 아니다. 그럼에도 그들은 여전히 귀한 믿음을 소유한 것이다. 이 믿음으로 그들은 그리스도의 완전한 의를 붙들고 그것으로 옷을 입는다. 연약한 손이 부요한 보석을 받는다. 몇 개 되지 않는 포도열매가 자신은 가시덤불이 아닌 포도나무임을 보여줄 수 있는 것이다.[44]

천국에는 자신을 어린양으로 평가하는 자들을 위한 공간이 분명히 존재한다. 이 왕국 안에는 믿음에 있어 어린 아기와 같이 약한 자들의 수효가 그리스도 안에서 강하고 나이를 많이 먹은 자들의

---

[44] 리처드 십스(Sibbes), *Bruised Reed* (상한 갈대), 107-108.

수효를 훨씬 능가한다. 이 때문에 성경은 전체 무리를 가리켜 "작은 자들," "어린 아기들," "그의 양들"이라고 부르는 것이다. 이 무리는 [성숙한] 아버지들과 강한 자들의 무리가 아닌 것이다.

주장 #2 믿는 자는 구원을 받을 것이라는 약속에 의해 주어지는 생명에 대한 권리가 존재한다. 약속은 권리를 만들고 의무를 창조해낸다(*Promissio facit jus, & creat debitum*). 경건한 자들은 이생과 앞으로 도래할 것에 관한 약속을 소유한다. 약속이 약속 그 자체로서는 행위와 보상 사이에 존재하는 형평성을 만들어내지 못한다는 사실은 이미 앞서 입증된 사실이다. 이러한 이유에서 볼 때, 여기서 말하는 권리란 고유한 의미에서의 권리가 아니고 의무 또한 엄밀한 의미에서의 의무가 아니다. 이 권리는 값없이 주어지는 선물의 본유적 속성을 제거해 버리지 않는다.

　다음의 논리적 결과는 성립하지 않는다. 아담의 경우, 행위 언약의 조건을 수행하는 것은, 그를 율법의 행위에 의해 의롭게 만든다고 말할 수 있다. 즉 그는 결코 죄인이 아니고, 율법을 성취했기 때문에 영생에 대한 권리를 소유한다고 말할 수 있는 것이다. [그러나 이것을 은혜 언약에는 적용할 수 없다] 따라서 우리가 끝까지 믿고, 끝까지 은혜 언약의 조건을 성취하는 것 역시 신자를 의롭게 한다고 말할 수는 없다. 즉 복음적인 행위에 의하여 신자는 더 이상 죄인이 아니라 은혜 언약의 조건을 완벽하게 성취한 자가 되고, 바로 이러한 행위에 의해 영생에 대한 정당한 권리를 소유하는 자가 되는 것이 아니라는 의미이다. 만일 그렇다고 한다면 다음의 사실들이 확실히 뒤따르게 된다.

첫째, 우리가 행하는 복음적인 행위는 어떠한 대속의 보혈의 값을 치르지 않고서도 우리로 하여금 영생에 대한 권리를 수여해야만 한다. 마치 율법을 행하는 것이 영생에 대한 권리를 부여하는 것과 같은 이치이다.

둘째, 우리가 끔찍한 범죄, 곧 간음, 부모 살해, 강도질과 같은 죄에 빠질 때에도, 우리는 여전히 행위에 의해 주어지는 칭의와 복음적 행위에 의해 주어지는 영생에 대한 권리를 소유할 수 있다. 다음 사실을 가정해 보라. 만약 그가 일평생 강도로서 살다가 회개만 한다면, 그는 마치 율법을 완벽하게 성취한 아담과 같은 상태가 되는 것이다. 요컨대 믿는 것이 은혜 언약의 조건이라는 사실은 분명하다. 그럼에도 이것은 율법을 완전하게 행한다는 것과는 완전히 다른 성격이다. 곧 전체 율법을 끝까지, 그리고 중단 없이, 온 마음과 혼과 지성과 힘을 다하여, 생각과 말과 행동 모두에 있어 성취한다는 조건으로서의 온전한 행위와 다르다는 것이다. 후자에서는 죄가 개입되지 않는다. 따라서 처벌하는 정의나 진노의 자리가 존재하지 않는다. 반면에 믿는 자들의 경우는 죄를 범하지 않는 자가 없고 따라서 영원한 진노를 받아 마땅하다. 행위 언약에 의하여서 사람은 영생을 자격으로 받는다. 그러나 은혜 언약에 의해서는 그럴 수 없다. 왜냐하면 그리스도의 공로에 의해 사람은 영생을 얻기 때문이다.

답 1) 우리가 여기서 다루는 것은, 신자가 소위 복음적인 행위에 의해 칭의와 생명에 대해 소유하는 권리에 관한 것이다. 특히 이 권리를 그리스도의 공로와 대조적으로 구분되는 권리로서 말하는 것에 관해 다룬다. 이러한 견해는 다음과 같이 말한다. 한 사람이 복음적 행위에 의해 의롭다 함을 받는 것은 하나님께서 그와 같이 약속을 하셨기 때문이고, 또한 이 약속에 의해 그와 같은 법적 권한과 권리를 만들어 주셨기 때문이다. 이런 맥락에서 볼 때, 만일 그리스도의 공로가 복음적 행위에 첨가된다면 그것은 복음적 행위로 하여금 자격을 갖추도록 만든다. 즉 그것이 가지고 있는 것에 가치를 부여하여 결국 복음적 행위도 율법을 행하는 것과 같은 성격을 갖게 된다. 그렇게 되면 그리스도의 공로가 수여하는 영생이란 일종의 공로의 방식으로, 혹은 우리의 복음적 행위가 가지고 있는 타당한 공로에 근거해서 반드시 주어져야만 하는 것이 되고 만다. 이는 교황주의자들이 말하는 것과 동일한 것이다. 결국 그리스도는 우리를 우리 자신의 구원자요 구속주로 만든 셈이 되고 만다. 또한 여기서 말하는바 영생에 대해 우리가 소유하는 권리는 타당한 공로에서 비롯되는 것으로서 (*ex condigno*), 이것은 마치 아담이 그의 온전한 율법적 순종에 의해 소유할 수 있었던 권리 이상의 것이라고 말하는 셈이 된다.

2) 상기한 견해에 따르면 믿음을 명령하는 은혜 언약은 행위의 법이 행하는 모든 것들을 명령한다. 다만 그것을 복음적인 방식으로 명하여 그것들이 신실하게 수행될 것을 명령한다. 따라서 은혜 언약 역시 율법이 금지하는 모든 죄들을 반드시 금해야 한다.

그런데 율법이 금하는 것은 다만 불신앙, 곧 최종적인 불신앙뿐만 아니라 육체의 모든 행위들까지 포함한다. 또한 그리스도께서 오신 것은 율법을 풀어주거나(λύειν) 혹은 폐하시기 위함이어야 하는데—그리스도께서는 마태복음 5장에서 이를 부정하신다—그 이유는, 만일 은혜 언약이 정죄하는 것이 오로지 최후의 불신앙뿐이라고 한다면 그리스도께서는 이 언약 안에서 반드시 율법을 폐하셔야만 하기 때문이다. 하지만 그리스도는 다음과 같이 말씀하신다. "누구든지 이 계명 중의 지극히 작은 것 하나라도 버리고 또 그같이 사람을 가르치는 자는 천국에서 지극히 작다 일컬음을 받을 것이다."

그러나 영생에 대한 또 다른 종류의 법적 권한과 권리가 존재한다. 바로 이것에 의해 그리스도의 죽으심은 율법을 만족시키셨고, 우리의 죄를 속죄하셨다. 또한 그의 수동적 순종, 곧 그의 수난에 의거해서 그리스도의 죽으심은, 우리가 우리의 악행으로 하나님의 영광을 탈취했던 것만큼, 아니 그보다 더욱 큰 영광을 회복하여 하나님께 돌리셨다. 그리고 그의 공로에 의해 얻은 것으로서 우리에게 영생을 수여하였다. 만일 누군가 요한계시록 22장 14절[45]에 근거하여, 우리가 생명나무에 대한 "권세"(ἐξουσία)와 권리를 소유하는 것은 우리가 계명들을 복음적으로 지킨 것에 의한 것이라고 주장한다면 이것은 본문을 오용하는 것이다.

#1. 이렇게 말하는 사람은 우리는 생명과 그리스도에 대한 권리

45] [계 22:14 "자기 두루마기를 빠는 자들은 복이 있으니 이는 그들이 생명나무에 나아가며 문들을 통하여 성에 들어갈 권세를 받으려 함이로다"]

제19장

를 소유하기 전에, 곧 믿음을 갖기 이전에 먼저 복음적으로 계명을 지킨다고 말할 수 있어야만 한다.

#2. 또한 이들은 우리가 그리스도의 권리 혹은 그리스도의 공로를 행위에 의해, 곧 복음적 행위에 의해 공로적으로 획득하는 것이라고 말해야 한다. 다시 말해 우리는 그리스도와 그의 공로에 대한 권리를 구입한다는 것이다. 이는 결국 그리스도는 그의 죽으심의 공로에 근거하여 우리에게 영생에 대한 법적 권한과 권리 그리고 소유권을 주신 것이 아님을 의미한다. 또한 그의 죽으심에 의해 우리가 그의 계명을 지킬 수 있는 은혜와 은혜로운 권리를 소유한 것이 아니라, 오히려 우리 자신이 그의 계명을 행함에 의해, 천국에 대한 권리를 땀 흘려 획득한 것이라고 말하는 것이다. 다시 말해, 우리는 행위에 의해 구속의 값어치를 마땅히 얻는 것이며, 우리가 그리스도를 우리의 소유로 삼는 것 역시 우리의 공로적 행위에 의거한 것이라고 말하는 것이다.

그러나 실상은 그 반대이다. 오로지 그리스도 홀로 은혜와 영광과 천국에 대한 모든 소유권을 공로적으로 얻어 우리에게 수여하신 것이다. 물론 그리스도와 같이 고귀하고 탁월한 존재가, 그의 보혈, 곧 하나님의 피 값에 의해 친히 사신 것으로부터 기원한 [영원한] 생명에 대한 권리는(행 20:28) 우리의 의무와 최선의 행위로부터 얻을 수 있는 영속적인 삶이나 소유권보다 훨씬 나은 것이라는 사실은 말할 필요조차 없다.

후자의 경우는 죄로 인해 오염된 것이다. 비록 우리가 복음적으로 수행하는 행위라고 할지라도 고린도전서 4장 4절에 기록된 [바울의] 고백을 할 수 있을 따름이다. "내가 자책할 아무것도 깨닫지 못하나 이로 말미암아 의롭다 함을 얻지 못하노라." 왜냐하면 그리스도가 오시기 전 다윗이 받은 축복을 담아 내었던 의, 그리고 율법 이전에 아브라함이 소유했던 의, 그리고 우리가 복음 안에서 소유하는 의는 한결같이 죄악을 용서하는 것과 죄를 덮어주는 것, 그리고 죄를 전가하지 않는 것 안에서 발견되는 의에 해당하기 때문이다(롬 4:1-7).

그런데 성경의 모든 곳에서 우리의 죄가 사함 받고, 우리에게 전가되지 않는 것이 우리 자신에 의해 수행된 가장 복음적인 행위에 의거한다고 말하는 곳은 단 한 구절도 없다. 로마서 3장 24절은 이렇게 말한다. 우리는 "그리스도 예수 안에 있는 속량으로 말미암아 하나님의 은혜로 값없이 의롭다 하심을 얻은 자 되었느니라." 우리 안에 있는 무엇인가에 의해 이루어진 구속이 아니다. 우리는 그의 피로 말미암아 우리의 죄로부터 깨끗하게 씻김을 받은 것이다(엡 1:7; 골 1:14; 마 26:28; 계 1:5). 또한 우리의 복음적 행위가 아니라 그의 고난으로 말미암아 그렇게 된 것이다.

만일 우리의 복음적 행위에 의해 의롭게 되는 것이 가능하다면, 순교자들의 경우는 분명 그들 자신의 피에 의해 의롭게 된다고 말할 수 있을 것이다. 그러나 죄를 용서하는 것과, 씻는 것, 그리고 율법을 만족시키는 것 등이 믿음과 행위 혹은 우리의 복음적 행위 안에서 전혀 발견되지 않는다면 그것들은 우리를 의롭게 할 수도 없고, 그리스도의 보좌를 차지하거나 유지할 수 없다.

물론 다음과 같이 말한다면 어느 정도 잘못이 축소될 수도 있을 것이다. 즉 우리의 [선한] 행위는 단지 "천국에 이르는 길이지 [천국을] 좌우하는 원인은 아니다(via ad regnum, non causa regnandi)"라고 말한다면 말이다.[46] 이와 달리 우리의 행위를 가리켜 그 성격에 있어 완벽하고, 또한 하나님 앞에서 우리를 의롭게 만들고 우리를 구원하는 목적과 규칙에 부합하는 데 완벽하다고 부른다면, 그리스도 안에 있는 모든 이들은 "우리는 아무런 죄가 없다"라고 말할 수 있을 것이다. 그러나 이것은 다음의 성경 구절들에 위배된다. 야고보서 3장 2절, 열왕기상 8장 46절, 전도서 7장 20절, 잠언 20장 9절, 야고보서 2장 10절 등이다. 참으로 단 하나의 계명을 어긴 죄책이 있다는 것은 모든 계명을 범한 것과 같다. 하나님의 시각에서는 모든 육체가 이와 같은 방식으로 의롭다 함을 받아야 한다(시 143:2). 또한 그와 같은 행위가 복음에 온전하게 부합한다고 말할 수도 없다. 왜냐하면 가장 낮은 단계에서 믿는 사람도 복음의 조건을 충족시킨다고 말할 수 있기 때문이다.

그런데 복음이 단지 최소한의 믿음만을 명령한다면, 백부장의 믿음과 가나안 여인의 믿음, 그리고 가장 큰 믿음은 율법 안에서 요구되지 않아야 할 것이다. 은혜 언약의 조건은 행위 언약 안에서 요구될 수 없기 때문에 (그들은 이렇게 말한다) 상기한 [큰] 믿음은-만일 그것이 없으면 은혜 언약을 위반하는 것이고 영원한 저주를 받는 것으로서― 복음 안에서 요구되지 않는다. 만일 이것이 사실이라면

---

46) 여기서 루더포드는 중세신학자 클레르보의 베르나르 Bernard of Clairvaux의 유명한 진술을 인용한다. 원문은 다음과 같다. "Bona opera sunt via ad regnum, non causa regnandi"(선행은 천국에 이르는 길이지 [천국을] 좌우하는 원인은 아니다). [역자 주]

가장 높은 수준의 믿음을 소유하지 못한 이들은 저주를 받아야만 하고, 은혜 언약을 위반 내지 파괴하는 것이 될 것이기 때문이다.

그러나 이것은 전체 복음에 반대되는 것이다. 복음은 연약한 믿음을 소유한 자라도 의롭다 함을 받고 구원을 받는다고 말한다. 그리하여 가장 큰 믿음은 오히려 의지를 경배하는 것이요, 요구된 것 이상의 직무를 수행하는 것이 될 것이다. 그리고 이러한 방식의 생각은 모든 인류의 각 개별자들이 모두 은혜 언약 아래에 있다고 말하기 때문에 결국 다음의 결론이 도출된다. 첫째, 율법 아래에 사는 사람은 아무도 없게 된다. 둘째, 오직 그리스도를 믿은 것 이외에 어떤 율법도 유대인과 기독교인 그리고 그 누구에게도 저주를 수반하는 의무로서 부과되지 않는다.

6. 행위에 의한 선언적 칭의에 대한 논의, 야고보서 2장

1) 믿음과 행위는 다르다.

야고보서가 증명하는 것은 행위에 의해 의롭게 된다는 사실이며 이것을 다음의 의미로 제시한다고 가정해 보자. 즉 믿음과 행위는 모두 [칭의의] 원인으로 함께 작용한다. 다만 믿음이 보다 주요한 원인에 해당할 뿐이다. 만일 이것이 사실이라면, 우리가 행위에 의해 의롭게 된다는 견해를 바울이 그토록 강하게 부정하지 않았을 것이다. 일례로, 베드로와 요한은 함께 기적을 일으켜서 앉은뱅이를 치료했다. 여기서 요한이 기적을 행사하는데 있어 좀 더 큰 영향력을 발휘했다고 가정해보자. 비록 이런 경우라도 우리는 베드로 역시 기적을 일으켰다는 사실을 부정할 수는 없을 것이다.

성경은 우리가 의롭게 되는 데서 주요하게는 믿음에 의해, 부차적으로는 행위에 의한다고 결코 가르치지 않는다. 소위 행위에 의한 구원을 가르치는 것으로 알려진 구절들 가운데 특히 마태복음 25장이 언급된다. 그런데 마태복음 25장은 행위가 원인적 영향력을 소유했다는 사실을 말한다기보다는 행위의 중요성에 관해 이야기하는 것뿐이다. 한편 성경은 소위 첫 번째 칭의와 두 번째 칭의[를 구분하는 것]에 관한 어떠한 암시도 주지 않는다. 또한 칭의에서 우리가 차츰 자라간다는 사실을 암시하지도 않는다. 그리고 칭의의 의미를, 우리가 죽는 날 우리의 죄가 우리에게로 전가되는 것이 아니라는 의미로서 설명하지도 않는다.

로마서 4장에서 제기된 의문은 "과연 아브라함이 할례 전에 수행된 행위에 의해 의롭게 되었는가? 혹은 그렇지 않은가?"라는 문제임에 틀림없다. 로마서 4장에서 아브라함은 아직 믿음을 가진 것으로 간주되지 않았을 때가 있었다. 또한 아직 무할례자로 지냈던 시기가 있었다. 한편 믿음에 의해 의롭다 함을 받는 축복은 그가 할례를 받았을 때와 무할례자로 있을 때 모두에 해당되었다(9절). 곧 아브라함은 의롭다 함을 받았을 때, 믿음과 의로움을 소유하고 있었고, 그리스도 안에 있었으며, 또한 거듭난 상태였다.

어떤 이들은 아브라함이 의식법의 행위를 수행함으로 의롭다 함을 받았다고 생각한다. 그러나 갈라디아서 3장 10절에서 바울은, 여기서 쟁점이 되는 행위가 [의식법이 아니라] 절대적이며 완벽한 도덕법에 해당하는 것이며, 이는 반드시 은혜에 의해 수행되어야만 한다고 진술한다. 만일 사람이, 마태복음 25장에 언급된 바, 가난한 자들에게 구제하는 행위에 의해 의롭게 된다거나, 라합이 정탐꾼을 영접하고 숙소를 제공한 것과 같은 행위에 의해 의롭게 되는 것이라면, 바울이 로마서와 갈라디아서에서 가르친 모든 것—예를 들어 바울, 다윗, 아브라함, 그리고 중생한 모든 자들의 칭의는—은 일종의 예외적 사례가 되어야 할 것이다. 이런 맥락에서 영국의 신학자들은 이렇게 말한다. 성경은 "아브라함이 이삭을 제단에 바칠 때에 행함으로 의롭다 하심을 받은 것이 아니냐"[약 2:21]라는 구절에서 "행함"을 "행함이 있는 믿음"을 의미하는 것으로 결론짓는다는 사실을 우리는 인식해야 한다. 왜냐하면 사도는 21절에서 사용한 "행위"라는 단어를 23절에서는 정확히 "믿음"의 의미로 사용하기 때문이다. "이에 성경에 이른바 아브라함이 하나님을 믿으니 이것을 의로 여기셨다는 말씀이 이루어졌고"라고 사도는 말한다. 곧 (아브라함이 그의 자녀를 제단에 바치는 행위 안에서 의롭다 함을 받은 것은) 성경 말씀이 성취된 것이라는 사실이다. 이는 그의 아들 이삭을 바치는 행위가 그에게 의로 여기심을 받도록 했다는 의미임에 틀림없다. 그런데 23절 텍스트는 문자적으로 하나님을 믿는 아브라함의 "믿음"이 그에게 의로 여기심을 받도록 했음을 명시한다.

그렇다면 그의 아들을 바치는 행위는 다음 두 가지 가운데 하나임에 틀림없다. 첫째, 아들을 바침에 의해 선포된 믿음, 곧 아들을 제물로 바치는 행위에 의해 역사하는 믿음이다. 둘째, [믿음과 행위 두 가지는 서로 독립적으로 구분되는 경우이다] 그런데 만일 이 두 가지가 서로 다른 분리된 것이라면 21절의 말씀은 사실상 다음을 의미해야만 한다. 곧 아브라함은 아들을 제물로 바치는 행위에 의해 "원인적으로"(causatively) 하나님 앞에서 의롭다 함을 받았다. 따라서 23절의 성경말씀, 곧 아브라함은 하나님을 믿음에 의해 "원인적으로" 하나님 앞에서 의롭다 함을 받았다는 말씀이 성취되었다. 그러나 우리는 사도가 이런 식으로—곧 믿음과 행위 두 가지가 모두 우리를 하나님 앞에서 의롭게 만드는 공동의 원인으로 나란히 존재한다는 식으로— 말씀했다고 말할 수 없다. 이는 마치 [앞서 예로 든 것처럼] 베드로가 기적을 일으켰다고 말한 후에, 따라서, 요한이 기적을 일으켰다는 성경이 성취되었다고 말하는 것과 비슷한 논리이다. 이런 맥락에서 21절은 아브라함이 행위에 의해 의롭다 함을 받았다고 말한 후에, 따라서 23절은 아브라함이 믿음으로 말미암아 의롭다 함을 받았다고 결론지을 수 없다는 의미이다.

2) 야고보가 우리에게 말하는 믿음은 참 믿음이 아니다.

　야고보는 야고보서 2장에서 그가 칭의로부터 배제시켜 버린 "믿음"을 소개한다. 한편 바울은 이 "믿음"에 의거하여 로마서 3-4장에서 우리가 행위에 의해 의롭다 함을 받는 것이 결코 아니라는 사실을 강하게 입증한다. 만일 믿음과 행위가 우리를 하나님 앞에서 의롭게 만드는 데 서로 평행하는 원인들로서 함께 작용하는 것이라면 이것은 교황주의자들의 주장과 동일한 것이다. 또한 야고보가 칭의로부터 배제시켜 버린 믿음이라는 것은 사실상 전혀 믿음이 아닌 것이다.[47] 이는 단지 다음의 경우들에 해당할 따름이다.

　첫째, 굶주리고 헐벗은 사람들에게 건네는 좋은 말과 같다. 이런 말들은 배고픔과 헐벗음이 필요로 하는 것과는 전혀 무관한 것들을 제공할 뿐이다. 또한 이는 사람을 구원하지 못한다. 따라서 믿음이 아닌 것이다. 사람을 의롭게 하거나 구원하는 역사를 일으키는 데 아무런 구원의 효력을 발휘할 수 없는 믿음이다. 야고보서 2장 14-15절에서 야고보가 배제시키는 믿음이 바로 이러한 믿음인 것이다. "능히 자기를 구원할 수 없는 믿음"(μὴ δύναται ἡ πίστις σῶσαι αὐτόν)인 것이다. 한편 바울이 로마서 4장과 5장에서 말하는 믿음은 구원하는 믿음이요 마음을 정결케 한다(행 15:9).

둘째, 죽은 믿음은 구원하는 믿음이 아니고 살아 있는 믿음도 아니다. 마치 죽은 시체가 살아 있는 사람이 아닌 것과 마찬가지이다(17절).

셋째, 선행으로 다른 이에게 보일 수 없는 믿음이란, 상기한 경우와 같이, 믿음이 아니다(18절). 왜냐하면 살아 있는 생명의 움직임을 결여하고 있기 때문이다.

넷째, [이러한 믿음은] "믿고 떠는"[19절] 마귀의 믿음이 가지고 있는 성질과 같은 성질의 믿음이다.

다섯째, 행함이 없는 믿음은, 실제로는 죽었으나 마치 살아 있는 믿음인 것처럼 헛되이 고백하는 믿음이다(20절). 이러한 믿음은 선행과 더불어 역사하여 사람을 의롭게 하고 구원하는 데 어떤 효력도 발생하지 못한다. 구원하는 믿음이 가지고 있는 모든 것, 곧 구

---

47) 야고보가 칭의로부터 배제시킨 믿음은 로마서 3장과 갈라디아서 3장에서 바울이 말하고 있는 믿음이 아니다. 야고보가 말하는 믿음은 단지 사생아와 같은 믿음일 뿐이다. 카트라이트(Cartwright)와 폴크 박사가 랜스의 예수회를 논박한 글(야고보서 2장)을 참고하라.

원의 효력을 나타내는 모든 것들은 이와는 정반대의 것들이다.

3) 야고보는 틀림없이 두 종류의 믿음을 말하는 것이다.

　[야고보서] 2장에서 야고보는 두 종류의 믿음을 언급하는데, 원수들이 이것을 혼동시킨다는 사실을 잘 관찰해야 한다.[48] 첫째, [야고보서 2장] 14절부터 20절에 이르기까지 야고보는 실상은 죽었으나 살아 있는 것처럼 위장된 믿음을 제시한다. 이 믿음은 20절에 나오는 "허탄한 사람(ἄνθρωπε κενέ) 안에서 발견되는 믿음이다.

　둘째, 야고보는 우리에게 아브라함의 살아 있는 믿음을 보여 준다. 이 믿음은 그의 행위와 함께 역사했다. 만일 아브라함의 믿음과 그와 같은 속성을 공유한 신자 라합의 믿음을 가리켜 허탄한 위선자들의 믿음이나—이들의 믿음은 단지 듣기에 좋은 말뿐인 믿음이다— 마귀의 믿음과 같은 성격의 믿음이라고 말한다면 이는 매우 악한 오류일 것이다. 로리누스(Lorinus), 에스티우스(Estius), 슈타플레톤(Stapleton), 마보키우스(Mavochius), 그리고 벨라르민(Bellarmine) 등과 같은 교황주의자들이 그러한 오류를 범하는데, 이들은 그것을 [아브라함과 라합의 믿음을] 일종의 위선적이고 죽은 믿음으로 만들어 버린다.[49] 그러나 아브라함의 믿음은 살아 있는 믿음으로서

---

48) Stapleton, *de sola fide justificante*, l. 8. c. 9. "*haec autem fides sine charitate mortua est*" (사랑이 없는 이 믿음은 죽은 것이다)

49) 야고보서 2장은 거짓되고 위선적인 믿음을, 디모데전서 1장은 온전히 의로운 살아있고 진실한 믿음—믿음 그 자체의 능력에 대한 것은 아니다-에 관하여 다룬다. 로리누스의 야고보서 2장 26절 ("영혼 없는 몸이 죽은 것 같이") 주해를 보라. "죽은 사람과의 비교가 아닌 죽은 몸과의 비교이다. 왜냐하면 죽은 사람은 정당한 의미에서 사람이라고 불릴 수 없고 오직 죽은 몸이 정당하게 몸으로 불릴 수 있기 때문이다. 과연

그리스도를 생명력 있게 수용하고 주님을 믿는다. 따라서 이러한 믿음은 의로움으로 간주되는 것이다. 그럼에도 교황주의자들은 이러한 믿음이 그 본성과 본질에 있어 마귀의 믿음과 다르지 않다고 주장하는 것이다.

반면 건전한 신자들 안에서 발견되는 믿음 안에는 경건하게 순복하는 것과 지성을 사로잡아 그리스도에게로 복종토록 하는 것이 존재한다. 이는 말씀하시는 분이 주님이시고, 말씀을 하나님의 말씀

행함이 없는 믿음은 진짜 믿음이 아니라 죽은 믿음인 것이다... 행함이 없는 믿음은 죽은 믿음이라는 것에 만족하지 않고 카예탄(Cajetan)은 성경주해에서 다음을 추가한다. 이는 행함이란 믿음과 동등하게 연결되어 있는 것이기 때문이다." Lorin. Commen. in Jacobi 2.26. 또한 에스티우스의 야고보서 2장 [26절] 주해를 보라. "사도는 죽은 믿음을 죽은 사람과 비교하지 않고 죽은 몸과 비교한다. 따라서 다음의 결론이 도출된다. 즉 죽은 몸이 참으로 그리고 정당하게 몸으로 몸인 것과 마찬가지로 죽은 믿음 또한 참으로 그리고 정당하게 믿음인 것이다." Estius, Commen. [on Jacobi 2:26] *(Jam. 2. seu ficta & hypocrita, 1 Tim. 1. quantum ad perfectae iustitiae vitam & veritatem, non autem quantum ad seipsam sibique propriam virtutem, & c. Lorin. Commen. in Jacobi 2.26. (Sicut enim corpus) non fit comparatio cum homine mortuo; sed cum corpore. Nam homo mortuus non poteft propriè vocari homo; sed corpus mortuum est proprie corpus. Quo etiam pacto fides sine operibus, est vere fides, licet mortua—Nec satis placet quod addit (Caietan in Comment.) fidem sine operibus mortuam, quoniam opera sunt concomitantia fidem. Estius Com. non comparat Apostolus fidem mortuam cum homine mortuo, sed cum corpore mortuo, sicut ergo corpus mortuum vere et proprie corpus est ; ita fides mortua vere et proprie fides est.)*
[역자 주] 루더포드가 인용하는 로마 가톨릭교회의 신학자 로리누스와 에스티우스 모두 토마스 드 비오 카예탄(Thommaso de Vio Cajetan, d.1534)의 야고보서 주해를 인용한다. 카예탄에 따르면 마치 영혼이 육체에 대해 형상인이듯이 행함 혹은 사랑은 믿음의 형상인(*forma fidei*)이다. 결국 믿음을 믿음 되게 하는 것이 바로 사랑(행위)이라는 의미이다. 이와 달리 종교개혁자들은 믿음과 사랑(행위)을 구분했다. 상기한 로마 가톨릭 주해가들에 따르면 야고보서는 형상인을 갖춘 참 믿음과 그것을 결여한 죽은 믿음(이 역시 믿음이다)을 구분한다. 루더포드에 따르면 야고보서에서 말하는 죽은 믿음은 전혀 믿음이 아닌 것이다. 루더포드가 인용하는 에스티우스의 야고보서 2장 26절 주해를 참조하라. Guillielmus Estius, *Commentariorum in epistolas apostolicas*, tomus XI (Lovanii, E Typographia J.P.G Michez,, 1778): 4282-4283. –역자 주]

제19장

으로서 받기 때문이다(고후 10:5; 살전 2:13; 마 22:32). 이것은 마귀의 믿음 안에는 발견되지 않는 요소이다.

또한 신자들이 그리스도를 수용하는 것(요 1:11) 안에는 그리스도 안에서 하나님께 그들의 마음을 의탁하는 신뢰의 안식이 존재한다. 히브리어 '하사'(חסה)는 자기 자신을 숨을 수 있는 장소에 안착시켜 폭풍우와 같은 것으로부터 자신을 안전하게 피신시킨다는 뜻을 갖는다. 다음 구절들을 보라. 시편 2장 12절, 시편 11장 1절, 시편 31장 2절, 신명기 32장 37절, 시편 118장 9절 등이다. 또한 사사기 9장 15절 "와서 내 그늘에 피하라"를 보라. 이것은 마귀 및 위선자의 믿음으로부터 정반대로 구분되는 것이다. 이들은 주님의 진노를 피하여 거할 수 있는 곳이나 숨을 곳을 찾을 수 없기 때문이다.

7. 구원 얻는 믿음의 행위들

첫째, "기댐"(שׁעֵן)은 살아 있는 믿음을 표현하는 단어이다. 사무엘하 1장 6절에서 "사울이 자기 창에 기대고"는 실제로 몸을 기대고 안식하는 행위이다.[50] 일종의 은유법으로 이것은 짐을 주님께 맡겨 버리는 것을 의미한다(사 50:10; 시 55:22). 여기서 막대기를 의미하는 단어가 사용되었기 때문에, 사무엘하 22장 18절과 이사야 3장 1절은 "주님께서 그가 의지하는 모든 양식을 부러뜨리셨다." 이러한

---

[50] 여기서 기댐은 몸을 기대는 것이다. 왕하 5장 18절과 7장 2절을 보라. 주님은 왕이 그의 손으로 의지하는 자에게 대답하셨다. 창세기 18장 4절은 나무 아래에 기대어 쉬라는 의미이다.

[기댐의] 행위는 현재 우리가 수행해야 할 의무나 혹은 오로지 주님만을 신뢰함으로 의지하는 것 이외에는 우리에게 요구되는 어떠한 행함이 없을 때에도 빈번하게 이루어져야 하는 것이다. 이는 마치 홍해 앞에 선 모세와 백성들이 행위가 아니라 오직 하나님만을 의뢰하는 것을 배워야 했던 것과 같다.[51] 이러한 믿음은 마귀나 위선자들의 믿음으로 불릴 수 없는 것이다.

둘째, 이 믿음은 "샤아(שָׁעָה)," 곧 하나님을 기쁨과 확신을 가지고 바라본다(사 17:7). 이는 마치 억압 받는 종들이 하나님을 바라보는 것과 같다(시 123:1-2).[52]

셋째, 이 믿음은 "다맘"(דָּמַם), 곧 아무런 말을 하지 않고, 단지 잠잠히 있고 움직이지 않는다.[53] 여호수아 10장 12-13절을 보라. 태양은 잠잠히 움직이지 않았다. 이것은 경건한 복종을 의미한다. 영혼은 감히 하나님을 거슬러 아무 말도 하지 않는 것이다. 시편 36편 7절을 보라. "주님 안에서, 곧 주의 날개 아래서 안식하나이다." 칠십인경을 보라. "주님께 순복하나이다"(subditus esto Domino). 또한 시편 62편 6절을 보라. 여기서 믿음은 우리에게 주님께 순복하고, 우리의 자리를 지키며, 마치 영혼이 하나님에 대해 잠잠하듯이 진토 속에서 입을 다물고 있다. 레위기 10장 3절, 욥기 1장 21[-22]절, 예

---

51) 대하 14장 11절을 보라. "아사가 그의 하나님 여호와께 부르짖어 이르되... 여호와여 우리를 도우소서 우리가 주를 의지하오니이다."

52) [사 17:7] "샤아(שָׁעָה)"는 기쁨을 가지고 바라본다는 뜻이다. "알(עַל)"과 함께 쓰이면 의지한다는 의미이다.

53) 에스겔 27장 [32절]과 시편 131편 2절을 보라. "다맘"(דָּמַם)은 잠잠함, 침묵 등의 의미이다.

레미야애가 3장 28절, 에스겔 16장 63절 등을 보라. 이것은 위선자들의 모습과는 사뭇 동떨어져 있는 모습이다.

넷째, 믿는다는 것은 "다바크(דָּבַק)," 곧 하나님께 붙어있음을 의미한다.[54] 그 어원에 따르면 사물을 역청이나 접착제로 단단히 붙여버린 것을 의미한다. 시편 63편 9절, 여호수아 23장 8절, 신명기 11장 22절을 보라. 이처럼 우리는 주님과 한 영으로 연합되는 것이다 (고후 3장).

다섯째, 누군가를 확고하게 의지하며 안전에 대한 소망을 가지고 가까이 붙어 따른다는 의미의 "바타(בָּטַח)"라는 단어가 존재한다.[55] 열왕기하 18장 5절을 보라. "네가 이 갈대를 의지하겠느냐?"[21절] 또한 호세아 10장 13절, 시편 13편 6절, 시편 31편 7절을 보라. 신명기 12장 10절은 확신 있게 "너희를 평안히 거주하게 하실 것이라" 말씀한다. 이는 영혼을 전능자의 바위 아래에 두신다는 말씀이다.

여섯째, 믿음은 "찰랄(גָּלַל)," 곧 당신 자신을 하나님께로 굴려버리는 것을 의미한다. 이는 매우 육중한 사물에 해당하는 것으로부터

---

54) "다바크(דָּבַק)"가 칼 형태로 쓰이면 사물들이 서로 연합된 상태를 가리키며 은유적으로 결혼관계의 사랑 안에서 연합을 의미한다. [역자 주] 성경 원어에 대한 루더포드의 개념 설명에 대해서는 발렌틴 쉰들러(Valentin Schindler, d.1604)의 성경 원어 사전 *Lexicon pentaglotton*(1612)과 17세기 중엽에 출판된 윌리엄 로버트슨(Wiiliam Robertson)의 성경 원어 사전(*Thesaurus Linguae Sanctae: Concordantiale Lexicon, Hebraeo-Latino-Biblicum*)을 보라.

55) "바타(בָּטַח)"는 확고하게 의지하는 것을 의미한다. 이곳에는 안전함이 있다. 또한 안전에 대한 확신이 뒤따르며 모든 의심을 대항한다. 확고한 신뢰는 어느 곳에서든 모든 소망을 회복한다. 그리하여 영혼은 모든 위험과 어려운 일들을 담대하게 수용하며 이에 대항하여 안전하게 안식을 취한다.

빌려온 표현이다. 일례로 여호수아 10장 18절을 보라. "굴 어귀에 큰 돌을 굴려 막고" 또한 창세기 29장 3절과 시편 22편 9-[10]절을 보라. "그가 주님을 신뢰하여 주께 맡긴바 되었고"라고 말한다.[56] 또한 잠언 16장 3절을 보라. "너의 행사를 여호와께 맡기라 그리하면 네가 경영하는 것이 이루어지리라." 카트라이트에 따르면 이 구절은 일종의 은유로서 무거운 짐으로 인해 억눌린 사람이 그 짐을 벗어 자신보다 능력 있고 더욱 강하신 분에게로 자신의 짐을 건네는 것을 의미한다. 사람의 마음이 자신의 모든 걱정을 주님께로 굴려버리고 모든 짐을 그에게 맡긴다는 것은 매우 좋은 일이다.[57]

일곱째, 믿음을 표현하는 단어로서 의지하고, 지탱하는 것, 혹은 견고하게 강화시키는 것을 의미하는 "사마크(סָמַךְ)"라는 단어가 있다.[58] 이사야 48장 2절을 보라. 또한 다음 구절들을 보라. 역대하 32장 8절 "백성이 유다 왕 히스기야의 말로 말미암아 안심하니라." 아가서 2장 5절 "포도주 병으로 나를 지탱하게 하라." 시편 71편 6절 "내가 모태에서부터 당신을 의지하였나이다." 또한 이 단어는 가까이 이른다는 뜻을 함의한다(겔 24:2). 그래서 사람의 마음을 강화시키고 튼튼하게 만든다. 만일 하나님을 가까이 의지하지 않으면 마음은 두려움에 떨 것이다.

---

56) [역자 주] 루더포드는 "주께 맡긴바 되었고"의 영문 표현을 "그 자신을 굴려서(rolling) 주님께 맡겼다"로 기록한다.

57) "찰랄(צָלַל)"의 의미 가운데는 높은 곳에서 낮은 곳으로 굴러 내려간다는 뜻이 포함되어 있다.

58) "사마크(סָמַךְ)"는 의존하여 서로 연합하다, 가까이 하다, 견고히 세우다, 지탱시키다 등을 의미한다.

제19장

지금까지 논의한 것은 모두 믿음의 탁월한 내용들이다. 과연 이것들이 마귀와 위선자들의 믿음 속에서 발견될 수 있겠는가? 요컨대 아브라함의 믿음을 본성상 마귀와 위선자들의 믿음과 동일한 것으로 일치시키는 것은 가장 어리석은 일이다. 그들은 양자의 차이를 단지 행함을 소유한 것과 행함이 없는 것 사이의 차이로 규정한다. 마치 아브라함의 믿음 안에 있는 요소들, 즉 "마음의 기댐," "영혼의 맡김," 그리고 "주님께 연합함" 등이 위선자들과 마귀 안에도 존재하듯이 말이다. 후자는 단지 두려움에 떨 뿐이다.

성경은 "아브라함이 여호와를 믿으니 여호와께서 이를 그의 의로 여기시고"라고 말씀한다. 그러나 창세기 22장에서 아브라함이 이삭을 번제물로 드리려고 했을 때, 아브라함은 행위로 말미암아 스스로를 의롭게 만든 것은 아니었을까? 그렇지 않다. 창세기 15장 6절을 보라. 그리스도의 모형으로서의 약속의 자손 이삭에 대한 약속이 아브라함에게 주어졌을 때—이 시점에는 아브라함에게 그 어떤 행위도 요구되지 않았다— 아브라함에게는 단지 약속에 대한 믿음만이 요구되었다. 이 약속을 위해 아브라함은 어떤 행동을 하거나, 혹은 약속의 성취를 진전시키기 위해 어떤 일을 수행할 필요가 없었다. 이 기간에 아브라함은 단지 복음의 약속을 믿었을 뿐이었다. 아브라함은 살아 있는 믿음을 가지고 믿었다. 만일 이 믿음을 수반하는 동등한 요소로서 아브라함이 하나님 앞에서 행하고 온전해지기를 결단했다면, 창세기 15장 6절 텍스트는 다음과 같이 기록되었을 것이다. "아브라함이 약속을 들었을 때, 선행의 열매를 맺기로 결단하였고, 선행에 대한 그 결단을 하나님께서 의로 여기셨더라." 그러나 이것은 텍스트의 의미를 가장 크게 훼손하는 것이다.

그렇게 말하는 사람은 하나님 앞에서 의롭다 함을 받는 것의 원인이 행위라고 말하는 것이다. 마치 야고보가 "그에게 행위를" [칭의의] 형상인이라고 말하는 것과 같다. 야고보는 성경의 야고보서 2장 23절에서 이렇게 말한다. "아브라함이 하나님을 믿으니, *Επίστευσεν τῷ Θεῷ* 이것을 의로 여기셨다." 즉 이 믿음에 의해서 아브라함은 의롭게 되었거나 혹은 의롭다고 선언된 것이다. 이 믿음이 그에게 전가되어 의를 이룬 것이다. 다시 말해 믿는 행위 혹은 살아 있고 역사하는 그의 믿음-마치 성령에 의해 살아난 몸과 같다 ─이 그의 의로 간주된 것이다.

요컨대 야고보는 두 개의 믿음을 말하고 있는 것이다. 하나는 공허하고 죽은 믿음으로서 위선자들에게 귀속되는 믿음이다(14-16절), 다른 하나는 살아있고 역사하는 믿음으로서 아브라함에게 속하는 믿음이다(23절). 만일 23절에서 아브라함이 의롭게 된 것은 전자와 동일한 믿음에 의한 것이라고 한다면 다음의 결론이 도출될 것이다. 곧 창세기 15장 6절에서 아브라함이 의롭게 간주된 것은 그의 공허한 믿음에 근거한다는 결론이다. 그러나 야고보가 이렇게 이해했을 리가 없다. 야고보는 약속의 자손(창 15장)을 믿는 아브라함의 믿음 때문에, 성경 말씀, 곧 창세기 15장 6절이 성취되었다고 말씀한다. 야고보가 이렇게 말했을 때 그는 아브라함이 의롭다 함을 받은 것은 행위에 의한 것이 아니라 믿음에 의한 것이었음을 보여주는 것이다. 이는 마치 바울이 로마서 4장에서 말하는 바와 동일한 것이다. 다만 아브라함이 창세기 22장에서 그의 아들을 드린 행위에 의해 의롭다 함을 받았다고 야고보가 말한 것은 다음의 의미로 이해되어야 한다. 즉 아브라함이 의롭다고 선언된 것, 혹은 의롭게 된 것은 위선자들의 공허하고 죽은 믿음에 의해서가 아니라 살아 있음을 스스로 증명한 [참] 믿음에 의한 것이라는 사실을 야고보는 지적하는 것이다. 결국 야고보는 다음의 사실을 증거한 것이다. 우리는 죽은 믿음에 의해 의롭다 함을 받는 것이 아니다. 죽은 믿음은 선행을 소유하지도 혹은 소유할 수도 없다.

  반대자들의 진술에 대해 바울 역시 로마서 4장에서 다음 사실을 증명했다. 우리는 행위, 곧 우리 자신의 내재적인 완벽한 의에 의해 의롭다 함을 받거나 구원을 받는 것이 아니다. 왜냐하면 로마서 3장이 선언하듯이 모든 사람은, 유대인이나 이방인이나 모두, 죄를 범했기 때문이다. 만일 그렇지 않다면 아브라함은 죄로부터 자유로운 온전한 사람으로서 자랑할 것이 있었을 것이다. 또한 아브라함은 구원자가 필요로 하지 않았을 것이다. 결국 행위의 법이 그를 구원했어야 할 것이다. 또한 그는 죄의 사면을 필요로 하지 않고, 죄를 전가 받지 않는 은혜를 느낄 필요도 없었을 것이다. 이제 양 극단 사이의 중도적인 입장에서 야고보는 다음과 같이 말한다. 우리는 믿음에 의해 의롭다 함을 받는다. 그런데 야고보는 이 믿음을 환유법적으로 믿음의 결과물로서 표현한다. 즉 살아 있음이 알려진 믿음이라는 것이다. 세상에 대해서만이 아니라 자기 자신의 양심에 대해 알려진 것을 의미한다. 만일 야고보가 우리에게 의로 간주되는 행위에 의해 우리가 의롭게 된다는 사실을 말하려 했다면, 그는 21절-"아브라함이 그 아들 이삭을 제단에 바칠 때에 행함으로 의롭다 하심을 받은 것이 아니냐"-로부터 22절의 내용-"네가 보거니와 믿음이 그의 행함과 함께 일하고"-을 추론해 낼 수 없었을 것이다.

과연 무슨 믿음인가? 야고보는 21절에서 아브라함의 믿음이라는 단어를 한 번도 사용하지 않는다. 그럼에도 아브라함이 의롭다 하심을 받았다고 말한다. 이는 하나님 앞과 그 자신의 양심에 대해, 그리고 다른 사람들에 대해 그렇게 선언되었다는 의미이다. 아브라함의 믿음은 그의 행위에 의해, 즉 생명력 있는 방식으로 참 믿음으로써 역사했다. 그리하여 이제 우리는 창세기 15장 6절에 기록된 아브라함의 믿음이 창세기 22장에서 "그의 아들을 제단에 바칠 때에," "행함으로 온전하게 된" 사실을 볼 수 있게 된 것이다. 여기서 온전하게 되었다는 의미는 그 믿음의 본성과 의롭게 하는 행위를 가리키는 것이 아니다. 왜냐하면 바울은 로마서 4장에서 동일한 창세기 15장 6절을 인용하면서 다음 사실을 입증하기 때문이다. 곧 아브라함은 축복의 후손에 대한 약속을 믿는 믿음에 의해 의롭다 함을 받았는데 이것은 25년 혹은 (어떤 이들이 계산하는 것처럼) 30년 후에 그가 이삭을 제단에 바치기 전에 이루어진 사실이다.

따라서 이로부터 다음의 사실이 반드시 도출되어야 한다. 아브라함은 행위에 의해 의롭다 함을 받은 것이 아니며, 아브라함의 믿음이 그의 아들 이삭을 드리기 전까지는 생명력에 있어 온전함을 결여하는 것도 아니었다. 오히려 성경은 이와 반대의 것을 증언한다. 창세기 12장에서 아브라함은 믿음으로 그의 고향을 떠났다고 말씀한다. 또한 로마서 4장은 아브라함이 창세기 22장보다 훨씬 이전

시점에 약속을 믿는 믿음에 의해 의롭다 함을 받았다고 말씀한다. 따라서 "네가 보거니와"[약 2:22]라는 말씀은 아브라함의 믿음이 그의 행위로 말미암아 눈으로 볼 수 있게 드러났다는 것을 의미함에 틀림없다고 결론지어야 한다.

질문 그러나 학식 있고 경건한 개신교인들 가운데에도 야고보가 단지 사람에 대해 선언적 칭의만을 말하는 것이 아니라 하나님 앞에서 참된 칭의에 관해 말하는 것에 틀림없다고 인정하는 자들이 있지 않은가?

답 사실이다. 그리고 그렇게 주장하는 사람들의 이름을 어렵지 않게 말할 수 있다. 야고보가 말하는 선언적 칭의는 참된 칭의에 종속되는 것이다.

첫째, 야고보는 선언적인 믿음만을 말하지 않는다. 또한 세상에 대해 선언된 칭의만을 말하는 것이 아니다. 그가 말하는 선언적 칭의는 하나님 앞에서 참된 것이다.

둘째, 선언적인 것은 당사자 자신에게 대한 것이고 또한 세상에 대한 것이다. 또한 야고보는 하나님 앞에서의 칭의에 대해 말한다. 텍스트는 다음과 같이 말한다. 14절에서 야고보는 "무슨 유익이 있으리요?"라고 말한다. 야고보가 공허한 믿음이 유익하지 않다고 말하는 의미는 다음과 같다. 곧 그 믿음이 하나님 앞에서 사람을 구원하거나 의롭다고 하는데 무슨 유익이 있겠냐는 것이다. 마치 고린도전서 13장 3절의 말씀과 일맥상통하는 것이다. "사랑이 없으면 하나님 앞에서 내게 아무 유익이 없느니라 *οὐδὲν ὠφελοῦμαι*." 야고보는 "그 믿음이 능히 자기를 구원하겠느냐?"[14절]라고 말한다. (신약성경 역본[KJV]에서 정관사를 번역하지 않아서 "과연 믿음이 그를 구원하겠느냐?"라고 번역한 것은 잘된 번역이 아니다) 요컨대 야고보는 참 믿음에서 말하고 있음에 틀림없다. 그렇다면 또한 참 구원에 대해서 말하는 것이며, 또한 하나님 앞에서의 참된 칭의에 관해 말씀하는 것이다.

셋째, 야고보가 실례로서 제시하는 아브라함과 라합의 칭의는 모두 참된 것들이다. 이들의 실례들은 틀림없이 동일한 의도에 따른 무엇인가를 말하고 있다. 곧 야고보는 세상에 대해서뿐만 아니라 당사자의 양심에 분명하게 드러난 참된 칭의에 관해 말하고 있는 것이다. 먼저 자신은 의롭다 함을 받았고 믿음을 가졌노라고 말하는 사람-"너는 믿음이 있고(*Σὺ πίστιν ἔχεις*, 18절)," "네가 믿느냐(*σὺ πιστεύεις*, 19절)"에 대해 야고보는 그 사람의 양심과 은밀한 내면을 상대로 하여 이렇게 말한다. "[잘하는도다] 귀신들도 역시 믿느니라." 이런 방식으로 야고보는 위선자들로 하여금 자기 자신의 양심과 더불어 토론하도록 만든다. 그리하여 그들로 하여금 과연 자신의 믿음과 칭의가 참된 것인지 그렇지 않은 것이지 확실히 알 수 있도록 만들어 준다.

한편 야고보는 이 서신에서 (마치 요한이 동일하게 하듯이) 모든 가견적 고백자들 역시 일깨운다. 이들로 하여금 자신의 신앙이 참되고 견고한 것인지, 아니면 헛된 것인지의 여부를 스스로 점검하도록 만든다. 야고보서 1장에서는 과연 자신이 말씀을 듣기만 하는 자가 아니라 듣고 행하는 자인지의 여부를 점검하도록 한다(23-24절). 일례로 고아를 돌아보고(27절), 부자만 아니라 가난한 자들을 사랑하고 존중하는지를—이를 실천하는 자들이 경건한 자들이다—점검하는 것이다. 야고보서 2장은 자신의 믿음이 죽은 믿음인지 살아 있는 믿음인지를 점검하도록 한다. 그 판단 기준으로 야고보서 3장에서는 입에 재갈 물리는 것을 제시한다.

8. 야고보가 선언적 칭의를 말한다는 사실을 반박하려는 아르미니우스주의자들의 주장에 대한 응답

따라서 야고보는 여기서 세상을 향한 선언적 칭의를 말하는 것이 아니라고 주장하는 사람들 특히 아르미니우스주의자들의 수고는 헛된 것이다. 왜냐하면 행위에 의해 우리가 선언적으로 의롭게 된다는 사실에 있어, 이들에 따르면, 세상은 그 행위가 참된 것인지 그렇지 않은 것인지의 여부를 오류 없이 판단하는 것이 불가능하기 때문이다.[59] 그러나 우리는 다음의 사실을 말할 수 있다.

---

59) 항론파의 『변론서』(Apologia)를 보라. c.10. fol.13. col.2: 야고보는 선언적 칭의에 대해 실제 그 말을 사용하여 가르치지 않는다. 한 사람이 믿음에 의해 선언적으로 의롭다고 말하는 데 있어, 그 믿음은 얼마만큼 참된 것이며, 경건의 행위와 다른 것은 아닌지, 그리고 과연 인간의 마음속에 존재하는 믿음인지의 여부에 관해, 감히 어느 누가 사도와 더불어 논쟁하기를 자원할 만큼 담대한 자가 있겠는가? 참으로 신학은 이것이 참 [믿음]이라는 사실을 확신할 수 있도록 허락하지 않는다... 왜냐하면, 어떤 행위가 믿음으로부터 행해진 것이 아니라면 선한 행위일 수가 없는 이상, 행위 그 자체로서는 과연 선한 행위인지의 여부를 확신할 수 없기 때문이다. 결국 믿음에 의거한 것인지의 여부는 다른 사람들에 대해서뿐만 아니라 행위를 기꺼이 수행하는 자신에게조차도 선언적인 것[칭의]은 불가능하다. 왜냐하면 위선적인 믿음 또한 동일한 행위를 만들어 낼 수 있기 때문이다.

첫째, 야고보는 실제로 세상을 향해 선언된 칭의에 관해 말하고 있다. 물론 그는 하나님 앞에서의 참된 칭의를 말한다. 그러나 그것이 세상을 향해서뿐만 아니라 행위자의 양심에 대해서도 선언된 칭의임을 말하고 있다.

둘째, 세상은 우리의 칭의와 행위 오류를 판단하는 것이 불가능하기 때문에 세상은 아예 아무것도 판단할 수 없다고 말하는 것은 견고하지 못한 추론이다. 왜냐하면 우리는 실제로 선행에 의거하여 우리 자신을-곧 우리가 하나님 앞에서 의롭게 되었다는 사실을-자신의 양심과 타인을 향해 선언할 수 있기 때문이다. 만일 그렇지 않다면, 사람들은 우리의 선행을 볼 수도 없고, 선행들이 흘러나오는 원리들, 곧 그것들이 구원 얻는 믿음으로부터 유래한 것인지 그렇지 않은 것인지 전혀 볼 수 없다는 의미가 된다. 또한 사람들은 그 선행들이 지향하는 목표, 곧 하나님의 영광을 위한 것인지 아닌지의 여부도 알 수 없다. 결국 사람은 [우리의 선행을 보고] 하늘에 계신 아버지께 영광을 돌리는 것이 불가능하다는 뜻이 된다. 그런데 이것은 마태복음 5장 16절의 말씀과 반대된다. 또한 베드로전서 2장 12절의 말씀과도 반대된다. 여기에는 주의 재림에 날에 이방인들이 우리의 선행을 보고 하나님께 영광을 돌린다고 되어 있다. 그

(*Jacobum de justificationis declaratione non loqui docent verba ipsa. Quis enim adeo vecors est, qui cum Apostolo contendere voluerit, an homo declaretur iustus ex fide, fides enim quatenus fiducia est & distincta ab operibus pietatis, non est nisi in corde hominis. Theologia enim eorum non patitur credere hoc verum esse.—nam ne de operibus ipsis constare potest an sint bona opera: non enim possunt esse bona nisi ex fide fiant, ex fide enim fieri non modo non potest alteri declarari, sed ne illi ipsi, id constare potest, qui ea facit. Quia reprobus illa eadem opera praestare potest.*)

런데 상기한 추론에 따르면 사람들은 우리의 선행 혹은 믿음 안에서 하나님을 위해 행한 일의 진위 여부를 오류 없이는 알 수 없기 때문에 우리의 선행을 보고 하나님께 영광을 돌리는 일이 불가능하다고 주장하는 것이다.

사실 아브라함이 의롭다고 선언된 것은 자기 아들을 하나님께 드리고자 하는 그의 비밀스런 마음의 의도에 근거하여 인간의 법정에서 이루어진 일이 아니었다. (물론 그 자신의 양심의 법정 안에서는 그 일이 이루어질 수도 있다) 아브라함이 세상과 사람들에 대해 의로운 사람으로 선언된 것은 바로 다음에서였다. 곧 그의 아들을 번제로 드릴 장소를 향해 나아가는 여행길에서, 그가 제단을 쌓은 행위, 나무를 올려놓은 것, 그의 아들을 끈으로 결박하는 행동, 아들을 죽이기 위해 손을 뻗는 행위 등이다. 트렐카티우스, 레이든 대학의 교수들, 칼빈, 베자, 파레우스 등과 심지어 교황주의자 카예탄까지도 이 점에 대해 잘 지적했다.[60]

60] L Trelcatius Sr. *De Justifica*. 1. Class. Arg. 373. 첫째, 바울은 사람이 믿을 때 하나님 앞에서 의롭게 되는 믿음을 가르친다면, 야고보는 의롭게 된 사실이 이제 어떻게 인식되는가에 관해 가르친다. 둘째, 바울은 우리를 의롭게 하는 오직 하나의 참 믿음을 증명한다면, 야고보는 무엇이 참 믿음인지를 그것의 결과로부터 입증한다. 셋째, 바울은 칭의의 원인을 드러내기 위해 행함 없이 칭의를 참 믿음에 귀속시킨다. 한편 야고보는 거짓된 믿음으로부터 살아있는 믿음을 구분해 내고, 참된 열매[행함]로부터 참 믿음에 반대되는 것을 검증한다. 넷째, 바울은 칭의에 앞서 존재하는 선행을 거부한다. 야고보는 그것이 칭의에 뒤따른다고 말한다. 다섯째, 바울은 칭의의 원인으로부터 그것의 결과로 내려간다. 바울은 하나님 앞에서 [칭의의] 결과로부터 의롭게 하는 능력을 제거해 버리는데 이는 그것을 오로지 하나님의 은혜와 그리스도의 공로로만 돌리기 위해서다; Calvin. *Inst*. 3.17.11. 그들은 이중의 잘못된 추론(*paralogismum*)에 빠졌다. 하나는 '믿음'이라는 단어이고, 다른 하나는 '의롭게 하는'이라는 술어에 해당한다... "네가 하나님이 한 분이신 것을 믿는도다." 만일 하나님의 존재에 관한 믿음이 이 믿음 안에 포함된 전부라고 한다면 그것이 [사람을] 의롭게 하지 못

한다는 것은 전혀 놀라운 것이 아니다. 이러한 믿음에 의롭게 하는 능력이 있음을 부정한다고 해서 이것은 기독교의 믿음을 조금이라도 훼손시키는 것이 아닌 것이다;

(Paulus per quod homines credentes justificantur coram Deo docet; Iacobus quomodo justificati cognoscantur. 2. Paulus fide vera solum nos iustificari: Iacobus quaenam sit vera illa fides ab effectis, probat. 3. Paulus huic vere fidei tribuit iustificationem sine operibus in causis iustificationis, Iacobus, fidei fictae detrahit hanc vim, & contra veram probat ab effectis veris.. 4. Paulus negat bona opera praecedere iustificandum: Iacobus dicit ea iustificatum sequi. 5. Paulus a causis iustificationis ad effecta descendit, quibus detrahit coram Deo vim iustificandi, ut in solidum id tribuat Dei gratiae & Christi merito.)

Calvin. *Inst.* 3.17.12. [역자 주: 칼빈은 두 번째 잘못된 추론으로서, 바울과 야고보가 사용하는 '의롭게 하는'의 개념이 서로 다름을 지적한다] 바울이 사용하는 개념에 따르면, 우리가 의롭게 되었다는 것의 의미는 우리의 불의에 대한 기억이 삭제되고, 우리가 의롭게 간주되었다는 뜻이다. 만일 야고보가 [바울이 말한] 이것과 동일한 의미를 사용한 것이었다면, 그가 모세의 글로부터 "아브라함이 하나님을 믿었다" 등과 같은 말씀을 인용한 것이 그에게는 어리석은 일이 되었을 뻔하였다... 만일 결과가 원인에 선행한다고 말하는 것이 정말 불합리한 것이라면 [다음 두 가지 경우 가운데 하나에 해당할 것이다] 이 구절 [창 15:6]에서 아브라함의 믿음이 그의 의로서 전가되었다고 모세가 거짓되게 선언한 것이거나, 아니면 아브라함은 이삭을 바치는 그의 순종에 의해 공로적으로 의를 획득한 것이 아니었다는 사실을 의미할 것이다. 사실 아브라함은 이스마엘이 존재하기도 전에—게다가 이스마엘은 이삭이 출생했을 때 소년이었다—그의 믿음에 의해 의롭게 되었던 것이다. [역자 주. 이어지는 논의에서 야고보는 선언된 의를 말하는 것이지 전가된 의를 말하는 것이 아니라고 칼빈은 주장한다] 요컨대 우리가 복음적으로 의롭게 되는 것은 행위에 의한 것이 아니다.

(Incidunt in duplicem Paragolismum: Alterum in justificationis, alterum in fidei vocabulo. --Tu credis (inquit) quod Deus est, sane si nihil in istâ fide continetur, nisi ut credatur Deum esse, iam nihil mirum est si non iustificet. --Nec vero dum hoc illi adimitur quicquam derogari putemus fidei Christianae. N.12. Justificari a Paulo dicimur, non obliterata iustitiae nostrae memoria iusti reputamur, eo si expectasset Iacobus praepostere citasset. Illud ex Mose, Credidit Abraham Deo.--Si absurdum est effectum sua causa priorem esse, aut falso testatur Moses eo loco, imputatum fuisse Abrahae fidem in justitiam, aut ex ea quam in Isaac offerendo praestitit obedientia, iustitiam non fuit promeritus, Nondum concepto Ismaele, qui iam adoleverat antequam Isaac nasceretur, fide sua, iustificatus fuit Abraham.)

레이든 대학의 교수들 [역자 주: 요하네스 폴리안더, 안드레아스 리베투스, 안토니우스 왈레우스, 안토니우스 타이시우스 등이 저자이다], *Synopsis Purioris Theologiae*, Disp. de Justific.& in *Censura Confessio Remonstrant*. c. 10. p. 145. 바울의 시각에서는 칭의라는 이름은 의롭게 하는 행위 그 자체를 의미한다. 여기에서는 오로지 하나님만이 주요한 능동인(*causae efficientis*)이시고 믿음은 도구인(*causae instrumentalis*)

성경이 다음 사실을 인정하지 않을 것이라는 사실은 두말할 필요가 없을 것이다. 즉 아브라함과 라합의 죄가 용서받고, 그들의 죄악이 그들에게로 전가되지 않았으며, 또한 그들이 정죄로부터 해방된 것은 그들의 행위들, 곧 이삭을 바치고, 첩자를 영접했으며, 주님의 전쟁을 싸우고, 사울의 박해를 감수하는 등의 행위에 의한 것이었음을 성경은 결코 인정하지 않을 것이다.

한편 야고보에게 있어서, 만일 그가 이것들을 칭의의 원인—곧 선행이 우리의 의로움의 형상인이라는 주장—으로 말한 것이었다면, 우리의 공로가 그리스도께서 그의 보혈로 이루신 만족의 자리를 대신 차지할 것이다. 이것은 우리가 우리 자신을 위한 칭의의 형상인—단지 선언적 행위로서가 아니다. (왜냐하면 이것은 우리를 의롭다고 하시는 주님의 행위라고 간주될 것이기 때문이다)—이 됨을 의미한다. 따라서 우리는 생명의 면류관과 더불어 행위의 의라는 면류관을 상속받기 위해 싸우고 달려가야 한다고 말해야 할 것이다. 그러나 이러한 내용을 지지하는 내용이 성경의 어느 구절에 있단 말인가?

셋째, [아르미니우스주의의 주장대로라면] 사람은 "나는 무죄하고 나는 의롭다"라고 말할 수 있는 만큼만 의롭고 무죄하게 될 것이다. 또한 (마치 어떤 이들이 실제로 가르치듯이) 은혜 언약은 최후의 불신앙 이외에는 아무런 죄도 금하지 않는다면, 사람은 마치 택함 받

이다. 한편 야고보의 시각에서 믿음은 신앙고백을 위한 믿음의 의미로 사용되었다. (*Apud Paulum nomen Justificationis sumitur pro ipso iustificandi actu, qui solius DEI est tanquam causae efficientis principalis, fidei tanquam causae instrumentalis. Apud Jacobum pro fidei professione fides sumitur.*)

은 천사나 무죄 상태의 아담처럼 사죄함과 [속죄의] 피 뿌림, 그리고 용서하는 은혜를 필요로 하지 않을 것이다. 그러나 요한일서 1장과 전도서 7장 20절은 이와 반대되는 내용을 말씀한다. 또한 잠언 20장 9절을 보라. "내가 내 마음을 정하게 하였다 내 죄를 깨끗하게 하였다 할 자가 누구냐." 오직 복음적으로 의롭게 된 사람이 "나는 내 마음을 정하게 하였고, 나는 내 죄로부터 정결케 되었다"라고 말할 수 있는 것이다.

넷째, 상기한 [잘못된 가르침 속의] 인물은 "내가 다른 사람을 용서하듯이 나의 죄를 용서하옵소서"라고 기도할 필요가 없을 것이다. 왜냐하면 이 사람은 모든 율법적인 죄로부터 이미 의롭게 되었고, 따라서 내재적으로 거룩하고 복음적으로 의로운 사람이 되었기 때문이다. 같은 맥락에서 이들에게 복음은 율법이 금하는 모든 죄들을 다 금하지는 않는 새로운 법이다. 비록 그가 그리스도의 사랑에 반하여 죄를 범했다 하더라도 그는 죄 아래 있는 것이 아니라고 말한다. 이에 따르면, 사람은 죽기 전에 한번 믿는 것만으로 다음의 말씀을 성취한다. 요한복음 14장 15절 "너희가 나를 사랑하면 나의 계명들을 지키리라." 이들 저자들에 따르면,[61] 율법은 불신앙을 금하지 않을뿐더러 복음적인 법은 속량의 값을 지불한 자의 법에 대하여 감사하지 않는 것을 금하지 않는다. 그러나 필자는 그렇게 판단하지 않는다. 자연과 국가의 법은 다음의 가르침을 정죄한다. 곧 은혜 언약은 최종적 불신앙 외에는 그 어떤 죄도 금지하지 않으며,

---

61) [역자 주] 루더포드는 저자들의 이름을 표기하지 않는다. 아마도 머리말에서 밝혔듯 이 본서가 필요 이상의 논쟁적인 글이 되지 않도록 하기 위함인 듯하다.

제19장

417

신자는 그가 [스스로] 떨어져 나가지 않는 한, 죄책을 짊어질 수 없다는 주장이다.

다섯째, 또한 다음과 같이 질문하는 것도 정당하게 될 것이다. "과연 복음적으로 의롭게 된 신자에게 계속적으로 믿음을 유지시키는 새롭게 하시는 은혜가 필요한가?"라는 질문이다. 이들은 은혜 언약에 이르기 위해 죄로부터의 속량을 위한 용서의 은혜를 필요로 하지 않기 때문이다. 또한 최종적인 믿음이 연약하다 하더라도 그것에 대한 용서를 필요로 하지 않기 때문인데, 이는 가장 연약한 믿음만으로도 은혜 언약을 성취하는 것이라고 가르치기 때문이다.

아울러 상기한 질문은, 만일 야고보가 말한 것이 다음과 같은 의미가 아닌 한, 정당한 것이 아니다. 즉 [야고보서 2장] 24절에서 야고보가 "믿음만으로(πίστεως μόνον)"라고 말한 것의 의미는 우리가 죽은 믿음에 의해 의롭다 함을 받는 것이 아니라는 것(οὐκ ἐκ πίστεως μόνον)이다.[62] 또한 20절에서 야고보가 의미한 것은 구원하지 못하

---

62) Cajetanus in *Jacob*. c. 2 v. 23. 신중한 독자들은 유의하여 보라. 야고보는 행위로부터 분리된 믿음(*fidem absque operibus*)이 죽었다고 생각한 것이 아니라-왜냐하면 갓난아기와 같은 경우에 우리는 행위와는 분리된 믿음으로 말미암아 의롭게 된다는 사실에 동의하기 때문이다- 행위 없는 믿음(*fidem sine operibus*), 곧 행함을 거절하는 믿음이 죽었다고 생각하는 것이다. 성경에는 행위가 최대한 발휘된 믿음이 아브라함의 믿음에서 성취된 것으로 기록한다. ... 양자[야고보와 바울] 모두 진리를 말한다. 바울에 따르면 우리가 의롭게 되는 것은 은혜의 믿음에 의한 것이지, 그 자체로서는 부차적인 것에 해당하는 의식이나 혹은 법정적인 것에 의한 것이 아니다. 한편 야고보에 따르면 우리가 의롭게 되는 것은 죽은 믿음에 의한 것이 아니라 부차적인 행위를 동반하는 [살아 있는] 믿음에 의한 것이다.
(Adverte, prudens Lector quod Jacobus non sentit fidem absque operibus mortuam esse (quoniam constat nos justificari per fidem absque operibus ut paret in infantibus & c.) sed sentit fidem sine operibus hoc est renuentem operari esse mortuam & impleta est (Scriptura) quod executionem maximi operis, ad quod parata erat fides Abrahae, — uterque verum dicit: Paulus quidem quod non factis ceremonialibus aut judicialibus

는 믿음을 말한 것이다. 그 믿음이라는 것은 헐벗고 굶주린 이에게 아무 필요한 것을 제공해 주지도 않으면서 좋은 말만 하는(16절) 허탄한 사람의 행함이 없는 믿음이라는 것이다(17절). 이 믿음은 사람에게 아무것도 보여주지 못하는 믿음이요(18절), 귀신의 믿음과 같은 것이며(19절), 허탄한 위선자가 자랑하는 믿음일 뿐이다(20절). 그렇다면, 이 모든 것의 결론과 24절에서 야고보가 말하고자 하는 의도는 결국 우리와 일치한다. "이로 보건대(Ὁρᾶτε τοίνυν), 사람이 의롭다 함을 받는 것은," 결국 사람들과 자기 자신에 대하여, 또한 하나님 앞에서 그렇게 선언된다는 의미이다. 야고보서 2장에서 야고보는 구원하는 믿음에 의해 의롭다 함을 얻고 구원을 얻는다는 사실을 말하는 것인데, 그 구원하는 믿음은 행함을 그것의 열매로 맺는 믿음임을 말하는 것이다. 이것이 바로 "믿음만으로는 아니다(οὐκ ἐκ πίστεως μόνον)"의 의미인 것이다.[63] 먼저, 야고보는 살아 있고 구원

---

secundum se, sed fidei gratia justificamur; Jacobus autem quod non fide sterili, sed fide secunda operibus justificamur.)

63) David Pareus, Com. *Jacobum* c. 2. [야고보서 2장] 22절의 믿음에 대해 믿음이 행함과 협력한 것이라고 말하는 것은 어리석은 것이다. (여기서 행함은 일종의 제유법을 취하여, 믿음의 효과인 행위를 통해 결국 믿음 자체를 가시적으로 드러내었다는 사실을 환유를 통해 드러낸다. [이러한 의미에서만 믿음과 협력한다고 말할 수 있겠다]) 첫째, 왜냐하면 야고보는 보이지 않던 것과 말로 하지 않은 것을 이제 보라고 명령하기 때문이다. 곧 야고보는 믿음에 대한 언급 없이 다만 행함이 함께 한 것을 이제 보라고 말한다.
둘째, 23절에서 "아브라함이 하나님을 믿으니 이것을 의로 여기셨다는 성경이 이루어졌고"라는 말씀을 다음과 같이 말하는 것은 어리석은 것이다. 곧 만일 [아들을] 희생 제물로 바치는 것과 같은 역사적 사건이 전혀 없었다면, 아브라함의 믿음과 칭의에 관한 성경이 성취되었을 수 없다고 말하는 것이다. 이는 아브라함이 믿음으로 말미암아 의롭게 되었다고 말하는 23절과 행함으로 말미암은 것이라고 말하는 21절이 심층부에서 서로 모순된다고 말하는 셈이 된다.
셋째, 다음 역시 어리석은 성경 해석이다. "아브라함이 하나님을 믿으니"로부터 24절

하는 믿음을 배제시켰을 리 없다. 그런데 야고보는 23절에서 아브라함이 하나님을 믿는 것이 그에게 의로 여기심을 받았다고 말한다. 즉 아브라함은 건전하고 살아 있는 믿음에 의해 의롭다 함을 받았다고 야고보는 말하는 것이다. 만일 상기한 결론-[곧 "믿음만으로는 아니다"]-이 이러한 전제와 모순을 일으키는 것이라면 결국 우리는 다음의 결론을 도출하는 셈이 된다. 곧 우리는 건전하고 살

"사람은 행함으로 말미암아 의롭게 된다"라고 추론해 내는 것이다. 오히려 본문은 정반대의 내용을 제시한다. 곧 사람은 믿음으로-믿음과 기타 무엇을 덧붙인 것이 아닌-말미암아 의롭게 되는 것을 "너희가 보는도다"라고 말한다. 야코부스 아르미니우스 자신도 그와 같이 말한다. 야고보의 칭의는 겉으로 표현되고 선언된 칭의인데, 이는 믿음과 함께하는 행위에 의해 이루어진다. 그 이유는 다음과 같다. 믿음은 하나님으로부터 제시된 속죄와 의를 붙잡는데, 이 믿음은 믿음과 함께 하는 행함을 통해 오로지 선언된 형태로만 파악될 있다.... 바울에 따르면, 믿음이 [우리에 의해] 수용되는 방식은 [속에서] 실제로 동의하느냐의 여부가 아닌 [겉으로의] 신앙고백과 공언의 방식으로 이루어진다. 겉으로 주장된 믿음은 참으로 선한 행위가 함께 연결된 방식으로 작동하여 사람이 의롭게 된 사실을 외면적으로 드러내고 선언한다. Jaco. Arminius disput. priva. 8. th. 7; Catech. Ruccov. c 9. de Prophe. munere, l. C. pag. 193. (Absurde enim diceret fidem, v. 22. cooperatam fuisse operibus (nisi opera synechdochice sumeret, per metonymiam effecti pro ipsa fide operibus conspicua) 1. Juberet videre quod non erat & quod non dixerat Quia fidei nullam mentionem fecerat: potius diceret, vides opera fuisse cooperata & c. 2. Absurde etiam diceret ver. 23. Credidit Abraham Deo Scripturam opera impletionis filii impletam fuisse; Scriptura enim de fide & Iustificatione Abrahami impleri non poterat, nisi per fidem iustificantem, cuius in historia oblationis nulla habetur mentio: imo sibi contradiceret, ver. 21. ex operibus, & ver. 23 ex fide Abrahamum justificatum asserens. 3. Absurde etiam ex Scriptura. Credidit Abraham Deo inferret, ver 24. videtis ex operibus iustificari hominem. Potius enim contrarium inferendum erat. Videtis ex fide iustificari hominem non ex fide, & c.. ipse Jaco. Arminius disput. priva. 8. th. 7. Iustificatio apud Jacobum pro manifeston & declaratione Justificationis, quae fide fit & operibus, sed alia ratione quam ea qua fides propitiationem & justiam a Deo propositam apprehendit quae certe fide & operibus non apprehenditur, sed apprehensa declaratur—fides non accipitur eo modo quo apud Paulum, pro assensu nempe fiduciali, sed pro fidei confessione & professione quomodo fides sumpta se habet ut opera, nempe ut cum bonis operibus iuncta declaret & manifestet hominem iustificatum, & sic iustificat, & c Catech. Ruccov. c 9. de Prophe. munere, l. C. pag. 193.)

아 있는 믿음만으로 의롭게 되는 것이 아니라는 결론이다. 주지하다시피, 소키누스주의자들과 아르미니우스주의자들과 같은 원수들은 이 본문을 가지고 우리가 의롭게 되는 것은 행위에 의한 것이라고 말한다. 이는 우리를 의롭게 하는 수단인 복음적 믿음을 그들이 전혀 모른다는 사실을 의미한다. 그들이 아는 믿음이란 새로운 순종과 옛 사람을 십자가에 못 박는 것, 그리고 성령 안에 행하는 것과 회개 등을 믿음의 본질로서 포함하는 믿음일 뿐이다. [이에 대해서는 필자가 다른 곳에서 인용하였다.]

결론적으로 우리가 의롭게 되는 것은 믿음만으로 되는 것이 아니라고 야고보가 말했을 때, 그는 다음 의미로 진술했음에 틀림없다. 곧 여기서의 믿음이란, 그 앞의 절들에서 말한 것과 같은 완전히 죽어 있는 동의를 의미하는 것이다. 우리는 이러한 [죽은] 동의에 의해 의롭게 되는 것이 아니다. 이런 맥락에서 야고보는 "아브라함이 믿으니"(창 15)라는 말을 거절하지 않은 것이라고 우리는 말할 수 있는 것이다.

여섯째, 아브라함이 의롭다고 간주될 수 있었던 것은 단순한 동의가 아닌 오직 믿음 때문이다. 그런데 이 믿음은 죽은 믿음이 아니라 살아 있는 믿음이다(창 15장 & 롬 4장). 따라서 바울과 야고보는 서로 잘 조화를 이룰 수 있다. 여기서 배제된 믿음은 살아 있고 참된 믿음이 아닌 죽은 믿음인 것이다. 이는 마치 영혼이 없는 몸이 비록 살아 있는 몸은 아니지만 여전히 진짜 몸이고 몸의 본성을 소유하고 있는 것과 유사하다. 바로 이런 맥락에서 야고보가 배제시킨 믿음은, 비록 그것이 귀신과 위선자들의 믿음과 마찬가지의 믿음인 것이 분명하다 할지라도, 여전히 진짜 믿음에 해당한다고 사람들은 말하는 것이다.

교황주의자들과 아르미니우스주의자들이 다음과 같이 설명하는 것은 잘못된 것이다. 즉 우리는 믿음에 의해서만 의롭게 되는 것이 아니라고 할 때, 여기서의 믿음은 하나님의 말씀에 대한 참되고 일반적인 동의를 가리키는 것이며, 이것은 소위 첫 번째 칭의에 해당한다고 그들은 설명한다. 그들의 가르침에 따르면, 첫 번째 칭의에서 우리는, 바울이 입증하듯이, 행위 없이 오직 믿음에 의해서만 의롭다 함을 받는다. 그러나 두 번째 칭의—의롭게 된 사람은 두 번째 칭의에서 더욱 의롭게 된다고 그들은 말한다—에서 사람은 행위에 의해 의롭다 함을 받는다. 이것이 바로 야고보서 2장이 말하는 내용이다.

일단 이렇게 말한 이상, 그들은 야고보가 말하는 것은 첫 번째 칭의가 아닌 두 번째 칭의라고 주장할 수밖에 없다. 그러나 성경이 이러한 두 가지 칭의를 알지 못한다는 것은 말할 것도 없고, (그들의 가르침대로라면) 야고보는 다음의 사실을 부정해야만 할 것이다. 즉, 바울이 말한바, 회심하지 못한 위선자들과 더불어 기생 라합은 오직 믿음으로 말미암아 의롭게 되었다는 사실이다. 회심하지 못한 위선자들은 첫 번째 칭의를 알지도 못하는데 두 번째 칭의에서 의롭게 되지 못했다는 사실을 설명하는 가르침은 성경과 조화되지 않는다. 또한 야고보가 바울과 더불어 하나님 앞에서의 동일한 칭의가 가진 속성과 원인들에 대해서만 말하고, 그 칭의의 결과에 대해서는 말하지 않은 것이라면, 야고보의 다음 진술—야고보는 거룩하신 주님을 향한 경외심을 가지고 진술한 것이다—은 거짓일 수밖에 없었을 것이다. 곧 우리는 행함 없는 믿음만으로(πίστεως μόνον) 의롭게 되는 것이 아니라는 진술이다. 바울 역시 이렇게 말했고, 성경으로부터 이것을 강하게 입증했으며, 우리는 두 번째 칭의에서 행함에 의해 의롭게 된다는 식의 가르침을 전혀 암시한 바가 없다. 물론 바울은 모든 유대인과 모든 이방인, 그리고 모든 세계가 소위 두 번째 칭의에서 행함에 의해 의롭다 함을 받기 위해 혹은 [최종적인] 복음적 칭의를 받기 위해, [그들이 의롭게 되었다고 기록한 성경의] 구절들, 곧 로마서 3장 9절, 19절, 29-30절 등을 부정했을 리가 없다. 하나님과 마음이 합한 자였던 다윗은 하나님과의 깊은 교제 속에서 시편 32편을 기록했다. 아브라함의 경우, 창세기 12장에서 그는 효과적인 부르심을 입은 신자였고, 창세기 15장 6절에서 그가 약속의 자손을 믿었을 때, 그는 의롭게 되었다. 이에 대해서는 로마서 4장을 보라.

우리가 믿음 하나로만(μόνον) 의롭게 되는 것이 아니라는 야고보의 진술이 의미하는 바는 "홀로 고립된 믿음(fidem solitariam)"임에 틀림없다. 고립된 믿음은 그 어떤 행위도 수반하지 않는 믿음인데 이는 마치 몸으로부터 분리된 눈으로 아무 것도 볼 수 없는 것과 같다. 사람의 눈이 심장으로부터 분리되고, 듣는 것과, 냄새 맡는 것과, 감각들로부터 따로 분리된 상태에서 볼 수 없듯이, 혹은 동일한 상태에서 귀가 홀로 들을 수 없듯이, 고립된 믿음은, 비록 그것이 참되고 정당하게 믿음이라고 불릴 수 있다손 치더라도—그들이 가르치는 바대로 영혼 없는 몸이 여전히 몸의 본성을 유지한다는 의

제19장

423

미에서, [행함 없는 믿음 역시] 정당하고 참되게 믿음으로 불릴 수 있다는 의미이다— 행함은 물론 칭의에 있어서도 그 어떠한 원인적 영향력을 발휘할 수 없다. 만일 사실이 이렇다면, "우리가 믿음만으로 의롭게 되는 것이 아니다"라고 말한 야고보는 정확히 동일한 근거에서 "우리는 행함만으로 의롭게 되는 것이 아니다"라고 말했을 것이다. 왜냐하면, 마치 행함으로부터 분리된 위선자의 믿음이 실제로 행함으로부터 완전히 분리되었기에 참 믿음으로 불릴 수 없는 것과 마찬가지로, 믿음으로부터 분리된 행함 역시 일종의 죽은 행함이고, 사람을 의롭게 만들 수 없을 것이기 때문이다(고전 13:1-5).

9. 어떻게 오직 믿음만이 사람을 의롭게 하는가?

반론 "사람이 행함으로 의롭다 하심을 받고 믿음으로만은 아니니라"라는 진술에서 야고보는 칭의를 획득함에 있어 믿음과 행위를 공조자로 만드는 것이다. 여기서 바울은 통속적인 해석에서처럼 오직 하나뿐인 믿음을 부정한 것이 아니라 "믿음만으로는 아니니라"(οὐκ ἐκ πίστεως μόνον)라고 말한다.

답 흔히 야고보의 진술—"사람이 의롭게 되는 것은 고립된 믿음(fide solitaria)에 의해서, 곧 죽은 믿음으로 말미암는 것이 아니다."—은 건전하고 참된 의미로 해석되지 않는다. 우리는 오직 믿음으로만 의롭게 된다(sola fide justificamur). 그런데 여기서 믿음은 일종의 도구로서만 의롭게 하는 능력을 발휘할 뿐이다. 같은 맥락에서 마태복음

5장 47절에서 "모논"(μόνον, solum)은 부사로 사용된다. "또 너희가 너희 형제에게만 문안하면 남보다 더하는 것이 무엇이냐 이방인들도 이같이 아니하느냐?" 여기서 "모논"은 타인을 배제한 채 오직 [혈연에 대한] 자연적인 의무만을 주목한다. 오직 영적인 방식으로 회심한 자들만이 이 경계를 뛰어넘어 행할 수 있다. 한편 마태복음 8장 8절 "다만 말씀으로만 하옵소서"에서 쓰인 "모논"은 다음 사실을 분명하게 지시한다. 오로지 그리스도 안에 있는 전능자의 명령만이 병든 종을 살릴 수 있다는 사실이다. 물론 여기에서의 전능함은 [하나님의 다른 속성들인] 공의, 지혜, 자비 등으로부터 분리된 것이 아니다. 또한 마태복음 9장 21절을 보라. "이는 제 마음에 만일 그 겉옷을 만지기만 하면(Ἐὰν μόνον ἅψωμαι) 구원을 받겠다 함이라." 사실 여인이 주님을 만지는 행동은 그의 말씀을 듣는 행위와 함께 일어났다. 그런데 주님은 "누가 나를 만졌느냐?"라고 물으셨다. 곧 그녀의 듣는 행위는 그리스도로부터 [치료의] 능력을 이끌어 내는데 원인적인 영향력을 소유하지 않은 것이다. 그리스도께서 말씀하셨듯이(눅 8:50; 막 5:36), 오직 주님을 만지는 행위만이 능력을 이끌어내었던 것이다.

곧이어 주님은 회당장에게 "두려워하지 말고 믿기만 하라(μόνον πίστευε)"고 말씀하셨다. 과연 이것이 다음과 같은 행위, 곧 죽은 딸을 살리시는 그리스도의 능력과 자비를 붙잡고 접촉하는 행위를 전혀 배제한다고 말할 수 있을까? 진실로 여기에서 말하는 믿음은 고립된 믿음이 아니라, 사랑과 경외 그리고 복종 등과 연결된 믿음인 것이다. 누가복음 8장 50절과 마태복음 21장 19절을 보라. 또한 사도행전 3장 16절을 보라. "예수로 말미암아 난 믿음이 너희 모든 사람 앞에서 이같이 완전히 낫게 하였느니라." 히브리서 11장 30절은 "믿음으로 말미암아 여리고 성이 무너졌으며"라고 기록한다. 만일 베드로와 요한의 선행과 거룩함으로 못 걷는 자가 온전하게 되었다고 말하거나, 선행으로 말미암아 여리고성이 무너졌다고 말한다면, 이는 매우 이상한 말이 될 것이다. 그럼에도 후자의 사건 안에는 여리고성을 돌았던 제사장들의 선행, 사랑, 자비, 용기 등의 요소가 존재했다. 이는 베드로와 요한 안에도 동일하게 존재했다.

이러한 사실에 덧붙여 그들의[아르미니우스주의자들] 가르침에 따르면, 선행으로 말미암아 우리는 더욱 의롭게 되며, 우리 자신의 죄를 더욱 용서받게 되고, 생명나무에 대한 더욱 더 많은 권리를 구매할 수 있음에 틀림없다(계 22:14). 또한 좀 더 많은 공로에 의해, 복음 언약으로부터 더욱 많은 영생을 얻게 된다. 그래서 우리 자신의 행위와 공로는 틀림없이 그리스도의 보혈과 더불어 [칭의를 위한] 공동의 원인자가 된다. 또한 생명나무에 대한 권리를 구입하는데, 순교자의 피는 그리스도의 피와 더불어 서로 동등한 영향력을 미치게 될 것이다.

그러나 바울은 분명히 의롭다 하심을 받았다. 소위 그 자신의 "복음적 칭의"에 있어 진보가 있었다손 치더라도 그는 이미 의롭게 된 자였다. 빌립보서 3장 9절을 보라. 바울은 다른 조건에 대해 말한다. "그 안에서 발견되려 함이니 내가 가진 의는 율법에서 난 것이 아니요 오직 그리스도를 믿음으로 말미암은 것이니 곧 믿음으로 하나님께로부터 난 의라." 도대체 어떤 이유에서 아르미니우스주의자들과 소키누스주의자들은 이 말씀을 부정하고 여기서 말하는 의를 바울 자신의 것이라고 해야만 하는가? 첫째, [그들의 가르침에 따르면] 이 의는 내재적인 의이기 때문이다. 둘째, 이것은 분명 교황주의자들의 가르침에서 말하는 "주입된 믿음"은 아니다. 그러나 분명 "획득된" 믿음이라고 그들은 가르치기 때문이다. 셋째, 이것은 바울 자신의 자유의지로부터 기원한다고 이들은 말한다. 그리고 이것은 자신의 의지에 대해 자원하든 혹은 그렇지 않은지 여부와 무관한 중립의 의지라고 이들은 말한다.

질문 그렇다면 야고보서 2장 23절이 말하는 바대로 아브라함의 믿음 안에서 성경이 성취되었다는 말씀을 어떻게 이해할 수 있는가?

답 사도는 믿음(πίστις)을 자주 말한다. [야고보서 2장] 14절에서 2회, 17절에서 1회, 18절에서 3회, 19절에서 2회, 20절에서 1회, 22절에서 2회 등 총 아홉 회를 언급하는데 이는 믿음을 강조하는 것이다. 그리고 탁월한 방식으로 23절에서 "이에 성경에 이른바 아브라함이 하나님을 믿으니(ἐπίστευσε τῷ Θεῷ) 이것을 의로 여기셨다는 말씀(창 15:6)이 이루어졌고"라고 선언한다. 이는 "아브라함이 그 아들 이삭을 제단에 바칠 때에" 하나님 앞과 사람 앞에서, 그리고 자기 자신의 양심에 대해 드러난 믿음과 의이다. 아브라함이 하나님을 위해 자기 부정을 실천한 만큼, 그의 믿음과 의로움은 실제적이고 가시적이며, 또한 명확하게 드러난 믿음과 의가 된 것이다.

야고보는 한 사람의 자아와 사람들에게 인식되는 신앙에 대해 많은 관심을 기울인다. 그런데 야고보는 바울의 경우보다 더욱 극단적인 형태의 원수들을 상대하고 있었다. 심지어 오래된 영지주의자들이 있었는데, 이들은 유대인과 바리새인에 반대하여 율법과 율법을 실천하는 것을 폐하는 자들이었다(약 1:22-23). 이와 더불어 이들은, 모든 행함을 버리고(약 2:14), 스스로 혀를 제어하려는 의식적인 노력을 하지 않으며(약 3:1-3), 평화와 죄 죽임의 삶을 실천하지 않으며(약 4-5장), 형제에 대한 사랑 없이, 단지 집회 속에서 말씀을 듣는 것만으로 스스로 경건하다 생각하는 자들이었다(약 2:1-3). 이들은 자신들의 머릿속에 공허한 믿음의 공간을 마련해 놓고 단지 말로만 신앙을 고백을 하는 자들이다. 헐벗은 자들에게는 아무 입을 것을 제공하지 않고 단지 좋은 말만 할 뿐이다(14-15절). 이런 맥락에서 볼 때, 야고보가 가시화되고 선언된 형태의 믿음을 다룬 데에는 충분한 이유가 있는 것이다. 물론 야고보는 단지 선언된 형태뿐만 아니라 참되고 구원하는 믿음을 다루는 것이며(14절), 아브라함과 라합의 경우와 같은 칭의의 믿음, 곧 단순히 말뿐이 아닌 감지될 수 있는 실제적인 칭의의 믿음을 다루는 것이다. 이 때문에 야고보는 실제로 유익하고 참된 믿음에 대해 말하면서 [이와 반대되는 믿음에 대해] "그 믿음이 능히 자기를 구원하겠느냐?"라고 묻는 것이다.

10. 소키누스주의자들과 아르미니우스주의자들의 믿음, 또한 교황주의자들의 "형상을 갖춘 믿음"은 새로운 순종과 회개를 [믿음의 본질적 요소로서] 포함한다.

1) 반대자들은 이제 또 다른 장치를 마련하여 주장하기를—교황주의자들은 이렇게 말한다— 사랑으로 생명력을 부여받은 소위 "형상을 갖춘 믿음"이 의롭게 하며, 사랑을 결여한 형상을 갖추지 못한 믿음은 의롭게 하지 못한다고 가르친다. 아르미니우스주의자들과 소키누스주의자들은 이와는 다른 표현으로 동일한 내용을 가르친다. 즉 믿는 것과 선행을 하는 것 그리고 회개하는 것과 예수 그리스도의 모든 계명을 행하는 것 등 이 모든 것들이 곧 믿음, 혹은 완전한 형상을 갖춘 복음적 믿음이라고 주장한다.[64]

---

64) Socinus, *tract. de justific.* p.58: "우리가 믿음으로 말미암아 의롭게 되도록 하는 이 믿음이 바로 순종이라는 사실을 우리는 반드시 기억해야 한다."; Socin. *de Chris. Servat,* p.3.c.2: "그리스도를 믿는다는 것은 다른 것이 아니라 그리스도 자신의 규범과 요구사항에 따른 순종을 드리는 것이다."; *Raccovien Cateche.* de prophetico, I. C. munere, c.9, pag.193: "그러므로 당신은 순종을 믿음 안에 포함시키는가? 그렇다. 야고보서 2장은 이렇게 말한다. 순종으로 말미암아 아브라함의 믿음은 온전하게 되었다." 194쪽을 보라. 그들은 다음과 같이 설명한다. "회개를 위해 우리는 다음을 행한다. 우리는 육체를 따라 행하지 않는다... 우리는 그 어떤 죄도 습성적으로 지속하여 범하지 않는다. 그 대신 크리스천의 모든 덕을 습성적으로 드러낸다." Remonst. Armini., *Confess.* c.10.th.2: "물론 여기서 제시된 믿음은 (그것이 의롭게 하는 믿음인 한) 순종을 그것의 자연적 속성으로 포함하는 믿음이라는 것 이외의 다른 방식으로 고려되어서는 안 될 것이다: 이러한 논리는 믿음을 인간 전체의 변화라고 간주하는 것을 복음 안에 [핵심요소로서] 포함시킨다. Remon. *Apologia* fol.113-114; Edward Poppius, August. Potta. fol.28.

(Socinus, tract. de justific. p.58: *"Meminisse debemus fidem hanc qua scilicet iustificamur, esse obedientiam"*; Socin. de Chris. Servat, p.3.c.2: *"In Christum credere nihil aliud est quam ad ipsius Christi normam & praescriptum obedientem praebere"*; Raccovien Cateche. de prophetico, I. C. munere, c.9, pag.193: *"Ergo tu obedientiam sub fide comprehendis? Sic est Jac.2. ut fidem Abrahae ex operibus consummatam,"* p. 194. they expone that. *"Ut paenitentiam agamus; non secundum carmen ambulemus,—nullius peccati habitum contrahamus, omnium vero virtutum Christianarum habitus comparemus"*; Remonst. Armini., Confess. c.10.th.2. *"Utique necesse est fidei praescriptum non alio modo hic (quatenus iustificat) consideretur, quam quatenus proprietate sua naturali obedientiam*

그러나 우리는 성경대로 이들 요소들 사이를 구분 짓는다. 로마서 4장 9절을 보라. "아브라함에게는 그 믿음이 의로 여겨졌다 하노라." 또한 동일한 내용을 말하는 3절과 5절을 보라. 이 구절들은 아브라함의 믿는 행위나 공로가 그의 의를 구성하는 형상인으로 간주되었음을 의미하지 않는다. 만일 그렇다면 우리의 것으로 간주되어야 할 "그리스도의 만족"이 자리 잡을 공간이 남아 있지 못할 것이다. 만일 모든 하나님의 의(롬 10:3; 고전 5:21; 빌 3:9)가 우리의 죄로 물든 순종 안에서 온갖 의심과 뒤섞여버린 믿음의 행위에 자리를 내어버린다면, 그리스도의 만족을 위한 자리는 없어질 것이다. 특히 소키누스주의자들의 경우, 이러한 주장을 하는 것은 아르미니우스주의자들과 교황주의자들에 비해 더욱 용이한 이유가 있다. 그들의 가르침에는 우리를 위해 값으로 지불된 [그리스도의] 보혈의 만족에 대한 실제적인 필요성이 전혀 존재하지 않기 때문이다. 만일 하나님께서 우리 자신의 의로움과 우리의 내재적 순종을, 소위 자유로운 복음적 언약과 하나님의 자유의지의 행위에 의해, [우리의] 형상적인 의로서 은혜롭게 간주하신다고 가정해 보라. 이는 하나님께서 우리의 그 어떤 순종의 행위라도, 심지어 사과[선악수의 열매]를 먹는 행위라도 우리의 형상적 의로서 간주하실 수 있음을 함의한다. 만일 그렇게 된다면 그리스도께서는 우리의 의가 되기 위해 헛되이 죽으신 것이 된다. 왜냐하면 [그리스도의 의 없이도] 죄

---

fidei includit: Hac ratione considerata fides totam hominis conversionem Evangelio prae-scriptam suo ambitu continet. Remon. Apologia fol.113-114; Edward Poppius, August. Potta. fol.28.)

인의 행위만으로, 혹은 율법의 행위─심지어 율법의 행위로서의 믿음─만으로도 충분하기 때문이다. 그렇다면 굳이 하나님의 보혈을 흘리게 할 필요가 무엇이란 말인가? "더 적은 수로 할 수 있는 일을 더 많은 것으로 하는 것은 아무 의미 없는 것이다"(*Frustra fit per plura, quod potest fieri per pauciora*)[65] 요컨대, 실제적인 만족의 필요성이 제거되는 것이다.

2) 그러나 우리에게 전가된 믿음이란 것은, 믿음이 붙잡는 대상, 곧 우리의 의로 간주될 실체에 대한 분명한 감각을 가지고 있다. 로마서 3장 21절을 보라. "이제는 율법 외에 하나님의 한 의가 나타났으니." 과연 하나님의 의란 무엇인가? 22절을 보라. "곧 예수 그리스도를 믿음으로 말미암아 모든 믿는 자에게 미치는 하나님의 의니 차별이 없느니라." 이제 하나님의 의가 율법 없이, 곧 행함 없이 드러난 것이 사실이라고 한다면, 또 다른 법, 곧 믿음과 내재적인 복음적 의의 법 없이도 얼마든지 드러날 수 있지 않겠는가? 만일 믿음의 행위가, 믿음의 법을 따라, 하나님의 보배로운 의가 된다고 하면 굳이 그리스도께서 죽으실 필요가 무엇이겠는가?

또한 이런 방식으로 소망에 대해서도 생각해 볼 수 있다. 주지하다시피 소망은 소망을 둘 수 있는 대상을 향하고 있지 않은가? 로마서 8장 24절을 보라. "보이는 소망이 소망이 아니니"라고 말씀한

65] [역자 주] 흔히 오컴의 면도날로 널리 알려진 원리들 가운데 하나이다. 논리학에서 경제성이나 단순성의 원리로 적용된다.

다. 이 구절의 의미는 우리가 현재 소유하고 있는 것, 곧 현재의 구원은 앞으로 우리가 소망하는 구원이 아니라는 뜻이다. 골로새서 1장 5절을 보라. "너희를 위하여 하늘에 쌓아 둔 소망으로 말미암음이니." 곧 소망의 대상을 가리킨다. 그런데 소망이라는 은혜는 하늘에 쌓아 둔 것이 아니다. 27절을 보라. "너희 안에 계신 그리스도시니 곧 영광의 소망이니라." 바로 여기에 믿음의 대상을 향한 믿음의 좌소가 있다. 순교자[저스틴]는 "내 사랑이 십자가에 못 박혔다"라고 진술했다. 내가 사랑하는 대상, 혹은 내가 믿는 대상인 그리스도께서 십자가에 못 박히셨다는 의미이다. "그의 이름을 믿는 믿음으로 말미암아 이 사람은 온전하게 되었느니라."

만일 이 말씀 대신에 "믿음과 또한 회개와 또한 죄 죽임으로 인해 이 사람이 온전하게 되었느니라"라고 말씀했다면 이것은 매우 이상했을 것이다. 만일 사정이 이러하다면, 믿음은 회개를 포함한다고 말해야 할 것이다. 그러나 베드로는 이것을 부정한다. 사도행전 3장 12절에서 이렇게 말씀한다. "이 일을 왜 놀랍게 여기느냐 우리 개인의 권능과 경건으로 이 사람을 걷게 한 것처럼 왜 우리를 주목하느냐?" 이 일을 이루신 분은 예수 그리스도이시지 우리의 거룩함이 아니라고 베드로는 말한다. 한 걸음 더 나아가 13절에서 베드로는 하나님, 곧 아브라함의 하나님 자신이 이 일을 행하셨다고 증언한다. 또한 이와 동시에 16절에서 "그 이름을 믿는 믿음이 그를 성하게 하였다"고 말씀한다. 그의 이름, 곧 하나님의 능력, 권위, 삼위 하나님을 믿는 것과 그런 믿음이 이 사람을 성하게 만들었다는 것이다. 따라서 믿음은 그 대상 혹은 의를 믿음의 대상으로서 믿는 것이다.

같은 맥락에서 히브리서 11장의 "믿음으로 말미암아 여리고성이 무너졌고"를 살펴보자. 교황주의자들은, 믿음의 영혼이자 형상인에 해당하는 사랑으로 말미암아 여리고성이 무너졌다고 말할 것이다. 한편 소키누스주의자들은 믿음과 하나인 회개와 새로운 순종에 의해 여리고성이 무너졌다고 말할 것이다. 또한 이런 식으로 "믿음으로 나라들을 이기기도 하고, 사자들의 입을 막기도 하며"의 구절 역시 해석할 것이다. 도대체 믿음이 가진 어떤 실제적이고 물리적인 영향력이 사람들을 죽이고, 굶주린 사자를 제어하여 그것으로 하여금 다니엘을 삼키지 못하도록 했단 말인가? 결코 그런 의미가 아니다. 이는 사람들이 믿은 대상, 곧 전능하신 하나님께서 나라들을 정복하고 사자들의 입을 막으셨다는 의미이다.

이와 같은 식으로 대답할 수 있다면 의롭게 하는 믿음 안에도 그러한 근거들이 존재하지 않는다고 말할 수 있을 것이다. 곧 의롭게 하는 믿음은 의롭게 하는 원인과 영향력을 발휘하는 주체로서는 죽은 것과 마찬가지이다. 마치 기적을 일으키는 믿음의 경우도 그러한 것처럼 말이다. 다른 모든 경우들 역시 이런 식으로 생각해 볼 수 있다. 아브라함의 죽은 믿음은-[역자 주: 칭의의 원인으로는 아무 능력이 없다는 의미에서]- 야고보가 야고보서 2장 14-16절 등에서 말한 대로 마치 위선자의 죽은 믿음이 그를 구원하거나 의롭게 만들 수 없는 것처럼 아브라함 자신을 의롭게 하거나 구원하지 못했을 것이다. 마찬가지 이유에서 히브리서 11장에 기록된 믿음의 위대한 일들—여리고성을 무너뜨리고, 나라들을 정복하며, 사자들의 입을 막는 일 등— 역시 존재할 수 없었을 것이다. [원인적 능력이 결여되었다는 의미에서] 이들의 믿음은 영지주의자들과 위선자들의 헛된 믿음과 마찬가지이기 때문이다. 이들의 헛된 믿음이란 헐벗은 형제들을 향해 이르기를 "평안히 가라, 덥게 하라, 배부르게 하라 하며 그 몸에 쓸 것을 주지 아니한다"(약 2:15-16). 우리는 위선자들의 헛된 믿음이 산을 옮길 수 없고, 가룟 유다와 같은 유기자의 믿음은 비록 기적이 일어나는 역사 속에 있을지라도 구원하는 믿음이 아닌 것을 인정한다. 그렇다면 [히브리서 11장에 기록된] 이들이 가졌던 기적의 믿음은 야고보서 2장 14-16절에 기록된 위선자들의 믿음일 리가 없다.

3) 성경은 믿음과 사랑 사이를 구분 짓고, 믿음과 회개를 구별한다. 전자의 구분과 관련하여, 우리는 단회적으로 믿음으로 말미암아 의롭게 되었다고 말한다. 우리는 결코 사랑과 회개, 그리고 선행으로 말미암아 의롭게 되었다고 말하지 않는다. 인위적인 노력으로 어떻게 믿음이 사랑을 포함하는지를 입증하려고 시도하는 것은 어렵지 않은 일이다. 마찬가지로 소망과 사랑이 다른 많은 성령의 사역과 은사들을 포함한다고 주장할 수 있다. 그러나 성령님은 이들 요소들을 구별하신다.

11. 성경과 건전한 이성은 믿음과 새로운 순종 사이를 구분한다.

후자의 구분과 관련하여 성경은 다음과 같이 진술한다. 먼저 구원하는 원리로서의 믿음에 의해 아브라함은 그 땅에 머물렀다. 믿음으로 노아는 방주를 지었고, 야곱은 요셉의 아들들을 축복했으며, 모세는 바로의 딸의 아들이라 일컬음을 받는 것을 거절했다. 물론 방주를 짓는 것이 하나님을 믿는 것은 아니다. 우리는 믿음으로 기도하고 믿음으로 말씀을 듣는다. 그러나 양자가 모두 동일한 것은 아니다.

다음의 구절들을 보라. 마가복음 1장 15절 "회개하고 믿으라," 사도행전 20장 21절 "하나님께 대한 회개와 우리 주 예수 그리스도께 대한 믿음을 증언한 것이라," 히브리서 6장 1절 "그러므로 우리가 그리스도의 도의 초보를 버리고 죽은 행실을 회개함과 하나님께 대한 신앙[으로 나아가자]," 디모데전서 1장 5절 "선한 양심과 거짓이 없는 믿음에서 나오는 사랑이거늘," 빌립보서 5장 "사랑과 믿음," 데살로니가전서 1장 3절 "너희의 믿음의 역사와 사랑의 수고를... 인하여 하나님께 감사하며," 히브리서 6장 10절 "사랑의 수고," 11절 "소망의 풍성함," 12절 "믿음과 인내" 등의 구절들이다. "우리는 그리스도를 믿는다." 그러나 과연 [이 표현 대신에] "우리는 그리스도 안에서 회개한다"라고 말하는가?

믿음은 하나님께 기대는 것이다. 이사야 10장 20절, 26장 3절, 50장 10절 등을 보라. 그러나 사랑은 그런 것이 아니다. 믿음은 신뢰의 방식으로 하나님께 나아와(요 5:40; 마 11:28; 요 6:37), 그리스도를 수용하는 것이다(요 1:11). 또한 "그의 살을 먹고, 그의 피를 마시는 것이다"(요 6:54-56). 이러한 요소들 가운데 그 어떤 것도 사랑과 회개 그리고 새로운 순종에 귀속될 수 있는 것으로 진술되지 않는다.

4) 그리스도를 주님과 입법자로서 믿는 것이 우리를 다스리는 그리스도의 주권과 통치에 우리가 순종하는 것에 대한 형상적 동의-(학식 있고 경건한 프레스톤 박사는 이것을 유효하고 실천적인 동의라고 말했고 이에 대해서 우리는 의견을 함께한다. 한편 대관식에서 왕에 대한 충성을 맹세하고 그에게 동의하는 것과 국왕의 법을 지키는 것 사이에는 광범한 차이가 존재한다)-라고 하자. 그렇다면, 이와 반대로 불신앙은 그의 통치에 대한 반란이라고 말할 수 있다(눅 19:17). 이러한 논리는 곧 행위 언약 안에서의 아담 역시 믿음에 의해 의롭다 함을 받고 구원받을 것이었음을 의미한다. 만일 구원자 하나님에 대한 믿음이 곧 우리 자신을 구원자이신 주님께 드려 순종하는 것을 의미한다고 가정해 보자. 이러한 순종이 [공로적] 행위의 순종을 의미하고, 이것에 의해 우리가 의롭다 함을 받고 구원을 받으며 하나님 앞에서 온전하게 의롭게 된다고 할 때, 이것은 아담에게도 동일하게 적용될 수 있다. 즉 행위 언약 안에 있는 아담 역시 동일한 근거에서 하나님을 입법자요 창조주로 믿을 수 있을 것이다. 그리하여 아담은 일종의 율법적 믿음에 의해 그 자신을 언약적 방식으로 하나님께 드리고, 율법적인 행위의 순종으로 말미암아 아담은 의롭다 함을 받고 구원을 받았을 것이다. 요컨대 아담은, 마치 우리가 복음적 믿음에 의해 구원을 받듯이, 율법적 믿음에 의해 구원을 받았을 것이라고 말할 수 있

을 것이다.

그러나 우리는 다음 사실을 반드시 기억해야 한다. 한 사람이 자기 자신을 주님으로서의 그리스도의 통치를 받고 명령을 받기 위해 주님께 드리거나, 그에게 자발적으로 순종할 의지를 갖는 것은 믿음의 형상인에 해당하지 않으며—물론 이것들이 믿는 행위에 함께 참여하는 것이라고 말할 수는 있겠다— [그 자체로서는] 순종도 아니라는 사실이다. 다만 순종하고자 하는 의도와 목적에 해당할 따름이다. 그렇다면 첫째, 과연 우리는 행위에 의해, 곧 행하고자 하는 목적과 의도에 의해 의롭다 함을 받을 수 있겠는가? 둘째, 과연 우리 안에 [단지 개연성을 의미하는 영어 단어] "메이(May)"의 결심들과 목적들이 따로 존재하는가? 예를 들어 "메이"라는 이름의 꽃이 피었으나, 추수도 하기 전에 시들어 버린 경우, 곧 순종하고자 하는 의도가 있었으나 순종하지 못한 경우(사 1:19)는 어떻게 되겠는가? [마태복음 21장의 비유에서] 한 아들은 그의 아버지의 포도원에 가서 일하겠다고 말을 했으나—곧 행하겠다는 의도를 가졌으나— 결국 일을 하지 않았다(마 21:30). 이 경우 그는 마음에서는 순종하기 위한 실천적 의도를 가졌다고 말할 수 없다. 결국 이것은 순종도 아니고 형상적인 믿음도 아닌 것이다.

5) 그리스도를 믿는 믿음으로 말미암아 의롭다 함을 받기 위해서는 우리를 구원하시는 예수님으로서의 그리스도를 믿을 뿐만 아니라 우리에게 명령하시는 주님으로서의 그리스도 역시 믿어야 한다고 주장한다면, 이는 결국 우리가 사랑에 의해 의롭다 함을 받

는다고 말하는 것이다. 왜냐하면 우리는 그리스도를 예수님으로서 사랑할 뿐만 아니라 주님으로서도 사랑해야 하기 때문이다(고전 16:22; 엡 6:24). 특히 율법의 모든 행위들은 사랑의 계명 아래 다가오기 때문이다. 다음 구절들을 보라. 마태복음 22장 3절과 7절, 누가복음 7장 27절, 신명기 6장 5절, 로마서 13장 8절 등이다.

6) 마태복음 9장과 누가복음 7장에 기록된 대로 "네 믿음이 너를 구원하였다"라는 말씀과 "오직 믿으라"는 말씀은, [반대자들의 논리에 따르면] 결국 다음과 같이 변경된 내용을 진리라고 말해야 할 것이다. 즉 상기한 말씀은 "네 선한 행위가 너를 구원하였다"와 "오직 선한 행위를 행하라"의 말씀을 의미한다는 것이다. 그러나 이런 시각에서 보면 바울이 에베소서 2장 8절에서 말씀하신 내용은 매우 이상하게 들릴 것이다. "너희는 그 은혜에 의하여 믿음으로 말미암아 구원을 받았으니 이것은 너희에게서 난 것이 아니요 하나님의 선물이라. (9절) 행위에서 난 것이 아니니 이는 누구든지 자랑하지 못하게 함이라." 만일 믿음의 은혜와 선한 행위가 신약 안에서 서로 동일한 것이라고 한다면, 동일한 바울은 (로마서 11장 6절에서처럼) 은혜와 행위를 서로 반대되는 것으로 대조시킬 수도 없었을 것이다. 왜냐하면 결국 우리는 행위에 의해서 구원을 받는다는 것과 우리의 구원은 행위로 말미암지 않는다는 내용을 모두 진술해야 할 것이기 때문이다.

바울은 이러한 가능성을 숙고하여($\alpha \nu \tau \alpha \nu \acute{\alpha} \chi \lambda \alpha \sigma \eta$) 배제한다. 참으로 우리는 구원을 받았다. 이는 값없이 베푸시는 은혜로 말미암아 진노에 이르는 의무로부터 해방되었고, 의롭다 함을 받았다는 사실을 의미한다. 한 걸음 더 나아가, 바울의 대답에 따르면, 우리가 구원을 받고 의롭게 되는 것은 수단과 원인으로서의 은혜의 행위들로 말미암은 것도 아니다. 왜냐하면 우리가 선한 행위들을 실천할 수 있기 위해서는 먼저 우리가 구원을 받고 의롭게 되는 일이 선행해야 하기 때문이다. 선행은 값없이 베푸시는 은혜의 열매들이다. 10절을 보라. "우리는 그가 만드신 바라 그리스도 예수 안에서 선한 일을 위하여 지으심을 받은 자니—곧 그리스도 예수 안에서 의롭다 함을 받고 구원을 받았다는 의미이다- 이 일은 하나님이 전에 예비하사 우리로 그 가운데서 행하게 하려 하심이니라." 이러한 사실을 의심하는 가능성을 완전히 제거해 버리기 위해 바울은 고린도전서 4장 4절에서 이렇게 진술한다. "내가 자책할 아무 것도 깨닫지 못하나—즉 하나님의 은혜로 말미암아 나는 정죄를 초래하는 죄들로부터 완전히 자유롭다는 의미이다. 그리하여 그는 풍성한 은혜의 행위들 안에 거하고 있었음에 틀림없다— 그러나 이로 말미암아(ἀλλ' οὐκ ἐν τούτῳ)-곧, 은혜의 행위들로 말미암아 얻은 나의 모든 내재적인 거룩함에도 불구하고의 의미이다- 의롭다 함을 얻지 못하노라."

7) 결국 우리는 스스로 영광을 취하거나 자랑할 수 있는 아무런 근거를 갖지 못한다. 소키누스주의와 아르미니우스주의의 가르침에 따르면, 우리는 우리 자신의 자유의지로부터 기원하는 행위들에 의해 의롭다 함을 받아야 한다. 게다가 우리의 자유의지는 그 어떠한 은혜에 의해—그것이 소위 "상존하는 은혜"(habitual

grace)이든지 혹은 "도움의 은총"(actual grace)이든지— 결정되어서
는 안 된다고 말한다.

그런데 이러한 은혜는 그리스도의 죽음으로 말미암아 공로적으
로 확보된 은혜이다. 요컨대 그들은 순수한 자유의지로부터 흘러나
오는 행위를 강조하는 것이다. 이것이 바로 신자를 불신자로부터
구분하는 것이라고 말한다. 이들의 가르침대로라면 우리가 그리스
도와 그의 은혜로부터 빚지고 있지 않은 모든 것들에 대해―이것이
바로 하나님 앞에서 우리를 의롭게 하는 형상적 의에 해당하기 때
문이다- 우리는 스스로 영광을 취하고 자랑하는 것이 가능하다. 그
렇게 되면, 아무 육체라도 은혜로 말미암아 의롭게 되었다고 말할
수 없을 것이다. 또한 우리가 의롭다 함을 받는 것은 그 성격상 [타
락 전] 아담이 의롭게 되는 방식, 곧 그리스도와 그의 죽으심과 무
관하게 이루어지는 방식과 동일한 것이 될 것이다.

12. 영생에 대한 권리와 영생을 소유하는 것은 그 본성과 원인들 에 있어 서로 상이하다.

주장 #3[66] 원인에 있어 영생에 대한 신앙고백과 영생의 의, 이 두
가지의 원인들은 고유한 의미에서 동일한 것이 아니다. 그리스도께
서 흘리신 보혈의 속전이 권리를 만들어 내는 유일한 원인이다. 영
생에 대한 법적인 권리 혹은 권한은 일종의 법정적이며 도덕적 실

---

66) [역자 주] 주장 #1과 #2는 제19장 제5절 "우리는 행위에 의해 의롭게 되지 않는다."
를 참고하라.

체(*ens morale*)이고, 따라서, 도덕적 원인을 소유한다. 비유컨대, 시민한 사람이 출생, 돈, 정복, 국왕이나 시민들 자신으로부터의 선물이나 증여 등에 의거하여 한 도시에 대해 그 도시의 주권자이자 소유주로서 소유하는 권리와 비교할 수 있다. 그러나 그 도시 안에서 집을 소유하거나 향유하는 것, 도시의 건물을 임대하는 것 등은 또 다른 물리적 실체(*ens Physicum*)에 해당하며, 이에 대한 물리적 원인을 소유한다. 이는 먹는 것, 마시는 것, 숙박하고, 잠을 자고, 추위로부터 몸을 보호하기 위해 옷을 입는 것 등에도 동일하게 적용된다. 여인숙에서 숙박하는 사람은 그 안에서 숙식에 대한 권리를 소유한다. 그러나 그에게 요구되는 물리적 원인들은 배고픔, 식욕, 그리고 신체적인 필요들이다. 또한 그러한 필요들을 활용하는 그의 욕구들 역시 물리적 원인에 해당한다. 먹는 것과 마시는 것은 물리적으로 선한 것에 해당할 것이다. 따라서 그것을 강탈하거나 억지로 빼앗는 것이 아닌 한, 빵에 대한 권리를 소유하지 못하는 경우, 그 권리 곧 법적 권리는 매우 나쁜 것일 수 있다. 영생에 대한 법적 권리(*jus legale*)는 그리스도께서 지불하신 속죄의 보혈이다. 그리스도는 우리의 하나님, 우리의 친구, 그리고 우리의 친족으로서 유업을 우리의 것으로 주시기 위해 값을 지불하셨다. 우리의 위대한 존 칼빈은―그는 거의 사도적 빛과 같은 존재라고 말할 수 있다.― 선행을 가리켜 생명을 소유하는 것에 대한 열등한 원인들이라고 말했다. [이러한 구분에 비추어 볼 때] 사물을 단순하게 소유하는 것과, 법적인 권리에 의거하여(*quo jure aut titulo*) 소유하는 것은 완전히 다른 것이다.[67]

13. 선행의 필요성

그러나 선행은 필요하다. 이는 명령에 의한 필요성이다(*necessitate praecepti*), 곧 하나님의 명령과 약속에 의한 것으로 다음 성경 구절들을 보라. 데살로니가전서 4장 4절, 고린도전서 6장 20절, 에베소서 2장 10절, 마태복음 28장 20절. 또한 디모데전서 4장 8절을 보라. "경건은 범사에 유익하니," 곧 약속을 가지고 있는데 그것은 현재의 삶과 앞으로 도래할 삶에 대한 약속이다. 여기서 "약속"(ἐπαγγελίαν)은 율법에 반대되는 것이다. 또한 갈라디아서 3장 18절을 보라. 이는 매우 강한 주장이다. "만일 그 유업이 율법에서 난 것이면 약속에서 난 것이 아니리라(εἰ γὰρ ἐκ νόμου ἡ κληρονομία οὐκέτι ἐξ ἐπαγγελίας) 그러나 하나님이 약속으로 말미암아 아브라함에게 주신 것이라." 여기서의 약속은 "언약적 약속"이다. 과연 이 말씀이 갈라

---

67) Calvinus, *Inst.* 3.14. 21. Respo. ad.1. Arg. 여기에서 주님으로 하여금 선행을 일종의 열등한 원인으로 포용하시는 것을 막을 것은 없다. 그러나 어떤 방식인가? 이러한 방식이다. 하나님께서 그의 자비하심 안에서 영생의 유업을 주시기로 정하신 사람들을 위해서는, 하나님께서 그의 일상적인 경륜 안에서, 이들로 하여금 선행의 수단에 의해 그것을 소유하도록 이끄신다. 경륜의 질서에 있어 앞서 선행하는 것이 그 뒤에 따라오는 것의 원인이라고 불린다.
(*Istis nihil obstat quo minus opera Dominus tanquam causas inferiores amplectatur. Sed unde id? Nempe quos sua misericordia aeternae vitae haereditati destinavit, eos ordinaria sua dispensatione per bona opera inducit, in eius possessionem. Quod in ordine dispensationis praecedit, posterióris causam nominat.*)
[역자 주: 루더포드는 『기독교강요』 3권 15장 21절로 오기했다. 상기한 인용문 앞부분에서 칼빈은 우리의 구원을 4중 인과율로 제시한다. 성부 하나님의 사랑이 구원의 능동인이고, 성자 하나님의 순종이 질료인이며, 성령 하나님의 조명, 곧 믿음이 도구인이고, 목적인은 바로 하나님의 선하심을 찬양하는 것이다. 이어지는 논의에서 이러한 네 가지 원인은 결코 인간 편의 선행을 배제하지 않는다고 말한다. 이런 맥락에서 선행을 열등한 원인으로 소개하는 것이다]

디아 사람들과 우리와 같은 이방인들에게 무슨 의미가 있을까? 모든 면에서 풍성한 의미가 있다. 그 가운데 세 가지 주목할 만한 내용이 있다.

첫째, 천국의 유산은 [약속의] 후손, 곧 그리스도와 그의 후손들에게 약속되었다(16절). 아브라함과 그의 후손들에게 약속된 것은, 소키누스주의자들과 교황주의자들이 말하는 것처럼, 보잘것없는 지상의 가나안 땅을 말하는 것이 아니다. 그들 역시 그리스도에게 약속된 것이 지상의 가나안 땅이라고 말할 수는 없을 것이다.

둘째, 아브라함에게 주어진 천상의 유업에 대한 언약적 약속과 동일한 것이 갈라디아 교인들, 곧 이방인들과 그들의 자녀들에게도 주어졌다. 만일 그렇지 않았다면, 바울은 믿음으로 말미암아 이방인에게 주어지는 칭의의 교리에 관해 아무 말도 하지 않았을 것이다. 물론 이것은 사도의 의도에 반대되는 일이다.

셋째, 언약적 약속에 의한 유산은 곧 영원한 생명에 대한 약속이다. 그런데 영생의 약속이 주어진 대상은 행위가 아니다. 곧 행위는 이 권리를 사는 값이 아니다. 만일 이것이 사실이라면 그리스도께서는 헛되이 죽으셨음에 틀림없다.

요컨대 행위가 필요하다고 할 때, 이것은 절대적 혹은 무차별적 필연성(*necessitate medii*)을 말하는 것이 아니다. 만일 그렇지 않다면 우리는 모든 유아들을 배제시켜야만 할 것이다. 첫째, 명령의 필연성은 일상적 수단의 필연성을 이끌어내어 하나님의 계명, 곧 선을 행할 수 있는 모든 자들에게로 적용시킨다. 이들은 "성령을 위하여 심는 자는 성령으로부터 영생을 거두리라"(갈 6:8)에 해당하는 사람들이다. 둘째, 선행은 하나님의 영광을 위해 필요하다. 다음 구절들을 보라. 마태복음 5장 16절, 베드로전서 3장 1-2절, 베드로전서 2장 12절. 셋째, 선행은 감사의 법에 따라 필요하다. 이것은 행위 언약과 은혜 언약 모두에 공통적으로 해당된다. 왜냐하면 우리는 우리의 존재를 하나님께 빚지고 있기 때문이다. 또한 속량하심을 받아 영생을 소유한 자들은 역시 영생과 영원한 복락에 대해 성육하신 하나님께 빚지고 있기 때문이다. 이에 대해서는 고린도전서 6장 20절, 누가복음 1장 75절, 베드로전서 1장 18절을 보라.

그러나 우리의 행위를 칭의의 형상인이라고 주장하며 그리스도의 공로가 차지할 자리에 행위를 두는 자들이 있다. 이들은 결국 아담의 율법적 순종이 [만일 타락하지 않았을 경우] 공로적이었던 것과 같이 우리의 행위를 공로적으로 만드는 것이다. 이들은 다음과 같이 말한다. "그렇다. 그러나 그렇지 않다. 다만 은혜로운 평가에 의거하여, 또한 은혜로운 평가로, 하나님은 그것들을 그렇게 평가해 주시는 것이다." 이것은 진실이다. 물론 아담의 순종이 [상기한 방식의] 하나님의 평가에 의해 공로적이라는 사실은 입증되지 않았다. 칼빈에 따르면, 우리의 행위에 일종의 공로적인 능력이 주어진 것은 언약으로부터(*ex pacto*) 비롯된 것이다.

[그들은 말하기를] 그러나 우리가 행하는 은혜의 행위들은 그리스도의 보혈로 채색되고, 씻겼으며, 또한 의롭게 되었기 때문에 우리를 의롭게 할 수 있게 되었다고 주장한다. 그러나 성경은 [사람이 아닌] 행위를 의롭게 한다거나 우리의 행위에 죄를 전가하지 않는다는 사실에 대해 아무것도 말하지 않는다. 율법폐기론자들은 의

롭게 된 자의 인격과 행위 모두를 율법의 의무로부터 해방시키기를 꿈꾼다. 이런 방식으로 심지어 다윗이 범한 살인과 간음의 행위까지도 정당화시킨다. 혹은 의롭게 된 자들이라면 누구나 하나님의 법을 범하는 죄로부터 자유롭게 되었다고 가르친다. 그들에 따르면, 그리스도의 공로가 우리에게 전달되었기 때문에 우리가 행하는 은혜의 행위들은 공로적이고 의롭게 하는 내재적인 능력을 소유하게 되었다. 그렇기 때문에 우리가 행하는 은혜의 행위들이 하나님 앞에서 우리의 형상적 의를 이루게 된 것은 일찍이 아담의 의가 하나님 앞에서 그의 칭의와 생명이 되었을 것보다 훨씬 탁월한 것이라고 말한다. 만일 우리가 행하는 은혜의 행위들이 그리스도의 죽으심과의 교통으로 말미암아 상기한 공로와 가치의 능력을 가진 것이 아니라면, 이는 다음의 추론을 낳을 수밖에 없는 것이라고 말한다. 곧 비록 그리스도께서 결코 죽지 않으셨다 하더라도, 우리의 행위는 여전히 하나님의 은혜로운 평가를 받아, 현재 우리가 소유하는 것과 동일한 공로적 능력과 의롭게 하는 능력, 그리고 구원하는 능력을 소유할 수 있었을 것이라는 사실이다.

그러나 진실로 그리스도께서는 그의 보혈로 말미암아 우리를 "헛된 행실에서 대속"하신 것이 분명하다(벧전 1:18). 상기한 논리대로라면, 우리를 지옥으로부터 구속해 내시고 우리의 구원을 위해 값을 치르신 그리스도께서는 얼마든지 회심 이후 우리 자신의 선행에 따라 우리에게 은혜를 베푸셔서 [우리로 하여금] 우리 자신을 구속하고 의롭게 하며 구원하도록 할 수 있으셨다. 도대체 주님께서 이런 방식—곧 우리가 우리의 헛된 행실로부터 구속함을 받기 이전에, 또한 우리가 회심하기 이전에, 우리에게 은혜를 베풀어 우리가 스스로 선행을 하도록 만드심—을 통해, 우리로 하여금 우리의 회심과 (헛된 행위로부터의) 대속을 우리의 공로를 가지고 스스로 획득하도록 만드시지 않을 이유가 무엇이었겠는가? 이런 가정 하에서, 하나님께서는 우리 편에서의 그 어떠한 요구 조건 없이도 또한 절대적으로 그리스도의 보혈에 의하여 만민—곧 그들의 헛된 행실로부터 구속하시기 위해 그의 아들 그리스도에게 주시고 그리스도로 하여금 죽게 하신 모든 사람—을 대속하신다고 그들은 말한다.

　[그러나 이것이 사실이라면] 첫째, 한 사람의 예외도 없이 모든 인류는 그들의 헛된 행실로부터 대속을 받고 회심해야만 한다. 왜냐하면 그리스도께서는 사람들의 방식을 따라 [스스로 행하도록] 모든 만민을 위해 돌아가셨기 때문이다. 둘째, [만일 만민이 그리스도 안에서 이미 대속을 받았고 회심한 것이라면] 복음은 그 목적을 상실하고, 순종을 요구하는 복음적 명령은 단지 헛된 것이 될 것이다. 또한 같은 맥락에서 복음을 들어야 할 의무 또한 헛된 것이 될 것이다. 이 모든 것들은 그들의 헛된 행실로부터 아직 구속함을 받지 못하였거나 아직 회심하지 못한 이들에게 주어지는 것이기 때문이다. 한편, 이들의 가르침에 따르면 구속은, 사람 편에서의 아무 요구 조건 없이, [모든 이들에게] 절대적으로 약속된 것이기 때문이다.

14. 반대 논의들에 대한 논박,
　　생명을 소유하는 것과 생명에 대한 권리는 다르다.

반론 #1 만일 영광을 소유함에 있어 행위가 일종의 원인적인 영향력을 소유하는 것이라면—마치 임금을 위해 일하는 것과 승리를 위해 싸우는 것과 같다— 그것은 정당한 소유를 위한 영향력임에 틀림없다. 왜냐하면 정당하지 않은 소유라는 것은 소유가 아니라 강탈이기 때문이다.

답 소유란 본질적으로 기쁨을 주거나 유익한 사물을 향유하는 것이다. 물론 소유권의 경우 정당하거나 정당하지 않은 것이 있다. 그러나 소유에 있어 소유권은 우연적 요소에 해당한다.

반론 #2 왕관을 소유한 사람은 왕관에 있는 다이아몬드와 보석들, 그리고 왕관의 가치를 모두 소유한다. 따라서 생명을 소유한 사람은 그 생명에 대한 권리와 소유권을 소유하는 것이다.

답 사실이다. 그러나 그렇다고 하여 다음 사실이 부정되는 것이 아니다. 곧 소유와 우리가 무엇을 소유하는 것에 대한 권리는 그 속성에 있어 참으로 구별된다는 사실이다. 또한 우리는 소유권을 항상 온전하게 소유하는 것은 아니라는 사실도 부정될 수 없다. 왜냐하면 권리 혹은 소유권은 "사물에 따른 것이 아니라 사물의 방식에 따른 것"(*modus rei, non res*)이기 때문이다. 이는 곧 소유의 방식에 있어, 적절하거나 그렇지 않은 방식이 존재할 수 있음을 의미하는 것이다.

반론 #3 그리스도도로부터 영생을 소유한다는 것은 곧 그리스도로 부터 받는 면류관에 대한 소유권이나 권리를 또한 소유하는 것을 의미하지 않는가?

답 사실이다. 두 가지 모두 그리스도로부터 기원한다. 그러나 같은 방식으로 소유하는 것이 아니다. 먼저 면류관에 대한 소유는 그것을 향유하는 것이다. 이는 값없이 베푸시는 은혜에서 기원하며, 우리는 자발적이며 성화된 주체로서 그것을 활용한다. 그러나 오로지 그리스도께서 자신의 보혈로 그 소유권과 그것에 대한 권리를 구입하셨다. 그리스도께서 의인들에게 자기의 생명을 주시고, 영광에 대한 정당한 소유를 우리에게 수여하셨을 때, 우리는 이 소유권을 획득하기 위한 어떤 요구나 도움과 관련하여 그 어떤 기여도 한 바가 없다. 우리로 하여금 믿음으로 말미암아 이것을 소유하도록 가입시키는 은혜 또한 값없이 베푸시는 은혜의 열매이다. 또한 우리의 선행으로 말미암아 이 면류관을 소유하는 데 가입한다는 것과 이러한 선행 자체도 그리스도의 죽으심의 열매라는 사실은 부정될 수 없다. 그러나 [그리스도의 죽으심으로부터] 우리의 행위에 전달된 무엇에 근거하여 [면류관을] 소유할만한 자격을 부여하는 그 어떠한 공로적이거나 언약상의 권세가 존재하는 것이 아니다. 우리가 생명을 소유하는 길을 주장할 수 있게 된 것은 오로지 그리스도의 죽으심으로 말미암아 이루어진 일이다.

반론 #4 그렇다면 디모데전서 4장 8절에 기록된 대로 경건에게 주어진 내생의 약속에 대해서는 어떻게 설명하겠는가?

답 첫째, 그 약속은 우선 행위 언약의 약속이 아니다. 왜냐하면 "율법의 행위로는 아무 육체도 의롭게 될 수 없음이라"[갈 2:16]고 말씀하기 때문이다. 둘째, 또한 이 약속은 엄밀한 의미에서 은혜 언약의 언약적 약속이라고 불릴 수도 없다. 다만 이 약속은 믿음, 특히 경건과 관련된 약속이라고 불릴 수 있다. 디도서 1장 1절은 "경건함에 속한 진리의 지식"을 말한다. 이처럼 약속이 주어진 대상은 믿음으로 말미암아 그리스도 안에 머물고 있는 경건한 자이다. 그리스도 안에 생명의 약속이 있다(딤후 1:1). 셋째, 이 약속은 경건에게 주어지는―마치 경건이 영생에 대한 권리를 구매한 듯이, 혹은 그것이 영생의 값인 것처럼― 어떤 소유권이나 권리에 관한 약속이 아니다. 이것들은 우리를 대속하는 값을 지불하시는 그리스도에게 주어진 것이다. 넷째, 생명은 신자들에게 약속되었다. 그런데 이 신자들은 행위를 실천한다. 그러나 그들이 행하기 때문에 약속이 주어진 것이 아니다. 다섯째, 주님은 이 모든 것들 안에서 사람을 영광에 이르게 하는 순서를 보여줄 뿐, 영광에 이르는 권리와 소유권의 원인이 무엇인지를 보여주시는 것이 아니다. 마치 우리가 정원의 첫 번째 구획의 잔디를 깎은 것 자체가 두 번째 구획의 잔디를 깎는 것의 원인이 아니듯이, 또한 두 번째 구획의 잔디를 깎는 것이 세 번째, 그리고 연이은 구획들의 잔디와 마침내 모든 잔디를 깎는 것의 원인이 될 수 없는 것과 유사하다. 하나님께서는 우리에게 은혜를 주셔서 일하게 하시고, 달리게 하시고, 수단을 사용하게 하시기 때문이다. 따라서 하나님은 그의 값없이 베푸시는 은혜를 인하여 우리로 하여금 생명의 면류관을 소유하도록 하시는 것이다.

반론 #5 아담의 경우, 그는 오로지 율법적 순종을 소유했을 뿐이고, 이것이 [영생을] 소유하는 원인 혹은 방법이었는가?

답 그렇지 않다. 만일 아담이 온전히 순종했더라면, 그는 "죄 없음의 권리"에 의거하여, 혹은 "언약적 공로"에 의해, 혹은 "언약으로부터"(*ex pacto*) 생명에 대한 주장을 했을 것이다. 그런데 우리의 경우와 달리 아담은 그리스도께서 공로로 획득하신 은혜에 대한 어떤 소유권도 주장하지 않으면서도 이 일을 행했을 것이다. 요한계시록 3장 [4절]의 말씀처럼 신자는 "합당한 자들"(ἄξιοι, 가치 있는 자들)임에 틀림없다. 이는 신자들이 그들의 머리인 그리스도 안에 있는 한 법적으로 그렇다는 의미이지, 그리스도의 공로적인 가치가 그리스도로부터 빠져나와 우리의 행위에 전해져서 우리의 행위를 내재적인 공로를 갖는 것으로 바꾸어 놓았다는 의미가 아니다.

생명 언약

·

20

◆ 1. 과연 그리스도께서는 최종적 불신앙과 같이 오로지 복음을 거스르
　 는 죄를 위해서만 수난을 당하셨는가? 혹은 그렇지 않은가?
◆ 2. 그리스도께서 한 명의 예외도 없이 모든 사람을 위하여 죽으셨다는
　 교리의 근거 없음에 대하여
◆ 3. 어떤 의미에서 율법은 의롭게 하는 믿음과 회개를 명령하며 또한
　 어떤 의미에서 그렇지 않은가?

1. 과연 그리스도께서는 최종적 불신앙과 같이 오로지 복음을 거
　 스르는 죄를 위해서만 수난을 당하셨는가? 혹은 그렇지 않은
　 가?

　 그리스도께서는 복음을 반대하는 모든 죄들을 위해 수난을 당하
시지는 않은 것으로 보일 수 있다. 일례로 최후의 불신앙의 경우가

그렇다. 만일 여기서 말하는 죄가 오로지 복음을 반대하는 죄만을 의미한다면, 그리스도께서는 그렇게 사려되는 죄를 위해서는 수난을 당하시지 않았다. 왜냐하면 죽음의 위협이 없는 곳에는 명시적으로 아무 것도 빚으로 요구되지 않으며, 죄인에게 아무것도 요구되지 않는 곳에서 그를 위해 무엇인가가 실행된다는 일은 있을 수 없기 때문이다. 따라서 그를 위해 그리스도께서 수행하도록 요구된 일이 없음에도, 그리스도께서 무엇인가 그를 위해 행하신다는 것은 있을 수 없기 때문이다. 복음은 모든 죄들에게 똑같이 죽음의 위협을 가하지 않는다. 오로지 최후의 불신앙과 반역의 죄에만 그렇게 한다. (그리스도께서는 이 죄들을 위해서는 결코 죽지 않으셨다). 따라서 그리스도는 마치 모든 죄가 복음을 반대하는 죄이고, 죽음의 위협이 있는 죄인 것처럼 수난당하고 죽으신 것이 아니다. [역자 주: 여기서 루더포드는 '비록 그리스도께서 유기자의 최종적 불신앙의 죄를 위해서는 돌아가시지 않았으나, 이들의 나머지 죄들을 위해서는 수난 받고 죽으셨다고 말해야한다'라는 문제 있는 주장을 요약한다].

그러나 상기한 진술들은 매우 의심스럽고 견고히 세워질 수 있는 내용이 아니다. "그리스도께서 최후의 불신앙을 위해 수난을 당하시지 않았다"는 진술은 사실이다. 이는 일부 유기자들에게 고유하게 귀속되는 죄이다. 다시 말해 [유기자들 가운데] 복음을 들은 자들에게 해당한다(요 8:21,24; 살후 1:7-8). 그러나 그리스도께서 그들의 죄를 위해 돌아가시지 않았음에도 그들을 위해 그리스도께서 돌아가셨다고 말하는 것은 모든 성경을 반대하는 진술로 보인다. 만일 그렇게 주장한다면, 그리스도께서는 유기자들의 죄들 가운데 절반을 위해서 혹은 일부분을 위해서는 돌아가셨다고 말해야 한다. 그러나 필자의 판단에 따르면 성경은 다음의 진술을 인정하지 않을 것이다. "그리스도께서는 나무 위에서 자신의 몸 안에 유기자들의 일부 죄들을 짊어 지셨다. 이를 테면, 율법에 대해 범한 모든 죄들을 절대적으로 혹은 조건적으로 담당하신 것이다. 한편 그분은 복음을 반대하는 그들의 다른 죄들을 절대적으로나 조건적으로 짊어 지지 않으셨다. 이를테면 그들의 최종적 불신앙과 반역죄가 그것이다." 그리스도께서 누군가를 위해서 죽으신 것은 대상이 되는 이들의 범과와 죄악을 위한 것이요, 그들을 위해서 그의 몸이 상하고 맞으셨기 때문이다. 만일 상기한 진술이 사실이라면, 그리스도께서는 그들의 일부 죄들을 위해서 몸이 상하셨고, 다른 죄악의 부분을 위해서는 상함을 받지 않으셨다고 말해야 한다. 결국 유기자의 죄는 둘로 구분되어야 할 것이다. 그리스도께서 십자가에서 속죄하신 부분과, 그들 자신이 지옥에서 해결해야 할 부분 두 가지로 말이다.

질문 혹자는 이렇게 물을지도 모른다. 율법에 대한 유기자들의 죄에 관하여 그리스도께서는 십자가 위에서 "조건적으로" 수난을 당하셨다고 말할 수 있지 않은가? 그리스도는 오직 그들이 믿는 것을 조건으로 수난을 당하신 것이며 다른 경우는 해당 사항이 없다는 설명이다.

답 첫째, 그리스도께서는 십자가 위에서 소위 유기자들을 위해 행하셨다는 것과 동일한 실제적 만족—저자들의 주장이다—을 유기자들뿐만 아니라 택자들을 위해서도 동일하게, "만일 그들이 믿는다면," 곧 조건적으로 행하셨다. 택자들 역시 그들이 믿었기 때문에 그리스도의 만족이 그들을 위해 지불된 것으로 인정되는 것이고, 불신자들의 경우는 그 만족이 그들의 것으로 수용되지 않은 것이다.

둘째, 그리스도의 만족 가운데 모든 죄가 아닌 일부 죄를 위해서만 수행된 만족이 있고, 최후의 불신앙과 같은 죄에 대해서는 수행되지 않은 것이 있다면, 이러한 논리는 타락한 천사들의 죄에도 적용되어야만 할 것이다. 그러나 이들을 위해 수행된 희생이나 그리스도의 죽음 가운데 이들에게 적용될 부분은 존재하지 않는다. 하나님의 작정에 의해 그리스도의 죽음은 마귀가 범한 어떠한 죄의 일부분이라도 씻어내지 않는 것처럼, 사람들의 최후의 불신앙의 죄를 정결케 하기 위해 적용되지 않을 것이다.

셋째, 하나님의 진노로부터 속량해 내시는 모든 이들을 위해(마 20:28; 딤전 2:6) 제시된 영원히 썩지 않는 어린양의 보혈과 동일한 값이, 그들의 모든 헛된 행실로부터 대속하시기 위해(벧전 1:18) 그리스도께서 죽으신 모든 자들을 사시는 데 동일하게 "조건적으로" —그들에게 믿음의 조건을 요구하셨다는 의미이다— 지불되었다. 이것 이외에 [성경에서] 하나 혹은 그 이상의 다른 조건을 제시해 보라. 만일 다른 조건이 제시될 수 없다면 그리스도께서는 십자가에서 어떤 이들을 위해서는 대속의 보혈의 값을 의도적으로 지불하신 것이고, 다른 이들에 대해서는 이와 동일하지 않은 의도로 값을 지불하셨음에 틀림없다고 말해야 할 것이다.

넷째, 만일 그리스도께서 모든 이를 위해 돌아가신 것이 그들이 실제로 믿었기 때문이 아니라, 그들이 믿을지도 모른다는 개연성에 근거한 것이라고 말하고자 한다면 다음의 성경구절들을 보라. 히브리서 13장 12절 "그러므로 예수도 자기 피로써 백성을 거룩하게 하려고 성문 밖에서 고난을 받으셨느니라." 히브리서 10장 10절, 요한계시록 1장 5-6절 "그의 피로 우리 죄를 씻으시고 하나님을 위하여 우리를 임금들과 제사장으로 삼으셨느니라." 로마서 12장 1절 "너희 몸을 하나님이 기뻐하시는 거룩한 산 제물로 드리라." 또한 에베소서 5장 26-27절을 보라. 하나님은 위대한 사랑의 계획에 기초하여 "이는 곧 물로 씻어 말씀으로 깨끗하게 하사 거룩하게 하시고 자기 앞에 영광스러운 교회로 세우사 티나 주름 잡힌 것이나 이런 것들이 없이 거룩하고 흠이 없게 하려 하심이라." 베드로전서 2장 24절 "친히 나무에 달려 그 몸으로 우리 죄를 담당하셨으니 이는 우리로 죄에 대하여 죽고 의에 대하여 살게 하려 하심이라." 갈라디아서 1장 4절 "이 악한 세대에서 우리를 건지시려고," 디도서 2장 14절 "그가 우리를 대신하여 자신을 주심은 모든 불법에서 우리를 속량하시고 우리를 깨끗하게 하사 선한 일을 열심히 하는 자기 백성이 되게 하려 하심이라."

또한 상기한 진술대로라면 그리스도께서는 모든 만민을 죄악으로부터 속량하시기 위해 죽으셨으며, 심지어 가장 큰 죄악인 최종적 불신앙의 죄와, 최종적 불신앙의 "헛된 행실"로부터 만민을 구속하셨다. 그리하여 그들로 하여금 죄에 대해 죽도록 하셨고, 특히 최종적 불신앙의 죄에 대해 그렇게 하도록 의도하셨다. 이는 결국 그리스도께서는 유기자와 택자 모두를 위해 값을 주고 믿음을 구입하셨고, 그들을 최종적 불신앙으로부터 구속하셨음을 의미한다. 만일 모든 사람이 그렇게 되기를 의지적으로 원하기만 한다면 말이다. 그러나, 프로스퍼가 말한 바대로, 만일 사람의 자유의지에 구속의 유효성을 부여한다면, 결국 하나님의 의지가 유효하거나 효과적이 되거나 혹은 효과를 상실하거나 약하게 되는 것의 여부는 인간의 의지에 따르게 되는 결과가 초래된다.[68] 이에 대해서는 살리스베리의 주교 데버넌트(Davenatius)가 정당하게 비판한 내용이다.[69] (만일 그의 사후에 출판된 저작이 그의 생애 후반기에 그에 의해 작성되었고 자신에 의해 수정된 작품일 경우를 가정한 것이다.) 그는 이러한 가르침을 펠라기우스의 질병과 같은 교리라고 비판했고, 실제로 파우스투스 레기엔시스(Faustus Rhegiensis, d.490)는 이것을 은밀하게 가르쳤다. 그는 이렇게 말했다. "주님은 사람의 선의와 악의를 갚아주는 존재로서, 원하고자 의지하는 자들을 구원하신다." 이러한 가르침은 펠라기안주의를 벗어나기 힘들다. 펠라기안주의에 따르면, 그리스도의

---

68) Prosper Carmi. *de ingrat.* c.13. "따라서 사람이 하나님의 자유의지를 유효하게 하거나 또한 유효하지 않도록 만든다."(*Ergo hominis valida arbitrio divina voluntas, aut etiam invalida est,* & *c.*)

69) Ioan Davenantius Episc. Salisburien. Dissert. *de morte Christi.* Impres. 1650. c. 1. pa. 6. "이것이 바로 종기와 같은 펠라기우스의 가르침으로서 파우스투스 레기엔시스가 은밀하게 가르친 것이다. [그에 따르면] 하나님은 보상하는 자로서 [사람의] 자원하는 의지를 구속하길 원하신다."(*Hoc enim est illud ulcus doctrinae Pelagianae, quod Faustus Rhegiensis hisce verborum integumentis conatur occultare, volentes Deus redemit, voluntatem remunerator.*) 그리스도의 죽음은 복음 언약에 의해 인류의 모든 사람과 각 개인에게-그들이 실제로 믿는 것을 조건으로 할 때-[보편적으로] 적용 가능한 치료제가 아니다.

죽음은 보편 구원의 적용점을 갖는다. 즉 하나님의 작정에 의해 그리스도의 죽음은 인류의 모든 사람과 각 개인을 구원하는 목적을 갖는다. 이는 크리스천과 이교도 모두, 그들이 실제로 믿을 경우에, 그들에게 [차별 없이] 적용된다. 그러나 선포된 그리스도를 수용하는 실제 믿음을 조건으로 하여, 그리스도께서는 전 인류를 구원받을 수 있도록 만드시는 죽음을 죽으셨다고 말할 수는 없다. 왜냐하면 영아들의 경우, 상식적으로 생각해 볼 때, 설교를 통해 선포된 그리스도를 [실제적 믿음으로] 적용할 수 없다고 판단되기 때문이다. 따라서 만일 그들이 실제로 믿음을 가져야만 하는 것이 하나님께서 정하신 규례라고 한다면, 그들은 [그의] 나라의 구성원이 될 수 없고, 세례를 받는 것으로부터 배제되어야만 한다.

첫째, 이러한 주장은 우리에게 어떤 위협도 될 수 없다. 왜냐하면 그러한 조건—곧 선포된 그리스도를 적용하는 것은 실제적 믿음의 조건에 기초한다는 조건—을 가견 교회 안에 태어난 유아들에게 적용하는 것을 옹호하지 않기 때문이다. 그 대신 우리는 유아들이 하나님과의 언약 속에 있다는 사실을 가르친다. 그리고 하나님은 그리스도 안에서 [자신의 택자들을] 영광과 구원에 이르도록 선택하는 작정을 하셨고, 택자들은 신앙을 고백하는 성인들뿐만 아니라 영아들까지 포함한다고 가르친다.

둘째, 하나님의 섭리 안에서 오늘날 이교도 가운데 너무도 많은 수가 아직 그리스도에 대해 한 번도 들어보지 못했거나 들을 수 없었다. 이는 쉽사리 극복할 수 없는 장애물이다. 따라서 하나님께서 실제적 믿음의 조건을 이들에게 그리스도를 적용하도록 작정하셨다는 것은 현실적으로 적용될 수 없다. 로마서 10장을 14절을 보라. "그런즉 그들이 믿지 아니하는 이를 어찌 부르리요 듣지도 못한 이를 어찌 믿으리요 전파하는 자가 없이 어찌 들으리요?" 필자가 보기에 다음의 예는 물리적으로 불가능하다. 예를 들어, 사탄을 숭배하는 어떤 인디언들의 예배가 있다고 하자, 거기에는 특정한 명칭이 있을 것이고 특정한 예식이 있을 것이다. 그런데 내가 만약 인디언에 대해서 한 번도 들어본 일이 없고, 그들의 신에 대해서, 혹은 그들의 예배에 대해서 들어본 일이 없다면, 어떻게 사탄을 예배하는 인디언의 존재를 알겠는가? 복음적인 방식으로 그리스도를 예배하는 일도 마찬가지일 것이다. 한 번도 그리스도를 들어본 적이 없는 자들에게 이것은 불가능한 일이다. 존재하지 않는 것(non ens)을 믿는다는 것은 불가능하다. 그들에게는 복음 안에서 제시된 그리스도는 없는 것이며, 따라서 하나님의 작정에 의해 [이러한 방식으로] 그리스도가 적용될 수는 없는 것이다.

셋째, 다음의 가르침은 성경에 기록되어 있지 않다. 즉 하늘 아래 모든 사람과 모든 개인들, 그리고 모든 나라에 실제적으로 그리스도가 선포되고, 생명이 제시되는 것을 하나님께서 작정하셨다. 이 견해에 따르면 그리스도께서는 그의 죽으심으로 하늘 아래의 모든 사람과 각 개인들, 그리고 모든 나라들의 죄로 인하여 훼손된 공의를 만족시키셨다. 단 최종적 불신앙의 죄만을 예외로 한다. 그리스도의 죽음이 공의를 만족시킨다는 앞부분의 내용은 성경과 경험으로 볼 때 분명한 사실이다. 하나님은 불가항력적으로 자신이 작정하신 바를 성취하신다. 그러나 이들이 주장하는 바대로 그리스도께서 위하여 돌아가신 대상의 수효만큼에게 하나님은 복음을 선포하시지 않았다. 이에 대해서는 그들 자신도 이렇게 가르칠 수밖에 없을 것이다.

2. 그리스도께서 한 명의 예외도 없이 모든 사람을 위하여 죽으셨다는 교리의 근거 없음에 대하여

또한 다음의 내용도 사실이 아니다. 선포된 복음 안에 계신 그리스도와 구원이 세계의 모든 각 나라와 모든 세대의 모든 사람과 각 개인, 곧 성인과 젊은이들 모두에게 실제적 믿음을 조건으로 하여 제시되는 것을 하나님은 일찍이 작정하셨다. 물론 이들은 그리스도께서 한 사람의 예외도 없이 모든 사람을 위해 돌아가셨다고 말한다. 그러나 그리스도께서 위하여 돌아가신 모든 사람 안에 포함되는 이교도의 영아들에게 복음이 [실제적으로] 제시되는 것을 하나님께서 작정하시지 않았다는 사실을 언급하지는 못한다.

하나님이 작정하신 대상과 관련하여 이 내용을 물리적으로 가능한 방식으로 이해하기 위해서 우리는 다음과 같이 말해야 할 것이다. 하나님께서는 언변의 은사를 세계 모든 나라와 각 나라 안의 모든 고백자들과 목사들에게 주셔서 그들로 하여금 그들의 모국어로 그리스도를 제시하도록 작정하셨다. 오늘날 그리스도에 대해 한 번도 들어보지 못한 많은 나라들이 있고 그들은 우리에게 흔한 라틴어나 그리스어 혹은 이 언어들로 기록된 저작들을 이해하지 못할 수 있음을 우리는 잘 알고 있다. 물론 우리는 복음전파를 위한 특별한 언어의 은사를—그것 없이는 복음을 소통하는 일이 물리적으로 불가능함— 하나님께서 사람들에게 베풀어 주시기로 작정하셨다는 사실을 계시된 말씀 속에서 발견하지도 못하고 그러한 은사를 알지도 못한다. 그렇다고 다음과 같이 말하는 것 또한 별 도움이 되지 못할 것이다. 즉 기독교인들은 반드시 세계의 모든 나라들을 여행하면서, 그들의 언어를 습득하여 복음을 전해야만 하고, 그렇지 않을 경우 그들은 죄를 짓는 것이다. 결국 이런 방식으로 복음이 제시되고 그리스도가 적용되도록 하나님은 작정하신 것이라는 생각이다.

답 #1 첫째, 그렇다면 기독교인들이 이교도 속에 섞여 살면서 하늘 아래 모든 나라들의 언어를 습득하기 이전에, 이교도 신앙 속에서 죽어가는 수많은 사람들, 또한 그들 가운데 늙은 사람들의 경우는 어떻게 되겠는가?

둘째, 사도행전 16장을 보라. 하나님께서 언어의 은사를 주신 사도들에게 성령님께서는 이 민족에게로는(마게도니아) 가라고 하시고 저 민족에게로는(비두니아) 가지 말라고 하시지 않았는가? 과연 오늘날도 복음을 전파하는 일에서 이와 같은 하나님의 부르심이 존재하지 않는가? 어떤 나라들은 복음을 전하는 자들을 죽일 것이고, 어떤 나라들은 기독교인들을 죽음에 이르도록 박해하고 받아들이지 않을 것이다. 그러는 사이에 소위 그리스도께서 위하여 죽으신 수많은 사람들은 멸망당할 것이다.

셋째, 과연 성경으로부터 다음 사실을 입증할 수 있는지 제시해 보라. 곧 기독교인들은 세계의 모든 민족들과 더불어 섞여 살면서, 그들의 언어를 배우는 의무를 지고 있으며, 그렇게 하지 않을 경우 죄를 범하는 것이다. 또한 다음 경우도 마찬가지이다. 내가 어느 나라에 방문하든지, 나는 다음과 같이 말해야 하는 의무가 있는가? "만일 당신이 그리스도를 믿는다면 당신은 구원을 받을 것이다."

답 #2 첫째, 상기한 말을 한다는 것은 그들에게 복음을 설교하는 경우에 해당하는 것이다. 단지 한 문장만을 말한 후에 그들에게 믿음을 의무 지울 수는 없을 것이기 때문이다. 만일 당신이 [이방] 민족들에게 복음을 전한다면, 이는 하나님의 택자들이 그곳에 있음을 의미한다. 그렇다면 그곳은 더 이상 이교도 나라가 아닌 것이다.

둘째, 만일 누군가에게 당신의 방식대로 다음과 같이 말해야 한다고 생각해보자. "그리스도께서는 당신의 모든 죄를 속죄하셨고, 전 세계의 모든 죄를 위하여 속죄하셨음을 당신은 반드시 믿어야 한다." 만일 이것을 복음의 원리로서 이교도에게 가르친다면 당신은 거짓말을 가르치는 것이다.

셋째, 내가 이러한 내용을 세계의 각 나라에게, 또한 그 안의 모든 사람들에게 실제로 말하고 설교할 수 있다는 것은 거짓이다.

넷째, 기독교인들이 세계의 모든 성인과 젊은이들에게 소통할 수 있다는 것 또한 물리적으로 가능한 일이 아니다. 또한 하나님께서 택자들의 의지에 강력하게 역사하여 그들로 하여금 믿도록 결정하시는 경우나 택자들만의 유효적인 구원을 논의하는 곳을 예외로 한 나머지 모든 곳에서 그들은 모든 것을 "자유의지"에게로 돌린다.

이들의 설명대로라면 하나님은 그리스도의 죽음 안에서 두 개의 서로 구분되는 의도를 소유하셨다는 말이 된다. 하나는 일반적 의도로서 모든 인류를 구원할 수 있도록 만드는 의도이다. 또 다른 하나는 특별한 의도로서, 택자만을 실제적으로 구원하려는 의도이다.

1) 그러나 그 누가 하나님 안에 다수의 의도가 중첩되어 있다고 믿을 수 있는가? 곧 한편으로는 진노로부터의 반쪽짜리 구원에 관한 의도가 있고, 또 다른 한편으로는 헛된 행실과 헛된 말 모두에 대한 진노로부터 구원하시는 온전한 구원에 관한 의도가 있다고 말할 수 있겠는가? 오히려 성경은 그리스도께서 유대인과 이방인의 세계를 위하여 성문 밖에서 고난을 받으사, 그가 위하여 돌아가신 백성을 거룩하게 하셨다고 말씀하지 않는가?

2) 다음의 상호 모순되는 두 가지를 하나님께서 명령하셨다고 무엇이 보장하겠는가? 곧 그리스도께서는 십자가에서 유기자들의 죄를 담당하셨으나, 그들이 죄악 중에 죽을 것을 의도하지 않으셨다. 또한 유기자들의 죄를 속량하셨으나 동시에 그들의 모든 죄악을 속량하신 것은 아니다. 과연 유기자들은 사랑받고 씻김을 받았으나 그들을 하나님께 대하여 왕과 제사장으로 삼으신 것은 아닌 것인가? 그리스도께서는 많은 이들의 죄악을 위해 상함을 당하셨으나, 과연 그의 평화를 위한 채찍을 그들에게는 적용시키시지는 않으신 것인가?

3) 모든 사람과 각 개인을 위한 [그리스도의] 죽으심은, 소위 그 조
건이 죽음을 가리키는 것인 한, 조건적-즉 "만일 그들이 믿는다
면"-일 수 없다. 왜냐하면 이것이 의미 있는 진술이 되기 위해서
는 믿는 것이 죽으심에 선행해야 하기 때문이다.

첫째, 실제적으로 이것은 분명한 오류에 해당한다. 왜냐하면 그
리스도께서 위하여 돌아가신 대다수는 그리스도께서 그들을 위
하여 돌아가셨을 때에는 아직 존재하지도 않았거나 믿음을 가지
지 않았기 때문이다.

둘째, 또 다른 가능성으로는 하나님의 예지를 생각할 수 있다. 그
러나 이것은 그들 자신의 원칙을 깨뜨리는 것이다. 왜냐하면 하
나님께서 인류 전체와 각 개인이 믿음을 가질 것을 예지하시면
서 모든 사람과 각 개인을 위해 돌아가셨다는 것은 있을 수 없기
때문이다. 왜냐하면 하나님은 유기자들이 믿음을 가진다는 것을
예지하실 수는 없기 때문이다. [그리스도의] 죽음 혹은 대속의
조건이나 그의 보혈로 속전을 지불하는 것—이 표현들은 모두
동일한 하나의 것이다—은 반드시 그리스도의 죽음을 다수 혹
은 만인을 위한 죽음으로—그들이 믿는다는 것을 조건으로 하여
— 수용하시는 하나님께로 돌려져야만 한다. 그런데 하나님께서
는 그들이 실제로 믿음을 가진다는 것을 조건으로 모든 사람과
각 개인을 위해 지불된 속전을 수용하시거나, 아니면 모든 사람
과 각 개인이 믿을 것을 예지하신 이후에야 그것을 수용하시게
된다. 그러나 주지하다시피 이 두 가지는 모두 명백한 오류이다.
따라서 이 주제에 관해 그들은 우리가 말하는 바를 자신들 역시

말하면서 그들 스스로 모순되는 진술을 말하기도 한다. 즉 신자들 곧 오직 신자들만이 그리스도께서 위하여 죽으신 대상이라는 진술이다. 우리가 앞서 말한 바에 따르면, 약속은 가견 교회 안의 모든 이들에게 조건적으로 주어진다. 그러나 여기서 조건적이라고 하는 것은 오직 약속된 혜택에만 관련하는 것이다. 즉 우리가 믿는 한, 우리는 죄로부터의 사면과 생명을 소유하게 될 것이다. 그렇지 않은 경우에는 그렇게 하지 못할 것이다.

그러나 이제 가견 교회 안의 모든 구성원들에게 주어진 언약적 약속이 존재한다. 이는 모든 고백자들에 의해 수용되고 동의된 것이다. 이들 스스로 고백했을 수도 있고, 혹은 이들의 부모가 고백하고 동의할 수도 있다. 이들은 모두 언약적인 방식으로 연결되어 있으며 그들 자신이 주님의 백성이라고 고백한다. 그리고 하나님을 그들의 하나님으로 간주한다. 이는 그들이 [실제적으로] 하나님께 순종하고 그를 믿느냐의 여부에 좌우되는 것이 아니다. 비록 마음에서의 권리와는 무관할지라도 그들은 하나님과 더불어 언약 안에서 서로를 묶은 [언약] 백성이다. 신명기 29장 10-14절을 다음 구절들과 비교해 보라. 신명기 29장 21-23절, 신명기 31장 27절, 여호수아 24장 22절, 또한 사사기 2장 12-13절과 비교해 보라.

[그들에 따르면] 하나님께서는 그리스도께서 위하여 죽으신 모든 자들을 절대적 의미에서 구원하시고자 의도하신다. 또한 그의 죽으심으로 말미암아 하나님은, 지옥과, 불신앙과, 혹은 헛된 행실과(벧전 1:18), 모든 죄악과(딛 2:14), 그리고 이 악한 세대(갈

1:4)로부터-이는 결국 이 악한 세대 안에서 가장 큰 죄인 최종적 불신앙의 죄까지 포함한다- 그들을 구해 내시기 위해 값을 지불하시기를 의도하신다.

그러나 다음 사항에 대한 성경의 기록은 사례별로 매우 다양하다. 즉 그리스도께서 아무 조건 없이 사람들을 불신앙과 모든 죄악으로부터 구해 내기 위해 속전을 지불하셨고, 이 값은 무조건적으로 주어졌으며, 그리스도께서는 십자가에서 이들의 죄를 실제로 담당하시고 값을 지불하여 얻으신 은혜로 말미암아 이들 모두가 믿게 되고 거룩하게 되는 일(히 13:12; 벧전 2:24) 등에 해당한다. 일례로 도마의 죄를 들어보자. 그는 그리스도의 부활을 믿는 것을 거절했다. 베드로의 경우, 그의 죄는 사람들 앞에서 주님을 부인한 것이다. 신자들이 의롭다 함을 받고 접붙여진 이후에 짓는 복음에 대한 죄악들은 율법에 대한 것일 뿐만 아니라 은혜 언약에 대하여 짓는 죄임에 틀림없다. 게다가 사람들 앞에서 그리스도를 부정하는 것에는, 그들이 회개하지 않을 경우, 영원한 죽음에 대한 무서운 저주가 첨가되어 있다(마 10:32; 막 8:38). 또한 가견 교회 안에 있는 사람들 가운데 그리스도를 수용하지 않는 자들은 소돔과 고모라 주민들의 경우보다 더욱 어려운 상황에 직면할 것이다(마 10:14-15).

이런 구절들에 비추어 볼 때, 과연 불신앙에게만 영원한 죽음의 처벌이 주어질 뿐, 복음에 반대하여 범해지는 다른 죄들에 대해서는 그러한 처벌이 없다고 말할 수 있겠는가? 성경은 그렇게 말하지 않는다. 가견 교회와 하나님의 언약 안에 머물고 있는 사람들의 경우도 최종적인 불신앙으로 인해서만 정죄를 받는 것이 아니라 불의, 음행, 우상숭배, 간음 등의 죄로 말미암아 정죄를 받는다고 성경은 말한다(고전 6:9). 또한 "음행하는 자나 더러운 자나 탐하는 자"(엡 5:5-6), "살인자들과 음행하는 자들과 우상 숭배자들과 거짓말하는 자들"(계 21:8; 22:15)의 경우도 마찬가지이다. 그들의 "모든 경건하지 않은 일과 모든 완악한 말로 말미암아," 또한 "모든 불순종"에 대해(유 15; 벧후 2; 고전 4:5; 마 12:36-37; [고후 10:6]) 이들은 영원한 심판을 받을 것이다.

만일 그리스도께서 유기자들의 모든 죄를 위하여 수난을 받으신 것이 사실이라면, 앞서 성경에 기록된 그들의 죄악들로 인해 그들이 어떻게 심판과 정죄를 받을 수 있겠는가? 도대체 그들로 하여금 정죄를 받도록 하는 유일한 죄책은 [최종적] 불신앙이라는 말이 성경 어디에 있는가? 또한 이교도가 정죄를 받는 것은 복음을 믿지 않는 불신앙 때문이라고 주장하지만 다음의 구절들을 보라. 소돔과 고모라(마 10:15), 니느웨 사람들(마 12:41), 두로와 시돈(마11:21), 그리고 "율법 없이 범죄한 자들"(롬 2:12-15)은 모두 복음의 죄책으로부터는 자유로우나 율법에 대해 범한 죄로 인해 정죄를 받았다.

그들은 또한 같은 방식으로 이렇게 말한다. 모든 사람과 더불어 맺어진 복음 언약이 있는데 이것은 심지어 한 번도 복음을 들어 본 일이 없는 수많은 이교도를 포함한다. 이들은 그 어떠한 신앙 고백에 의해 주님과 더불어 언약을 맺고, 그리스도 안에서 주님을 그들의 주님으로 고백한 일이 없는 자들이다. 그럼에도 그리스도께서는 나무 위에서 그들의 죄를 담당하시고, 만일 그들이 믿기만 한다면, 그의 보혈을 그들에게 적용시키신다고 그들은 주장한다.

이로써 그들은, 많은 이들이 결코 들어본 일도 없었던 은혜 언약을 완전히 파괴해야만 한다. 또한 이들이 정죄를 받는 것은 최후에 행한 마지막 죄—일례로 동성애, 탐욕, 부모 살해 등의 죄—로 인한 것이라고 가르친다. 왜냐하면 복음이 죽음의 위협을 가하는 죄는 오로지 최종적 불신앙뿐이기 때문이라는 것이다.

3. 복음을 거스르는 죄들은 동시에 율법을 거스르는 죄들이다.

그러나 복음에 대하여 범해진 죄들 가운데 또한 율법에 대하여 범한 것이 아닌 죄는 존재하지 않는다. 성육하신 하나님, 곧 임마누엘의 하나님은 분명 하나님이시다. 그분은 사람의 본성을 취하신 것 때문에, 성부 하나님과 동일본질이신 하나님이신 것을 한순간도 그만두신 것이 아니다. 그렇다면, 하나님의 명령이 계시되었을 때, 첫 번째 계명이 아브라함으로 하여금 그의 아들 이삭을 희생 제물로 바치도록 의무 지웠던 것처럼, 또한 첫 번째 계명에 의해, 모세와 백성들은 그들이 이집트로부터 구원을 받을 것을 믿어야 했던 것처럼, 그리고 오늘날 그 첫 번째 계명이 우리로 하여금 계시되었거나 앞으로 계시될 하나님의 모든 계명들과 약속들, 그리고 죽음의 위협들을 믿고 순종할 것을 의무 지우는 것이 사실이라면, 또한 주님은 하나님이시기 때문에, 이 동일한 명령에 의해 우리는 구원자이자 임마누엘의 하나님이신 그리스도를 믿어야만 한다. 같은 맥락에서 만일 구원자 하나님이신 그리스도를 최종적으로 불신하고 경멸하는 것은—복음 안에서 금지되고 위협된 죄에 해당할 뿐만 아니라— [율법의] 첫 번째 계명을 직접적으로 범하는 죄가 된다. 다름 아닌 구원자 하나님이신 그리스도를 믿지 않고 경멸한 죄인 것이다.

엄밀하게 말해, 믿음과 최종적 믿음, 불신앙과 최종적 불신앙 등의 구분은 지속되는 기간이라는 우연적 요소에서의 구별일 뿐, 그것의 속성과 본질에서의 차이는 아닌 것이다. 마치 어떤 장미는 한 달 동안만 자라지만, 동일한 본성의 다른 장미는 약 삼 개월 동안이나 지속적으로 자라고 번성하는 것과 비교할 수 있다. 그렇지 않다면 마태복음 16장 17절에서 그리스도는 베드로를 향해 "네가 복되도다"(Μακάριος εἶ)라고 말하실 수 없었을 것이다. 만일 베드로가 마지막 순간에 이르기까지 복되지 않았다면, 주님은 현재에 그가 믿는 것만을 보고 그렇게 말씀하시지 않았을 것이라는 사실이다. 이는 마치 솔론(Solon)이 행복한 자에 관해 말한 진술과도 부합한다.[70] [소위 최종적 불신앙에 관한] 그들의 가르침은 우리의 믿음을 전복시키거나, 연약한 신자가 가진 평화와 소망 그리고 위로를 파괴할 뿐이다. 성경은 오히려 이들에게 의심할 수 없는 견인의 약속을 확실하게 주셨다. 다음의 구절들을 보라. 예레미야 31장 31절과 35절, 예레미야 32장 39-40절, 이사야 54장 10절, 이사야 59장

---

70) 솔론 (Solon, BC 638-558): "아무도 죽어서 장사되기 전까지는 행복하다고 불려서는 안 된다." (*Dicique beatus ante obitum nemo supremaque funera debet*)

20-21절, 요한복음 4장 14절, 요한복음 10장 27-28절.

만일 "최종적 불신앙" 안에 첫 번째 계명에 대한 범죄의 형상인이 존재한다고—가룟 유다와 다른 배교자들 안에서 다른 죄들을 배제한 채 단지 불신앙 자체만을 고려할 때— 가정해 보자. 만일 그리스도께서 그들의 다른 죄들, 곧 [최종적이 아닌] 불신앙의 죄를 그의 몸으로 담당하셨고 그것을 위해 속죄하신 것이 분명하다면, 도대체 그리스도께서 그들의 최종적인 반역과 불신앙의 죄까지도 담당해 주시지 않을 이유는 무엇이란 말인가? 과연 그리스도께서 십자가에서 그의 보혈로 만족의 속전을 지불하실 때, 가룟 유다가 어저께 믿지 않은 죄에 대해서는 값을 치르시고, 다른 날에 믿지 않은 죄에 대해서는 값을 지불하지 않으셨다는 사실을 우리가 믿어야 하겠는가?

4. 어떤 의미에서 율법은 의롭게 하는 믿음과 회개를 명령하며 또한 어떤 의미에서 그렇지 않은가?

질문 다음의 진술에 대해서 우리는 어떻게 이해하는가? 그 누구도 복음 언약을 파괴할 수는 없다. 왜냐하면 그것은 영원한 언약이기 때문이다.

답 그것은 영원한 언약이다. 그러나 사랑의 계명과 우리의 임마누엘이신 주님의 권위에 대해 죄를 범하는 모든 자들은—특히 그들이 주님의 백성이라고 스스로 고백하는 경우— 그들은 참으로 언약을 파괴하는 것이다. 그러나 이들이 언약을 파괴하는 경우라도, 만일 이들이 회개하고 믿는다면, 생명의 언약은 파괴자들에게나 다른 이들에 대해서 더 이상 언약이기를 멈춘 것이 아니다. 이것이 바로 이 [은혜] 언약의 속성이다. 그리하여 영원한 언약인 것이다. 이와 대조적으로 행위 언약은 한 번 파괴되었을 때, 생명의 언약이기를 멈추었다. 그 어떤 회개의 기회를 인정하지 않는 것이 그 [행위] 언약의 속성이었기 때문이다.

반론 하나님께 범죄한 죄인을 향해 율법 역시 슬퍼하고 겸손하며 죄를 고백하라고 명령하지 않는가?

답 사실이다. 그러나 율법은 회개를 생명의 길로서 명령하지 않는다. 회개하는 자에게 생명의 약속을 첨가하지 않는다. 오히려 율법, 혹은 행위 언약은 이 언약에 고유하게 속한 사람들에게 "순종"을 명령한다. 이들에게 있어 각 개별적인 순종의 행위는 모두 보상으로 주어지는 율법의 생명을 획득하는 길이다. 또한 행위 언약으로서의 율법은 의롭게 하는 믿음과 구원자 혹은 임마누엘의 하나님에 대한 신뢰를 명령하지 않는다. 오히려 자연법으로서의 율법 혹은 속량하시고 구원하시는 하나님께 대한 감사의 법으로서의 율법이 이 일을 행하는 것이다. 물론 복음은 특별한 언약의 방식으로 우리에게 그리스도를 믿을 것을 명령한다.

반론 그러나 구원자 하나님에 대한 불신앙의 죄만이 은혜 언약에 대한 유일한 범죄로 간주되지 않는가? 죄에 대한 유일한 치료제를 거절하는 사람으로서 믿지 않는 자가 정죄를 받는 것이 아닌가?

답 첫째, 단지 은혜 언약의 파기만을 정죄의 타당한 원인이라고 말하는 것은 너무나 범위를 좁히는 것이다. 왜냐하면 너무나 많은 수의 이교도는 그리스도에 대해 결코 들어보지 못했고, 행위 언약을 제외한 다른 언약 아래에 있지 않았음에도 정죄를 받기 때문이다. 그들의 정죄는 그들이 한 번도 들어보지 못한 대상을 믿지 않은 것에 기인하지 않는다(롬 10:14). 또한 은혜 언약을 파기한 것 때문도 아니다. 다만 행위 언약을 범한 것으로 인해 정죄를 받는 것이다.

둘째, 가견 교회 안에서 멸망당하는 사람들에게 있어서는 정죄의 가장 가까운 원인을 불신앙이라고 말할 수 있을 것이다. 그들은 의도적으로 환자의 질병을 치료할 수 있는 유일하고도 확실한 치료제를 거절한다. 그러나 그들의 죽음을 야기하는 것은 도덕적 원인이다. 질병 그 자체는 그 사람의 죽음을 야기하는 물리적 원인, 혹은 질료적 원인이라고 말할 수 있다. 물론 불신앙의 죄 이외에도 더러움, 탐욕, 점술, 거짓말, 우상숭배를 비롯하여 다른 많은 죄악들 역시 의심할 바 없이 많은 가견적 고백자들이 정죄당하는 원인들이다. 이런 죄악들에 대해서는 다음 구절들을 보라. 고린도전서 6장 9절, 에베소서 5장 5-6절, 요한계시록 21장 8절, 유다서 6-8절, 베드로후서 2장 17절과 10-13절, 데살로니가후서 2장 9-10절, 베드로전서 4장 3-4절, 베드로후서 2장 2-5절 등이다.

이러한 사실에도 그들은 다음과 같은 방식으로 설명한다. 그리스도께서는 십자가에서 이 모든 죄악들을 속죄하셨다. 가견적 고백자들 가운데 저주받은 이들이 지옥에서 고통을 당하는 것은 오로지 최종적 불신앙의 죄 때문이다. 이러한 설명, 곧 그리스도와 그들 모두 율법에 대하여 범한 동일한 죄들로 인해 속죄의 심판을 감수하는 고통을 받는다는 것은 정당하게 보이지 않는다. 또한 그리스도께서 누군가를 위해 죽으셨으나 그들의 죄를 위해 죽은 것은 아니라는 설명 또한 낯선 것이다. 왜냐하면 성경은 죄를 위한 죽음이라는 말씀을 사용하고 있기 때문이다. 로마서 4장 25절을 보라. "예수는 우리가 범죄한 것 때문에 내줌이 되고 또한 우리를 의롭다 하시기 위하여 살아나셨느니라." 또한 이와 같은 방식으로 [요한1서 2장 2절은] 이렇게 말씀한다. "우리만 위할 뿐 아니요 온 세상의 죄를 위하심이라." 그리스도는 죄인을 위해 죽으셨다. "백성의 죄를 위해 화목을 이루려 하심이라." 여기서의 백성은 죄를 범한 백성, 혹은 죄인들이다. 히브리서 9장 28절을 보라. "그리스도도 많은 사람의 죄를 담당하시려고 단번에 드리신바 되셨고." 즉 그리스도께서는 그가 위하여 돌아가신 수많은 죄인들의 죄를 담당하셨다는 의미이다. 히브리서 10장 12절을 보라. "오직 그리스도는 죄를 위하여 한 영원한 제사를 드리시고 하나님 우편에 앉으사." 그리스도께서는 먼저 죄인들을 위한 제사를 드린 후에 앉으신 것이라고 말한다. 베드로전서 3장 18절은 "그리스도께서도 단번에 죄를 위하여 죽으사"라고 말한다. 곧 죄인들을 위해 죽으신 것이다. 고린도전서 15장 3절을 보라. "내가 받은 것을 먼저 너희에게 전하였노니 이는 성경대로 그리스도께서 우리 죄를 위하여 죽으시고"라고 말하며 그리스도께서 우리 죄인들을 위해 죽으셨다고 말한다. 또한 요한1서 3장 5절을 보라. "그가 우리 죄를 없애려고 나타나신 것"이라고 말한다. 요한1서 4장 10절을 보라. "사랑은 여기 있으니... 하나님이 우리 죄를 속하기 위하여 화목 제물로 그 아들을 보내셨음이라." 또한 요한계시록 1장 5절을 보라. "우리를 사랑하사 그의 피로 우리 죄를 씻으시고... 영광이 있을지어다." 또한 갈라디아서 1장 4절을 보라. "우리 죄를 대속하기 위하여 자기 몸을 주셨으니."

이제 이들 저자들이 가르치는 내용이 그대로 주장될 수 없다는 사실은 상기한 구절들—곧 그리스도는 세상의 죄를 위한 속죄임을 말하는 구절들—에서 분명하게 입증되었다. 이들에 따르면, 그리스도께서는 그가 위하여 죽으신 택자들의 죄뿐만 아니라 전체 가견 교회의 죄를 가져가셨다고 말한다. 또한 그의 죽으심을 통해 그리스도는 어떤 죄들을 가져가셨지만, 어떤 죄들을 위해서는 수난을 당하지 않으셨다. 곧 모든 죄을 위해—곧 죄인들의 최종적 불신앙을 위해서는— 고난을 받으신 것은 아니라는 것이다. 만약 이것이 사실이라면 우리는 그리스도께서 최종적 불신앙을 위해서는 수난을 당하셨다고 가르칠 수 없게 된다.

사실 우리 역시 이를 인정한다. 그러나 다음으로 우리는 이렇게 말한다. 그리스도께서는 최종적 불신자들과 그들의 다른 죄들을 위해서는 수난을 감수하지 않으셨다. 왜냐하면 그리스도의 수난은 그가 하나님께로 이끌기 원하시는 죄인들의 인격과 죄를 위해 요구된 것이기 때문이다(벧전 3:18). 고린도후서 5장 19절을 보라. "곧 하나님께서 그리스도 안에 계시사 세상을 자기와 화목하게 하시며 그들의 죄를 그들에게 돌리지 아니하시고"라고 말씀한다. 따라서 죄를 용서받고 의롭다 함을 받은 세계가 틀림없이 존재한다. 이는 분명 복을 받은 세계이다. 마치 바울과 다윗이 시편 31편 1-2절과 로마서 4장에서 가르치는 바와 같다.

이 나라는 또한 하나님께 사랑을 받는 나라이다(요 3:16). 그리고 하나님의 구별하시는 사랑을 따라 선택받은 세계이다. 이 하나님의 사랑은 인류 가운데 일부, 곧 어리석고 다양한 정욕을 섬기던 자들을 구원하시는 사랑이고, 또 다른 이들은 구원하시지 않는다. 따라서 분명 사랑과 자비의 예정, 곧 그의 "기쁘신 뜻에 따른 사랑"(amor εὐδοκίας)의 예정이 존재하는 것은 틀림없는 사실이다. 이 예정이 전 세계의 모든 이들에게 공통적이 아니라는 사실은 분명하다. 디도서 3장 3-5절과 에베소서 2장 1-5절을 보라.

이제 우리는 하나님께서 소위 사랑받는 이 세계에게 율법에 대한 그들의 죄를 전가하시지는 않으시면서, 반역과 최종적 불신앙의 죄에 대해서는 동일한 세계에게 그 죄들을 전가시키신다고 주장하는 것의 근거가 무엇인지 찾고 있다. 또한 같은 맥락에서 사람들을 위해 흘리신 그리스도의 보혈이 하나님과 그들을 화해시키는 한편 동시에 그들을 진노 가운데 내버려 둘 수 있는지, 과연 그 근거는 무엇이겠는가? 한편으로 시편 32편 1절에서 다윗이 고백한대로 하나님은 그들의 죄를 그들에게 전가하지 않으시고 그들을 복되게 만드시면서, 동시에 다른 한 편으로 최종적 불신앙은 그들에게 전가하여 그들을 저주 가운데 그대로 두실 수 있다고 말할 수 있는 근거가 과연 무엇인가?

이에 대해 만일 최종적 불신앙은 율법을 어기는 것이며 동시에 복음에서 유일하게 금지된 것으로 간주될 수 있다고 말한다면 이는 그다지 도움이 되지 못하는 대답이다. 전자의 측면에서 본다면, 그리스도는 율법을 어긴 것으로서의 최종적 불신앙을 위해서는 수난을 받으셨으나, 후자의 측면에서는 그렇지 않다. 만일 무법함(ἀνομία), 곧 최종적 불신앙과 첫째 계명 사이의 대립—이는 하나님께 대한 반역이 육체에 현현한 것이다—이 십자가에서 그리스도에 의해 속죄된 것이라면, 어떻게 최종적 불신앙이 그 사람을 정죄한다고 말할 수 있겠는가? 그것은 분명 그 사람을 정죄하고 있음에 틀림없는데 말이다. 이에 대해서는 요한복음 3장 18절과 36절, 8장 21절과 24절을 보라. 이런 식으로라면, 결국 우리가 믿고 있는 바대로, 그리스도께서는 최종적 불신앙을 위해 돌아가시지 않았다는 말을 할 수 없게 되는 것이다.

최종적 불신앙 안에 존재하는 무법함(ἀνομία)과 하나님의 율법을 혐오하는 요소들 가운데 과연 행위 언약과 은혜 언약 모두를 (동일하게) 혐오하지 않는 요소가 있겠는가? 또한 은혜 언약을 혐오하는 것이라면 이와 동시에 율법을 또한 반대하지 않겠는가? 물론 필자는 율법과 은혜 언약이 결코 동일한 것이 아니며, 또한 동일한 방식으로 믿음을 명하고 불신앙을 금하는 것이 아님을—독자들은 신중하게 관찰해 주기를 바란다— 인정한다. 여기서 필자는 행위 언약과 은혜 언약을 구체적이며 형상적으로 서로 다른 두 개의 언약으로 말하고 있다.

첫째, 율법으로서의 율법은 믿음을 명령할 때, 가장 높은 수준의 믿음을 요구한다. 마치 율법이 모든 순종의 행위를 요구할 때 그렇게 하듯이 말이다. 또한 동일한 수준에서의 복음적 회개를 요구한다. 왜냐하면 율법은 모든 순종을 가장 정확하고 온전한 형태로 명령하며, 만일 믿음이 비록 신실하고 살아 있을지라도 무엇인가 죄와 관련하여 결여되어 있는 믿음은 적극적으로 정죄하기 때문이다. 한편 복음이 요구하는 것은 오로지 신실한 믿음이다. 그리고 그 믿음이 비록 가장 완전한 것이 아니라 할지라도 그것으로 인해 그 믿음을 정죄하지 않는다. 물론 속전을 지불해준 대상에 대한 감사의 법—이 법은 두 가지 언약 모두에 해당된다—은 우리에게 최고 수준의 믿음을 요구한다. 왜냐하면 그리스도께서 우리에게 먼저 최대의 사랑을 표현해 주셨기 때문이다(요 3:16; 요 15:13).

둘째, 율법으로서의 율법은 단지 최종적인 믿음만이 아니라 임마누엘[의 하나님]에 대한 영원한 믿음을 요구한다. 또한 우리가 하나님의 형상을 가지고 출생한 후로 살아가는 모든 순간에 믿음을 가질 것을 요구하며, 그렇지 못할 경우 저주의 고통을 감수할 것을 요구한다. 그러나 은혜 언약의 경우는, 회개를 인정하기 때문에, 온유함과 관용과 그리스도의 인내를 제시한다. 또한 은혜 언약은 [시간적인 제약조건 없이] 믿음에 대해서는 언제나 만족한다. [포도원 품꾼의 비유에서처럼] 그들은 하루 중 어느 때이든지 들어올 수 있다.

셋째, 율법은 율법적 생명에 대한 약속을 가지고 믿음을 요구한다. 한편 은혜 언약은 믿음을 요구할 때, 복음적 생명에 대한 약속과 더불어 믿도록 하는 은혜까지 약속한다.

넷째, 율법은 죄인에게 그리스도에 대한 믿음을 언약의 방식—즉 [믿음]의 행위를 법적으로 보상하는 방식—으로 요구하지 않는다. 율법은 모든 사람을 죄인으로, 또한 본성상 언약을 파괴한 자로서 간주한다. 따라서 언약을 파기한 자들과 더불어 계약을 맺을 수 없고, 그들에게 언약의 방식을 따라 생명을 약속할 수 없다. 이 [행위] 언약은 이미 생명의 언약으로서 존재하는 것을 멈추었고, 정죄의 기능만을 수행할 뿐이다. 또한 이제 "육신으로 말미암아 연약하여 할 수 없는"(롬 8:3) 이유로 인해 사람을 의롭게 만들거나 구원하는 것이 불가능하게 되었다.

5. 유기자들은 어떤 의미에서 여전히 행위 언약 아래에 있고 어떤 의미에서 그렇지 않은가?

요컨대 모든 유기자들은 다음의 방식으로 행위 언약 아래에 존재한다. 곧 그들은 파괴된 언약의 징벌을 당하는 고통을 받을 수 있다는 의미에서는 [행위] 언약의 당사자들이라고 말할 수 있다. 물론 과거 아담의 경우처럼 공적으로 역할하는 언약당사자라고 말할 수 없다는 의미에서는 그렇게 말할 수 없다.

만일 그리스도께서 "율법으로서의 율법"을 범하는 것으로서의 최종적 불신앙을 위해 수난을 당하시는 것이라면, 이제 유기자들에게는 오로지 복음에 대한 범죄로서의 최종적 불신앙만을 물어야 하는데 이것이 어떻게 가능하겠는가? 소위 구원자로서의 하나님께 대해서만 행해진 모든 잘못이라는 것도 사실상 하나님께 대한 죄이기 때문이다. 이는 곧 첫째 계명을 어기는 것이다. 물론 최종적 불신앙이 가지고 있는 요소는 바로 죄인과 죄인의 구세주 사이를 가로막고 악화시키는 빗장 지른 문 혹은 철문에 가장 가깝다는 사실을 필자는 부인하지 않는다. 그러나 그러한 빗장을 지르는 행위는 곧 [구세주에 대한 죄일 뿐 아니라] 율법을 범하는 죄인 것이다.

아울러 복음을 들었으나 정죄를 받은 자들에게 있어 그들이 정죄 받은 근거가 되는 원인이 오로지 최종적 불신앙 때문이라고만 말할 수도 없다. 왜냐하면 요한계시록 21장 8절이나 18장 7절 등을 보면, 최종적 불신앙[의 죄] 이외에도 살인자들과 음행하는 자들과 기타 사람들은 그들이 범한 율법으로 인해 지옥에서 영원히 고통을 받기 때문이다.

생명 언약
·
21

1. 중보자이신 주님께서 은혜 언약 안에서 우리에게 명령하신 선행은 행위 언약 안에서 명령하신 것과 동일한 것인가?

질문 #1 과연 중보자이신 주님은 중보자로서 우리에게 행위 언약 안에서 명령하신 것과 동일한 선행을 은혜 언약 안에서도 명령하시는가?

답 명령된 것 자체의 질료, 곧 명령된 사물(*quod rem mandatam*)을 따라서 말하자면, 주님은 우리에게 동일한 것을 명령하시고, 또한 중보자로서도 모든 개인 한 사람 한 사람에게 도덕적 의무를 부과하신다. 왜냐하면 주님은 계명들 가운데 가장 작은 것 하나라도 풀어놓으실 수 없기 때문이다. 한편 명령하는 방식을 따라서는(*quod modum mandandi*) 두 가지가 서로 동일하지 않다. 과연 그것들이 속성에 있어 서로 다른 명령인지의 여부를 따지는 논쟁을 하는 것은 불필요할 것이다. 중보자께서는 입법자와 창조주로서 행사하시는 권위에 근거해서 순종을 명령하실 뿐만 아니라 구세주로서도 복음의 동기에 기초하여 의무적인 사랑을 명령하시기 때문이다. 이러한 맥락에서 주님은 그의 계명을 지키는 것—만일 그들이 주님을 사랑한다면(요14)—을 가리켜 사랑이라고 하셨다. 곧 사랑의 새 계명이다.

2. 그리스도는 택자들에게는 복음적인 방식으로, 유기자들에게는 이와 다른 방식으로 책임을 부과하신다.

질문 #2 과연 중보자이신 주님께서는 은혜 언약 안에서 동일한 선행을 모든 사람에게 동일한 방식으로 명령하시는가?

답 로마서 3장 19절을 보라. 주님께서는 한편으로 율법 아래에 있는 자들에 대해서는 율법 안에서 율법의 심판권과 정죄하는 능력을 말씀하고 있음에 틀림없다. 그러나 율법 아래에 있지 않은 다른 사람들에 대해서는 완전히 다른 방식으로 말씀하신다.

심지어 명령하는 내용이 복음적인 것일 때조차도 그리스도께서는 가견 교회 안에 있는 유기자들, 곧 은혜 언약의 당사자가 아닌 자들에게는 율법의 의도를 가지고 율법의 방식으로 말씀하신다. 사실 그들에게 법적인 권위 이외의 다른 근거들-곧 그들에게 부여된 구속적 사랑에 기초한 것이라든지 아니면 모든 개별자를 구원하시는 사랑의 발로에서 그가 죽으셨다는 사실에 기초한 근거 등-에 기초하여 순종을 명령하실 수 없기 때문이다. 물론 우리는 상기한 후자의 근거를 부인한다. 주님께서 돌아가신 것은, 그가 선택하신 자들로서 그들을 구원하시려는 특별한 계획에 근거한 것이기 때문이다. 또한 우리가 믿기 전까지는 순종에 대한 근거는 존재하지 않는 것이기 때문이다. 혹 유기자들이 구속의 사랑이라는 근거에 기초하여 순종해야 한다면 그들은 만민의 구세주이신 그리스도를 먼저 믿고, 그리스도를 신실하게 의지해야 한다.

한편 주님은 그의 택자들에게 심지어 중보자로서도 율법의 순종을 명령하신다. 첫째, 그들을 그리스도에게로 보내려는 복음적 의도에 기초해서 그렇게 하신다(갈 3:23). 둘째, 그들을 울타리 안에 보호해 두시기 위해 율법의 위협을 사용하신다. 그리하여 그들로 하여금 경건한 두려움 가운데 그리스도에 좀 더 밀착시키신다. 물론 이런 경우라도 주님께서는 신자들로 하여금 그들이 행한 것의 대가로 지옥이 주어질 것이라는 사실을 믿도록 결코 명령하시지 않는다. 비록 지옥 가는 것이 마땅하더라도 오히려 견인과 생명에 대한 믿음을 가질 것을 명령하신다. 이런 맥락에서 디모데전서 1장 9절을 보라. 율법은 의인을 위해 세운 것이(χεῖται) 아니라고 말씀한다. 마치 하나님께서 그들을 정죄하시기 위해 그들에게 파멸의 길을 열어놓으신 것이 아니라는 의미이다. 오히려 율법은 불법한 자들을 비롯한 다른 자들을 위한 것이라고 말씀한다. 그리하여 그들로 하여금 저주를 받도록 하고, 또한 그 저주를 목도하게끔 세워진 것이다.

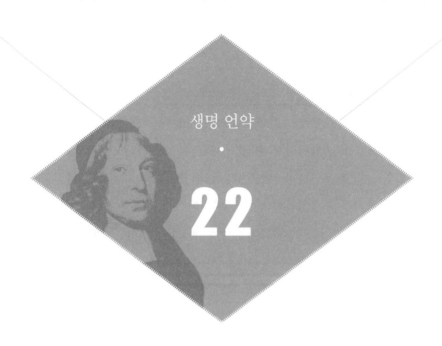

생명 언약

22

두 언약의 약속에 나타난 차별성

1. 아담에게는 견인의 약속이 주어지지 않았다.

질문 두 언약은 [행위 언약과 은혜 언약] 약속에 있어서 무슨 특별한 차이점이 있는가?

답 만일 아담에게 영생에 관한 것들에 대한 권리가 약속되었더라면, 율법 안에 약속된 것은 바로 영생이었을 것이라고 알려져 있다. 아담은 순종의 모든 과정을 완수한 후에 [이에 대한] 일종의 법적인 권리를 획득했을 것이었다. 이는 땅의 식물과 열매에 대한 권리를 일종의 법적 권리가 아닌 창조주의 선물로부터(*ex dono Creatoris,* *non jure operum*) 얻은 것과는 다른 별도의 권리를 획득하는 것과 같았을 것이다.

　그러나 아담에게는 견인에 관한 약속이 주어지지 않았다. 아담이 의지하고 행함에 있어서 견인의 영향력이 아담 안에서 작동할 것이라는 어떤 약속도 그에게는 주어지지 않은 것이다. 따라서 아담의 순종에 있어서 그가 누릴 수 있는 영향력은 창조자의 순전한 선물(*purum donum Creatoris*)일 뿐이었다. 그것은 그리스도의 은혜나 혹은 약속된 은혜의 선물이 아니었다. 물론 아주 넓은 의미에서 말한다면 그것은 "은혜" 혹은 "은혜로서 주어진 선물"(*donum gratis datum*)이라고 불릴 수 있겠다. 하나님께서는 그러한 영향력을 주셔야 할 의무가 없기 때문이다. 그것이 "약속된 은혜"가 아니었다는 사실은 아담의 타락에서 분명히 드러났다. 진리이신 하나님은 [만일 약속하셨다면 그것에 대해서는] 언제나 약속을 성취하시는 분이기 때문이다.

　아우구스티누스와 우리의 신학자들은 다음과 같이 가르친다. "하나님께서는 의지하는 것을 가능케 하는 힘을 주신 것이지, 실제 가능케 하는 의지를 주신 것이 아니다."(*Dedit Deus posse ut vellet, non velle ut posset*) 곧 설 수 있는 능력을 수여하신 것이지, 실제적 견인의 은사를 주신 것은 아니라는 의미이다. 혹자는 다음과 같이 말할는지 모른다. 만일 하나님께서 원하셨더라면, 아담에게 실제적으로 스스로 설 수 있는 데 요구되는 모든 필요를 제공해 주셨다는 측면에서 볼 때, 주님은 아담에게 조건적으로 견인을 약속하신 것이다. (이것은 어떤 의미에서는 참이고, 다른 의미에서는 거짓이다)

제22장

답 첫째, 이것은 마치 은혜 언약 안에서 약속된 견인에 대해 아르미니우스가 설명하는 것과 동일한 방식으로 행위 언약 안에서 견인이 약속되었다고 말하는 것과 같다. 즉 사람이 서고 넘어지는 데 절대적인 주권을 행사하는 주체는 바로 사람의 자유의지라는 것이다. 그리고 이는 곧 우리가 우리의 자리를 지키는 것과 견인에서 하나님께서 가장 가까운 근인이 되시는 것을 부정하는 것이다. 또한 이것은 우리 자신을 처음부터 끝까지 우리의 자유의지를 위한 희생제물이 되라고 명령하는 것과 같은 것이다.

둘째, 실제 견인을 의지하는 것은 사실상 조건적인 약속으로 주어지는 것이 불가능하다. 문제가 되는 것은 다음의 의문이다. 만일 아담이 [스스로] 견인을 의지해야 한다는 가정이 전제되는 것이라면, 도대체 주님께서는 무엇을 조건으로 하여 아담 안에서 실제적인 견인의 사역을 수행하신다고 말할 수 있겠는가? 여기서 "견인에 대한 의지"는 가장 중요한 쟁점에 해당한다. 비록 그것이 견인의 전체를 의미하는 것이 아니라 할지라도, 상기한 견인에 대한 의지가 과연 약속으로 주어진 것인가, 혹은 그렇지 않은 것인가에 관한 문제는 여전히 남아 있게 된다. 만일 견인이 약속된 것이 아니라고 할 때―그들은 반대로 주장한다― 그것이 조건적으로 약속된 것이라고 한다면, 문제는 다시 반복될 것이다. 과연 그 조건이 또 다른 조건, 곧 견인을 의지하는 의지를 조건으로 하여 주어진 것이라면, 그러한 주장은 결국 스스로 모순적인 내용을 주장하는 셈이 된다. 요컨대 핵심적 이슈는 다음의 내용이 될 것이다. "하나님은 아담이 견인을 의지하는 것을 조건으로 그에게 실제적인 견인을 주셨다." 즉 아담이 하나님께 견인을 드리는 것을 조건으로 하나님은 아담에게 견인을 주신다는 사실이다. 이렇게 말할 수 있는 이유는 견인을 의지하는 것 역시 견인이기 때문이다. 혹은 적어도 견인의 매우 큰 부분을 차지하는 것이라고 말할 수 있기 때문이다.

2. 아담에게는 은혜의 효력에 대한 약속이 주어지지 않았다.

셋째, 견인의 은혜, 곧 견인할 수 있도록 하는 은혜의 효력은 은혜 언약 안에 약속되었다. 따라서 그들[신자들]은 언약 안에 지속적으로 머물게 될 것이다. 이는 밤과 낮에 대한 약속보다 더욱 확실한 것이다(렘 31: 35). 하나님께서는 "나를 경외함을 그들의 마음에 두어 나를 떠나지 않게" 할 것이라고 말씀하신다(렘 32:40). 이것은 "나는, 만일 그들이 원한다면, 결코 그들에게 나를 떠날 수 있는 능력을 주지 않겠다"는 의미가 아니다. 그들이 주장하는 바에 따르면, 그리스도 안에서 두 번째 아담의 후손들에게 약속된 것들 가운데, 첫 번째 아담과 타락한 천사들에게 약속되었던 것보다 새로운 것은 아무것도 없다. 이들에게는 모두 유사한 것이 약속되었다는 것이다. 또한 [두 언약] 모두 안에서 경외하는 두려움을 그들 마음과 의지에 두시겠다는 약속이 주어졌음에도, 그들이 서고 넘어지는 것은 결국 중립적으로 남아 있는 불확실한 자유의지에 달려 있다고 그들은 주장한다. 이는 결국 본문이 다음을 의미하는 것이라고 주장하는 셈이 된다. "나는 영원한 언약을 맺을 것이다. 나는 나를 경외함을 그들의 마음에 둘 것이다. 그러나 그들은 이 마음을 가지고도 나를 떠나서 배교자가 될 수도 있고, 혹은 나를 떠나지 않고 견인할 수도 있다." 그러나 아담과 타락한 천사와 맺어진 언약은 일종의 영원한 언약이 되어야 했음에도 불구하고 결국 파괴되었다. 각자는 하나님을 소유했기 때문에, 그것은 아담과 타락한 천사로 하여금 하나님을 떠나지 않도록 했어야 했다. 물론 아담이 가졌던 두려움은 하나님 형상의 일부로서 그의 정서를 거룩하게 했을 것이고 아담으로 하여금 하나님을 떠나지 않는 쪽으로 마음을 기울였을 것— 그러나 이것은 불가항력적이거나 불변적인 것은 아니었다—이고, 거짓말 하는 뱀의 제안에 귀를 기울이지 않도록 역할을 할 수 있었다. 그러나 이것은 두 번째 아담 안에서 약속된 새 언약의 경외와는 다른 것이다(렘 32:39-40).

넷째, 이러한 효력들이 그리스도의 죽음에 의해 값으로 산 바 되었다는 사실은 매우 분명하다. 왜냐하면 바로 이러한 효력들이 바로 우리로 하여금 그리스도를 실제로 믿고 그분께 나아오도록 만드는 가장 가까운 원인들이요, 값없이 주어진 믿음과 견인의 가장 가까운 원인들에 해당하기 때문이다. 회개와 믿음은 그리스도께서 주시는 것이다. 다음 구절들을 보라. 사도행전 5장 31절, 스가랴 12장 10절, 디모데후서 2장 25절, 빌립보서 1장 29절, 에베소서 2장 1-3절, 에스겔 36장 26-27절, 에베소서 1장 17-20절, 요한복음 6장 44-45절.

다섯째, 따라서 행위 언약에 대한 순종은 곧 아담 자신의 순종이었다. 또한 아담 자신의 창조된 자아—하나님의 형상은 그 자신의 것이었다—로부터, [하나님의] 일반적 효력에 의해, 흘러나오는 순종이었다. 이것은 하나님의 형상이나 효력이 값없이 베푸시는 은혜의 사역을 수행했다거나 혹은 고유한 의미에서 은혜의 값을 치른 것에 해당하는 것이 아니다.

만일 아담이 순종 가운데 지속적으로 머물렀다면, 그는 무죄한 상태에서 면류관에 대한 법적인 권리를 주장했을 수 있을 것이다. 그리고 언약으로부터(ex pacto) 약속된 영생을 공로로 획득했을 것이다. 한편 우리에게 해당되는 새 언약의 순종은, 그것을 습성적이며 실제적으로 수행하는 것과 관련하여, 일종의 의무라고 할 수 있다. 동시에 이 순종은 우리에게 약속된 것이며, 그리스도의 죽음에 의해 공로로 획득되어 우리에게 주어진 혜택에 해당한다. 이러한 우리의 복음적 순종과 달리, 아담의 순종은 순전한 의무였으며 이 의무는 약속된 것이 아니었다.(purum officium, non officium promissum)

3. 네 종류의 순종에 대한 상호 비교

여섯째, 순종에서 우리는 다음 두 가지를 구별한다. 첫째는 순종의 성격이고, 둘째는 순종의 가치와 탁월함이다. 우리 자신의 더욱 많은 부분으로부터 나온 순종일수록, 순종의 성격에 더욱 많이 참여하게 된다. 이제부터 네 종류의 순종을 고려해 보도록 하겠다.

1) 그리스도의 순종
#1. 그리스도의 순종은 가장 온전하고 자신에게서 나온 최대의 순종이다.

그리스도의 순종은 최고의 율법적 순종이었다. 또한 가장 온전한 순종이었다. 왜냐하면 그리스도는 자기 안에 있는 모든 것을 다해 순종했기 때문이다. 그는 순전히 자신의 의지로 순종했고(요 10:18; 마 26:39, 42, 44), 또한 자신의 피를 가지고 순종했다(히 9:14; 계 1:5). 마태복음 26장 28절에서 그는 "나의 피"라고 말씀하셨다. 그리스도는 자신의 생명을 대속물로 주셨다. 마태복음 20장 28절 "자기 목숨을 많은 사람의 대속물로 주려 함이니라." 또한 디모데전서 2장 6절을 보라. 히브리서 1장 3절 "죄를 정결하게 하는 일을 하시고," 에베소서 5장 25절 "그리스도께서 그의 교회를 위하여 자신을 주심 같이 하라." 또한 히브리서 9장 14절은 주님께서 "자기를 드렸다"고 말씀한다. 요컨대 그리스도께서 이루신 만족은 고유한 의미에서 그 자신의 것을 가지고 이루신 것이다. 그리스도께서 삼위 하나님께 드린 생명과 육체 그리고 피는, [그 자신의 것임과 동시에] 창조와 유효성의 방식으로 하나님의 것에 해당하는 생명과 육체 그리고 피라고 똑같이 말할 수 있다. 하나님은 하나님으로서 그의 인성을 창조하셨고, 그에게 몸을 주셨기 때문이다. 그러나 그리스도께서 희생물로 드린 것은 추상적(*in abstracto*) 인성이 아니라 앞서 언급한 모든 구체적(*in concreto*)인 것들이며 또한 자기 자신이었다. 이는 가치와 위엄까지를 포함하는 것이었다. 이것은 [그리스도께서 드린 것] 성부의 것이 아니며, 성령의 것도 아니고, 가장 고유한 의미에서 그분 자신의 것이었다. 또한 오직 [사역의] 위격적 최종자와 위격적 실재의 방식으로는 아들의 것에 해당한다.

성자 자신의 것과 성령의 것, 그리고 성부의 것을 확인하기 위해서 사용하는 모순의 술어들이 존재한다. 아들은 성육하신 하나님이 셨다. 우리의 죄를 위해 아들은 자기 자신, 곧 자신의 생명과 피를 하나님께 드렸다. 성육하신 하나님은 결코 성부가 아니시고 성령도 아니시다. 성부나 성령은 그분 자신의 생명과 피를 하나님께 드리지 않으셨다. 성부나 성령은 모두 그리스도의 육체와 피에 대한 (소위) 위격적 혹은 최종권자의 지배권을 가지지 않으셨다.

#2. 신-인 중보자는 지불해야 할 빚이 없기 때문에 그에게서 최대의 공로가 나올 수 있다.

그리스도는 자신을 비워야만 하는 어떤 종류의 의무도 없으셨다. 창조주나 피조물에 대하여 그분은 어떤 법이나 혹은 의무 아래에 놓일 수 없는 분이다. 다만 자유로운 사랑과 그분 자신의 의지로 그분은 하나님과 인간 사이의 중보자가 되셨고, 지음 받은 인간이 되셨으며, "나는 당신의 뜻을 행하기 위해 여기 있나이다"라고 말씀하시며 하나님과 더불어 맺는 언약의 보증이 되셨다. 아무것도 의무로 주어지지 않았으면서도, 거룩하고 참된 순종이었다. 따라서 사람이신 그리스도는 가장 엄격하게 성부 하나님께 순종을 드리도록 되어 있었다. 그럼에도 그는 그러한 순종—곧, 위격적 연합으로부터 기원하는 매우 고귀하고 매우 탁월한 순종—을 성부께 드릴 의무가 있는 것은 아니었다. 하나님이신 그리스도는 고유한 의미에서 그 어떠한 의무 아래에 처하실 수 없는 분이기 때문이다.

따라서 그리스도의 순종은 가장 공로적이다. 하나님께서는 그 누

제22장

구에게도 아무 빚이 없으시다는 측면에서 볼 때, 그분의 순종은 최대의 비의무적(*maxime indebita*)인 순종이기 때문이다. 그럼에도 그의 순종은 사람이신 그리스도와 관련해서는 가장 의무적인 순종이기도 하다. 개별 인격체로서 그의 순종은 그분 자신의 최고의 의지로부터 기원하는 것으로, 그분의 정서, 사랑, 복종하는 의지, 순종하기를 가장 기뻐하심 등의 요소들이 하나님이신 그리스도의 마음과 거룩한 뜻에 인격적으로 가장 근접한다. "이 유월절 먹기를 원하고 원하였노라." 그분은 수난 받으실 때가 되었을 때, 예루살렘을 향해 가장 앞서 가셨다. 그의 의지의 내적인 성향은 많은 부분 그의 순종의 성격을 고양하고 강화하였다. 결국 순종에서 그리스도의 것과 우리의 것이 동일하게 정의될 수 있는 것은 거의 없다고 말할 수 있다.

그리스도께서는 그의 고귀하고, 비교할 수 없이 탁월한 죽음으로 훼손된 공의에 대한 영광을 회복시키셨는데, 이는 아담과 그의 후손들이 하나님께로부터 가져간 영광보다 더욱 큰 영광을 하나님께 돌려드린 것이었다. 결국 불순한 소키누스의 주장과 정반대로, 그리스도의 순종은 최고 수준의 실제적인 만족과 보상이었다. 그리스도께서는 그의 순종과 수난을 통해 영광을 빼앗긴 바로 그 자리에 영광을 회복시키신 것이다. 소키누스가 주장하는 모든 내용들, 곧 하나님께서는 실패자가 되실 수 없고, 영광을 필요로 하지 않으시며, 그로부터 빼앗아 갈 수 있는 것은 아무것도 없고, 아무것도 그에게 드려질 수 없다는 주장들은 단지 다음의 사실을 밝히는 것뿐이다. 즉 [그리스도께서 이루신] 만족은 단지 하나의 피조물이 또 다른 피조물에 대해 수행한 것이 아니라는 사실이다. 또한 그것은 하나님께 어떤 유익을 가져다 드리는 만족이 아니다. "사람이 어찌 전능자를 유익하게 하겠느냐?"[욥 22:2] 또한 그리스도의 만족은 동요하는 [인간의] 정신의 능력과도 무관한 것이다. 그렇지 않다면 그리스도는 단지 우리를 본떠서 만들어지고 채색된 구원자이고, 단지 경건한 순교자의 한 사람으로서 설교와 증언을 통하여만 구원하실 수 있을 뿐, 가장 실제적이고 가장 고귀하며 명백한 만족을 통해 구원하실 수는 없는 분으로 입증될 뿐이다.

2) 천사의 순종

천사의 순종도 그 자신의 것이지만 그리스도의 순종과 같은 종류가 아니다. 따라서 공로적일 수 없다.

택함 받은 천사들의 경우, 그리스도 다음으로, 그들은 자신들의 법적인 질서를 따라 [하나님께] 순종을 드린다. 그러나 고유한 의미에서 그 순종은 그리스도의 경우만큼 그들 자신의 것으로 드리는 것이 아니다. 그들은 그들의 수장이신 중보자 그리스도로부터(골 2:10), 그들로 하여금 타락하지 않도록 하는 일종의 차별화시키고 힘을 덧입혀 주시는 은혜를 공급받았기 때문이다. 이는 일종의 선택의 은혜로부터 나온 무엇이 존재했다는 것이며 이것은 그들이 무죄상태에서 수행하는 행위 언약과 반드시 부합할 필요가 없는 것이었다. 외부로부터 오는 은혜의 도움이 많을수록 공로의 성격은 감소하며, 마치 예수회 신부들이 말하는 바와 같이, 공로가 요구하는 본질적 요소에 은혜가 미치는 영향이 클수록 그만큼 우리의 행위로서의 부분이 감소하는 것이다. 요컨대 은혜를 소유한 만큼 덜 공로적이라는 의미이다.

그러나 다음과 같이 주장하는 것은 잘못이다. 그리스도의 순종은 성령님의 한량없이 채우심(οὐ ἐκ μέτρου)으로부터 나온 것이니, 그만큼 덜 공로적이라고 말하는 것은 어리석은 진술이다. 천사와 인간과 같은 피조물의 경우 은혜는 그들의 것이 아니고 그들의 당연한 권리도 아니기 때문에, 그들 안에 있는 은혜가 공로의 성격을 감소시킨다는 것은 합리적이다. 그러나 신-인이신 그리스도의 공로를 말함에 있어서는, 아무것도 초자연적인 것이 없으며, 어떤 외부적인 도움도 존재하지 않으며, 그분 자신의 것이 아닌 것은 아무것도 없다. 은혜는 그분 자신에게 속한 것으로서 이 은혜에 대해 그분 자신이 개인적인 주권을 행사하신다. 물론 사람이신 그리스도가 인간으로서 공로를 취하시는 것은 아니다. 그럼에도 그리스도는 인간으로서도 죄 없이 출생하셨고, 온전한 하나님의 형상을 소유하셨다.

3) 아담의 순종

아담의 순종은 천사의 순종보다 좀 더 고유하지만 더 낮은 순종의 성격을 띤다.

아담은 [우리보다] 더욱 거룩한 순종, 곧 참으로 그 자신의 것에 해당하는 순종을 드렸어야 했다. 그럼에도 천사들의 순종보다는 낮은 순종이며, 순종 안에 있는 의지에 있어서도 천사의 것보다 낮은 것이었다. 만일 아담이 지속적인 순종을 드렸더라면, 그의 순종은 고유한 의미에서 순종으로 인정받기에 합당했을 것이다. 물론 아담의 순종은 일종의 이차적인 순종으로서(*actu secundo*), 그는 순수한 행위 언약에 의거하여 단순한 본성의 조력으로 받는 것에 의해서만 칭의와 구원을 획득하여야만 했다. 아담 외에는 아무도 수행한 적이 없는 순종이다. 그러나 인간과 악한 천사들은 모두 타락하고 말았다. 이 역시 거룩하고 영적인 언약 안에서 일어날 수 있는 일이었다. 하나님은 이것을 일종의 통로로 삼아 유기된 천사들 안에서 순수한 공의를 드러내시고, 택자들 안에서 값없이 베푸시는 은혜를 드러내셨다.

4) 복음적 순종

복음적 순종은 최소한의 순종의 성격을 띤다.

네 번째 종류의 순종은 믿음의 순종 혹은 복음적 순종이다. 순종의 속성이라는 차원에서 볼 때, 아담의 순종이나 혹은 택함 받은 천사들의 순종, 그리고 그리스도의 순종보다 못한 순종이다. 우리는 "순종하는 자녀들"로 부름 받은 것이 사실이다. 또한 그리스도의 계명 역시 그들의 소명이다. 그리스도께서는 도덕법을 취하셔서 그것을 일종의 복음적인 방식으로 사용하셨다. 그럼에도 복음적 명령에 순종하는 데 있어 우리는 수동적인 [은혜의] 수용자들에 좀 더 가깝다. 물론 자유파 사람들이 가르치는 것과 같은 단순한 수용자들은 아니다. 왜냐하면 은혜는 우리로 하여금 의지하도록 만들기 때문이다. 우리는 초자연적인 습성과 은혜의 효력 두 가지를 모두 그리스도의 은혜로부터 공급받는다. 그리스도께서는 우리를 위해 이것들을 공로로 획득하셨다. 결국 복음적 순종 안에서 우리가 주님께 드리는 것 안에는 우리 자신의 것은 적고 오히려 주님 자신의 것이 더욱 많다. 그리스도께서는 우리에게 명령하실 뿐만 아니라 명령하신 것을 순종하게끔 만드는 은혜도 주시기 때문이다. 그리하여 택함 받은 신자들에게는 율법이 변하여 복음이 되는 것이다. 우리 안에서 "율법의 의"를 성취하시는 이는 그분의 은혜로 말미암아 새로운 순종을 시작하셨다(롬 8:4).

한편 유기자들에게 율법은 여전히 율법으로 남아 있다. 또한 복음은 오히려 율법으로 변화된다. 왜냐하면 유기자들에게 [복음의] 모든 조건적인 약속들은, 비록 그것이 복음적인 술어로 주어졌어도 여전히 그들에게는 율법이기 때문이다. (일례로 다음의 진술들을 보라. "만일 가인이 온전히 행하였더라면 그는 구원받을 수 있었을 것이다." "만일 유다가 믿었더라면 그는 구원받을 수 있었을 것이다.") 유기자들에게 하나님은 그가 약속하신 바를 그들 안에서 은혜로 말미암아 성취하지 않으신다.

반론 그렇다면 복음적 순종은 율법적 순종에 비해 가치가 덜하다는 말인가? 후자는 은혜로부터 기원하지 않는 데 비해 전자의 경우는 그리스도께서 그의 죽으심으로 말미암아 공로로 획득한 은혜로부터 나오는 것이 아닌가?

답 첫째, 상기한 진술은 부정될 수 없다. 그러나 복음적 순종은 분명히 순종이다. 성경이 그렇게 말하기 때문이다. 다음의 구절들을 보라. 히브리서 5장 9절, 로마서 1장 5절, 로마서 6장 17절, 로마서 16장 19절, 고린도후서 10장 5절, 베드로전서 1장 15절, 사도행전 6장 9절, 사도행전 5장 32절과 37절 등이다.

둘째, 복음적 순종은 순종의 속성을 덜 가지고 있는 것이 사실이지만, 그럼에도 오히려 더욱 탁월함을 가지고 있다. 베드로가 요한의 포도원에서 임금을 위한 노동을 한다고 가정해보자. 그런데 베드로는 요한으로부터 그의 영혼과 의지와 몸과 팔과 다리를 가져왔을 뿐만 아니라, 의지할 수 있는 내적인 능력, 포도원을 가꿀 수 있는 습성과 기술, 노동할 수 있도록 가장 근인으로 작용하는 성향과 의지의 결단 등을 모두 주입받았다고 가정해 보라. 이런 경우에 과연 베드로의 순종은 고유한 의미에서 순종이라고 할 수 있겠는가? 복음 안에서 우리가 행하는 순종이 바로 이러한 것이다. 한편 율법 안에서도 주님은 아담에게 존재를 수여하셨을 뿐만 아니라 하나님의 형상을 부여하셨다. 또한 순종할 수 있도록 하는 효력을 부여하셨다. 물론 하나님의 형상은 아담의 창조와 함께 주어진 것이고, 아담 자신의 것이었으며, 그리스도의 공로로 말미암아 획득된 은혜라는 것이 아직은 도래하지 않았으며, 순전히 낯선 것이었다. 또한 효력의 경우, 비록 그것은 아담의 의지를 앞서 결정하는 것이었으나 그 자체로서는 자연적 본성과 부합하는 자연에서 기인하는 것(*natura debita*)으로서 그리스도의 죽음에 의해 획득된 것이 아니었다. 따라서 우리가 창조의 열매—이를테면 하나님께서 개미와 벌레에게 부여하신 것들—를 드릴 때 우리는 은혜의 순종을 드릴 때보다 더욱 우리의 것을 많이 드리게 된다.

아담의 지성 안에는 램프의 빛과 같은 것이 존재했고, 그의 순종은 분명 이성적이고 확신 있는 것이었다. 그럼에도 그의 순종은 정죄의 고통이라는 위협 속에서 입법자의 두려운 권위로부터 기원하고 있었다. 이와 대조적으로 복음적 순종은 말씀에 의한 것이며(행 2:37), 또한 설득에 의한 것이다. 그리스도는 베드로에게 이렇게 말씀하지 않으셨다. "베드로, 지옥을 두려워하는 자여, 내 양을 먹이라." 그 대신, "베드로, 네가 나를 사랑하느냐? 내 양을 먹이라." 율법을 순종하는 자에게는 영생에 대한 믿음이 아니라 율법을 온전하게 지키는 것이 조건으로 주어진다. 이와 대조적으로 복음을 순종하는 자는 하나님의 진노로부터 건지심을 받은 것과 영생을 믿기 때문에 순종을 한다. 그러나 이 경우 그의 믿음은 그에게 율법적인 빚—"빚(보수)을 따라"(κατὰ τό ὀφείλημα)—이 아닌 사랑과 은혜의 빚으로 간주된다. 로마서 4장 4절과 마태복음 6장 12절을 보라. 이 약속들은(딤전 4:8; 눅 12:31; 마 19:29) 이기는 자에게 주어진 약속들에 의해, 곧 믿음에 의해(요일 5:4-5) 설명된다(계시록 2장과 3장).

한편 복음적 순종이 다음과 같은 탁월성을 가지고 있다는 것은 분명한 사실이다. 첫째, 복음적 순종은 [그리스도의] 공로의 보혈로부터 유래한 더욱 고귀한 포도나무이다. 물론 우리의 순종은 그리스도의 순종과 비교할 것이 못된다. 보수와 관련하여 [우리가 행하는] 율법의 행위이든 혹은 복음적 은혜이든지, 만일 하나님의 기쁘신 뜻이 필연적 근거로서 개입하지 않는다면, 그 어떤 것도 그 자신의 속성에 근거한 보상을 요구할 수 없다.

이와 대조적으로 그리스도의 순종은, 그 인격체의 탁월한 위엄으로부터 기원하는 공로적인 힘을 내적으로 소유한다. 이것은 자연의 경우보다 더욱 탁월하게 일한다. 그리스도의 순종은 자연을 활용하는 것을 지지하는 기둥과 같다. 또한 가장 탁월한 행위 주체들 곧 그리스도와 택함 받은 천사들, 그리고 구원받은 사람들 안에서 활동하며 그들을 또 다른 본성의 보석들로 변화시킨다. 이는 그리스도께서 직접 손으로 만들어 내시는 작품이다. 이사야 54장 11-12절을 보라. "너 곤고하며 광풍에 요동하여 안위를 받지 못한 자여 보라 내가 화려한 채색으로 네 돌 사이에 더하며 청옥으로 네 기초를 쌓으며 홍보석으로 네 성벽을 지으며 석류석으로 네 성문을 만들고 네 지경을 다 보석으로 꾸밀 것이며."

일평생 진흙을 가지고 토기를 만들뿐 [하나님의] 구원하시는 은혜에 대해서 아무것도 모르는 도덕적 인간들이 도대체 무슨 일을 할 수 있겠는가? 가장 문명화된 인간도 기껏해야 녹슨 철과 제일 무가치한 금속류와 같을 따름이다. 그들은 율법의 행위에 대하여 부지런히 땀을 흘리며 망치질을 해대면서, 막상 그리스도와 그가 주시는 금에 대해서는 이방인이 되어 버렸다. 아, 성령 안에서 기도하고 믿음으로 말씀을 듣는 것과 그렇지 않은 것들—곧 자신의 판단력 따라, 또한 단지 직분의 필요에 의해 기도하며 말씀을 듣는 행위— 사이에 얼마나 큰 차이가 존재하는가!

생명 언약
·

23

**행위의 법은 단순한 행위만이 아니라
그 행위를 끝까지 수행할 것까지 요구한다.**

질문 율법이 요구하는 것은 어떤 종류의 행함인가?

답 율법은 절대적 완성과 끝까지 행하는 것을 요구한다는 사실을 성경은 분명하게 가르친다. 바울은 신명기 27장 26절에서 모세가 말한 바를 갈라디아서 3장 10절에서 다음과 같이 해석한다. "누구 든지 율법 책에 기록된 대로 모든 일을 항상 행하지 아니하는 자는 (ὃς οὐκ ἐμμένει ἐν πᾶσιν) 저주 아래에 있는 자라 하였음이라."[71] 신명기

---

71) 트리멜리우스와 트로스티우스(Tremellus & Trostius)의 시리아역 갈라디아서 3장에 는 "모든 것을 행하지 않을 자는"(*Qui non fecerit omnia*)으로 되어 있다. 히에로무 스의 불가타 역본은 "계속하지 않을 자는 저주가 있으리라"(*maledictus qui non permanserit*)로 기록되어 있다. 또한 70인경을 보라. [신 27:26] "이 율법의 모든 말씀

27장 26절은 이렇게 말씀한다.

"이 율법의 말씀을 실행하지 아니하는 자는 저주를 받을 것이라 할 것이요 (אָרוּר אֲשֶׁר לֹא־יָקִים)"

여기서 "실행하다"(יָקִים)라는 단어는 율법을 제정할 때, 사용되는 어휘로서, 우리는 법으로 제정하고 규정하여 세운다는 표현을 사용한다. 이 단어는 [히브리어의 강조 용법인] 피엘형으로 사용되었는데 성경의 에스더에서 "법으로 정하다"를 의미하는 단어로 세 번 등장한다. 이는 다음 사실을 분명하게 말해 준다. 곧 행위 언약은 공의의 행위이며 하나님이 아담과 이 언약을 세우셨을 때, 아담은 끝까지 경주하도록 되어 있었다. 그러나 아담이 그의 순종의 여정에서 얼마의 기간 동안 순례자(viator) 혹은 여행자로 길을 걸어야 했었는지에 대해서는 아무도 모른다.

을 행하기를 계속하여 하지 않는 모든 자는 저주를 받을 지어다"(ἐπικατάρατος πᾶς ἄνθρωπος ὃς οὐκ ἐμμενεῖ ἐν πᾶσιν τοῖς λόγοις τοῦ νόμου τούτου τοῦ ποιῆσαι αὐτούς). 갈대아 의역본은 "계속하지 않을 자"(Qui non permanserit)로 번역했다. 시리아 역본은 "계속하지 않을 자에게는 저주가 있을지어다"(Maledictus qui non perstiterit)로 기록되어 있다. 아랍어 역본은 "실행하지 않을 자"(Qui non confirmabit)로 기록한다. 베자의 갈라디아서 3장 10절은 "확실하게 [실행]하지 않을 자"(Qui non firmarit)로 번역했다. [성경에는] "실행하다(세우다 Jakim)"의 단어로 다수 사용되었다. 파그니누스와 아리아스 몬타누스(Pagninus & Arias Montanus)의 역본는 "실행하여 세우지 않을 자"(Qui non statuerit)로 번역했다.

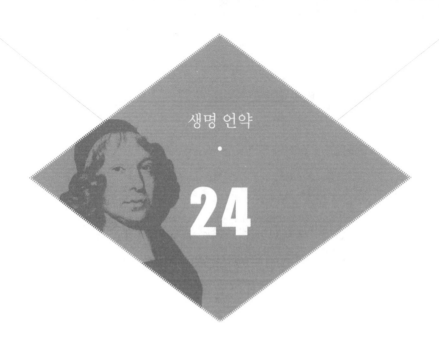

생명 언약
·
24

과연 은혜 언약의 조건으로서 요구되는 믿음은 살아 있고 참된 것으로서의 믿음인가? 혹은 끝까지 지속하는 것으로서의 믿음인가?

후자의 경우를 주장하는 자들, 곧 끝까지 견디는 믿음이 반드시 새 언약의 조건이어야 한다고 주장하는 자들은 결국 새 언약을 행위 언약으로 만들어 버리는 사람들이다. 첫째, 보상에 대한 약속 때문이다. 둘째, 이 보상은 끝까지 견디는 자에게 주어지는 것이라고 이들은 주장한다. 이들에 따르면 은혜 언약의 적합하고 완벽한 조건이 되는 믿음은 곧 그 정도와 부분에 있어서 끝까지 충만하고 온전히 성취된 순종으로서의 믿음이다.

1. 은혜 언약의 조건에 해당하는 믿음은 결국 끝까지 견딘다. 그러나 끝까지 견디는 것을 조건으로 삼는 것은 아니다.

그러나 [은혜] 언약의 조건은 살아 있고 진실한 믿음이다. 그리고 이러한 믿음의 속성과 본질이 끝까지 지속하는 것이다. 그렇지만 끝까지 지속한다는 것은 이 언약의 본질적 조건에 수반되는 우연적인 조건에 해당할 뿐이다. 믿음이 있고, 그 믿음이(faith que) 끝까지 지속하는 것이지, 그러한—곧 끝까지 견디는— 믿음인 한, 혹은 그 범위에서(faith qua aut quatenus), 그 믿음이 언약의 조건으로서 우리를 구원하고 우리를 의롭게 만드는 것이 아니라는 사실이다.

우리를 그리스도와 연합시키는 것은 살아 있는 것으로서의 믿음이다. 이 믿음은 그것이 충만한 수준에 이르러 완전하게 되었느냐 아니냐의 여부에 상관없이 우리를 의롭게 한다. 그렇지 않았다면 그 누구도 포도나무이신 그리스도에게 접붙여진 가지가 될 수 없을 것이다. 또한 그 누구도 하나님의 성품에 참여할 수 없고, 그 누구도 생명을 얻어 깨어나지 못할 것이다. [이러한 표현들은] 오로지 최종적 믿음 속에서 죽는 자들에게만 해당될 것이다. 그러나 요한복음 5장 24절을 보라. 이 말씀은 신자가 끝까지 견디는 최후의 순간에 도달하기 전에 이미 그에게 주어진 말씀이다.

"심판에 이르지 아니하나니 사망에서 생명으로 옮겼느니라"(μεταβέβηκεν ἐκ τοῦ θανάτου). 바로 여기서 행위 언약의 조건과의 차별점이 존재하는 것이다. 아담은 단순히 한두 번의 가장 신실하고 최고 수준의 행위에 의해 생명에 대한 권리를 소유할 수 있는 것이 아니었다. 율법이 말씀하는 것과 같이(신 27:26; 갈 3:10) 그는 이를 끝까지(ἐμμένει) 지속해야만 했다. 만일 그렇지 않았다면, 정도와 부분에서 완벽한 아담의 첫 번째 순종의 행위가 발생했을 때, 하나님께서는 언약을 따라 아담에게 견고케 하는 은혜와 생명의 보상을 주셨어야만 했을 것이다. (그렇지 않았다면 사람의 범죄가 있기도 전에 하나님은 먼저 그 자신의 첫 언약을 파기하시는 분이 되었을 것인데 이렇게 말하는 것은 신성모독이다.)

그러나 은혜 언약의 조건은 "[아들을] 믿는 자"(요 3:36)이다. 그는 하나님의 진노를 보지 않을 것이며(οὐκ ὄψεται) 정죄를 받지 않는다. 참으로 모든 정죄로부터 해방된다(롬 8:1). [신자와 그리스도의 관계는] 마치 몸의 지체가 머리에 실제로 연합된 것과 같고, 또한 나무에 연결된 가지처럼 신비적으로 신랑에게 연결된 신부와 같으며, 채무자와 그의 보증인이 법 안에서 서로 한 인격을 이룬 것과 같이 법적으로 하나를 이룬 것과 같다. 요컨대 둘이 아닌 하나를 이룬 이 사람은 [이미] 생명을 소유하고 있는 것이다(ἔχει), 요한일서 5장 11절을 보라. "또 증거는 이것이니 하나님이 우리에게 영생을 주신 것과 (ἔδωκεν) 이 생명이 그의 아들 안에 있는 그것이니라." 계속하여 12절은 "아들이 있는 자에게는 생명이 있고"라고 말한다. 즉 믿는 자는 믿음으로 말미암아 그의 마음속에 내주하시는 아들을 소유했다는 의미이다(엡 3:17).

2. 믿음은 그 첫 번째 살아 있는 행위로서 구원하고 의롭게 한다.

첫째, 믿음은 그것이 자라 씨를 맺고 열매를 맺어 추수를 할 때가 이르기 전에 이미 견고한 평화와 위로를 가져다주며 사람을 구원한다. 그래서 그리스도께서는 맹인에게 이르시길 "네 믿음이 너를 구원하였다"(σέσωχέν σε 눅 18:42)라고 말씀하셨다. 여기서의 믿음은 아무 내용이 없는 단지 기적적인 믿음이 아니다. 죄의 사면과 관련한 내용을 지성적으로 이해하는 믿음이다. 그리스도는 누가복음 7장 50절에서 그의 말을 눈물로 씻긴 여인의 믿음을 보시고 말씀하였고, 또한 마태복음 9장 2절에 등장하는 중풍병자의 믿음을 보시고 말씀하셨다. "안심하라. 평안히 가라. 네 죄 사함을 받았느니라." 만일 언제고 다시 넘어질 수 있는 그들에게, 끝까지 견디는 믿음을 조건으로 하여 사면이 선언되었다면 어떻게 되겠는가? 첫째, 과연 여기에 참 위로와 안심하라는 말씀이 무슨 의미가 있겠는가?

둘째, 도대체 로마서 5장 1절이 말씀하는 "믿음으로 얻는 화평"이 어떻게 정당화될 수 있겠는가?

셋째, 로마서 5장에 기록된 대로 신자가 환난 가운데 얻게 될 영광이라는 것도, 멸망의 자식인 가룟 유다가 얻을 영광보다 더한 것이 무엇이겠는가? 도대체 우리가 속해 있는 생명의 언약과 평화의 언약이란 무엇이란 말인가? 만일 그리스도께서 우리에게 제공하시는 것이 흔들릴 수 없는 도움과 위로가 아니라면 도대체 우리의 신앙과 키케로나 세네카 그리고 모든 이교도의 신앙 사이에 무슨 차이가 있단 말인가? 또한 신자가 가진 소망 있는 경외라는 것이 내일이라도 당장 배도한 천사들의 상태에 있을 수 있다는 사실에서 느끼는 두려움과 무슨 차이가 있겠는가? 또한 다음 구절들에서 그리스도께서 말씀하신 믿음이 도대체 무엇이란 말인가? 마태복음 9장 22절, 마가복음 5장 34절, 마가복음 10장 52절, 누가복음 8장 58절 등을 보라. 과연 성경께서 우리를 위해 주시는 믿음은 단순한 믿음이 아니다. 이교도가 말할 수 있는 것에 비해, 그것은 영원한 위로이고(살후 2:16), 강력한 위로이며(히 6:18), 모든 위로이고(고후 1:4), 살아 있는 소망이다(벧전 1:4; 히 6:18-19). 그렇지 않다면 성경은 이와 같이 많은 내용을 말할 수 없었을 것이다. 왜냐하면 약속할 수 있는 것이 많지 않았을 것이기 때문이다.

우리의 살아 있는 믿음은 우리가 살아 있는 믿음 안에서 견인될 것을 믿는다. 마치 다음의 구절들에서 우리에게 약속된 것과 같이 말이다. 예레미야 32장 39-40절, 이사야 54장 10절, 이사야 59장 20-31절, 요한복음 10장 27-28절, 요한복음 4장 14절, 베드로전서 1장 3-5절, 요한복음 11장 26-27절 등이다. 우리가 영생을 믿을 때, 우리는 그것이 그리스도의 죽으심으로 획득한 공로에 의해 값을 주고 사신 바 되었음을 믿는다. 그렇다면 (이 외에 이것저것을 조건으로 덧붙이는 것과 같은) 최종적인 믿음은 [언약의] 조건이 될 수 없다. 행위 언약 안에서 임마누엘의 하나님을 믿는 믿음이 명령되었다고 생각할 사람은 아무도 없을 것이다. 그렇다면 임마누엘의 하나님을 믿는 것을 끝까지 지속할 것이 행위 언약 안에서도 명령되지 않았는데 그것이 유독 은혜 언약 안에서만 명령된 것이라고 생각할 사람은 없을 것이다.

넷째, 진실한 믿음으로서의 믿음은, 그것의 대소 여부와 무관하게, 사람을 의롭게 하고 구원한다. 만일 끝까지 견디는 믿음이 아니라면 아무도 의롭다 하지 못하고, 아무도 구원하지 못한다고 한다면, 누구도 죽는 순간까지는 완벽하게 의롭다 함을 받거나 구원을 받지 못하고, 또한 그리스도와 연합되지도 못할 것이다.

믿음이란, 하나님의 자녀 안에 있는 다른 모든 은혜들과 마찬가지로, 불완전하고 여전히 성장하는 것이다(벧후 3:18). 따라서 우리는 "주님, 우리의 믿음을 자라나게 하옵소서"라고 기도해야 한다. 만일, 끝까지 견디는 믿음만이 믿음이고, 그러한 믿음이 언약의 조건이며, 이와 같이 완숙한 믿음과 끝까지 견딘 믿음, 곧 가장 위대한 믿음을 가진 자만이 의롭다 함을 받고 구원을 얻는다고 한다면, 이 세상 누구도 의롭다 함을 받거나 구원을 받지 못할 것이다. 일례로 이십 년 동안 믿음을 소유한 사람의 경우, 처음 2년 동안 그는 다음의 성경 구절대로 그리스도와 연합되었고, 그리스도에 대한 권리를 소유했다. 요한복음 15장 1-5절, 요한복음 17장 21-22절, 요한복음 14장 16절, 요한복음 16장 7-8절과 13절, 요한복음 4장 14절, 요한복음 7장 37-39절 등이다. "영생을 얻었고 심판에 이르지 아니하나니 사망에서 생명으로 옮겼느니라." 또한 그는 "결코 죽지 않으리라"는 약속을 받았다. 요한복음 3장 36절, 요한일서 5장 11-12절, 요한복음 4장 24절, 요한복음 11장 25-26절 등을 보라. 이 사람의 경우, 성경의 말씀대로, 과연 그가 확실히 구원받기 위해서는, 처음 믿기 시작한 해의 마지막 날에 죽어야만 한다고 말할 수 있겠는가? 왜냐하면 죽는 순간까지 참된 믿음을 가지고 있었고, 타락하지 않은 자들을 제외하고는 모두 정죄를 받기 때문이다. 그러나 이런 식의 생각은 매우 이상한 것이다. 이러한 견해에서 보아도 건전한 믿음을 가지고 끝까지 남는 것은 이미 칭의와 구원의 조건이 될 수 없다. 왜냐하면 처음 한두 해의 믿음이 그에게 그리스도에 대한 권리를 수여했고, 또한 그를 구원했다면, 이는 끝까지 견디는 믿음

없이도 그가 이미 의롭다 함을 받았고 구원받았음을 의미하기 때문이다. 따라서 끝까지 남은 믿음은 언약의 조건이 될 수 없는 것이다. 다만 그것은 약속된 은혜에 의한 견인된 믿음이다. 또한 그 믿음 안에서 견인하는 것 역시, 견인의 믿음을 은혜 언약의 유일한 조건을 만드는 사람들의 방식을 따라 언약의 조건이 되는 것이 아니다.

첫째, [그들에게는] 믿음과 행함이 서로 혼돈되어 있다. 믿음에 의해 구원을 받는다는 것은 구원받고 의롭다 함을 받는 것이 우리가 선한 행위를 하는 것보다 선행함을 의미한다. 또한 의로움과 구원에 대한 법적 권리와 소유권은 오로지 예수 그리스도 안에서 지불된 값과 구속에 있다. 여기에서 조금이라도 부족하거나 더한 것은 존재하지 않는다. 또한 하나님의 피(행 20:28)로 불리는 구속의 보혈의 가치 이상으로 좀 더 자라나야 할 것도 존재하지 않는다. 요컨대 은혜에 의해 그리고 믿음으로 말미암아 의롭다 함을 받는다. 그 후에 행함은 우리의 칭의와 구원의 열매로서 오는 것이다. 에베소서 2장 [8-9절]을 보라. "너희가 행위에 의해 구원을 받은 것이 아니니 이는 누구든지 자랑하지 못하게 함이라." 즉 그리스도의 공로가 아닌 자기 자신의 의로움을 자랑하지 않도록 하기 위함이라는 의미이다. 여기서 그리스도의 공로는 값을 주고 결정적 은혜를 사시고, 인간의 의지를 불가항력적으로 인도하시고 굽히신다. 만일 그렇지 않았다면 아마도 우리는 [하나님 대신] 스스로를 자랑했을 것이다. 그러나 시편 34편 2절과 이사야 41장 16절 그리고 이사야 26장 12절은 우리를 위하여 우리의 모든 일을 이루시는 주님께 영광을 돌린다. 구원과 의로움은 모두 하나님의 선물이다. 그렇다면 행함의 여지가 어디에 있겠는가? 학식 있고 탁월한 트로크리그의 보이디우스(Boidius of Trochrig)는 칭의와 구원의 원인들에 대해서는 그 어떤 여지도 없다고 반복하여 말한다. 그는 이렇게 대답한다. "우리는 그리스도 예수 안에서 선한 일을 위하여 지음 받은 그의 작품들이다. 하나님께서는 우리가 그의 안에서 행하도록 미리 정하셨다."[72] 그렇다면 우리는 은혜에 의하여, 그리스도 자신의 대속의 피로 말미암아 주어진 의와 구원에 대한 온전한 권리를 소유하는 것이다. 교황주의자들과 아르미니우스주의자들은 감히 이곳에 소위 복음적 행위 혹은 복음적 행위로서의 믿음을 끌고 들어와서는 결코 안 될 것이다. 비록 그들이 지나치게 담대한 것이 사실이지만 말이다.

둘째, 그리스도 안에서 하나님에 의해 한 번 지음 받았고, 또한 그리스도의 보혈에 의하여 구원에 대한 권리를 소유한 우리는 그의 은혜로 말미암아 선한 행위를 실천하며 그의 은혜가 우리를 인도하심을 따라 값으로 사신 유업을 소유하는 길로 걸어가도록 되어 있다.

셋째, 이들 저자들은 성도의 배교를 [가능성을] 지지하는 입장을 취한다. 또한 그들은 다음의 결론을 피할 수 없는 입장이다. 곧 그들의 최종적 믿음은 그 본질로서 선행을 그것의 영혼으로 삼거나, 혹은 사랑(교황주의자들의 주장이다)을 그것의 형상인으로 삼는다. 그들은 이러한 최종적 믿음을 [은혜] 언약의 유일한 조건으로 삼는다.

---

[72] Boidius of Trochrig, *Commentary* on Eph.2.

질문 그러나 영원한 생명과 약속은 오로지 끝까지 지속된 믿음에게만 주어지는 것이 아닌가?

답 믿음은 다음 두 가지 방식으로 고려되어야 한다. 첫째, 그것의 속성이다. 둘째, 그것의 지속과 존재의 기간이다. 전자와 관련하여 구원하는 믿음은 지속하는 데 적합한 속성을 가지고 있다. 그것은 일종의 불멸성을 소유한다. 따라서 약속은 그것의 법적 소유권과 권리에 있어서(*in titulo & jure*), 속성상 반드시 끝까지 견디는 성격의 믿음에게 주어진 것이다. 그런데 [후자와 관련하여] 생명과 사면에 관한 약속은, 구원하는 믿음 자체에 주어지는 것이지, 그 믿음이 일종의 우연적 요소에 해당하는, 끝까지 혹은 오랜 세월—예를 들어 삼십 년이나 사십 년, 혹은 팔백 년 혹은 그 이상의 세월— 지속하는 것을 전제로 하는 그런 믿음에 주어지는 것이 아니다. 따라서 이 믿음은 아담과 구약의 족장들이 실제 얼마의 기간 동안 믿음의 상태에서 살았는지 따지지 않는다. 왜냐하면 오랜 세월의 믿음뿐만 아니라 단 몇 시간 동안의 믿음도 회개하는 강도를 구원할 것이기 때문이다.

또한 영생을 소유하는 것은 오로지 끝까지 견디는 믿음에게만 약속되고 주어진 것이 사실이나 그 이유는 믿음이 지속되는 기간—믿음이 오래 지속될수록 더욱 큰 공로를 가지게 된다는 생각— 때문이 아니다. 생명에 대한 권리와 관련해서는 믿음이 지속되는 기간이라는 것은 우연적인 요소이다. 하나님께서는 믿음에 있어 견인할 것을 명령하셨다. 또한 생명은 오로지 끝까지 견디는 믿음을 소유한 자들에게 주어진다. 그럼에도 우리는 우연적 요소에 해당하는, 믿음이 얼마나 오랜 세월 지속되고 존재했느냐의 여부가 사람을 구원하고 의롭게 한다고 말할 수 없다. 이는 마치 아버지의 상속자를 결정하는 데 중요한 것은 그 자녀가 장자로 태어났느냐의 여부이지, 그 아이가 얼마나 오랜 세월을 살았느냐의 여부가 큰 재산을 유업으로 받을 상속자를 결정하는 것이 아닌 것과 같은 이치이다.

제24장

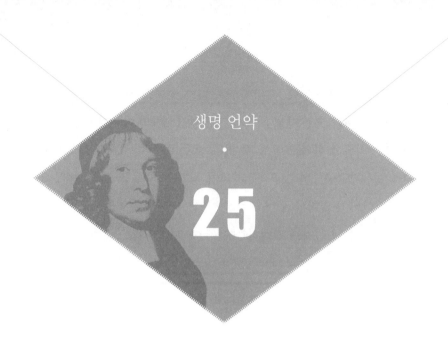

복음 안에서 요구되는 믿음은 무엇인가?

법적인 믿음이 존재한다. 법적인 믿음은 의무를 명령한다. 믿음의 대상은 이중적이다. 첫째, 인간 지성에게 계시되었거나 앞으로 계시될 진리가 믿음의 대상이다. 아담은 앞으로 그에게 계시되어 부과될 율법과 복음을 믿을 수 있는 습성, 혹은 습성적 능력을 소유하고 있었다. 전반적으로 모든 사람은 그의 의사가 질병이 도래하기 전에 그것을 예방할 수 있고, 또한 질병이 왔을 때 그것을 제거할 수 있다는 것을 믿을 수 있는 능력을 소유하고 있다. 타락 전 아담의 경우, 그가 복음 진리를 믿기 위해서는 일종의 초자연적 능력을 필요로 했다고 말하는 것은 어리석은 것이다. 아담이 하나님이 진리이심을 믿고 있었다면, 그는 하나님께서 계시하시는 모든 것을 진리로 믿을 수 있는 능력을 소유했다고 말할 수 있기 때문이다. 둘째 아담은 의존의 믿음을 소유하고 있었는데, 이는 그가 두려워할 모든 가능한 악들에 대해 그가 하나님을 의지하도록 하는 믿음이다.

둘째, 생명에 관한 약속은 율법적 믿음에 주어진 것이 아니다. 이는 그 약속이 다른 무엇보다 율법적 사랑이나 율법적 두려움 혹은 율법적 욕구에 주어진 것이 아닌 것과 마찬가지이다. 그 약속은 오로지 복음적 믿음에 주어진 것인데, 이 복음적 믿음은 그리스도를 우리의 의로 붙잡는 믿음이다. 물론 아담의 경우, 그는 계명을 순종함으로 살도록 되어 있었다. 갈라디아서 3장 12절의 "그 안에서"(ἐν αὐτοῖς, בָּהֶם)[73]는 곧 "율법을 행함으로 말미암아"라는 의미이다. 또한 에스겔 20장 11절을 보라. 라바테르(Lavater)는 이렇게 말한다. "사람이 자유로운 의지로 맺어진 언약에 의해 [행함으로 말미암아] 영생을 공로적으로 획득하여 살게 되었을 것이라는 말하는 것은 전혀 불합리하지 않다. 만일 사람이 율법을 지켰더라면 (칼빈 역시 동일하게 말한다) 그는 그리스도의 은혜를 필요로 하지 않았을 것이다."[74]

반론 그리스도의 의를 붙잡는 믿음이 전가되었다면, 그것은 믿음 자체의 내재적인 가치에 의해 반드시 칭의의 질료인에 해당되어야만 할 것이다. 왜냐하면 믿음의 본질적인 요소로서 그리스도의 의

---

73) 전치사 "בְּ"(베트)는 라틴어로 "in"(안에서), "cum"(~과 함께), "per"(통하여) 등의 뜻을 가진다. 발렌틴 쉰들러(Valentin Schindler)의 성경 원어 사전 *Lexicon pentaglotton* (1612)을 보라.

74) 본문에서 인용된 글의 라틴어 원문은 다음과 같다. "*Nulla igitur est in eoabsurditas si homines vivant hoc est mereantur ex pacto itam arternam. Sed si quis Legem server, sequetur non opus habere Christ.*" 또한 칼빈의 에스겔 20장 11절 주해를 보라.

를 붙잡는 것보다 더한 것은 없기 때문이다.

답 만일 믿음이 [우리의] 그리스도를 붙잡는 행위를 따라 우리에게 전가되어 의를 이룬 것이었다면 상기한 진술은 참이 되었을 것이다. 그러나 믿음의 행위가 우리에게 전가되는 것이 아니라, 그 믿음이 붙잡는 대상, 곧 그리스도의 의가 우리에게 전가되는 것이다. 여기서 믿음은 일종의 도구일 뿐이다. 전가되는 것은 (예수회의 주장처럼) 믿는 믿음의 행위가 아닌 것이다.

한편 그들은 복음적 행위가 은혜의 습성으로부터 기원한다고 주장한다. 아담은 하나님께서 그를 하나님의 형상과 함께 창조하시고, 그의 안에 습성적 의를 두셨을 때 이에 대해 일종의 수동적인 수용자였다고 그들은 말한다. 물론 아르미니우스주의자들과 예수회에 소속된 자들도 선-결정적인 은혜가 그리스도의 공로로부터 기원한다고 말하거나 또한 감히 그렇게 주장하지 않는다. 그리하여 죄인으로 하여금 아담보다 더욱 스스로를 자랑하도록 만든다. 곧 나는 내 자유의지의 행위에 의해 내 자신을 의롭게 만들었다고 말할 수 있는 것이다. [그들에 따르면] 그리스도의 은혜가 주도적으로 작용하여 우리의 의지를 굽히고 결정하는 영향력으로부터 우리의 자유의지는 벗어나 있으며 이에 대해 중립적이다. 왜냐하면 그리스도가 죽으셨든지 혹은 그렇지 않았든지의 여부에 상관없이 결정을 내리는 것은 우리의 자유의지이기 때문이다.[75] 요컨대 반대자

---

75) 프란시스쿠스 톨레투스(Franciscus Toletus)의 로마서 3장 주해를 보라. [역자 주: 루더포드가 인용하는 톨레투스의 주석은 다음과 같다. Franciscus Toletus: *Commentarii*,

들은 율법적 자랑을 배제시키지 않는다.

et Annotationes in Epistolam Beati Pauli Apostoli ad Romanos (Roma 1602): 183-184]
"주의하여 보라. 믿음은 그 자신으로부터 기원하는 그 어떠한 유효성을 소유하지 못
한다. 그리하여 사면과 화해 등은 우리의 행위가 아니라 그 전체 능력이 믿음의 대
상, 곧 그리스도 자신으로부터 기원한다. 그의 능력과 하나님의 공로를 믿음을 통
해 그 자신 안에서 사용하여 죄인을 의롭게 만드는 일에 적용한다." (*Adverte fidem
non habere ex se efficaciam ullam ut actus quidam noster est, remittendi & reconciliandi,
sed virtutem totam procedere ex obiecto ipso, nempe Christo, cuius virtutem & meritum
Deus disposuit per fidem in ipsum applicare peccatori ad iustiificandum*)

제25장

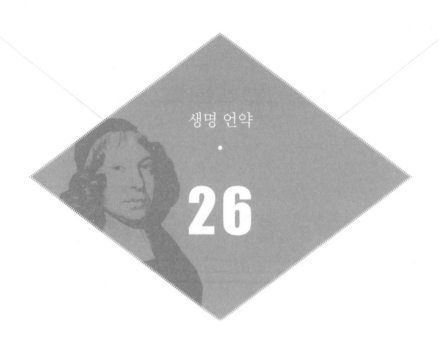

생명 언약
·
26

1. **질문 #1** 그리스도의 의가 우리에게 전가되어 우리의 것이 되
는 이유는 우리가 믿고 그것을 우리의 것으로 취하기 때문인
가? 아니면 그것이 이미 우리의 것이기 때문에 또한 우리가 믿
는 것인가?

답 이중적인 전가가 존재한다. 하나는 법적인 전가이고, 또 다른 하
나는 교리적으로 적용하려는 목적에서 우리는 적용상의 혹은 실
제적이라고 부르는 전가이다. (비록 법적인 전가 역시 실제적이지만, 우
리에게는 실제적 전가의 방식으로 실제적인 것은 아니다) 전자에 해당하
는 성경 구절로는 다음을 보라. 이사야 53장 6절에서 여호와께서는
"우리 모두의 죄악을" 그리스도에게 "담당시키셨다." 고린도후서 5
장 21절에서 하나님께서는 "그를 우리를 대신하여 죄로 삼으셨다."
곧 죄를 위한 희생 제물로 삼으신 것이다. 이러한 구절들은 필연적으로 전자에 해당하는 [법적인] 전가의 진리를 드러낸다.

한편 후자와 관련하여 고린도후서 5장 19절을 보라. "곧 하나님께서 그리스도 안에 계시사 세상을 자기와 화목하게 하시며 그들의 죄를 그들에게 돌리지 아니하시고." 만일 본문의 "화목"이 인격체들 사이의 실제적인 화목을 말하는 것으로 주해된다면, 이는 아무래도 무엇인가 또 다른 종류의 전가에 대해 말씀하는 구절일 것이다. 로마서 4장 3절은 이를 더욱 분명하게 보여준다. "아브라함이 하나님을 믿으매 그것이 그에게 의로 여겨진 바 되었느니라." 또한 8절을 보라. "주께서 그 죄를 인정하지 [전가하지] 아니하실 사람은 복이 있도다 함과 같으니라." 또한 9절—["아브라함에게는 그 믿음이 의로 여겨졌다"]—에서 말씀하는 "믿음"은 믿음이 믿는 것, 곧 소망이 소망하는 대상을 가리킨다(골 1:5; 롬 8:24). 바로 이것이 아브라함에게 전가되어 그의 의가 되었다고 말씀한다. 물론 이 말씀에 대해 고마루스(Gomarus)는 다른 해석을 제시하는 것이 사실이다. 그에 따르면, 믿음에 의해 혹은 믿는 행위에 의해 우리는 이것을 [믿음의 대상] 획득하며 의롭게 간주된다고 해석하는 것이 더욱 본문의 의미에 가깝다.

법적인 전가와 관련하여 하나님께서는 우리의 범죄로 인해 그리스도를 상하게 하고, 우리의 죄악 때문에 그리스도를 때리는 행위를 그의 공의 안에서는 도저히 실행할 수 없으시다. 한 걸음 더 나아가 하나님께서는 그리스도를 꺾으실 수도, 우리 모두를 위해 그를 죽음에 내어주실 수도 없으시다. 그의 공의를 훼손하지 않으며 이렇게 하실 수 있는 유일한 방법은 그리스도를 죄인으로 만드는 일이다. 첫째, 그에게 죄를 전가하여 그를 율법 안에서 죄인으로 간주하시는 것이다. (그리스도는 내재적으로 또한 본래적으로 죄인이 아니시고 오직 거룩하고 무흠하실 뿐이기 때문이다). 둘째, 그에게 우리가 지고 있는 [죄의] 빚을 옮겨 놓으시는 방법이다(사 53:6). 이는 오직 그리스도께서 자발적으로 죄인으로 간주되기를 의지하시고 다음과 같이 말씀하지 않으셨으면 이루어질 수 없는 일이었다. "하나님은 나에게 한 몸을 주셨나이다. 나는 하나님의 뜻을 행하러 왔나이다"(시 40:7; 히 10:5-7). 이와 같이 그리스도를 죄인으로 간주하는 것은, 하나님의 영원한 작정 안에 존재하는 일임과 동시에, 시간 안에서는 우리의 죄악을 그에게 담당시키는 일(사 53:6), 혹은 율법 안에서 그를 다루고 죄인으로서의 그분을 처벌하는 것과 연결된다. 또한 그의 인성을 일종의 우리의 구원을 위한 수단으로 십자가 위에서 사용하신 것과 이어진다.

율법폐기론자들은 우리의 죄악들을 그리스도에게로 전가시키는 것과 그리스도를 죄인으로 간주하는 교리를 오용하여 죄인 자체를 의롭게 만든다는 의미로 해석하는 데 이것은 큰 잘못이다. 결국 그들에 따르면 우리의 믿는 행위 없이도 그리스도께서 위하여 죽으신 모든 자들은 십자가 위에서 이미 의롭다 함을 받았다. 이에 반해 성경은 결코 신자 이외에 그 누구에게도 칭의를 수여하지 않는다. 그래서 아브라함의 경우, 그의 믿음이 그에게 의로서 전가된 것이다. 그리스도가 십자가에 수난을 받고 위하여 죽으신 소위 "다수의 믿음"이라는 것은 사실상 아무것도 아니다. 이 많은 사람들은 아직 태어나지도 않았다. 아무것도 아닌 것, 혹은 존재하지 않는 것(non ens)

은 결코 의로 간주될 수도 없는 것이다.

다음 사실을 주목해야 한다. 보증인에 의해 지불된 값은 채무자를 변제한다. 율법의 경우도 마찬가지이다. 보편적인 감사의 의무에 관한 법을 예외로 한다면, 율법은 채무자에게 어떤 사랑의 행위나 믿음의 행위 혹은 봉사의 행위를 요구하지 않는다. 또한 보증인의 법은 본질과 속성에서 채권자로 하여금 그의 법적인 명의 아래 (sub eo titulo) 믿음에 대해 경의를 표할 것을 요구하지 않는다. 채권자가 채권자이면서 동시에 피해를 입은 당사자일 경우, 게다가 그가 바로 최고의 입법자이신 하나님이실 경우, 그분은 빚으로 인해 갇힌 자들에게 믿음의 순종을 요구하실 수 있다. 공의는 이렇게 말한다. 우리는 누구에게도 해를 입혀서는 안 된다. 또한 우리는 각자에게 각자의 (정당한) 몫을 주어야 한다. 이러한 공의는 채무자로 하여금 보증인에게 최대한 그가 변상할 수 있을 만큼의 값을 강하게 요구할 것이다.

그러나 믿음의 순종을 소위 훼손된 공의 때문에 갚아야 하는 속량금의 일부로서 지불해야 한다는 것은 결코 복음적 율법이 아니다. 또한 복음적 율법의 일부가 될 수도 없다. 만일 그렇게 주장해야만 한다면, 우리는 그리스도께서 이루신 실제적인 만족을 부정하는 방법 이외에는 설명할 길이 없을 것이다. 바로 이런 식으로 교황주의자들과 소키누스주의자들이 설명하고 있다. 교황주의자들은 소위 믿음의 공로를 그리스도의 만족에 혼합시키는 방식으로 후자를 약화시킨다. 소키누스주의자들의 경우는 그리스도의 실제적 만족을 부정한다.

그리스도께서 십자가 위에서 죄인들을 위해 수행하신 만족은 하나님께서 정해 놓으신 특정한 수효를 위한 것이다. [개별자와 관련하여] 헤아리는 수효와 헤아려진 수효에 따라(*quoad numerum numerantem & quoad numerum numeratum*) 말할 때, 두 경우 모두 그 수효에서는 상당히 많은 수이지만, 이는 분명 인류의 모든 개별자들에게 해당되지 않는다. 개별자는 머리, 이름, 출생 등에 의해 구별되는 사람들이다. 그럼에도 이것을 구체적으로 나와 요한 혹은 바울 등과 같은 개인에게 적용하는 것을 정당화할 수는 없다. 그리스도의 만족이 과연 구체적인 이름과 인격으로 구분되는 당신 혹은 나를 위한 것인지의 (나 혹은 당신이 처음 믿는 순간) 여부는 나를 포함하여 누구도 알 수 없다. 왜냐하면 그것은 하나님의 숨겨진 작정에 해당하기 때문이다.

또한 이러한 법적인 전가는 우리가 [직접 보고] 믿을 수 있는 것이 아니고 또한 나와 당신과 같은 개별자에게 최종적으로 적용되는 것으로서 계시되는 것도 아니다. 다만 우리는 믿음에 의해 그것을 붙잡을 따름이다. 반면에 우리의 칭의가 세워지는 것은 바로 적용 상의 전가 안에서이다.

2. 믿음은 세 종류의 연합을 전제한다. 첫째, 자연적 연합 둘째, 율법적 연합 셋째, 언약적 연합 등이다. 또한 네 번째 연합을 만들어 낸다.

우리가 칭의 받는 데 일종의 도구로서 역할을 하는 믿음은 다음의 세 가지 연합들—자연적 연합, 법적 연합, 언약적 연합 등—을 전제하고 또한 네 번째 종류의 연합을 만들어 낸다.

1) 자연적 연합

그리스도와 우리는 모두 인류에 속해 있다. 그리스도는 파라오, 배신자 유다, 그리고 모든 멸망의 자녀들과 더불어, 종과 본성을 따라(*specie & natura*) 참 사람이라는 면에서 모두 하나일 뿐만 아니라 인류의 형제애라는 측면에서도 하나이다. 그분은 사람의 본성을 취하실 때, 아브라함, 곧 택자들과 신자들을 향한 특별한 시선을 가지고 계셨다(히 2:16). 바로 이들을 위해 그분은 그들이 가지고 있는 뼈를 가지고 태어나셨고 우리를 가리켜 "형제라 부르시기를 부끄러워하지 아니하셨다"(히 2:11-12; 시 22:22).

2) 법적 연합

믿음은 그리스도와 택자들 사이의 법적 연합을 전제한다. 하나님께서는 법적으로 채무자들과 보증인을 하나로 만드셨다. 하나님께서 우리의 빚을 그리스도께 담당시키시는 한, 양자는 (법적으로) 하나였다(사 53:6; 고후 5:21).

3) 언약적 연합

믿음은 언약적 연합을 전제한다. 여기서 하나님은 그리스도를 우리의 보증인으로 삼으셨고, 그리스도는 기꺼이 우리의 보증인이 되시기를 의지했으며, 우리의 본성을 취하여 인격적 연합을 이루셨을 뿐만 아니라 우리의 상태와 조건을 취하시사 우리의 이유를 그분 자신의 이유로 삼으시고, 우리의 죄를 그분 자신의 것으로 삼으셨다. 그 이유는 이것들을 옹호하거나 이것들을 향해 "아멘"이라고 말씀하셔서 마치 우리로 하여금 그 죄들을 반복하여 지을 수 있도록 하시기 위함이 아니다. 오히려 그리스도께서 그 죄들로 인한 형벌을 당하는 고통을 감수하시기 위함이다.

4) 네 번째 연합

우리의 믿음은 그리스도와 우리 사이에 네 번째 연합을 만들어 낸다. 그것은 자연적 연합으로서 머리와 지체들 사이의 연합이나 포도나무와 그 가지들 사이의 연합과 같은 것일 수 있다. 또한 신비적 연합일 수도 있다. 마치 신랑과 사랑하는 아내와의 연합과 같다. 또는 나무와 접붙여진 가지 사이의 관계처럼 일종의 인위적이거나 복합적 성격의 연합일 수 있다. 혹은 보증인과 채무자의 관계이거나, 변호인과 의뢰인 사이의 관계와 같은 법적인 연합일 수 있다. 이러한 다양한 연합들 가운데 어느 하나를 특정하기는 쉽지 않다. 이 모든 것들은 요한복음 17장 23절에서 그리스도께서 기도하신 내용을 대조적으로 보여줄 뿐이다. "곧 내가 그들 안에 있고 아버지께서 내 안에 계시어 그들로 온전함을 이루어 하나가 되게 하려 함이니라."

다음으로 고려할 문제가 있다. 율법은 본질적으로 공의롭다. 그렇기 때문에 율법은 어떤 사람이 먼저 죄인이 되기 전까지는 그 사람을 정죄하지 않는다. 또한 그 사람이 먼저 아담 안에서 본성상 진노의 자녀가 되기 전까지는 그 사람을 정죄하지 않는다. 이러한 입장에서 볼 때, 한 사람이 순서상 먼저 믿음으로 말미암아 그리스도 안에 존재하기 전까지는 하나님께서 그 사람을 의롭게 하지 않으신다. 로마서 5장 18절을 보라. "그런즉 한 범죄로 많은 사람이 정죄(심판)에 이른 것 같이 한 의로운 행위로 말미암아 많은 사람이—마치 대조되는 대상이 아담 안에 있었던 것처럼 이들은 그리스도 안에 있는 자들이다— 의롭다 하심을 받아 생명에 이르렀느니라." 따라서 우리는 반드시 다음과 같이 말해야 한다. 모든 사람은 의롭다 함을 받기 이전에, 또한 하나님께서 믿음을 그들에게 전가하시기 이전에, 곧 그리스도의 의가 그들의 것이 되었다고 믿기에 앞서 반드시 믿음을 먼저 소유해야만 한다. 그리고 먼저 믿고 그리스도와 더불어 하나가 되는 일이 선행해야만 한다. 그리하여 전가된 의가 우리의 것이 되는 이유는 우리가 (먼저) 믿었기 때문이다. 우리가 먼저 믿기 전에는 우리의 것이 되지 않는 것이다.

한편 또 다른 종류의 전가는 우리의 믿음보다 선행한다. 따라서 하나님의 특별한 자비에 대한 믿음은 두 가지 방식으로 명명된다.

첫째, 그리스도 안에 계신 하나님을 의지하고 붙잡는 것으로서의 믿음이다. 이는 자비와 죄의 사면, 그리고 전가된 의를 획득하기 위한 믿음이다. 그래서 믿음은 칭의에 선행한다. 우리는 우리의 죄가 사면될 것을 믿는다. 또한 우리의 죄가 우리에게 전가되지 않을 것을 믿는다. 그리고 우리가 의롭다 함을 받고 정죄로부터 해방될 것임을 믿는다. 요컨대 믿는 행위로 말미암아 [그리스도의] 의가 우리에게 전가되는 것이다. 이런 면에서 볼 때, 칭의와 사면―곧 로마서 8장 1절이 의미하는 대로 영원한 정죄로부터 인격체로서의 우리가 해방되는 것―은 믿음의 대상이 아니라 믿음의 효과와 열매이다.

둘째, 나를 향한 특별한 자비에 대해 내가 그것을 붙잡고 믿는 차원으로서의 믿음이 고려될 수 있다. 혹은 내가 특별한 자비, 곧 그리스도의 의가 나에게 전가되었음을 감각적으로 아는 차원에서의 믿음이라고 말할 수 있다. 이 차원에서는 전가된 의와 칭의가 믿음의 대상이라고 말할 수 있다. 더 엄밀하게는 믿음의 감각의 대상인 것이다. 이것은 매우 신중하게 검토되어야 한다. 벨라르민(Bellarmine)의 견고하지 못한 주장에 따르면, 우리는 과거에 이루어진 죄의 사면을 믿거나 아니면 미래에 있을 죄의 사면을 믿는다. 그러나 사면이라는 것은 영원하거나 혹은 기한적인 형벌로부터의 해방이다. 한편 칭의는 형벌 받아 마땅하도록 만드는 근본적인 죄책으로부터의 해방을 의미한다. 따라서 사면은 칭의의 결과가 되는 것이다.

3. 칭의의 문제와 관련하여 성경 안에서 성령님께서 주장하시는 것에 반하여 대적하는 넷 혹은 다섯 종류의 여러 대적자들이 존재한다.

질문 #2 과연 칭의는 구약과 신약 안에서 단일하고 동일한 방식으로 이해되었는가? 혹은 그렇지 않은가?

답 로마서 4장에서 사도는 이 점을 분명히 한다. 즉 아브라함과 다윗이 의롭다 함을 받은 것과 똑같이 유대인과 이방인들이 의롭다 함을 받았다고 입증한다. 그렇다고 하여 은혜로 말미암아 받는 칭의의 교리가 정확히 동일한 포인트들(*in iisdem apicibus*)에서 동일한 대적자들을 상대한 것은 아니다.

첫째, 모세와 선지자들이 주로 상대한 대적자는 의식상의 위선자들이었다. 이들은 의식들과, 정결예식, 제사들, 초하루[월삭] 등 안에서 의를 추구했던 자들이었다. 또한 그들 자신에게 내재적으로 속한 경건 속에서 의를 추구하였다. 다음 구절들을 보라. 신명기 5, 7, 10-11장, 이사야1장 10-12절, 미가 6장 5-8절, 시편 50장 7-18절, 시편 4편 2-5절, 사무엘상 15장 22-23절, 이사야 66장 1-5절, 예레미야 7장 1-3절과 21-23절.

둘째, 바울은 다른 종류의 대적자들을 상대했다. 로마서 3-5장과 9-10장을 보라. 이들은 특히 율법폐기론자들이었다. 이들은 값없이 주시는 은혜에 의한 칭의 교리로부터 방탕한 게으름을 이끌어내는 자들이었다. 그들은 말하기를, 비록 우리가 이러저러한 죄를 진다고 해도 우리는 여전히 의로운데 우리에게 율법은 더 이상 아무 영향을 미치지 못하기 때문이다(롬 6:4). 한편 또 다른 극단에 있었던 자들이 바울의 주된 대적자였는데 이들은 도덕법을 행함에 의해 의롭다 함을 받는다는 입장을 지지하는 자들이었다. 이들에 대해 바울은 로마서 3장에서 모든 사람들, 곧 유대인이나 이방인, 그리고 다윗과 아브라함 모두 자연에 속한 것이든지 혹은 은혜에 속한 것이든지 어떠한 종류의 행함에 의해 의롭다 함을 받을 수 없었다는 사실을 입증한다. 그리고 율법을 행함에 의해 얻는다는 유대인의 의를 폐기시켜 버린다(롬 9-10장).

셋째, 값없이 베푸시는 칭의에 대한 세 번째 종류의 대적자들은 갈라디아 교인들을 유혹한 거짓 사도들이다. 이들은 할례에 의한 칭의를 주장했고, 누구든지 구원받고자 원한다면 반드시 의식법을 준수할 필요가 있다고 주장했다. 사도행전 15장 1-4절 등과 갈라디아서 2-6장을 보라. 이들은 복음과 모세의 법을 혼합시켜 버렸다. 이들에 대해 바울은 갈라디아서 3장에서 우리는 도덕법의 행위로 말미암아 의롭게 되는 것이 아니라고 입증한다. 왜냐하면 율법은(신 26:17) 가장 작은 의무를 행하는 것을 빼먹은 사람조차도 저주 아래 있다고 선언하는 반면에(갈 3:10-13), 그리스도는 우리를 위해 저주를 받으셨기 때문이다. 종합적으로 바울은 다음의 결론을 증명한다. 곧 우리는 도덕법을 행함이나 의식법을 행함으로 말미암아 의롭다 함을 받지 않는다.

넷째, 야고보는 해이하게 살아가는 또 다른 집단, 곧 영지주의자들을 상대했다. 이들은 사랑이나 선행을 결여한 그저 이름뿐인 믿음에 의한 칭의를 주장하는 자들이었다. 야고보가 입증하는 것은 이것이다. 사람들과 우리 자신 앞에서 우리는 죽은 믿음이 아닌 사랑으로 역사하는 믿음으로 말미암아 의롭다 함을 받는다.

다섯째, 요한이 상대했던 자들은 형제 사랑을 결여한 [사실상] 죽은 고백자들이었다. 이들에 대해 요한은 칭의와 회심을 실제적으로 보여주고 말해주는 표지들에 대해 주로 증언한다.

4. 율법의 지배권

질문 #3 죄인에 대해 행사하는 율법의 지배는 무엇인가?

답 그것은 법적인 권세이다. 그것은 일종의 행위 언약으로서 율법 아래에 있는 모든 자들을 정죄하는 권세를 가진다. 한편 마치 결혼 관계에서 어느 한쪽의 배우자가 사망하면 그 결혼관계가 해체되는 것과 같이 율법도 그와 같다. 로마서 7장 4절을 보라. "너희도 그리스도의 몸으로 말미암아 율법에 대하여 죽임을 당하였으니." 로마서 7장에서 바울은 율법이 행사는 모든 명령권을 부정하는 것이 아니다. 다만 율법이 삶과 죽음에 대한 주권을 소유하고 이를 행사하는 것을 부정하는 것이다. "사람을 주관하는 율법(ὁ νόμος κυριεύει τοῦ ἀνθρώπου)"에 대해 "우리는 그리스도의 몸으로 말미암아 율법에 대하여 죽임을" 당한 것이다. 여기서 죽음 혹은 죽는 것은 마치 우리 안에 주관적으로 존재하는 죽음을 의미하는 것이 아니라 그리스도 안에 법적으로 또한 객관적으로 존재하는 것으로 이해되어야 한다. 왜냐하면 "그리스도께서 친히 나무에 달려 그 몸으로 우리 죄를 담당"하셨고(벧전 2:24), "그리스도께서 우리를 위하여 저주를 받은 바" 되셨기 때문이다(갈 3:13). 암브로시우스는 이 점을 분명하게 말한다. 그리스도께서는 그분의 몸을 주심으로 죽음을 이기셨고 죄를 정죄하셨다.[76]

---

76) 암브로시우스의 인용문이다. "율법에 대해 죽은 것은 하나님께 대해 사는 것이다. 율법은 죄인들을 지배하기 때문에, 죄가 사함 받으면 그들은 율법에 대하여 죽는 것

여기서 [죽음과 관련한] 두 가지 단어들이 등장한다. [첫째, 율법에 대한 죽음과 관련하여] 다음 구절들을 보라. 로마서 7장 4절 "그러므로 내 형제들아 너희도 그리스도의 몸으로 말미암아 율법에 대하여 죽임을 당하였으니," 갈라디아서 2장 19절 "내가 율법으로 말미암아 율법에 대하여 죽었나니 이는 하나님에 대하여 살려 함이라." 마치 죽은 자의 경우와 같이, 나는 더 이상 율법의 저주 아래에 있지 않다. 이처럼 율법에 대한 죽음이 법적인 것처럼, 하나님에 대해 사는 것 역시 율법의 사면에 기초한 하나님께 대한 법적인 생명이라고 말할 수 있다. 마치 사면 선언을 받은 행악자가 그의 머리와 생명을 앗아갈 수 있었던 사형에 해당하는 죄로부터 면죄 받아 해방된 것과 같다.

둘째, 그리스도께서 율법에 대해 죽으셨다는 사실을 매우 강하게 강조하는 또 다른 단어가 등장한다. 바울은 갈라디아서 2장 19절에서 "내가 율법으로 말미암아 율법에 대하여 죽었나니"라고 말한 뒤에, 20절에서 "내가 그리스도와 함께 십자가에 못 박혔나니"라고 덧붙인다. 이것은 이러한 의미이다. 마치 그리스도께서 율법의 판결에 따라 죄로 인해 십자가에 못 박히신 것과 같이 나 역시 그분과 함께 십자가에 못 박혔다는 것이다. 로마서 6장 8절을 보라. "만일

이 된다. 곧 그리스도의 몸을 통해 율법으로부터 해방되는 것이다. 우리가 획득하는 유익은 바로 이것이다. 즉 구세주께서 자신의 몸을 내어주심으로, 죽음을 이기셨고 죄를 정죄하셨다."(*Mori legi est vivere Deo, quia lex dominatur peccatoribus cui ergo dimittuntur peccata is moritur legi, hoc est, liberatur a Lege per corpus Christi, hoc consequimur beneficium: tradens enim corpus suum Servator, mortem vicit et peccatum damnavit*)

우리가 그리스도와 함께 죽었으면 [이제는] 또한 그와 함께 살 줄을 믿노니." 이 말씀은 단순한 [죄] 죽임과 새 생명의 내재적인 새로움만을 설명하는 것이 아니다. 이와 더불어 [우리가] 그리스도와 함께 법적인 죽음을 죽었다는 사실에 대해 설명한다. 그리스도께서는 단지 법적인 죽음을 죽으셨다. 왜냐하면 우리의 경우와 같이 내주하는 죄가 없으시기 때문에, 내재적인 죄 죽임이나 죄의 몸을 죽이는 죽음을 죽으신 것이 아니다. 물론 우리가 개인적으로 내재적인 죄 죽임을 행하는 유익은 그분의 죽으심으로부터 흘러나온다. [8절에] 이어지는 9절 말씀을 보라. "이는 그리스도께서 죽은 자 가운데서 살아나셨으매 다시 죽지 아니하시고 사망이 다시 그를 주장하지 못할 줄을 앎이로라." 율법에 따라 두 번 죽을 수는 없다. 따라서 그리스도께서도 한 번 십자가에서 못 박히셨다. 율법과 죽음은 단회적으로 그를 주장한 것이다. 이제 더 이상 그분을 지배할 수 없다. 그렇다면 다음과 같이 말할 수 있다. 첫째, 마치 그리스도께서 율법 아래에서 율법적 죽음을 죽으시고 죽음 아래에 계셨던 것처럼, 우리 역시 법적으로 그분 안에서 율법의 지배와 그에 수반되는 죽음으로부터 해방되었다. 둘째, 그리스도께서 율법의 지배와 죽음을 거절하시듯이 우리 역시 그렇게 한다. 셋째, 그리스도께서는 죽음으로 율법을 만족시키는 것을 두 번 하실 수 없다. 만일 그렇다면 그분의 첫 번째 만족이 충분하지 못했다는 의미이기 때문이다. 마찬가지로 우리 역시 율법적 죽음과 율법적 정죄 아래 다시는 있을 수 없다. 우리는 우리의 보증인이신 그리스도 안에서 법적으로 정죄를 받았고 십자가에 못 박혔기 때문이다. 따라서 다시는 우리 개

제26장

527

인적으로 법적인 정죄와 법적인 죽음의 고통을 당할 수 없다. 넷째, 그리스도께서 단번에 죽으심을 통해 율법의 지배와 사망에 대해 죽으시고 양자로부터 벗어나신 것과 같이 우리 역시 그리스도 안에서 율법의 지배에 대해 죽고, 두 가지 모두로부터 벗어났다. 이러한 사실은 우리가 몇 가지 유혹들을 직면할 때, 그리스도 안에서 이것들에게 제시할 수 있는 대답이다.

반론 그렇다면 우리는 율법의 지배와 사망으로부터 해방되었기 때문에 더 이상 범죄하지 않을 수 있다는 말인가? 로마서 6장 15절에서 바울은 우리가 율법 아래에 있지 않고 은혜 아래에 있다고 말씀했다.

답 그러나 과연 이어지는 구절들(15-17절)은 어떻게 해석할 것인가? "그런즉 어찌하리요 우리가 법 아래에 있지 아니하고 은혜 아래에 있으니 죄를 지으리요 그럴 수 없느니라." 그리스도에 의해 구속받은 우리는 더 이상 죄의 종이 아니라 속량의 값을 지불하신 분의 종이 되어야 마땅하지 않겠냐고 바울은 대답한다. 우리가 율법 아래에 있지 않다는 구절의 의미는 율법의 지배권과 정죄하는 권세를 의미할 따름이다. 따라서 이것은 상기한 반론의 어떤 여지를 남겨 놓지도 않고 어떤 빌미도 제공하지 않는다.

참으로 고려해야 할 반론이 있다면 이러한 질문일 것이다. 만일 우리가 율법 아래에 있지 않고, 따라서 정죄를 받거나 영원한 형벌을 받지 않는다면, 과연 죄의 위험성은 무엇이란 말인가? 우리는 지옥에 대한 두려움 없이 마음대로 죄를 지을 수 있는 것 아니겠는가? 이에 대해 바울은 죄에 수반되는 악에 대한 종의 두려움을 가지고 대답하지 않는다. 그 대신 바울은 우리의 속량자에 대해 전혀 감사치 않는 통탄할 만한 배은망덕함을 지적하며 반론을 제기한다. 만일 우리가 마음껏 범죄한다는 것은, 곧 우리가 그리스도와 그의 지시하시는 빛과 우리의 주님이신 속량자의 통치 아래에 있지 않고 여전히 죄의 종과 노예로 머물면서 아직 구속함을 받지 못했음을 보여주는 것이 아니겠는가! 이로써 우리는 율법 안에 존재하는 두 가지 권세에 주목한다. 첫째, 율법의 정죄하는 권세이다. 둘째, 율법의 지시하는 명령의 권세이다. 전자에 대해서 그리스도는 스스로 우리를 위해 정죄 받으시고 저주의 죽음을 감수하심을 통해 그 전체를 제거하셨다. 이로서 우리는 정죄하는 율법 아래에 더 이상 놓이지 않게 되었다. 마찬가지로 우리는 구원하고 의롭게 하는 율법의 권세 아래에 있지도 않다. 만일 그렇다고 한다면, 우리는 여전히 율법과 결혼한 아내로서 혼인관계의 권세 아래에서 신랑인 율법과 더불어 동거해야만 할 것이다. 그런데 바울은 이것을 로마서 2장 1-3절과 8절에서 논박한다.

한편 그리스도는 우리에 대해 지시하는 명령의 권세를 소유하신다. 그리스도는 우리로 하여금 우리의 주님이신 속량자에게 순종할 것을 명령하신다. 그래서 만일 우리가 정죄로부터 해방된 것을 이유로 삼아 방탕한 삶을 산다면, 우리는 그분의 사랑에 반하여 죄를 짓는 것이다.

같은 맥락에서 우리는 죄의 이중적인 지배를 말할 수 있다. 하나는 율법적인 지배로서 우리를 영원히 정죄하는 것이다. 또 다른 하나는 물리적인 지배로서 우리로 하여금 정욕의 절대적인 권세 아래 지배당하도록 한다. 만일 그리스도께서 죽으시지 않았더라면 우리는 이 두 가지 지배 아래에 놓였을 것이다.

5. 조문의 오래된 것이 의미하는 바는 무엇인가? 또한 그것으로부터 우리는 어떻게 해방되었는가?

질문 #4 로마서 7장[6절]에 기록된 "율법 조문의 묵은 것으로 섬길 것이 아니라"는 말씀의 의미는 무엇인가?

답 그것은 오로지 외면적인 치리와 관련하여 율법을 단지 헛되고, 열매 없고, 지식으로만 아는 것을 의미한다. 이러한 율법은 중생하지 않은 자를 통치할 뿐이다. 이로써 이 사람은 여전히 자연 상태에서 율법 아래에 머물면서, 바리새인의 견해를 조장한다. 이 사람은 바리새인들이 제시하는 율법에 대한 거짓되고 문자적인 해석에 집중한다. 그러나 이는 그리스도에 의해 논박된 해석이다(마 5장). 이는 그 어떠한 내적인 심령의 갱신을 수반하지 않는 공로와 외면적 예배와 의식들에 관한 것이다. 이에 반대되는 것이 바로 "영의 새로운 것"[롬 7:6] 혹은 성령의 사역으로 말미암은 참되고 새로운 복음적 순종과 거룩함이다.

6. 율법의 삼중 속박

반론 율법의 조문은 일종의 속박인데, 우리가 그 조문과 무서운 위협[의 속박]으로부터 해방되는 것은 천국에서 이루어지는 일이 아닌가?

답 하나님을 섬기는 것은 속박이 아닌 자유의 문제이다. 시편 119편 45절과 요한계시록 22장 3절을 요한계시록 22장 5절 말씀과 비교해보라. 하나님을 섬기는 일과 [우리가] 왕 노릇 하는 것은 조화롭게 공존한다. 다음 구절들을 보라. 누가복음 1장 74-75절, 요한복음 8장 34-36절, 로마서 6장 16-17절. 조문의 속박은 삼중적이다. 첫째, 우리의 부패성과 관련하여 우연적인 속박이 존재한다. 우리의 섬김은 중생하지 못한 본성에게는 피곤한 일이다. 우리는 그리스도 안에서 이것으로부터 분명 구원을 받았으나, 현세에서는 온전하게 완전한 것이 아니다. 이 우연적인 속박은 영적인 율법으로부터 기원하지 않는다. 둘째, 정죄하는 율법의 지배와 관련된 속박이 존재한다. 셋째, 수많은 규례들과 말씀을 듣는 것과 읽는 것, 기도하는 것과 묵상하는 것, 회개하는 것, 언약의 표들을 받는 것 등과 관련된 구속이 존재한다. 우리는 어떤 것들로부터는 이미 현세에서 해방되었다. 나머지 것들로부터 해방되는 것은 내세에 이루어질 것이다.

7. 율법보다 우월한 복음의 위엄에 관하여

질문 과연 율법보다 우월한 복음의 위엄은 무엇인가?

답 첫째, 믿음의 말씀, 곧 복음을 들음으로 우리는 성령님을 받는다 (갈 3장). 비록 조문으로 쓰인 율법 또한 영적인 것이고 살아 있다. 또한 명령의 방식으로 우리로 하여금 상실한 하나님의 형상을 찾도록 하신다. 그럼에도 율법에는 성령님을 약속해 주시지 않았다. 또한 성령의 은사나 은혜도 약속되지 않았다. 이 모든 것들은 복음 설교의 선포를 통해 주어진다.

둘째, 율법은 율법의 교훈을 확인시켜 주기 위해 어떤 이적들도 만들어 내지 않는다. 율법에 의한 기적은 전혀 새로운 것도 아니고, 율법적 순종에 대한 보상으로 주신 기적의 은사가 아니었다. 이 기적들은 대체로 목적인에서(*in genere causa finalis*), 바로와 이집트인들의 율법적인 [불]순종을 보복하기 위해 만들어진 것들이었다. 반면 진정한 의미의 이적들은 예수님의 이름으로 만들어지는 것으로(행 4장), 복음의 내용을 확인시켜 주며, 교회의 유익을 위한 것이다. 갈라디아서 3장 1-3절을 보라.

생명 언약

·

27

은혜의 속성에 관하여, 그 영원성에 관하여

1. 은혜 언약의 속성에 관하여,
   또한 은혜 언약과 행위 언약 사이에 존재하는 중요한
   차이점들에 관하여

질문 은혜 언약의 영원함은 무엇에 근거하는가? 또한 이 언약의 다른 속성들은 무엇인가?

답 율법과 행위 언약은 영원한 의의 통치이다. 따라서 영원한 의로 불릴 수 있으며 본질적으로 선한 요소로서의 자연법의 계명들을 포함한다. 일례로 유일하신 참 하나님으로서 하나님을 알고, 두려워하고, 신뢰하는 것 등과 관련된 계명들이다. 바로 이러한 의미에서 이것은 영원한 언약이다.

그러나 십계명의 제2계명, 제4계명, 그리고 제5계명의 실정법과 관련하여 이것은 영원하지 않다. 곧 예배의 방식, 수단들, 의식들, 안식일, 관료들 등과 관련하여서는 이들 계명들은 내세에까지 지속되지 않는다. 그리스도를 통해서 하나님께 가지는 믿음과 소망 역시 내세에서는 그치게 될 것이다(고전 13:13; 롬 8:24-25; 고후 5:7). 성전과 규례들은 물론 현재 우리에게 경륜적으로 시행되는 그리스도의 왕국 또한 은혜 언약의 구성원들에 대해 영원한 구속력을 행사하지는 않을 것이다. 요한계시록 21-23장과 고린도전서 15장 24절을 보라. 물론 내세에는 율법 언약보다는 은혜 언약과 어린양, 그리고 죽임 당하신 분에 대한 찬양의 향기와 남은 요소들이 더욱 많을 것이다(계 5:9,11,14).

영원한 영광에서 가지는 우리의 상태와 관련하여, 중보자께서는 우리와 더불어 이루신 영원한 연합 안에서 중보자의 본성을 영원토록 유지하실 것이다. 곧 주님 그리스도께서는 우리의 본성을 입으신 상태로 영원토록 영화로우실 것이다. 요한계시록 3장 21절과 5장, 7장, 20-22장을 보라. 이런 면에서 우리는 영원한 영광의 상태 안에서 신-인 그리스도와 더불어 영원히 거할 것이다. 누가복음 23장 42절, 요한복음 17장 24절, 데살로니가전서 5장, 고린도후서 5장 8절, 빌립보서 1장 23절 등을 보라. 물론 여기에서 그리스도가 타락한 죄인들을 위한 변호와 간구를 하시는 방식으로 우리와 함께 거하시는 것이 아니다. 요한일서 2장 1-2절의 말씀과 같이, 또한 누가복음 22장 31-32절과 같이, 그리스도께서는 [사탄이] 밀 까부르듯 할 때 우리의 믿음이 떨어지지 않기를 위해 기도하시지는 않을 것이다. 요컨대 [두 종류의 중보가 존재한다] 하나는 영광의 상태에서 있게 될 중보로서 영광을 입은 본성의 상태에 걸맞은 승리의 통치를 위한 중보이다. 또 다른 종류의 중보는 죄인들을 화해시키고 죄인들을 위해 간구하는 중보이다. 후자의 중보는 성자께서 그의 나라를 성부 하나님께 드릴 때(고전 15:24) 그치게 될 것이다. 반면에 전자의 중보는 영원하며 결코 그치지 않을 것이다.

율법의 경우, 죄인들을 의롭게 만들고 구원하는 것을 지속적으로 가능하게 하는 길로서의 율법은 영원하지 않으며, 모든 육체—오로지 인간 그리스도만이 예외이다—에게는 더 이상 존재하지 않는다. 반면 은혜 언약은 이생에서 죄인들이 구원을 받을 수 있는 유일한 길이다. 이 땅에서 은혜 언약 이후에 이어지는 경륜은 존재하지 않는다. 이는 자유파나 패밀리스트들[77]이 주장하는 것으로서, 이들은 모든 종류의 규례들로부터 자유로운 좀 더 영적이며, (그들이 말하는 바) 모든 영들과 순수한 영의 방식으로서의 경륜이 존재한다고 주장한다.

은혜 언약은 영원하다. 이는 언약 안에 실제적 은혜에 관한 약속이 있다는 측면에서 그렇게 말할 수 있다. 이러한 은혜의 효력은 대제사장이자 수장이신 그리스도로부터 지속적으로 흘러나와 언약 백성을 순종과 견인으로 끝까지 보존하신다. 이러한 효력—곧 은혜

---

77) [역자 주] 패밀리스트(Familists)의 기원은 16세기 화란의 신비주의자 헨드릭 니클라스(Hendrik Niclaes)에 의해 시작된 '사랑의 집(Hus der Lieften)' 혹은 "사랑의 가족(*familia charitatis*)"운동이다. 영국에서는 엘리자베스 1세 때부터 박해를 받았고, 왕정복고 후 일부 패밀리스트는 퀘이커 운동에 가담하였다.

의 습성이든 혹은 그것의 지속적인 작용이든지—은 행위 언약 안에서는 약속되지 않았다. 아담의 경우 그는 자신 안에 있는 능력으로 순종의 과업을 수행해야만 했다. 이와 대조적으로 사람이신 그리스도께서는 은혜 언약에 속한 자들의 언약의 수장과 보증인으로서, 그들을 자신과 하나로 묶으시고, 은혜 언약 안에 있는 죄인들을 위해, 순종의 과업을 수행하신다. 행위 언약과 은혜 언약 사이에 존재하는 이러한 차이점에 대해서는 검토할 내용이 많다.

첫째, 이런 이유에서 볼 때, 행위 언약은 은혜 언약에 비해 좀 더 독립적인 성격을 가진다. 또한 은혜 언약에 비해 사람으로부터 더욱 많은 힘을 요구하고 상대적으로 은혜를 덜 요구한다고 말할 수 있다.

둘째, 행위 언약은 은혜 언약에 비해 계명에 더 많이 의존하고 약속에 덜 의존한다. 순종하는 자를 위한 보상에 관하여 오로지 하나의 약속만이 있을 뿐이다. 행위 언약은 계명들 전체로 구성된다. 은혜 언약의 경우도 계명들이 없지는 않다. 특히 하나님의 아들을 믿으라는 명령이 존재한다. 그러나 은혜 언약은 대부분 약속에 의해 세워진다. 그래서 언약의 명칭을 "약속" 혹은 "그 약속"에서 가져왔다. 다음 구절들을 보라. 사도행전 2장 39절, 로마서 8장 9절을 사도행전 3장 25절과 창세기 12장 3절과 비교해 보라.

셋째, 행위 언약은 [은혜 언약에 비해] 더 많은 보수, 더 많은 인간의 요소, 더 많은 자연의 요소, 일하고 버는 일, 그리고 더 많은 사람의 언약 요소들을 가지고 있다. 사람들 사이에 맺어지는 언약 안에서 언약 당사자들은 상대방을 위한 서로간의 도움을 제공하지 않으면서도, 각자의 유익을 위하여 계약을 맺는다.

2. 어떻게 은혜 언약이 주님 안에서 잠든 자들과 함께 지속되는가?
마태복음 22장과 출애굽기 3장 6절.

넷째, 은혜 언약은 이미 죽어 장사된 언약 당사자들, 일례로 아브라함과 이삭과 야곱 등까지도 여전히 언약 안에 머문다는 측면에서도 영원하다고 말할 수 있다. 땅속에 잠들어 있는 이들의 부패한 육신과 그리스도의 관계 역시 일종의 언약적인 연합으로 남아 있다. 물론 이 연합은 믿음에 의한 것도, 죽은 자의 어떠한 순종 행위에 의한 것도 아니라는 사실은 자명하다. 마태복음 22장 32절에 기록된 우리 구주님의 말씀과 출애굽기 3장 6절에 기록된 가시덤불 속에서 모세에게 하신 주님의 말씀을 비교해 보라. "하나님은 죽은 자의 하나님이 아니요 살아 있는 자의 하나님이시니라."

이와 달리 행위 언약 안에는 몸의 부활이 약속되지 않았다. 또한 하나님과 죽은 아브라함 사이에 항존하는 율법 언약이 지속되면서 죽은 자에게 믿음의 조건을 요구하는 것도 존재하지 않는다. 시간을 초월하여 존재하면서 그리스도 안에서 죽은 자와 더불어 언약 관계가 지속되는 한에서만 우리는 그 언약이 영원하다고 말할 수 있는 정당한 보증을 갖는다.

이 언약의 두 가지 위대한 약속, 곧 몸의 부활과 영생은 시간이 종결될 때 성취된다(요 6:38-39; 살전 4:14,16-17). 이 날에 성부 하나님과 거룩한 천사들 앞에서 성도의 공적인 시인과 고백이 있을 것이다. 이는 곧 택자들과 천사들의 세계 앞에서 사면과 칭의가 공적으로 선언됨을 의미한다.

이 모든 것들 후에 하나님께서는 이들과 함께 동행하시고, 이들의 하나님으로서 이들 사이에 거하신다(계 7:15-17). 이때 이들은 흰 옷을 입고 하나님의 보좌 앞에서 밤낮 하나님을 섬긴다. 그들이 모든 유혹을 이긴 후에, 주님은 그들의 하나님이 되실 것(계 21:7)이라는 말씀이 하늘에서 영원토록 성취될 것이다. 이제 백성들 가운데 동행하시며 그들의 하나님이 되시는 분이 바로 그들에게 언약하신 하나님이라는 사실은 다음 구절들로부터 분명하게 증거된다. 고린도후서 6장 16절, 레위기 26장 11-12절, 예레미야 32장 38절, 스가랴 13장 6절 등이다.

3. 언약의 은혜로움에 관하여

[첫 번째 영원함의 속성에 이어] 은혜 언약의 두 번째 속성은 은혜로움과 자유로움이다. 따라서 이 언약은 어떤 대가는 값을 요구하지 않고 죄인들과 더불어 맺어졌으며, 언약의 모든 구성 요소들은 은혜이다. 첫째, 복음 전체가 은혜의 말씀이다(행 20:32; 골 1:6). 거래된 것은 은혜의 협정이다. 히브리서 8장 8절이 말하는 새 언약에서 새로운 것은 은혜이고, 옛 것은 자연이다. 언약의 조건으로 주어진 믿음은 은혜의 선물이다(빌 1:29). 베풀어지고 약속된 자비들 역시 모두 값없이 주어진 은사이다. 로마서 3장 24절을 보라. "하나님의 은혜로 값없이 의롭다 하심을 얻은 자 되었느니라." 또한 디모데후서 1장 9절을 보라. "하나님이 우리를 구원하사 거룩하신 소명으로 부르심은 우리의 행위대로 하심이 아니요 오직 자기의 뜻과

은혜대로 하심이라." 에베소서 2장 8절을 보라. 바울은 이렇게 말씀한다. "너희가 그 은혜에 의하여 믿음으로 말미암아 구원을 받았으니 이것은 너희에게서 난 것이 아니요 하나님의 선물이라." 우리 안에 이루어진 새 창조 역시 은혜의 산물이다. 에베소서 2장 4-5절을 보라. "긍휼이 풍성하신 하나님이 우리를 사랑하신 그 큰 사랑을 인하여 허물로 죽은 우리를 그리스도와 함께 살리셨느니라." 또한 에스겔 36장 26절을 보라. 우리에게 새 마음이 약속되었다. 그 원인은 우리 안에 있지 않다. 32절을 보라. "내가 이렇게 행함은 너희를 위함이 아닌 줄을 너희가 알리라 이스라엘 족속아 너희 행위로 말미암아 부끄러워하고 한탄할지어다." 우리가 죄의 사면을 받은 것은 그분의 은혜로 말미암아 값없이 주어진 것이다. 에베소서 1장 7절을 보라. "우리는 그리스도 안에서 그의 은혜의 풍성함을 따라 그의 피로 말미암아 속량 곧 죄 사함을 받았느니라." 또한 골로새서 1장 14절을 보라. 마치 영생은 그리스도 예수 우리 주님을 통해 주어지는 하나님의 선물인 것(롬 6:23)과 같이, 견인 역시 값없이 주시는 은혜로 말미암아 약속되었다. 이에 대해서는 예레미야 31장 35절, 32장 39-40절, 그리고 이사야 54장 10절을 보라. 또한 빌립보서 1장 18절과 요한복음 15장 5절을 보라. [성령의] 모든 효력 또한 값없는 은혜이다. 마지막으로 그리스도께서 이 언약의 보증인이 되신 것 역시 값없이 베푸신 은혜와 사랑으로 주어진 것이다(요 3:16). 하나님의 은혜로 말미암아 그리스도께서는 "모든 사람을 위하여 죽음을 맛보려 하셨다"(히 2:9).

생명 언약

·

28

율법적 두려움과 복음적 믿음의 사례들.
과연 하나님의 자녀는 어떤 방식으로 율법의 위협을 두려워해야 하는가?

1. 율법적 두려움과 복음적 두려움에 관하여

이러한 [은혜 언약의] 속성들로부터 성도의 안정성과 그들의 견
인, 그들이 받는 유혹들, 그리고 은혜 안에서 지속되는 것 등과 관
련한 다양한 사례들이 흘러나온다.

질문 #1 만일 이 언약 안에 자리 잡고 있는 자들이 떨어져 나갈 수
없다고 한다면, 과연 그들에게는 보장된 안정성을 느슨하게 만드는
일에 대한 자유의지가 거의 남아 있지 않다는 것인가?

답 결코 그렇지 않다. 경건한 두려움의 원리는 그들의 마음에 단단히 고정되어 있다. 또한 자유의지 속에도 있어서 결코 하나님을 떠나지 못하게 한다(렘 32:39-40). 이러한 경건한 경외심이 있는 곳에서 우리의 마음은 경건하게 두렵고 떨림을 경험한다. 그리고 감히 나태해지거나 방탕하거나 무엇을 두려워하는 것이 아니라 오히려 항상 경외한다(잠 28:14). 하나님과 그의 선하심 앞에서 경외하고 떤다(호 3:5). 경건한 마음이 떠는 것은 공의와 진노 때문이라기보다는 은혜와 은혜에 빚진 마음으로 인한 경외심 때문이다. 죄짓는 것을 두려워하는 것 역시, 율법과 입법자에 대한 범죄보다는 은혜의 연합과 구원하시는 그리스도와 복음적 사랑 등에 대한 범죄를 더욱 크게 두려워한다. 요컨대 이들에게는 천국에 대한 경외가 지옥에 대한 공포와 두려움보다 더욱 강한 인상으로 새겨져 있다.

2. 타락시키는 율법적 두려움과 견인하는 복음적 두려움에 관하여

질문 #2 어떻게 타락에 대한 두려움과 절대적으로 약속되어 주어진 견인에 대한 믿음이 함께 공존할 수 있는가?

답 첫째, 서로 공존하는 것은 타락에 대한 율법적 두려움과 견인에 대한 복음적 믿음이 아니다. 가장 작은 범죄조차도 이에 대한 율법적 두려움은 곧 지옥과 영원한 진노에 대한 두려움이다. 이것은 회복할 수 없는 징벌이다. 그러나 은혜 아래에 있는 사람, 곧 신자들은 이런 종류의 두려움을 두려워할 수 없다. 만일 율법적 두려움이 그에게 제시된다면 그것은 오로지 유혹으로서만 그러한 것이다. 신자에게는 그러한 두려움을 가질 의무가 없다.

둘째, 신자에게 부과되는 율법의 두려움은 조건적이지 절대적인 것이 아니다. 그가 지옥과 타락을 두려워할 때, 그것은 법적(*jure*)인 것으로서 만일 하나님께서 그를 법에 따라 심판하실 경우 자신이 마땅히 받아야 할 것을 두려워하는 것이다. 이는 그가 그리스도 안에 있지 않았을 경우에 해당하는 것이다. 그러나 신자는 복음적 믿음을 소유하도록 되어 있다. 이 믿음은 그리스도와 [그의] 의와 정죄로부터의 해방을 붙잡는다. 만일 그리스도와 그분 안에 있는 유익들이 신자로부터 감추어져 있을 때, 그리고 오직 율법적인 두려움만이 남아 있을 때, 이것은 일종의 시험이다. 신자에게는 율법적 두려움에 대한 의무가 없다.

물론 경건한 율법적 두려움 혹은 복음적 율법의 두려움이 존재한다. 이는 조건적 성격의 경건한 공포로서, 만일 실제로 발생한다면 당연히 무섭겠지만, 실제로는 결코 주어지지 않을 고통에 대해 느끼는 두려움이다.[78] 이는 고린도후서 5장 11절에 기록된 "주의 두려우심"으로서 신자들 안에 복음적인 확신을 낳게 만든다. 따라서 이 두려움은 복음적 믿음과 타락으로부터 건지심을 받아 견고하게

---

[78] 이는 요셉과 마리아의 믿음에도 해당한다. 이들은 자신들의 아들 그리스도가 장차 위대하게 되어 그의 조상 다윗의 왕위에 앉아 영원토록 야곱의 집을 다스리실 것을 믿었다(눅 1:32-33). 하지만 이러한 믿음은 이집트로 도망하는 거룩하고 순종하는 두려움과 더불어 잘 조화를 이루었다. 이들은 구유에 누워 있는 소망의 어린 왕을 헤롯이 살해할 것이라는 두려움을 가지고 이집트로 피신한 것이다(마 2장).

세워졌다는 확신과 잘 공존할 수 있으며, 이러한 목적에 잘 부합한다. 비유컨대 아버지가 자신의 아이를 팔에 안고 바닷가의 날카로운 바위를 향해 집어 던지려는 듯 위협하는 순간 아이가 공포와 두려움을 느낄 수 있다. 아마도 두려움 속에 울음을 터트릴 수도 있다. 그러나 아이는 아버지의 사랑을 믿기에 아버지가 자신을 바다를 향해 던지지 않을 것임을 믿는다. 여기서 아버지의 위협은 실제로 행하기로 작정된 것이 아니다. 그럼에도 아이는 두려움을 느끼는 만큼 그의 팔로 아버지의 목을 더욱 감싸 안게 된다.

질문 #3 이러한 두려움의 유혹을 이기는 최상의 승리는 과연 무엇인가?

답 이러한 모든 유혹들 속에 있을 때, 이것들을 이길 수 있도록 값진 약속들이 주어져 있다. 신자들은 다음의 성경 말씀을 읽어야 할 것이다. 요한계시록 2장 7절, 17절, 26-28절, 3장 5절, 12절, 21절, 그리고 21장 등이다.

첫째, 복음의 약속은 시원함과 온화함의 기운을 주지만, 열병과 같은 율법은 이러한 기운이 없다. 오히려 자기혐오를 남길 뿐, 하나님께서 주시는 생명을 강하게 하거나 그리스도를 사랑하도록 만들지 못한다.

둘째, 유혹들은 믿음의 힘을 시험한다. [유혹을 이기는 것은] 참으로 많은 실패들, 곧 여섯 번 넘어진 후에 한 번 일어나는 것과도 같다. 마치 전쟁에서 여섯 번 패한 군대가 일곱 번째 다시 전열을 정비하고 일어나 이기고 얻은 승리와 같다.

셋째, 그처럼 강하고 힘센 유혹에 저항하여 싸우는 것은 마치 고린도후서 1장 8-9절에서 바울이 표현한 것처럼 "힘에 겹도록 고난을 당하여 살 소망이 끊어지고 우리 자신이 사형선고를 받은 것"과도 비교할 수 있다. 이를 통해 바울은 하나님께서 가르쳐 주시는 교훈을 배웠다. 그것은 "우리로 자기를 의지하지 말고 오직 죽은 자를 다시 살리시는 하나님만 의지하도록 하심이다." 바로 여기로부터 우리는 실제적인 전투력을 공급받는다. 마치 어떤 사람이 지저분하고 지독한 전염병을 앓은 후에, 자연적인 능력으로 건강을 회복하여 생존한 이후에는 동일한 전염병이 있는 집을 통과해도 또 다시 감염되지 않는 것처럼, 믿음으로 말미암아 강력한 시험을 이겨낸 훌륭한 신자들은(히 11장) 마지막 죽음에 이르기까지 자기의 자리를 끝까지 지켜낸다.

넷째, 자신의 연약함과 죄 앞에서 떠는 것―이것은 하나님의 자비와 달콤한 영향력을 수용하는 느낌을 어둡게 채색할 수 있다―에 대한 경건한 두려움은 오히려 우리에게 능력을 더해준다. 이에 대해서 고린도후서 12장 10절은 이렇게 말씀한다. "이는 내가 약한 그때에 강함이라."

다섯째, 칭의의 상태와 관련하여서는, 정죄로부터 해방되었다는 확신 안에 있는 확고부동한 평화, 그리고 용서와 그리스도의 의를 믿는 믿음 속에 있는 평온함, 이것들은 언제나 지속되어야 한다. 이것을 신자에게서 문제 삼는다면―율법폐기론자들도 이 진리에 기꺼이 동의하겠지만― 이는 믿음에 반하는 것이고, 또한 신자가 정당하게 소유할 수 있는 어떤 확신도 없다고 말하는 것과 같다. 물론 다윗의 경우, 그가 피를 흘리고 간음의 죄를 범한 직후에 그의 안에 있었던 소위 확고부동한 평화라는 것은 결코 경건한 평화가 아니었다. 이 경건한 평화는 특정한 범죄에 대한 사면을 믿고 하나님께서 정하신 순서를 따라 새롭게 되기 전까지는 주어지지 않는다. 시편 32편 3절을 보라. "내가 입을 열지 아니할 때에 종일 신음하므로 내 뼈가 쇠하였도다." 또한 5절을 보라. "내가 이르기를... 자복하였더니 곧 주께서 내 죄악을 사하셨나이다." 또한 시편 51편 1-3절 역시 이러한 사실을 입증한다.

질문 #4 그러나 이와 같은 특정한 끔찍한 죄책으로 인한 문제 의식과 거룩한 감정은, 소위 확고부동한 평화와 또한 스스로 칭의의 상태에 있다고 믿는 자신의 믿음이나 확신과 더불어 쟁론하지 않겠는가?

답 결코 그렇지 않다. 로마서 7장 24절은 하나님의 자녀가 탄식하는 부르짖음이다. 손가락 한 개가 탄식하는 것이 아니고, 한쪽 팔이나 한쪽 발의 탄식이 아닌 죄의 몸이 부르짖는 탄식이다. "오호라 나는 곤고한 사람이로다. 이 사망의 몸에서 누가 나를 건져내랴!" 이러한 탄식은 생명이 있기 때문에 그만큼 고통을 느끼고 또한 유효한 탄식이다. 물론 이러한 맥락에서 다음과 같이 말하는 것은 매우 위험하다. "나는 하나님께 감사한다. 과거에 나는 괴롭고 고통을 당했으나, 이제는 아무것도 나를 괴롭히지 못한다. 이제 나는 평화

를 가졌고, 나는 부유하며, 나는 아무 부족한 것이 없다(계 3:17). 나
는 온전하다."

요컨대 신자는 다음 두 가지, 첫째, 자신 안에 칭의가 결핍되었다
거나, 하나님의 의가 결핍되었다고 불평해서는 안 된다. 둘째, 마치
시편 31편 22절과 요나서 2장 4절에 기록된 것처럼 "내가 주의 목
전에서 끊어졌다"라고 말하듯이 기초가 흔들려서도 안 된다. 이 두
가지는 모두 거짓되고 근거 없는 감정이며 섣부른 불신앙이다. 또
한 죄인을 치유하시는 분의 직무에 대한 비판적 사고와 비난이다.
이는 믿음과도 반대되는 것이다. 앞서 [로마서 7장의 화자가] 죄의
몸에 대해 탄식한 것은 사실 문제가 되지 않는다. 이는 자기 자신에
대한 탄식이다. 자신 안에 내재하는 부패성을 감지하는 것은 믿음
을 약화시키기보다는 오히려 강화시킨다. 따라서 이러한 부패성에
대한 탄식은 칭의를 믿는 믿음 속에서 누리는 승리와 더불어 조화
를 이룬다. 마치 바울이 로마서 7장 24절에서 "오호라 나는 곤고한
사람이로다"라고 말한 후에 25절에서 "우리 주 예수 그리스도로 말
미암아 하나님께 감사하리로다"라고 말씀한 바와 같다. (또한 로마서
8장 1절을 보라) 그렇다면, 타운 씨(Mr. Town)가 말하고 다른 율법폐기
론자들도 가르치는 바와 같이, 죄를 감지하는 것이 전부 믿음과 반
대되는 것은 아니라고 말할 수 있다. 오히려 몇몇 (죄에 대한) 경건하
고 부드러운 감정은 믿음을 배양한다.

3. 왜 신자는 내주하는 죄를 감각하면서도 좀처럼 불신앙을 원하
   지는 않는 것일까? 왜 오히려 죄 값이 치러졌다는 믿음을 가져
   야 하는가?

질문 #5 죄를 감지하는 것이 좀처럼 불신앙으로 연결되지 않는 까
닭은 무엇일까?

답 우리가 죄를 복음적인 방식이 아니라 일종의 율법적인 방식으로
바라보는 것은 때때로 불신앙을 불러일으킨다. 그러나 죄인의 질병
을 바라보는 것이 때로는 오용될 수 있다. 특히 그리스도께서 풍성
하게 제시하신 해답들에 대해 이의를 제기하는 것으로 오용될 수
있다. 일례로 이렇게 생각하는 것이다. "아, 나를 위해 만족의 희생
과 속량금을 지불하신 분이, 그분 안에 있는 구속으로 말미암아 나
를 의롭게 만들지는 않으셨구나."

   그러나 로마서 7장 23절에서 죄의 몸이 나를 사로잡아간다고 느
끼는 것은 나를 잘못된 길, 곧 속량금이 충분히 치러지지 않았을 것
이라는 의심으로 끌고 가지 않는다. 오히려 그분의 은혜와 "그리스
도 예수 안에 있는 속량"(롬 3:24)으로 말미암아, 나는 충분하고 값
없이 의롭다 함을 받았다는 사실로 나를 인도해 간다. 죄의 몸이 요
동을 치고 지나치게 활성화되는 것—이는 분명 죄인 자신의 행위이
다—을 죄인이 감지할 때, 이는 그리스도께서 놓으신 기초석을 제
거하도록 속이며, 그리스도께 훌륭하게 행하신 일을 의심하도록 만
든다. 결국 그리스도께서 추수하신 것에 죄인 자신의 낫을 들이밀

도록 만드는 것이다. 이때 이 사람은 이렇게 말한다. "아, 나의 성화가 전무하거나 보잘것없는 것을 보니 그리스도께서 행하신 만족이 너무 약하구나." 그리하여 이 사람은 그리스도께서 "친히 나무에 달려 그 몸으로 우리 죄를 담당"(벧전 2:24)하신 그 죄의 짐을 그리스도에게서 도로 찾아와 잘못된 곳, 곧 자기 자신의 죄악 된 몸으로 그 짐을 지고자 씨름한다. 그러면서 스스로 생각하기를 자신이 그리스도보다 이 짐을 더욱 잘 지고갈 수 있다고 생각한다. 율법폐기론자들은 아무 근거 없이 이것을 우리의 생각으로 돌린다. 사실 그리스도께 행하신 만족과 칭의의 사역에 대해 의심을 품도록 하는 것은 우리의 죄악 된 연약함이다. 이로 인해 우리는 우리 안에 내주하는 죄의 몸으로 인해 괴로워한다.

물론 죄인이 자신과 더불어 싸우고, 죄의 몸에 대해 탄식하는 것은 죄인으로 하여금 그리스도와 더불어 변론하도록 할 뿐만 아니라 오히려 그리스도를 찬양할 충분한 이유가 된다. 이뿐만 아니라 이것은 믿음으로 말미암아 그가 선물로 받은 만족과 의에 근접하도록 만들어 준다. 하나님의 은혜로 말미암아 이 일은 어렵지 않게 일어난다. 은혜를 받은 영혼은 겸비하게 자신을 낮춘다. 이러한 사람은 마치 로마서 7장 14절에서 "나는 육신에 속하여 죄 아래 팔렸도다"라고 말하는 자와 같다. 또한 자신 안에 아무런 "선한 것이 거하지 않는다"(18절)고 말하고, 육과 관련하여 자기 안에 죄가 거한다고 고백하는 자와 같다. 이러한 사람은 "죄의 법으로 나를 사로잡는 것을 보는도다"[23절]라고 말한다. 또한 자신을 가리켜 "곤고한 자"(24절)라고 고백한다.

이러한 고백을 할수록 이 사람은 그만큼 더 유일한 구원자이신 그리스도를 더욱 찬양한다(롬 7:25; 롬 8:1,23,33-35). 사실 이는 당연한 것이다. 우리의 어두움이 마땅히 그리스도의 아름다움을 찬양하며, 우리의 죽음이 그분의 생명을 찬양하고, 우리의 죄악 된 비참함이 우리를 구원하시는 그분의 영광스러운 직분을 찬양하며, 우리의 공허함과 무미건조함이 모든 충만함 가운데 거하시는 그분의 충만한 기름 부으심을 찬양하지 못하도록 할 이유가 무엇이란 말인가?

제28장

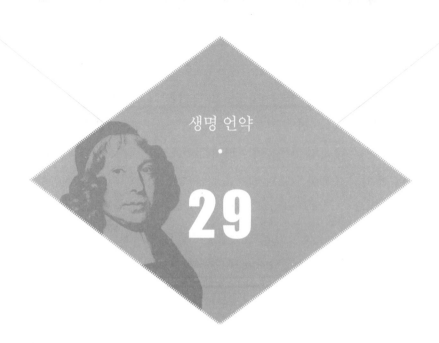

생명 언약

29

그리스도께서는 죄의 감각을 제거하시기보다는 오히려 죄에 대한
경건한 감각을 일깨우시기 위해 죽으셨다.

1) 그리스도와 그분의 수난을 더욱 크게 붙잡을수록, 죄에 대한 경
건한 감각 역시 더욱 커진다. 따라서 그리스도의 죽으심이 죄에
대한 모든 감각을 제거한다는 것은 전혀 사실이 아니다. 죄에 대
한 감각은 우리가 과거에 범죄했다는 사실에 대한 단순한 숙고
와도 일치될 수 있기 때문에, 현생에서 경건한 자들은 율법이 동
요시키는 것 때문이 아니라 은혜로부터 기원하는 방식으로 과
거의 자신이 어떤 자들이었는지에 대해 얼마든지 스스로 인식
하고 시인할 수 있게 된다. 다음 구절들을 보라. 디모데전서 1장
12-13절 "그리스도 예수 우리 주께 내가 감사하노라...내가 전에

는 비방자요 박해자요 폭행자였으나 도리어 긍휼을 입었도다." 또한 디도서 3장 3절을 보라. 사도는 "우리도 전에는 어리석은 자요 순종하지 아니한 자였으나"라고 고백한다. 만일 영광의 상태에서조차 우리에게 죄의 빚을 진 것에 대한 감각이 살아 있지 않다면, 영광을 입은 신자가 하나님의 보좌 앞에서 죽임 당하신 어린양의 영광과 대속의 값에 대해 찬양하는 것(계 5:12)이 불가능할 것이다. 물론 여기에서의 [죄에 대한] 감각은 가슴이 찢어지는 고통이나 슬픔을 수반하지는 않을 것이다.

따라서 그리스도께서 우리의 빚을 갚으신 것과 그의 대속이 우리의 빚을 갚으시기 위해 치르신 값에 대한 은혜로운 기억까지 모두 지워 버린다고 가르치는 것은 복음의 교리일 리가 없다. 그리스도께서 행하신 일에 대해 내가 좀 더 많이 아는 만큼, 나는 은혜로우신 보증인에게 더욱 많이 입 맞추고 그분을 더욱 크게 껴안을 것이다. 이러한 영광의 입맞춤과 "어린양은 [영광 받으시기에] 합당하시도다"라는 찬양은 다음 사실을 말해준다. 즉 대속의 은혜와 그것에 대한 믿음은 죄에 대한 기억과 거룩한 감각을 지워 버리기보다는 오히려 확대시킨다. 천국으로 옮겨진 자들은 은혜의 감각을 가지고, 그들이 한때 빠져 있었던 구덩이와 종 노릇 했던 고된 일들을 되돌아보면서(엡 2:3-5; 딛 3:3-5), 오히려 사랑을 가지고 은혜의 풍성함을 찬양한다. 과거의 빚이 청산된 장부를 읽으며 기쁨의 눈물을 흘리면서 성부 하나님의 보좌 우편에 앉으신 분께 찬양을 올려드리고, 한편으로는 과거의 빚에 대한 슬픔이 있지만 그 빚을 값없이 용서해 주신 그분을 그만큼 더욱 사랑하는 것이 어찌 좋은 일이 아니겠는가!

2) 만일 "죄에 대한 감각"은 곧 불신앙의 감정이고 내 자신이—사
실은 그리스도 안에 있고, 로마서 8장 33-34절 "의롭다 하신 이
는 하나님이시니 누가 정죄하리요"의 말씀대로 하나님께서 나
를 의롭다고 하셨으나— 스스로 생각하기를 나는 하나님 앞
에서 정죄 받고 떨어져나간 것이라고 판단하도록 하는 것이라
면, 우리는 "죄에 대한 감각"을 가리켜 "성급한 불신앙의 감각"
(시 31:32; 욘 2:4)이라고 가르치는 율법폐기론자들의 견해에 참으
로 동의할 수 있을 것이다. 그리고 복음 안에 계신 그리스도께서
죄에 대한 감각을 가져가셨다고 말하지 않는 모든 자들을 책망
해야 할 것이다.

참으로 주님께서 구속하신 자들 가운데 적지 않은 자들이 무거
운 짐으로 인해 피곤하며 지쳐 있다. 사실 그들이 스스로를 지치
게 만든 것이다. 그들은 그리스도께서 그들의 수고를 덜어 주시
지 않을 것이라고 죄악 된 불평을 늘어놓는다. 이러한 불평 속에
서는, 실제 무거운 짐을 지고 죽음의 분투 속에서 신음하는 회심
하지 못한 자들이 오히려 이들보다 좀 더 의롭다 함을 받을 것으
로 보인다. 회심하지 못한 자들이 실제로 율법의 영 아래에 살고
있다고 한다면, 이들은 그들 스스로 율법에 따라 사는 것으로 행
동하며, 그것이 합당한지 그렇지 않은지의 여부를 따지지도 않
고 "다시 무서워하는 종의 영을" 받기를 시도한다. 이처럼 자기
스스로를 스스로 만든 감옥 안에 던져 넣는 자들은 그만큼 덜 불

쌓히 여김을 받을 것이다.

3) 신자 안에 내주하는 죄에 대한 복음적 감각이 존재한다. 이는 비
둘기와 같이 슬퍼하며 눈물을 흘리지만 매우 순수한 슬픔이기에
그리스도와 그분께서 행하신 구속과 칭의의 사역에 어떠한 잘못
을 범하는 것이 아니다. 이에 대해서는 로마서 7장 24절을 보라.
그리스도께서는 이런 종류의 감각을 제거하지 않으셨다. 신자
안에는 죄의 몸이 거주한다. 마치 탄식하는 부모들처럼 또한 포
로들이 그들 의지의 절반을 거슬러 행하듯이, 최소한 신자들 안
에서 새롭게 된 의지는 이 불청객과 충돌을 일으킨다. 이에 대해
서는 로마서 7장 14-18절과 23-24절을 보라. 이러한 이유에서
볼 때, 그리스도께서 죄의 감각을 제거해 버리신다고 말하는 것
은 죄악 된 교훈이다.

첫째, 죄의 감각은 그 어떤 죄책감 안에도 존재하는 것으로, 마
음으로 참되게 느끼는 아픔이자 은혜로운 가책이다. 일례로 사
무엘상 24장 5절과 사무엘하 24장 10절에서 다윗은 마음의 가
책을 느꼈다. 사울의 겉옷을 칼로 벤 후에 가책을 느꼈고, 또한
백성의 수효를 계수한 후에 마음의 찔림을 느꼈다. 또한 요한일
서 3장 20절과 욥기 27장 6절을 보라. 어떤 사람들의 마음에서
는 범죄 이후 자연 양심이 자신을 책망하고 도전하는 역할을 한
다. 이제 그리스도께서 오신 것은 이러한 양심을 근절시키기 위
한 것이 아니었다. 그리스도께서는 의무가 무엇인지를 감각하고
분별할 수 있는 능력을 우리에게서 제거하시지 않으셨다. 또한

우리가 범죄했을 때 우리의 양심이 [하나님의] 진노를 파악하는 역할을 수행하는 것 역시 보존하였다. 한편 정죄 받아 마땅한 율법적인 악이나, 이것과 율법이 서로 대립하는 것 역시 없애버리지 않으셨다.

둘째, 그리스도께서는 자신의 죽음으로 말미암아 우리에게 죄에 대한 회개와 애통하는 마음을 주셨다. 사도행전 5장 31절과 에스겔 12장 10-11절을 보라.

셋째, 그리스도께서는 예레미야 31장 18절에서 "에브라임이 스스로 탄식함을 내가 분명히 들었노니"라고 긍정적으로 말씀하셨다. 또한 열왕기하 22장 19절을 보라. "네가 듣고 마음이 부드러워져서 여호와 앞 곧 내 앞에서 겸비하여 옷을 찢고 통곡하였으므로 나도 네 말을 들었노라 여호와가 말하였느니라." 또한 누가복음 7장 44절에 주님은 "이 여자는 눈물로 내 발을 적시고"라고 말씀하셨다.

넷째, 만일 그리스도께서 그분 자신의 죽음으로 말미암아, 죄에 대한 감각을 제거해 버리셨다면, 이는 곧 그분께서 자신의 죽음으로 말미암아 우리에게 무정한 감각과 화인 맞은 감각을 주셨다는 의미가 된다. 그런데 에베소서 4장 19절과 디모데전서 4장 2절에 따르면 이것들은 정죄 받았다.

다섯째, 이것은 [그리스도께서 죄에 대한 감각을 제거하셨다고 말하는 것] 곧 죄에 대하여 돌과 같이 굳은 마음, 곧 은혜가 결여된 마음을 말하는 것이고, 또한 죄에 대해 전혀 신경을 쓰지 않는 마음을 말한다. 사도행전 18장 19-18절과 잠언 30장 20절을 보라.

한편 그리스도인은 완전히 소멸되어 없어지고 하나님 안으로 녹아 들어가, 마침내 우리의 지성, 의지, 욕구, 감정, 행동 혹은 그 어떤 것도 모두 상실하게 되며, 오직 하나님만이 이생에 존재하는 모든 것들 안에 존재하신다는 식으로 우리가 상상하는 것을 주님은 더욱 허락하시지 않을 것이다. 또한 주님은 다음과 같은 생각도 허락하시지 않을 것이다. 곧 이성의 눈에는 그렇게 보이지 않지만, 적어도 믿음의 눈으로 보면, 죄에 대한 모든 감각은 완전히 파괴된 것이라고 우리가 상상하는 것을 주님은 금하실 것이다. 이러한 생각은, 율법과 복음의 모든 내용과, 겸손하게 하나님과 동행하는 모든 내용을 파괴하고 전복시킨다. 또한 [우리에게서] 경외하고, 소망하며, 믿고, 기도하며, 말씀을 들어야 할 모든 필요성을 제거해 버린다. 결국 우리를 벽돌과 같은 존재로 만들어 버리는 것이다.

〈제1부 끝〉

제29장